2022

国家统一法律职业资格考试

讲义版 ①

民法

万国专题讲座

王立争◎编著
万国深蓝法考研究中心◎组编

中国法制出版社
CHINA LEGAL PUBLISHING HOUSE

图书在版编目（CIP）数据

民法 / 王立争编著；万国深蓝法考研究中心组编
. —北京：中国法制出版社，2022.1
2022国家统一法律职业资格考试万国专题讲座：讲
义版
ISBN 978-7-5216-2246-1

Ⅰ. ①民…　Ⅱ. ①王…　②万…　Ⅲ. ①民法—中国—
资格考试—自学参考资料　Ⅳ. ①D923.04

中国版本图书馆CIP数据核字（2021）第213124号

责任编辑：成知博　　　　　　　　　　　　　　　　　　　封面设计：李　宁

民法

MIN FA

编著 / 王立争
组编 / 万国深蓝法考研究中心
经销 / 新华书店
印刷 / 保定市中画美凯印刷有限公司
开本 / 787毫米×1092毫米　16开　　　　　　　　印张 / 27.25　字数 / 630千
版次 / 2022年1月第1版　　　　　　　　　　　　　2022年1月第1次印刷

中国法制出版社出版
书号 ISBN 978-7-5216-2246-1　　　　　　　　　　　　　　定价：74.00元

北京市西城区西便门西里甲16号西便门办公区　　　　　　传真：010-63141852
邮政编码：100053

网址：http://www.zgfzs.com　　　　　　　　　　　**编辑部电话：010-63141813**
市场营销部电话：010-63141612　　　　　　　　　　**印务部电话：010-63141606**
（如有印装质量问题，请与本社印务部联系。）
如有二维码使用问题，请与万国深蓝法考技术部联系。二维码使用有效期截至2022年12月31日。电话：400-155-1220

总序

精准学习，锚定法考通关之路

丢掉考试中40%的分数仍可能通关，貌似宽松；但实际上，过往的法考（司考）每年通过率不到20%，八成以上考生被拒之门外。高容错率、低通过率，似乎是难题太多；而在历年考题中，高难度、易丢分的题目却又屈指可数。这就是法考（司考）的奇特属性，也是被蒙蔽了接近二十年的不解之谜。这一不解之谜所造成的痛苦达到二十年多之顶峰，也加剧了考生的无所适从（刚出考场就开始在网上吐槽）。

2018年，法考在诸多方面出现了划时代的重大变化——主观题、客观题分开考，主观题开卷考，机考方式改革，内容结构调整等；2019年，考试时间提前，客观题分两批次考试；2020年，考试延期，主观题考试实现全面机考，采用电子法条形式，并出现民法学科与商法学科、民法学科与民事诉讼法学科交叉考查的新形式；2021年，考试再度延期，考生们在延期等待中苦苦坚持、又在坚持中对将会出现的变化迷茫无措。我们不禁疑问，法考还会出现哪些变革？

在迷雾中，我们已经探索了二十多年，从传统的培训，到基于移动互联网的培训。我们现在确信：以往荒唐的备考方式，是真正的、唯一的谜底。

以往备考是这样的：买上摞起来差不多一米高的书，尽早开始，在两个月内将所有学科快速学完一遍，之后无限循环，在考前达到五轮甚至六轮以上的重复。这种备考方式可称为"消耗式学习"，它需要大量时间，透支备考者的体力、精力，但是否能真正掌握知识点，却是"混沌"的。

"消耗式学习"的另一个场景，是在时间超长的名师视频课件中点播，然后像网络追剧般看完每一个视频。视频课件中"名师"带来的微妙心理暗示，给备考者营造出最舒适的备考体验。然而视频即使全部看完，考题正确率却仍旧难以提升。

"消耗式学习"的失败，在于它试图通过机械式重复学习来谋求理解上的深入，只关注知识的"强行灌输"过程，甚少关注消化与否的结果；只关注知识的"输入"，甚少关注知识的"输出"（即在记忆、理解知识的基础上运用知识）；知识"输入"时只考虑到大多数考生的共性问题，甚少涉及每个考生的个性化问题。

彻底揭开不解之谜的谜底，让备考高效的解决之道应当是：在备战法考的全过程中，能始终对考生各知识掌握情况持续测量，之后全面评估考生的掌握程度分布，从而有针对性地安排接下来的学习重点。这样的路径在考生的个体维度独立建立，便意味着每个人都拥有了对自己而言效率最高且独一无二的备考过程。

万国，以此构建"深蓝法考"。

从2017年开始，深蓝法考APP开始帮助每年备考的考生们通过客观题，再通过主观题！实现了他们法考过关的梦想。"精准学习＋个性化定制"的备考方式，让进入深蓝的考生们，无法再回到过去的备考模式中，深蓝把备考的一切装进考生的口袋，它是所向披靡的法考通关工具。深蓝成为那些没有非常充足时间、复习时间碎片化且亟需复习效率的在职备考人员的贴心人。

深蓝法考APP客观题备考学习阶段

进入深蓝法考APP的学习，第一步是对考生的实际学习需求进行测评，定制出个性化的学习计划，在此基础上，进入"基础学习＋考前冲刺"的深蓝全程学习。学习模式包括：初阶的"学＋测"；高阶的"学＋测＋补"。

随着学习内容及学习阶段的不断推进，深蓝及时安排考生完成与学习进度相同学科的测试卷。测试卷的作用是帮助考生查找学习薄弱环节；接下来，深蓝私教安排考生进入一对一的深蓝问诊课堂，通过课后定制的解决方案，帮助考生将学习中的薄弱环节学懂、掌握。深蓝在每个学习节点上，都推出法考多学科不同主题的直播授课。进入考前冲刺，深蓝问诊课是考生高效、精准学习的强大学习工具，确保考生对高频考点的全面掌握。

"基础学习＋考前冲刺"的深蓝全程学习内容，全部都在考生各自的定制计划中以动态调整的形式不断完美实现，这就是考生们在深蓝法考APP的帮助下，顺利通过的重要原因。

深蓝法考APP主观题备考学习阶段

深蓝依据历年主观题考试内容，将攻克主观题所要具备的能力，归纳为通关核心三大能力，这三大能力是：（1）对主观题具体问题的定性与判断的知识能力；（2）答案定位于法条，确定法言法语关键词的能力；（3）知识答案＋法言法语关键词形成表述的能力。

三大能力的学习与训练完美地体现在深蓝"精准学习＋个性化定制"的法考主观题应试学习产品之中：首先，深蓝通过课前测试对考生学习需求进行初步归因和归类；其次，通过深蓝"学练测＋问诊课"，定制出个性化的学习计划；再次，将考生在深蓝题库或学练测中所展示的学习薄弱点，关联到三大能力项下，进行数据整合，以周为单位推出考生主观题三大能力学习数据报告；最后，指导考生进行精准地查漏补缺学习。

同时，深蓝主观题的人工视频批改是目前法考主观题产品中成效显著、口碑极佳的学习通关工具，它的批改效果极大提高了考生对上述三大能力的掌握效率。

深蓝清晰而精准地记录了每一位深蓝考生客观题、主观题学习的全部过程，包括学习上的进步、学习中途的停滞，以及放弃学习之后的倒退等每一个细小环节，生成每一位深蓝考生的学习数据轨迹。这些学习数据迅速提供给深蓝教研团队，帮助他们不断开发新的法考学习产品，造福更多的考生通过考试，实现梦想！

北美冰球手韦恩·格雷茨基的一句话隐喻了远见，令我受益匪浅："我向冰球将要到达的地方滑去，而不是它曾经过的地方。"教育与技术深度结合形成了完美交集，我喜欢这个交集，也确信"深蓝法考"所做的一切已是个正确的开始。

2021 年 11 月

编写说明

  《万国专题讲座》是我们万国学校经过二十多年法考（司考）培训之摸索、锤炼，由我们优秀的授课老师和专业的研发中心人员共同创造出来的品牌，它已经成为国内法考培训领域中经典系列之一。

  自2016年起，《万国专题讲座》引入互联网技术，打造完成"深蓝法考"学习平台，在传统图书培训环境中加入手机扫码，实现移动互联网式学习。《万国专题讲座》已经升级成为"会讲课""会刷题""会答疑"的全新法考学习通关模式。

  《万国专题讲座·讲义版》由一线资深授课老师严格按照法考大纲的要求，全面系统编写而成。对于考生而言，是法考通关最基础的学习内容。本套书具有如下特点：

1.重要考点课程表

  我们与授课老师反复沟通打磨，为广大考生全新呈现了"重要考点课程表"这一版块。

  依托于"深蓝法考"APP的大数据学习模型，结合授课老师多年丰富授课经验，提炼历年司考真题及法考模拟题所涉高频考点，重要考点课程表归纳总结了法考学科的重要核心考点。同时，为助力考生全面系统学习，我们与授课老师一道，为重要考点课程表所涉考点配备了相应的视频（音频）课程。考生可通过扫描图书封面的二维码（一书一码），进入"深蓝法考"APP获取相关资源。

  在"深蓝法考"APP上，考生可以获得个性化的定制学习：反复学习授课老师讲解的课件视频（音频）内容；就相关内容提出疑问，提交"深蓝"获取解答；在深蓝题库中刷题，检测自己的学习情况；在法条库中查找法条，初步建立起学科体系。

  实现高效、精准学习，这就是深蓝法考2022年学习包讲义版相较同类品种的最大差异与优势。

2.知识体系图

  在每一专题里，我们根据学科特点及授课老师的教学模式，以不同形式建立知识体系图。考生在这一知识体系图中可以清晰、直观地了解各个知识点（考点）之间的关系，同时还可以根据授课老师的讲解，在图上标注出重点、难点和自己需要反复学习的知识点，打造一份属于考生自己的法考学习笔记。

3.命题点拨

命题点拨包括三部分内容：本专题内考试大纲要求掌握的重点知识点（考点）、考试所出现的高频次考查内容以及对考试内容命题趋势的预测。

在此重点提醒考生，一定要仔细审读"命题点拨"的内容。在这一部分中，授课老师针对以上内容予以说明并给出复习建议，认真读懂这部分内容能帮助考生实现事半功倍的复习效果。

4.知识点详解

此部分为本书主干，是授课老师结合学科特点对各科内容的具体讲解。考生在学习初期，应先通读该部分内容，打好基础；继而根据授课老师针对重点知识点的考查角度、详细内容的讲解阐述，透彻理解掌握相关制度规则。

本部分有如下特点：一是授课老师将教学中考生所提出的疑难问题、易混淆问题进行集中讲解，配置详细的解析，帮助考生明晰哪些是重点考查的知识点，使考生在备考中能够做到明确重点、有的放矢；二是对于易混淆的知识点，我们设置了"注意"版块，从多视角进行解析，帮助考生绕开考点陷阱；三是对于需要重点记忆的内容，多以图表方式呈现，为考生记忆提供便利。

按照上述思路进行体系化学习后，考生可以清楚地将专题中的重点、易混淆、要背诵的知识点（考点）内容集中总结，按照学习计划从容备考。

5.经典考题

本书所收录的"经典考题"是近年来的司考真题及法考模拟题。遴选试题的标准是考点考查频次必须是2次以上；题目严谨，不能有较大歧义，同时要尽量方便考生查询。其作用是实现同步练习的目的。对于"经典考题"，我们在书中均给出了答案与解析，考生可以仔细阅读。

在此提醒考生，一定要及时刷题，找出学习中的漏洞；同时通过做题，体会重点考点、易混淆点、难点的内容，巩固并掌握知识点。

《万国专题讲座·讲义版》与《万国专题讲座·重点法条记忆版》《万国专题讲座·题库版》《万国专题讲座·精粹背诵版》组成超强的万国学习包提供给广大考生，祝福考生们心想事成，实现法考通关目标！

万国深蓝法考研究中心

2021 年 12 月

目录

第二编　物权

第三编　合同

◎ 重要考点课程表 ◎

序号	重要考点	序号	重要考点
1	民法的概念和调整对象	26	留置权
2	民法的基本原则	27	担保物权的竞合与混合担保
3	民事法律关系	28	占有的效力与保护
4	民事责任	29	债的概述
5	自然人的民事权利与行为能力	30	合同的订立与效力
6	自然人的监护制度	31	双务合同履行抗辩权
7	宣告失踪与宣告死亡	32	合同的保全
8	法人	33	合同的变更和转让
9	民事法律行为的成立与生效	34	合同的权利义务终止
10	无效的民事法律行为	35	违约责任
11	可撤销的民事法律行为	36	买卖合同
12	效力待定的民事法律行为	37	赠与合同
13	无权代理	38	借款合同
14	诉讼时效	39	房屋租赁合同
15	物权变动的原因	40	融资租赁合同
16	物权保护的方法	41	建设工程合同
17	所有权	42	委托合同
18	共有	43	保证合同
19	土地承包经营权	44	保理合同
20	业主的建筑物区分所有权	45	运输合同
21	建设用地使用权与宅基地使用权	46	物业服务合同、合伙合同
22	居住权	47	技术合同
23	地役权	48	无因管理
24	抵押权	49	不当得利
25	质权	50	结婚

序号	重要考点	序号	重要考点
51	夫妻关系	56	侵权行为的归责原则
52	离婚	57	数人侵权的侵权责任
53	法定继承	58	侵权责任的承担
54	遗嘱	59	特殊侵权责任
55	具体人格权		

第一编　总　则

专题一　民法概述

第一节　民法的概念与调整对象

命题点拨

本节为民法的入门知识，主要对民法的调整对象进行考查。重点考查两个方面：一是民法调整对象所涉及的三个关键词，即平等主体、人身关系以及财产关系的理解。二是与后续相关知识点，如情谊行为、意思表示等考点相结合进行命题。

一、民法的概念

民法是调整平等主体的自然人、法人和非法人组织之间人身关系和财产关系的法律规范的总称。

这一概念在法考中并不会直接出题进行考查，而是围绕该概念中的关键词"平等主体""人身关系""财产关系"进行命题，对此，将在调整对象中进行分析。

二、民法的调整对象

如前所述，民法的调整对象，是根据民法的概念推导出来的，即平等主体之间的人身关系和财产关系。

（一）平等主体

平等主体，指民事主体参加民事活动的主体资格平等及在具体的民事法律关系中各方当事人的地位平等。民事主体包括自然人、法人、非法人组织。

平等一词过于抽象，就法考来说，需要特别注意如下两个问题的理解：

1.用人单位与其劳动者之间不属于平等关系，其中所涉及的工资等财产关系由劳动法进行调整，不属于民法的调整对象。

2.国家机关一般作为行政主体，参与的一般为行政活动，不受民法调整，但若其参与到平等的交易活动中，可成为民事主体。如政府部门与商家之间的采购合同就是民事法律关系。

（二）人身关系

人身关系是人格关系与身份关系的合称。

1.人格关系

人格，即与自然人人身不可分离、没有直接经济内容的各种要素，如生命、身体、健康等。这些要素一方面与人身不可分离，如生命不可能脱离自然人而存在；另一方面，这些要素不能直接用金钱进行衡量，即没有直接的经济内容。不过，如果人格受到侵害，当事人可以依法要求对方予以损害赔偿（用金钱予以赔偿）。

在法考中考查人格关系，须注意如下问题：

一是要记住哪些要素属于人格的范畴，对此，主要包括生命、身体、健康、姓名、名称（针对法人和非法人组织）、肖像、名誉、荣誉、隐私、个人信息等。

二是要掌握人格关系的特点，即其不得抛弃和转让，如果当事人将其抛弃或转让，则该抛弃或转让行为均应当认定为无效。如甲公开宣称放弃生命权，其仇人乙听闻后，即将甲杀死，则乙的行为仍然侵犯了甲的生命权，因为甲放弃生命权的行为是无效的。

2.身份关系

身份关系，是自然人之间基于婚姻、血缘、收养而形成的人与人之间的关系，如夫妻之间、父母子女之间。

在法考中考查身份关系，须注意如下问题：

一是要注意其与人格关系一样，不能抛弃和转让。如甲、乙之间为夫妻关系，甲不可能将其配偶的身份转让给第三人。

二是要注意其与人格关系的不同之处，即身份关系可以解除，如通过离婚解除夫妻关系。

（三）财产关系

财产关系是人们基于财产的支配和流转而形成的社会关系。据此，就可以从支配和流转两个角度理解财产关系：

1.支配型财产关系

支配型财产关系解决的是财产归何人所有，归何人利用的问题。包括两种：一是对物的支配，如房屋归某人所有，民法上称之为物权，主要由《民法典》物权编调整；二是对智力成果的支配，民法上称之为知识产权，主要由知识产权法调整。

2.流转型财产关系

流转型财产关系解决的是财产如何在民事主体之间流转的问题，如甲将房屋出售给乙，民法上称之为债权，主要由《民法典》合同编调整。

在法考中，解决民法调整对象的相关题目时，应按两个层次进行分析（"两层次分析法"）：

第一层次，分析当事人之间是否为平等主体，如果不是平等主体，所发生的关系肯定不受民法调整；如果是平等主体，再进入第二层次。

第二层次，分析平等主体之间是否存在人身关系或财产关系，如果不存在人身关系或财产关系，不受民法调整；如果存在人身关系或财产关系，即受民法调整。

（四）人身关系与财产关系的关联性

在法考中，除了对人身关系、财产关系分别进行考查外，还有另一个命题角度，即考查二者之间的关系，对此，可以从如下两个角度分析：

1.基于人身关系产生的财产关系。如在法定继承中，继承人与被继承人之间存在夫妻、父母、子女等身份关系，但继承的最终结果，是分割被继承人留下的遗产，即指向财产关系。

2.人身法律关系遭受侵害后形成的侵权之债法律关系，属于财产法律关系。主要表现为人身关系受到侵害后，受害人要求进行财产赔偿。

经典考题： 根据法律规定，下列哪一种社会关系应由民法调整？（2016年卷三第1题，单选）①

A.甲请求税务机关退还其多缴的个人所得税

B.乙手机丢失后发布寻物启事称："拾得者送还手机，本人当面酬谢"

C.丙对女友书面承诺："如我在上海找到工作，则陪你去欧洲旅游"

D.丁作为青年志愿者，定期去福利院做帮工

归纳总结 民法的调整对象

平等主体	包括自然人、法人、非法人组织；国家机关如果不行使国家权力，而是参与到民事活动中，也属于平等主体当事人的法律地位平等
人身关系	包括人格关系和身份关系，不能转让和抛弃，但身份关系可以依法解除
财产关系	包括支配型财产关系、流转型财产关系
人身关系和财产关系的关联	有的财产关系以人身关系为基础；有的财产关系是人身关系受到侵害后产生的

① 【答案】B。本题考查民法的调整对象。按照民法调整对象的两层次分析法进行分析：A选项，税务机关属于国家机关，其征税属于行使国家权力，因此甲与税务机关的关系不属于平等主体之间的关系，不受民法调整。B选项，乙和拾得者之间属于平等主体之间的关系；同时，选项中"酬谢"一词表明属于财产关系，因此，本选项属于平等主体之间的财产关系，受民法调整，当选。该选项涉及悬赏行为，其在本质上属于单方允诺行为，而单方允诺属于债的发生原因之一，由此使当事人之间产生了债的法律关系。因此，本选项所考查的财产关系，实质上就是债的关系。C选项，丙与女友之间属于平等主体，但两者之间并未发生民法上的人身关系（人格或身份），也没有财产关系，故不受民法调整。本选项的混淆之处在于，"陪你去欧洲旅游"是需要花钱的，似乎涉及财产关系，但旅游中的消费，属于和旅行社、宾馆等之间发生财产关系，而不是和女友之间发生财产关系。实际上，"陪你去欧洲旅游"的承诺属于情谊行为，其本质是为了增加感情或友谊，而不涉及民法上的人身关系和财产关系，这一点和民事法律行为不同，民事法律行为的目的是为了产生人身关系和财产关系，如当事人之间签订买卖合同，因此，其必然就受民法调整了。对此，本专题第三节会专门进行阐述。D选项，丁和福利院之间属于平等主体，但两者之间也并未发生民法上的人身关系或财产关系，"帮工"一词表明是无偿的，故不受民法调整。本选项的混淆之处在于，不少同学对帮工侵权有较深刻的印象，认为帮工过程中发生侵权责任的，受民法调整，故认为本题应当选D。然而，本题仅表述一般帮工关系，并未涉及侵权。在帮工过程中发生侵权现象的，要么侵害了对方的人身关系，要么侵害了对方的财产关系，当然受民法调整。需要说明的是，帮工侵权已经从法考大纲中删除，考生无须作为考点复习。本题如果出现失误，最主要的原因是两个方面：一是没有记牢知识点，即民法的调整对象是平等主体之间的人身关系和财产关系，必须是平等主体，且有人身关系和财产关系，才会受民法调整。二是对知识点理解不到位，民法的调整对象要求在平等主体"之间"发生，所以两个平等主体之间如果没有人身关系或财产关系，则即使和第三人发生了人身关系或财产关系，也只能表明和第三人的关系受民法调整，但在这两个主体之间，是不受民法调整的。综上，本题正确选项为B。

第二节 民法的基本原则

命题点拨

民法基本原则本身较为抽象，法考命题时，主要与具体的案例相结合进行考查，侧重点是当事人违反了何种基本原则。复习时，要从反面进行思考，即什么情况属于不平等、不自愿、不公平、不诚信等。本节知识，因理论性较强，需要考生多多体会，而不是简单地记忆。从考查频率来看，除绿色原则尚未考查外，其他原则均有涉及。

一、民法基本原则的概念理解

民法基本原则是贯穿全部民事立法、民事司法和民事活动的总指导原则和根本法律准则，即立法者进行立法、司法者进行裁判、当事人进行民事活动，均应遵守民法基本原则。

在法考中，对民法基本原则属性的理解，应特别注意其强行性这一属性，即民法的基本原则属于强行性规定（强制性规定），当事人在民事活动中必须遵守，不允许当事人排除适用，如果当事人约定排除适用，则这一约定将被认定为无效。

与强行性规定相对应的是任意性规定，其特点是，任意性规定仅供当事人参照，如果当事人的约定与任意性规定不一致的，则优先适用当事人的约定。民法中的绝大部分规定，特别是合同编中的规定，多为任意性规定，并不强制当事人遵守。

后续内容中涉及比较重要的强制性规定的考点，会专门进行提示。

二、民法基本原则的内容

（一）平等原则

平等原则是指当事人在民事活动中的地位平等。任何民事主体在民事法律关系中平等地享有权利，其权利平等地受到保护。

在法考中，解决平等原则的相关题目时，要重点体会什么情况下违反了平等原则（不平等），即如何认定不平等的问题，对此，可以理解为一方因优势地位而获得法律的优先保护即为不平等。如国家机关作为法人与他人签订合同，结果法律却对国家机关提供优先保护，这就导致了民事主体不平等。

（二）自愿原则

自愿原则也称意思自治原则，指当事人可以根据自己的意愿从事民事活动，国家一般不干预当事人的自由意志，充分尊重当事人的选择。如甲有一套房屋，其是否愿意出售该房屋、以什么价格出售该房屋、将房屋出售给谁，均由甲自愿决定；如果甲与乙最终协商一致并签订合同，则法律一般也不会干预他们之间的合同，而确认该合同的效力。

在法考中，解决自愿原则的相关题目时，重点需要注意如下几个方面：

1. 自愿原则意味着民法尊重人的自由，但任何自由都不是绝对的，因此，在民法中，意思自治不得违反法律、法规的强制性规定，否则无效。

2.当事人根据内心意愿在相互之间所签订的合同，只要是有效的，就具有优先于任意性规定而适用的效力，即在处理当事人之间的纠纷时，依据该合同中所记载的内容为准，而无须考虑法律的规定。据此，考生在做题时，如果遇到法律中没有规定的、但当事人之间基于自愿原则而达成的合同时，则确定当事人之间的权利义务就应以该合同为准，此时，题目中关于该合同本身的描述就非常重要，需要考生认真审题。

例如，如果法考中考到了旅游合同，此时，虽然在民法里没有专门学过旅游合同（《民法典》本身对该合同也无规定），但只要题目中说明是双方自愿签订的，经考查也未违反强制性规定，则应认定该合同有效，在处理这样的题目时，要全面分析当事人之间在旅游合同中约定的各种条款。

3.法考中还要考查什么情况下违反了自愿原则（不自愿）。所谓不自愿，主要表现就是当事人因被欺诈、胁迫等而与对方签订了合同。

（三）公平原则

公平原则是指在民事主体之间发生利益纠纷时，以权利义务是否均衡来平衡双方的利益，即双方当事人之间的权利义务要是对等的。

在法考中，解决自愿原则的相关题目时，要重点体会什么是不公平，对此，可以大致理解为如果出现一方权利过多、义务过少，同时对方权利过少、义务过多的局面，则为不公平。如双方交易的一幅字画市场价为100万元左右，但最终双方按照10万元进行交易，则可以理解为违反了公平原则。需要注意的是，此时，如果卖方是受买方的胁迫而出售的，则进一步又违反了自愿原则。

（四）诚信原则

诚信原则是指民事主体在从事民事活动时要讲诚实、守信用，正当行使权利和履行义务，在追求自己利益的同时不能损害他人。可以通俗地理解为：一要说真话；二要说话算话；三不要损害别人。

在法考中，解决诚信原则的相关题目时，要重点体会什么情况下违反了诚信原则（不诚信）。所谓不诚信，可以大致理解为：

1.不说真话或说假话。如欺诈他人。

2.说话不算话。如签订合同后不履行合同。

3.损害他人以为自己获取利益。如为自己生活方便而自建小路，但给邻居造成通行上的障碍。

（五）守法和公序良俗原则

守法和公序良俗原则是指在民事活动中，应遵守法律的强制性规定，遵守公序良俗。其中，公序良俗是公共秩序和善良风俗的合称。当事人在民事活动中违反强制性规定或公序良俗，将导致无效的结果。对此，本书将在专题四第四节"无效的民事法律行为"中详细阐述。

（六）绿色原则

绿色原则要求民事主体从事民事活动，应当有利于节约资源、保护生态环境。该原则在法考中无重要地位，仅作简要了解即可。

经典考题：甲、乙二人同村，宅基地毗邻。甲的宅基地倚山、地势较低，乙的宅基地在上将其环绕。乙因琐事与甲多次争吵而郁闷难解，便沿二人宅基地的边界线靠己方一侧，建起高5米围墙，使甲在自家院内却有身处监牢之感。乙的行为违背民法的下列哪一基本原则？（2017年卷三第1题，单选）①

A.自愿原则　　　　B.公平原则　　　　C.平等原则　　　　D.诚信原则

归纳总结 民法基本原则

平等原则	当事人的法律地位平等
自愿原则	当事人可以根据自己的意愿从事民事活动
公平原则	双方当事人之间的权利义务均衡
诚信原则	当事人要讲诚实、守信用
守法和公序良俗原则	当事人应遵守法律的强制性规定，遵守公序良俗
绿色原则	当事人应节约资源、保护生态环境

第三节　民事法律关系概述

命题点拨

民事法律关系代表着民法的基本思维方式，即谁和谁之间产生了怎样的民事法律关系，这一思维方式，贯穿在所有题目的分析过程中。因此，本节在法考中具有十分重要的地位，主要体现为其是一种民法思维方式的培养。具体命题时，则主要考查不属于民事法律事实的情形，需要作为重点进行掌握。其他知识点，均为基础知识，有所了解即可。

---

① 【答案】D。本题考查民法基本原则。A选项考查是否违反了自愿原则，本题中，乙的行为是自建围墙，并没有强迫甲实施违反其内心意愿的行为，故没有违反自愿原则，A错误。B选项考查是否违反了公平原则。本题中，并没有因乙的行为而导致双方的权利义务失衡，即乙的行为并没有导致甲的权利过少、义务过多的局面，故B错误。C选项考查是否违反了平等原则。本题中，乙没有什么优势的地位，也没有因其地位而获得优先保护的结果，所以乙、甲双方仍然处于平等的地位，C错误。D选项考查是否违反了诚信原则。本题中，乙并没有对甲说什么假话或出现说话不算话等情况，但其为了缓解心中郁闷，建围墙而给邻居造成障碍，应认为违反了诚信原则。此外，本题适用诚信原则，略有争议，因为在民法理论上，有的学者主张诚信原则应适用于合同缔结过程中，本题未涉及双方缔结合同问题。从选择题的做题技巧来看，也可以从排除法的角度理解，即前三个选项明显不符合题意，只能排除。本题如果出现失误，最主要的原因是对民法基本原则"发自内心"的体会不够到位。由于民法基本原则过于抽象，而法考中出的题目又比较具体，仅靠记忆一些抽象的语言难以应付法考题目，所以考生在复习过程中，一定要以本书所阐述的内容为基础，结合身边的事例以及法考真题，多多体会不自愿、不公平、不平等、不诚信究竟如何把握。综上，本题正确选项为D。

一、民事法律关系的概念

民事法律关系是由民法调整的，以平等主体之间的权利义务为内容的社会关系，包括人身法律关系和财产法律关系。如甲因为将房屋出售给乙而和乙之间形成了买卖法律关系。

对该概念，可分三个层面理解：一是必须是由民法调整的，如果是其他法律调整，则形成其他的法律关系，如行政法调整的事项，则形成行政法律关系；二是在平等主体之间发生，即自然人、法人、非法人组织；三是可分为人身法律关系和财产法律关系两种类型，对此，可以结合本专题第一节人身关系、财产关系的相关内容进行理解。

根据上述分析，一般将民事法律关系分为三个要素，即主体、客体和内容。其中，主体即自然人、法人和非法人组织，将分别在本编专题二、专题三进行阐述；客体也就是民事权利和民事义务所指向的对象，具体包括物、人身利益、给付行为、知识成果，将在本专题第四节进行阐述；内容也就是民事权利和民事义务，其基本原理将在本专题第五节进行阐述。

二、民事法律关系的形成

形成民事法律关系的各种原因，在民法上用民事法律事实这个专业名词进行表达。

民法上根据民事法律事实是否与人的意志有关，将其分为事件和行为两大类。法考重点对行为进行考查，对于事件，仅作一般了解即可。

1.事件

事件是与特定民事主体的意志无关的法律事实。

事件又可以分为两类，一类为自然事件（绝对事件），一类为社会事件（相对事件）。

（1）自然事件，是其发生与人类活动没有直接关联的事实，如自然灾害、时间经过、果树结果、水果腐烂、自然人的自然出生和自然死亡之类。

（2）社会事件，是社会群体的集体行为，如战争、动乱、罢工之类。

2.行为

行为是与特定民事主体的意志有关的法律事实。

根据意志是否需明确对外作意思表示，行为又被划分为表意行为和非表意行为。

（1）表意行为。"表意"，即将内心意思表达出来，因此，表意行为是行为人通过意思表示，旨在设立、变更或消灭民事法律关系的行为。

在法考中，表意行为主要是指民事法律行为，其特点是，行为人有预期的民法效果，所以能产生当事人意欲达到的民事法律关系设立、变更和消灭的目的。民事法律行为，本编专题四专门进行阐述。

（2）非表意行为，又称事实行为。非表意行为是行为人主观上没有产生民事法律关系效果的意思表示，但只要在事实上实施了这一行为，在客观上就能引起法律效果发生的行为。这是因为，法律对事实行为的效果有直接规定。因此，事实行为之所以发生效果，并不是因为当事人的预期，而是因为民法的规定。

法考中常考的事实行为有：写小说、盖房子、捡东西、救他人。如写小说，只要小说完成，作者即对其享有著作权，因为法律就是如此规定的。除写小说外，其他事实行为，在后面的物权编、合同编中均要专门进行学习。

因民事法律行为需要等待后面专题四方全面阐述，关于民事法律行为与事实行为的关系，亦留待专题四再详细论述。

（三）不属于民事法律事实的情形

所谓不属于民事法律事实，是指不能在当事人之间产生民事法律关系，或者说不能在当事人之间产生民事权利和民事义务，故而也就谈不上承担民事责任。这是法考的重点考查内容。

1.日常生活中的现象

日常生活中的许多现象，不属于法律事实。

（1）日出、日落、下雨、刮风等自然现象（假设没有出现不可抗力）；

（2）散步、读书、学习等不具备法律意义的行为；

（3）同学关系、师生关系、同事关系、恋爱关系等；

（4）宗教关系。

上述现象，在相应的民事主体如同学、师生之间，并不会产生民法上的权利义务。当然，如果同学、师生之间因某项财产而签订买卖合同，则会产生合同这种民事法律关系，此时就不仅仅是同学、师生关系，而是属于平等主体之间的财产关系。

2.情谊行为

情谊行为，是和感情、友谊相关的行为，又称好意施惠行为。因为这种行为的主要目的是为了增加人与人之间的感情或友谊，故并不涉及人身关系或财产关系，不归民法调整。

法考中对情谊行为的考查，主要从两方面进行，一是要求考生准确判断哪些行为是情谊行为；二是要求考生对情谊行为的效果进行分析，包括其是否产生违约责任和侵权责任两个方面。

（1）情谊行为的主要表现：

法考中常考的情谊行为主要包括：搭乘便车、答应到站叫醒、顺路代为投递信件、各种社交邀请（如请人吃饭、看电影、旅游）、为人指路、约定看房子、约定谈判等。

注意：相约商谈生意属于情谊行为，事后因故取消约定，不承担违约责任；但如果缺乏缔约的诚意而以订约之名恶意磋商，则构成缔约过失，此时就不属于情谊行为，而是应承担缔约过失责任。

（2）情谊行为的法律效果：

有两个考查角度：一方面，要记住情谊行为不产生合同关系，如一方爽约，不产生违约责任。另一方面，要注意情谊行为中可能会产生侵权责任。对此，要结合案情具体分析，在法考中，主要是记住如下几类实例：

①答应顺路搭载某人本是情谊行为，其后反悔，未顺路搭载他人，不承担违约责任。但是，如果已经搭载了某人，且在搭载过程中发生交通事故，并由机动车使用人（司机）承担责任的，则要承担侵权责任。

②答应临时帮邻居照顾孩子本是情谊行为，其后反悔，未帮邻居照顾孩子，不承担

违约责任。但是，如果已经在帮邻居照顾孩子，且在照顾过程中因为故意或重大过失对孩子造成伤害，则要承担侵权责任。

③邀请共同饮酒本是情谊行为，其后反悔，未参与饮酒，不承担违约责任。但是，如果已经开始共同饮酒了，则将产生照顾义务，违反照顾义务，将产生侵权责任。照顾义务的具体表现：

一是饮酒当时的照顾义务。不得明知对方不能饮酒（如肝硬化）而劝对方饮酒；不得明知对方已醉而仍然劝人饮酒；不得违反基本的社交礼仪而过分劝酒、极力劝酒。违反该义务，要对因被劝酒而导致受到损害的人承担侵权责任。

二是饮酒之后的照顾义务。主要表现为应当搀扶醉酒者下楼梯、过马路，送醉酒者回家。若违反该义务而导致共同饮酒者受到损害，也应承担侵权责任。

④邀请共同旅游本是情谊行为，其后反悔，未参与旅游，不承担违约责任。但是，如果已经开始共同旅游了，则结伴同游的伙伴（所谓"驴友"）之间有相互照顾、相互帮助的义务，在旅游中遇到危险，驴友在有能力实施救助的情形下，放任同游的伙伴受伤或死亡，应承担侵权责任。

3.戏谑行为

戏谑行为，即日常生活中的吹牛、打赌、开玩笑之类，因为不追求任何民法上的效果，同样不属于民事法律事实，不能在当事人之间产生民事权利和民事义务。例如，甲花费20万元购得限量名表，同事乙（与甲很熟悉）看到羡慕不已，赞不绝口。于是甲开玩笑称："送给你戴！"无论乙是否信以为真，甲的表示均不发生法律效力，即无须履行赠与义务。

在法考中，要特别注意戏谑行为可能会产生侵权责任的情况，这主要是指如果当事人之间的戏谑行为是以从事某种危险行为作为打赌内容时，则表明当事人具有过错，由此可能会产生侵权责任。

实例： 甲、乙、丙三人打赌，如果甲能用牙叼着装满石子的塑料桶走上20米，则乙、丙二人拜甲为师，甲走了18米后倒地受伤。

结论： 因为乙、丙二人怂恿甲从事危险活动，对甲的损害具有过错，应当承担侵权责任。同时，受害人甲明知有损害风险而为之，也应承担部分责任，即乙、丙无须承担全责。

4.婚约

在中国大陆，婚约不是合同，不是民事法律事实，不具有法律效力。当事人达成婚约，事后一方未履行婚约，对方不能要求强制履行。

法考目前并未对婚约进行直接考查，而是重点考查与此相关的彩礼问题。对于已经支付的彩礼，原则上不能主张返还彩礼，但以下情形可以主张返还：（1）双方未办理结婚登记手续；（2）双方办理结婚登记手续后又离婚，确定没有共同生活的；（3）婚前给付彩礼，离婚后，给付一方因为给付彩礼而生活困难的。需要注意的是，后两种情况以离婚为必要条件，如果未离婚，也不能主张返还彩礼。

经典考题： 兹有四个事例：①张某驾车违章发生交通事故致搭车的李某残疾；②唐某参加王某组织的自助登山活动因雪崩死亡；③吴某与人打赌举重物因用力过猛致残；④何某心情不好邀好友郑某喝酒，郑某畅饮后驾车撞树致死。根据公平正义的法治理念

和民法有关规定，下列哪一观点可以成立？（2013年卷三第1题，单选）①

A.①张某与李某未形成民事法律关系合意，如让张某承担赔偿责任，是惩善扬恶，显属不当

B.②唐某应自担风险，如让王某承担赔偿责任，有违公平

C.③吴某有完整意思能力，其自担损失，是非清楚

D.④何某虽有召集但未劝酒，无需承担责任，方能兼顾法理与情理

归纳总结 **民事法律关系**

基本概念	是由民法调整的，以平等主体之间的权利义务为内容的社会关系，包括人身法律关系和财产法律关系
民事法律事实	分为事件和行为。事件包括自然事件和社会事件；行为包括表意行为（民事法律行为）和非表意行为（事实行为）
不属于民事法律事实的情形	主要包括日常生活行为、情谊行为、戏谑行为、婚约 注意：在情谊行为、戏谑行为中可能会产生侵权责任

第四节 民事法律关系的客体

命题点拨

客体在近年来法考中的分值不高，真题中直接涉及的考点主要是物和有价证券这两类客体，所以应重点掌握这两类客体。此外，"物"的内容还涉及后续物权编知识点的学习，尤其要注意掌握好。至于其他几类客体，仅作简要了解即可。

---

① 【答案】B。本题考查情谊行为、戏谑行为等内容。事例①，考查顺路搭载，其本属于情谊行为，但李某的残疾是因张某的违章驾驶引起的，李某对此负有责任，故应向李某承担侵权责任，A项错误。事例②，考查共同旅游，唐某在登山活动中因雪崩死亡，属于自然灾害，题目未提到王某有能力实施救助而未救助，故王某不承担侵权责任，B项正确。事例③，考查戏谑行为，吴某与他人打赌举重物，属于危险行为，其受伤与他人的教唆、鼓动存在因果关系，他人具有过错，虽然吴某本人明知危险而仍然打赌，也具有过错，但他人也应当承担部分赔偿责任，C项错误。事例④，考查共同饮酒，何某并未劝酒，但在郑某饮酒之后未能阻止郑某醉酒驾驶，即未尽到对郑某的照顾义务，故应当承担侵权责任，D项错误。本题如果出现失误，最主要的原因有两个方面：一是对情谊行为、戏谑行为等知识点掌握得不够精准，没有分清什么情况下应由相应的当事人承担责任。二是可能受生活常识的影响，对于驴友、打赌、共同饮酒等生活中常见的现象，想当然地从生活常识角度判断，而没有用民法的思维思考和解决问题。考生要逐渐摒弃"跟着感觉做题"这种错误的做题方法，而要做到"有理有据做题"，要确保自己得出的结论在法律上都是有依据的。综上，本题正确答案为B。

一、物

（一）物的概念

物是存在于人体之外，为人力所能支配，并能够满足人类社会需要的有体物及自然力。人们目之所及，桌子、椅子、房子、车子等，均是常见的物。

法考中可能会考查物的判断问题。对此，要满足以下几个条件：

1.非人格性

即物不具有人格属性，因此，人的身体和身体组成部分，因属于人格的范围，故不是物。有两种例外情形：

（1）已经与人的身体分离的部分，如分离的毛发、抽出的血液、捐献的器官等，是物；

（2）尚未与人的身体结合的部分，如假牙、义肢等，也属于物。

2.原则上为有体物

有体物包括动产和不动产。但有些无体物也可能被视为物，如能够为人力所控制的电、气、光波、磁波等自然力。

3.可支配性

如果人类不能支配，则不能作为客体对待，如日月星辰等。

4.具有效用性

即物能满足人的物质利益和精神需求，这表明物具有经济价值，可用来进行交换。没有效用的，客观存在的可支配物，不能作为民法上的物。通常认为，一滴水因不能满足人们的需要，故不作为物对待。

（二）物的分类

本部分内容为本节的学习重点，其中又以前三个分类最为重要。

1.动产与不动产

这是以物是否能移动和移动后是否会损害物的价值为标准进行的划分。

动产是能够移动并且不因移动损害价值的物，如家具、电脑、汽车等。

不动产是不能够移动或虽可移动但却会因移动损害价值的物，如土地、房屋等。

在法考中，这一分类有如下考试价值：

（1）两者的公示方法不同。动产物权原则上以交付为公示方法，不动产物权以登记为公示方法。所谓公示，就是公开展示。在物权法中，要求各类物权都要有公开展示的方法。这一区分意义，对物权编的学习尤为重要。

（2）可设立物权的类型不同。不动产之上不得设立质权和留置权，尤其是不动产之上不得设立质权，已在法考中结合物权的相关知识进行过考查。

（3）能否产生相邻关系不同。不动产有相邻关系之发生，动产不存在相邻关系的问题。

2.主物与从物

这是根据两个独立存在的物在法律效力中的主从关系来划分。

主物是指能够独立发挥效用，并为从物所辅助之物。

从物是指在物理上独立存在，而在功能上辅助主物发挥效用的物。

在法考中，这一分类具有如下考试价值：

（1）在判断从物时，其必须独立于主物，即不是主物的组成部分。如窗户是房屋的组成部分，轮胎是汽车的组成部分，均不是主物与从物的关系。

（2）需要考生记住现实生活中常见的主物与从物的现象以及哪些不属于主物与从物的关系。其中，常见的主物与从物有：电视机与遥控器、网球拍与网球套、汽车与备胎、台灯与灯罩。常见的不属于主物与从物的有：房屋与窗户、汽车与轮胎、上衣与裤子。

（3）从物对主物具有从属性，即主物转让的，从物随主物转让，但当事人另有约定的除外。这一规则，简称"从随主走"。

3.原物与孳息

这是依产生收益的物与所生收益之间的关系而对物作的区分。

原物指能够产生收益的物；孳息指原物所生的收益，包括天然孳息和法定孳息。

天然孳息是依物的自然属性而获得的收益，即物自己长出来的"东西"，如植物所结的已经脱落的果实、动物产出的幼崽。

法定孳息是依法律关系所得的收益，即通过人的行为的介入、并与对方形成某种法律关系后而获得的"东西"，在这一过程中，行为人自己放弃了物的使用权或所有权，然后从对方手中获得了一定的对价，如出租所得的租金、彩票中奖所得的奖金。不过，购买彩票之后，并不必然会中奖，而是有获奖的可能性，所以民法上又把彩票中奖所得的奖金称之为射幸孳息。所谓"射幸"，就是"射中幸运"，获奖的人可称之为射中幸运的人。

在法考中，这一分类具有如下考试价值：

（1）在判断天然孳息时，要求天然孳息必须与原物相分离，其在与原物分离之前，不能称为孳息，如果树和果树上已成熟的果实、动物腹中的胎儿，均不是孳息。

（2）在判断法定孳息时，要明确购买股票后从公司获得的分红（股息）并不是孳息。首先，股息肯定不属于天然孳息，它并不是自然生长出来的。其次，股息也不是法定孳息，这是因为，法定孳息的获得，以当事人放弃物的使用权或所有权、同时从对方手中获得对价为前提，而某人用其金钱购买某公司的股票后，其即成为该公司的股东，其对金钱的所有权转化为对公司的股权，而并没有直接丧失权利，公司盈利之后将利润分配给股东，也谈不上是股东放弃什么权利之后的对价，而是股东投资该公司后获得的收益。在此意义上，股息不属于孳息。

（3）要求考生会判断孳息归谁所有。就天然孳息而言，除法律有特别规定或者当事人有约定外，归原物的所有权人取得；既有所有权人，又有用益物权人的，由用益物权人取得。就法定孳息而言，有约定按约定，没约定按照交易习惯确定，如租金，应归出租人所有，而不是归承租人所有。

4.特定物与种类物

这是根据物是否有独特属性或被特定化进行划分。

特定物是具有一定特性的物，或称为"与众不同"，其特性的来源，包括两个方面：一是世界上独一无二的物，如毕加索的画、《狂人日记》的手稿等；二是被当事人挑中的物，这种物经过了人的挑选，也显得与众不同，如经挑选的衣服。特定物因为与众不同，所以不能被别的物所代替，因此又称为不可代替物。

种类物是没有自身特性，而是一批物或一批物当中的某一个。如10斤大米、1吨煤炭等。种类物能用其他相同特征的物来代替，所以又称为可代替物。

在法考中，这一分类具有如下考试价值：

（1）种类物经当事人挑选后，即转化为特定物。因此，如果甲对乙说："既然这10部手机都一样，那就随便卖一部给我吧"，则甲、乙之间为种类物的交易；如果甲从乙的10部手机中挑选出1部，对乙说："我就买这部"，则甲、乙之间为特定物的交易。

（2）这两类物在灭失时的法律效果不同。当特定物作为合同履行的标的物时，该物于交付对方当事人前灭失的，由于无法用其他物代替，因此债务人可以免除交付义务，但应承担赔偿责任。相反，若以种类物作为合同履行的标的物时，该物于交付对方当事人前灭失的，因种类物能被其他物所代替，因此债务人不能免除交付义务，其仍需以同样品质、数量的其他物来进行交付。

实例：甲、乙订立了一份买卖大米的合同，另外订立一份买卖服装的合同，该服装在订立合同时，已由乙选定好了。后甲在运输该大米和服装的过程中，因超速驾驶，货车撞坏防护栏，掉入水中，货物毁损。

结论：甲、乙之间订立的大米买卖合同中的标的物是种类物，甲不能免除交付的义务，甲仍需以同样质量和数量的大米予以交付；但甲、乙之间订立的服装买卖合同中的标的物经乙的挑选而特定化，甲可以不再履行交付义务，但需要承担赔偿责任。

5.消耗物与不可消耗物

这是依据物能否重复使用进行划分。

消耗物是指仅一次性有效使用就灭失或品质发生变化的物，如货币、大米。

不可消耗物是指可反复使用，通过使用逐渐磨损其效用的物，如车辆、电器、房屋等。

在法考中，这一分类的考试价值在于，这两种物之上存在的合同类型不同。对于消耗费，由于不能被反复使用，故不能成立租赁合同，不可消耗物之上则可以成立租赁合同。

6.可分物与不可分物

这是依据物能否被分割为标准进行划分。

可分物是指可以分割并且不因分割而损害其价值或性能的物，如将一袋大米分成若干份。

不可分物是指分割后会改变性能或价值的物，如一辆汽车、一架钢琴。

在法考中，这一分类的考试价值不算很大，其仅表现在物的分割方法不同，即数个人共有一物且要对其进行分割时，若为可分物的，可分割实物，各得其所；对于不可分物，原则上只做价值上的分割，即实物归于一人，由其对其他人做补偿，或者将实物出卖，分割所得价金。

（三）货币和有价证券

1.货币

货币是一种特殊的物，适用"占有即所有"的规则，即货币的占有人即是货币的所有权人，而不论该占有人是基于合法原因占有还是非法原因占有。

在法考中，货币的考试价值在于：

（1）货币丧失占有后，当事人不得主张返还原物请求权，只能主张不当得利返还请求权。如甲的货币被乙偷走了，此时乙即使是非法占有，也对货币享有所有权，此时甲的所有权丧失，故甲不能要求乙返还原物；但乙本身属于不当得利，甲可以不当得利为由要求乙返还相同金额的货币。

（2）借款合同转移的是货币所有权而非使用权，贷款人不能主张返还原物请求权，而只能主张借款人偿还相同数额价款的债权。如甲将其1万元借给乙，则交付给乙之后，所有权即转移给乙。甲作为贷款人，对乙享有偿还1万元借款的债权，但不能要求乙返还原物。但如果甲将其电脑借给乙，则电脑的所有权并不转移，借期届满之后，甲有权要求乙返还原物，即将该电脑返还给甲。

（3）货币之债本身只发生履行迟延，不发生履行不能。如甲借给乙100万元，到期后因乙身无分文，无力偿还，但乙不能主张履行不能而免责，其到期不能偿还，构成履行迟延，将来其有了财产之后，应继续偿还债务。

2.有价证券

有价证券是指设定并证明持券人有权取得一定财产权利的书面凭证，如支票。

有价证券的类型多种多样，根据其是否记载持券人的姓名，分为记名有价证券和不记名有价证券，在法考中，目前仅涉及不记名有价证券，即证券上对持券人的姓名不进行任何的记载，而仅记载该证券所代表的权利。

不记名有价证券的考试价值主要表现在：

（1）准确判断有价证券的类型。有价证券的类型多种多样，但法考中涉及的有价证券类型主要包括两种：

一是物权凭证性质的有价证券，其是指该证券记载了持券人对某些标的物享有所有权。如仓单，其在现实中的运作过程是：甲公司将其一批货物交给乙仓储公司储存，乙公司遂开出一张仓单，以证明甲公司有一批货物储存在其仓库中。由于甲公司对该批货物享有所有权，故仓单即属于物权性证券。乙公司可以凭仓单取出该批货物；如果乙公司将该批货物出卖给丙公司，其将该仓单直接交付给丙公司即视为完成了货物的交付，丙公司将来可以凭该仓单从甲公司处取出货物，此种交付，在民法上也称为拟制交付。民法上的交付，在拟制交付之外，还有现实交付、观念交付，它们是不同的交付方式，对此，本书将在专题七第四节详细阐述。

二是债权凭证性质的有价证券，其是指该证券仅记载了持券人享有某种债权，持券人凭借该证券，也可以从证券发行方提取货物，但其对货物本身不享有所有权。如某些单位在节假日给职工发放的蛋糕券、面包券、月饼券等证券，以蛋糕券为例，其在现实中的运作过程是：蛋糕店发行蛋糕券，单位从蛋糕店购买蛋糕券发放给职工，职工凭借蛋糕券从蛋糕店提取蛋糕。在职工提取之前，职工和单位对蛋糕店里的蛋糕并不享有所有权，但有从蛋糕店提取蛋糕的权利，故此种权利应定性为债权。

（2）掌握有价证券的流转规则。不论是物权性质的有价证券还是债权性质的有价证券，其均代表一定的权利，具有一定的价值，故可以在民事主体之间流通。如在前述例子中，乙公司可以将仓单转移给丙公司；持有蛋糕券的职工也可以将其蛋糕券再转让给别人。

（3）掌握有价证券的兑付规则。有价证券原则上实行"认券不认人"的规则，即证券的发行方只要看到证券，就可以向证券持有人兑付提取货物的权利，而不论该证券的持有人如何持有该证券。

一些特殊的有价证券，如汇票、本票、支票等，将在商法学科中进行学习。

二、人身利益

人身利益是人身权的客体，具体又包括人格利益和身份利益。对此，可以参照本专题第一节人身关系的相关内容来理解。

三、给付行为

给付行为是债权的客体，是指债务人满足债权人的利益而进行的特定行为，包括作为和不作为，如在买卖合同所形成的债权债务关系中，债权的客体并不是双方买卖的标的物，而是卖方将买卖的标的物交付给买方的行为以及买方交付价款的行为。

四、知识成果

知识成果是知识产权的客体，主要包括发明、实用新型、外观设计、商标、地理标志、商业秘密、集成电路布图设计等。

归纳总结	民事法律关系的客体
物	①根据不同标准，可以分为动产与不动产、主物与从物、原物与孳息、特定物与种类物、消耗物与不可消耗物、可分物与不可分物 ②对于货币这种特殊的物，实行"占有即所有"的规则 ③对于有价证券这种特殊的物，可以在民事主体之间流通，实行"认券不认人"的规则
人身利益	是各类人身权利的客体，包括人格利益和身份利益
给付行为	是债权的客体
知识成果	是各类知识产权的客体

第五节　民事权利

命题点拨

关于民事权利，近年来法考中较少单独命题，但由于民事权利是民法的核心，民法典各分编就是围绕民事权利设计的，所以可以说，绝大部分题目都与民事权利有关联，因此，民事权利要作为重点内容掌握扎实。在学习民事权利时，经常涉及物权、债权等具体权利的理解，建议考生在学完整个民法之后，再回头重温一下本节的内容，以便加深理解。

民法中的权利多种多样，一般认为，物权、债权、人格权、继承权、知识产权，是民法中最为重要的几类民事权利。

法考中对民事权利的考查，主要涉及民事权利的分类、民事权利的行使以及民事权利的救济，以下分别进行阐述。

一、民事权利的分类

1.民事权利的一般分类

依据不同标准，可以对权利作出各种不同的分类，详见下表。

分类标准	类型	概念	举例
民事权利的客体所体现的利益不同	财产权	以财产利益为客体的权利	物权、债权
	人身权	以人身利益（即人格利益和身份利益）为客体	人格权、身份权
	综合性权利	兼具财产权和人身权属性的权利	著作权（如其中的署名权为人身性权利，只能由作者署名；复制权则为财产性权利）
效力所及相对人的范围	绝对权（对世权）	效力及于一切人的权利，即权利主体是某一个特定的人，而义务主体是权利人之外的所有人	物权、人格权、知识产权
	相对权（对人权）	效力及于特定人的权利，即权利主体和义务主体均为特定的人	债权
权利的相互关系	主权利	在相互关联的几项民事权利中，不依赖于其他权利就可以独立存在的权利	主债权
	从权利	在相互关联的几项民事权利中，必须依附于其他权利，不能独立存在的权利	担保物权（其设立目的是为了保障债权的实现，故担保物权必须依附债权而存在）
民事权利与权利人的联系	专属权	专属于特定的民事主体的权利，该权利与主体不能分离，不得转让、继承	人格权、身份权
	非专属权	可以转让、继承	物权、债权

上述分类，在法考中有如下重要考试价值：

（1）债权作为相对权，具有最大的考试价值，主要体现在：

①权利人只能向义务人主张权利，而不能向义务人之外的第三人主张权利；义务人

只向权利人承担义务，而不向权利人之外的第三人承担义务。

②债权的产生原因多种多样，包括合同、侵权、无因管理、不当得利、单方允诺、缔约过失。其中，此处命题涉及的主要原因是合同和侵权这两类，即当事人签订合同后，当事人基于合同而向对方主张的权利为债权；一方侵犯另一方权利后，受害人基于侵权向对方主张的损害赔偿的权利为债权。

综合上述两项原理，在法考中，要求考生必须做两件事：一是找出"谁和谁签订了合同"，由此，合同中的权利义务只能发生在合同双方，违约责任也只能发生在合同双方，没有合同关系的，相互之间不会发生违约责任，也可称为合同的相对性。二是找出"谁侵犯了谁的权利"，由此，侵权责任只发生侵权人和被侵权人之间，而不涉及第三人，也可称为侵权的相对性。

典型命题模型：甲与乙签订购买电脑的买卖合同，乙又将该批电脑转卖给丙，乙指示甲将电脑直接交给丙。若电脑质量存在问题，则应由甲向乙承担违约责任，再由乙向丙承担违约责任，在甲、丙之间不会发生违约责任，因为二者不存在合同，故没有债权关系。

（2）从权利也具有重要的考试价值，具体表现在：从权利具有从属性，即从属于主权利，随主权利的移转而移转，随主权利的消灭而消灭。此点，与上一节所学主物与从物的区分原理有相似之处，即"从随主走"。由此，进一步推导的结论是，从权利本身不能单独移转，其只能随着主权利的移转而移转。

典型命题模型：甲从乙处借款50万元，以其房屋进行抵押。如果乙将其债权转移给丙，则乙对甲的房屋的抵押权也随之转移给丙。

2.民事权利的功能分类

依照民事权利的功能不同，可以将其分为四类：支配权、请求权、抗辩权与形成权。此部分内容较多，需要分别阐述。

（1）支配权

支配权是指权利人可以直接支配客体的权利。在支配权，权利人实现其权利，仅自己支配即可实现，而不需要其他人予以积极的配合，他人只要不干涉即可。

典型的支配权如人身权、物权、知识产权。如人身权中的生命权，权利人凭自己的意志自由支配自己的生命，他人只需要不干涉即可，而无需做出积极配合的行为。

在法考中，支配权具有如下考试价值：

①支配权同时也是绝对权，具有绝对性（对世性），即支配权人以外的所有人均是支配权的义务人，均负有不得侵害支配权的不作为义务。如：甲的汽车不允许其他任意人进行侵犯。

②支配权原则上不适用诉讼时效。如：甲、乙按份共有某房屋，任何一方可以随时要求分割，而不受诉讼时效的限制。

（2）请求权

请求权是指特定人请求特定人为特定行为（作为或不作为）的权利。

在请求权，权利人的权利欲获得实现，必须有义务人的配合。如甲从乙处借款10万元，乙的债权欲获得实现，需要有甲的还款行为的配合；如果甲一直拒绝还款，乙的债权就难以获得实现，此时一般就只能通过诉讼或仲裁的方式予以解决。

典型的请求权如人身权请求权、物权请求权、债权请求权、占有保护请求权等。如人身权中的名誉权受到侵害时，受害人有权请求对方停止侵害、赔礼道歉等。

在法考中，请求权具有如下考试价值：

①请求权中，权利人不能直接支配义务人的人身或财产，这是通过与支配权进行对比而得出的重要结论。如：债权人甲可以请求债务人乙还款，但不能直接支配债务人乙的人身或财产，不能直接把乙的财产转变为归自己所有。

②请求权同时也是相对权，具有相对性，即请求权人仅能对特定的人（义务人）提出履行义务的请求，如合同的相对性、违约责任的相对性。

③请求权具有相容性，即同一标的物上可成立两项以上相同内容的请求权，这一结论主要用于解决一物二卖问题。在一物二卖场合下，甲可以就同一标的物分别与两个买方乙、丙订立买卖合同，两份买卖合同均有效。因为，基于买卖合同产生的权利为债权，而债权是请求权，具有相容性，所以两份买卖合同之间互相不排斥，均有效。

④请求权具有平等性，即同一标的物上成立的两项以上的相同内容的请求权之间互相平等，没有谁优先于谁的问题，这一结论也主要用于解决一物二卖问题。在一物二卖场合下，甲与乙、丙两个买方分别订立了两份买卖合同，乙不能以其合同订立在先而主张优先于丙获得房屋的所有权，因为这两份买卖合同代表两个债权，而债权作为请求权，相互之间不存在谁先谁后的问题。但是，如果甲已经将房屋过户到了丙名下，则丙已经获得了房屋的所有权，此时，法律就要优先保护丙的利益，确认丙取得所有权，而不会将房屋所有权确认归乙所有（简称"物权优先于债权"，因为所有权属于物权的一种）。对乙的保护，只能是其向卖方甲主张违约责任。

⑤请求权中的债权请求权原则上适用诉讼时效。如甲从乙处借款10万元，二人之间签订了借款合同，甲基于这一合同要求乙返还借款的权利属于债权，其受诉讼时效的约束。不适用诉讼时效的债权请求权，如向银行主张的支付存款本金及利息请求权等，将在本编专题六诉讼时效一章中详细分析。

（3）抗辩权

抗辩权，是对抗对方之请求权的权利，其功能在于延缓请求权的行使，但不具有消灭请求权的功能。如诉讼时效届满以后，债务人取得对抗债权人的抗辩权，可以诉讼时效届满为由，拒绝履行债务。

在法考中，抗辩权具有如下考试价值：

①准确记忆抗辩权的类型。目前，法考中涉及的抗辩权仅有诉讼时效届满的抗辩权、双务合同中的履行抗辩权（又包括同时履行抗辩权、顺序履行抗辩权和不安抗辩权）、一般保证人的先诉抗辩权。以上抗辩权在后续内容中均会逐一学习，此处出题，仅需要记住这些抗辩权分别发生在诉讼时效届满、双务合同（双方互负义务，如买卖合同）、一般保证中即可。

②在分析题目时，要时刻注意抗辩权是以请求权的存在为前提的，无请求权便无抗辩权。

③抗辩权在效果上有永久性抗辩和一时性抗辩之分，永久性抗辩是指可以永久地阻

止权利人行使请求权，诉讼时效届满的抗辩权即为典型。时效届满后，债务人可以永久行使时效届满的抗辩权，从而使自己永久不履行债务。一时性抗辩，是指在满足某项抗辩权的行使条件时，可以临时性地阻止权利人行使请求权，一旦该条件消失，则不能再予抗辩，双务合同中的履行抗辩权、一般保证人的先诉抗辩权为其典型。如甲、乙双方签订买卖合同，由甲将一批设备出卖给乙，未约定双方的履行顺序，当甲未交付设备时，乙可以行使同时履行抗辩权，从而拒绝履行付款的义务，但如果甲主动向乙交付了设备，则乙行使同时履行抗辩权的条件消失，乙不得再抗辩甲，而也应向甲交付价款。

（4）形成权

形成权是指依据权利人单方的意思表示，就可以使民事法律关系产生、变更或者消灭的权利。如10岁的甲与成年的乙签订标的物为5万元的买卖合同，该合同在法律上效力待定，由甲的法定代理人（通常为其父母）进行追认，此种追认权即为形成权，一旦追认，买卖合同就确认有效，而与甲和乙的意志没有关系。故而，形成权的效力极其强大，其往往能决定别人的命运。

在法考中，形成权有如下考试价值：

①准确记忆形成权的类型。目前，法考中重点关注的形成权类型有追认权、撤销权、解除权、抵销权、受遗赠的接受或放弃权等。

②对形成权的行使方式进行考查。概括而言，形成权的行使方式主要有：

A.可以通过通知、诉讼或仲裁的方式行使的形成权。主要类型：赠与合同中的撤销权、效力待定中善意第三人的撤销权、追认权、解除权、抵销权。

B.只能通过诉讼或仲裁的方式行使的形成权。主要类型：因欺诈、胁迫、重大误解和显失公平而导致的可撤销民事法律行为中的撤销权。

C.只能通过诉讼的方式行使的形成权。主要类型：合同保全中的撤销权；可撤销婚姻中的撤销权。

D.法律认可的以沉默方式行使的形成权。主要类型：受遗赠人在知道遗赠后的60日内保持沉默，视为放弃接受遗赠。

③对形成权的行使期间进行考查。由于形成权效力过于强大，所以法律往往规定形成权应当在法定或者约定的期间内行使，此项期限在法律上称为除斥期间。经过除斥期间，形成权归于消灭。如因胁迫而导致的可撤销民事法律行为中，受胁迫人应当在胁迫行为终止之日起1年内行使撤销权。

需要注意的是，形成权适用除斥期间，但并非适用除斥期间的都是形成权。如占有物返还请求权（1年）、遗失物所有权人向遗失物受让人主张返还遗失物的请求权（2年），虽然均为请求权，但法律所规定的期间均为除斥期间。

二、民事权利的行使

民事主体行使民事权利时，一方面按自己的意愿行使，不受干涉，另一方面也要遵循禁止权利滥用原则。

禁止权利滥用，是指民事主体在行使权利的过程中，不得损害国家利益、社会公共利益或者他人合法权益。

在法考中，常见的违反禁止权利滥用原则的情形有：行使权利以损害他人为目的、行使权利违反公共利益、以违反诚信原则的方式行使权利。

实例：甲、乙、丙是邻居，丙在自家门前开设了一排水沟，但该排水沟明显高于路面，使得甲、乙、丙三家房屋后山的排水和排水沟盖板上的滴水都直接冲刷甲和乙房屋的墙底，对甲和乙房屋的墙基有影响。

结论：开设排水沟虽是丙的合法权利，但权利不能滥用，不得对他人造成侵害，故甲、乙有权要求丙排除妨碍。

三、民事权利的救济

民事权利的救济，即民事权利受侵害时如何寻求保护，具体包括公力救济和私力救济两种方式。公力救济方式如诉讼、仲裁之类，须借助国家力量，主要在民诉法中学习；自力救济是利用自己的力量保护自己，主要包括自助行为、正当防卫与紧急避险。其中，自助行为是民法中特有的制度，需要予以重点关注；正当防卫、紧急避险，其基本原理和刑法相通，仅民法更加关注在正当防卫和紧急避险中的民事责任承担，刑法则更加关注其中的刑事责任的承担。

1.自助行为

自助行为，指合法权益受到侵害，情况紧迫且不能及时获得国家机关保护，不立即采取措施将使其合法权益受到难以弥补的损害的，受害人可以在保护自己合法权益的必要范围内采取扣留侵权人财物等合理措施的行为。如在餐馆就餐的人员吃完饭不结账即想离开饭店，其财物被饭店工作人员扣留。

在法考中，自助行为主要有如下考试价值：

（1）因法考的主要命题方式是结合案例判断某项行为是否属于自助行为，因此，考生必须熟练掌握自助行为的构成要件，具体包括：

①为了保护自己的请求权；

②情况紧急，来不及寻求公力救济；

③自力救济措施不超过必要限度；

④事后及时申请公力救济。

（2）为了更有针对性地解决法考题目，考生还必须掌握日常生活中常见的可以实施自助行为的实例，以便熟练分析案例，这些常见的可以实施自助行为的常见情形是吃饭白吃、住店白住、乘车逃票、欠债潜逃。

（3）自助行为既然是私力救济行为，因此，实施自助行为便不构成侵权，行为人不承担赔偿责任。

实例：甲在乙经营的酒店就餐时，饮酒过度后，拒绝付款便离去，乙不知道甲的身份和去向。甲酒醒后回到酒店，欲取回遗忘的外套，乙以甲未付餐费为由拒绝交还。问题：乙的行为是自助行为还是行使留置权？

结论：乙的行为是自助行为，乙不知道甲的身份和去向，如果允许甲拿走外套的话，乙将无法收回餐费，不得已，只有采取私力救济。乙的行为不成立留置权。因为留置权的成立要件要求债权人留置的动产与债权属于同一法律关系。而本题中，乙的债权并不是基于甲的衣服而产生的，不符合"同一法律关系"的要件，不成立留置权。

2.正当防卫

因正当防卫造成损害的，不承担民事责任。

正当防卫超过必要的限度，造成不应有的损害的，正当防卫人应当承担适当的民事责任。

3.紧急避险

因紧急避险造成损害的，按如下情况处理：

（1）危险由人为原因引起的，紧急避险人不承担责任，由引起险情发生的人承担民事责任；

（2）危险由自然原因引起的，紧急避险人不承担民事责任，可以给予适当补偿；

（3）紧急避险采取措施不当或者超过必要的限度，造成不应有的损害的，紧急避险人应当承担适当的民事责任。

经典考题： 甲以20万元从乙公司购得某小区地下停车位。乙公司经规划部门批准在该小区以200万元建设观光电梯。该梯入梯口占用了甲的停车位，乙公司同意为甲置换更好的车位。甲则要求拆除电梯，并赔偿损失。下列哪些表述是错误的？（2013年卷三第51题，多选）①

A.建电梯获得规划部门批准，符合小区业主利益，未侵犯甲的权利

B.即使建电梯符合业主整体利益，也不能以损害个人权利为代价，故应将电梯拆除

C.甲车位使用权固然应予保护，但置换车位更能兼顾个人利益与整体利益

D.电梯建成后，小区尾房更加畅销，为平衡双方利益，乙公司应适当让利于甲

---

① 【答案】ABD。本题考查民事权利的行使。A选项，乙公司建造的电梯占用了甲的停车位，故显然侵犯了甲对停车位享有的物权，A项错误，当选。B选项，甲的权利固然应当受到保护，但受保护是有限度的，不能滥用权利。乙公司的行为的确侵犯了甲对停车位的权利，考虑到乙公司建造电梯花费200万元，较甲的车位价值明显更大，且电梯已经修成，并符合更多人的利益。如果甲坚持对乙公司主张恢复原状、排除妨害等责任，则构成权利滥用，超出了受保护的限度，故B项错误，当选。C选项，基于禁止权利滥用的考量，一方面，甲对车位的权利应受法律保护，另一方面，又不宜拆除电梯，而置换车位既能维护甲的利益，使甲能够获得新的车位，同时又无须拆除电梯，符合禁止权利滥用原则的基本理念，故C选项正确，不当选。D选项，民事责任从性质上说，是一种补偿性的责任。乙公司为甲置换车位并赔偿甲因此遭受的损失后，甲的损失已经得到了弥补，没有权利再获得额外的收益，所以，对于乙公司销售尾房获得的利益，甲无权主张，故D项错误，当选。本题如果出现失误，最主要的原因是没有建立禁止权利滥用的民法思维，其本质是还没有培养出个人利益与集体利益相平衡的思想，由此导致过于偏向普通个体的权利保护。对于学民法的同学来说，注重个体权利的保护本身没有问题，但是任何问题都不是绝对的，个体如果滥用其权利，就有可能损害另一个个体的利益，乃至于损害到集体利益，此时，就需要民法予以适当地平衡。综上，本题正确选项为ABD。

归纳总结 民事权利

民事权利的分类	①一般分类包括人身权、财产权、综合性权利；绝对权与相对权；主权利与从权利；专属权与非专属权。其中相对权、从权利具有重要的考试价值 ②功能分类包括支配权、请求权、形成权、抗辩权，四种权利均具有重要的考试价值
民事权利的行使	行使民事权利，不得损害国家利益、社会公共利益或者他人合法权益
民事权利的救济	民事权利的私力救济，主要包括自助行为、正当防卫、紧急避险 其中自助行为的构成要件为：①为了保护自己的请求权；②情况紧急，来不及寻求公力救济；③自力救济措施不超过必要限度；④事后及时申请公力救济

第六节 民事责任

命题点拨

在近年来的法考中，就民事责任本身，并未直接出题，但是，后续的重要考点，如连带责任、违约责任与侵权责任的竞合等内容的把握，须以本节内容为基础，因此，本节的学习，主要是为后续内容奠定基础。

民事责任是违反民事义务所产生的法律后果。当民事主体不履行其应当承担的义务时，法律便强制要求其承担不利的结果，即民事责任。

在法考中，民事责任问题主要涉及分类、承担、竞合以及优先适用等问题，以下分别阐述。

一、民事责任的分类

（一）违约责任、侵权责任与其他民事责任

违约责任，是指违反合同约定义务的责任。

侵权责任，是指因侵犯他人的财产权与人身权产生的责任。

其他责任就是违约责任与侵权责任之外的其他民事责任，如不履行不当得利债务、无因管理债务等产生的责任。

在法考中，这一分类的价值在于，如果当事人之间签订了合同，在考查其责任时，应将分析问题的思路重点放在违约责任方面；如当事人之间没有合同关系，则应将分析问题的思路重点放在违约责任之外的其他责任方，尤其是侵权责任。例外情况下，当事人之间即使签订了合同，在发生违约责任的同时，也可能产生侵权责任，这种情况被称为责任竞合，本节第四部分将对此详细阐述。

（二）按份责任与连带责任

按份责任，是指多个责任人按照法律规定或者合同约定对外各自承担一定份额的责任。

连带责任，是指多个责任按照法律的规定或者合同的约定对外均承担全部责任，内部仍然各自承担一定份额的责任形式。

这一分类，在法考中具有重要的价值，主要表现在：

1.连带责任，需要法律有明确规定或当事人有明确约定。因此，考生在做题时，当碰到连带责任的选项，一定要慎重，必须全面回忆是否属于自己掌握的连带责任类型。连带责任，主要分布在侵权责任中，合同、总则等其他领域也偶有连带责任出现，后文内容将会逐渐涉及。

典型法条：《民法典》第1168条：二人以上共同实施侵权行为，造成他人损害的，应当承担连带责任。

2.通过类似概念设置陷阱，达到混淆考生的目的。这些类似概念主要有：

（1）不真正连带责任：

案例比较：[①]

案例1：甲挑逗乙饲养的狗，当狗追咬甲时，甲躲在丙的身后，致丙被狗咬伤。

问题：丙如何主张责任？甲、乙的内部关系如何处理？

案例2：甲、乙共同报复丙，将丙打伤。

问题：丙如何主张责任？甲、乙的内部关系如何处理？

不真正连带责任，指两个责任人基于不同的原因偶然地对同一债权人负有以同一给付为标的的数个债务，任何一个人清偿债务后，其他债务人的债务归于消灭。

主要区别：

①不真正连带责任中，最终的责任人只有一个，其他责任人在承担责任之后，可以向终局责任人追偿；但终局责任人不能向其他责任人追偿。连带责任中，每个责任人均是最终责任人，相互之间均可以追偿。

②不真正连带责任中，受害人只能在责任人中进行选择，而不能同时主张；且选择责任人之后，不能再重新选择。连带责任中，受害人可以向所有的责任人同时主张责任，也可以只选择一个责任人承担责任，且选择之后，可以重新选择。

提示：不真正连带责任，往往是以"选择性法条"的形式出现，考试时不能称之为连带责任。

典型法条：《民法典》第1250条规定，因第三人的过错致使动物造成他人损害的，被侵权人可以向动物饲养人或者管理人请求赔偿，也可以向第三人请求赔偿。动物饲养人或者管理人赔偿后，有权向第三人追偿。

（2）补充责任、相应责任、相应的补充责任：

①补充责任是第二位的责任，在第一位责任主体不能承担责任或者不能全部承担责

[①] 结论：案例1属于不真正连带责任，丙不可以向甲、乙同时主张责任，而只能在乙和甲之间选择其一承担责任，且选择之后不可以再重新选择；在甲、乙内部，甲是最终责任人，如果选择乙承担责任，乙承担责任后可以向甲追偿，如果选择甲承担责任，甲承担责任后不可以向乙追偿。案例2属于连带责任，丙可以向甲、乙同时主张责任，也可以在甲、乙之间选择其一承担责任，选择之后可以再重新选择；在甲、乙内部，不论丙选择甲还是乙，甲、乙相互之间均可追偿。

任时才需要补充，起着兜底的作用。

②相应责任，则不存在承担责任的顺序问题，只要有过错就要承担，责任大小取决于其过错大小。

③相应的补充责任，则首先是补充责任；其次，其补充的范围取决于其过错的大小，而不是全部兜底。

典型法条：《民法典》第1201条规定，无民事行为能力人或者限制民事行为能力人在幼儿园、学校或者其他教育机构学习、生活期间，受到幼儿园、学校或者其他教育机构以外的第三人人身损害的，由第三人承担侵权责任；幼儿园、学校或者其他教育机构未尽到管理职责的，承担相应的补充责任。幼儿园、学校或者其他教育机构承担补充责任后，可以向第三人追偿。

（三）过错责任与无过错责任

过错责任，是指责任的承担须以行为人有过错为要件，如一般的侵权责任。

无过错责任，是指无论行为人是否有过错，都要承担责任，如环境污染侵权责任。

在法考中，这一分类的价值主要体现在侵权责任编以及合同编的个别场合之下，对此，后文内容将会逐渐涉及。

三、民事责任的承担

（一）承担民事责任的方式

《民法典》第179条规定了11种承担民事责任的方式。具体有：停止侵害，排除妨害，消除危险，返还财产，恢复原状，修理、重作、更换，继续履行，赔偿损失，支付违约金，消除影响、恢复名誉，赔礼道歉。

在法考中，上述内容具有如下考试价值：

1.需要背一背上述各种民事责任的方式，如果在选项中出现，不至于无所适从。而各种责任本身的意思，从字面上理解即可。

2.在同一件民事案件中，只要各责任之间互不冲突，则可以并用。如甲的隐私权遭到他人的严重侵害，其可以主张停止侵害、赔偿损失（精神损害赔偿）、赔礼道歉。

（二）不承担民事责任的情形

主要包括不可抗力、正当防卫、紧急避险等，后两者在前一节已有阐述，此处主要阐述不可抗力。

不可抗力是指不能预见、不能避免且不能克服的客观情况。

在法考中，需要明确：因不可抗力不履行义务的，当事人可以免除责任，法律另有规定的除外。如甲、乙双方签订买卖合同后，合同的标的物因为地震而导致灭失，则卖方交付标的物的义务免除，同时无须承担违约责任。

（三）特殊情形下的民事责任的承担

1.因保护他人权益使自己受到损害的民事责任：

（1）有侵权人的，由侵权人承担民事责任，受益人可以给予适当补偿。

（2）没有侵权人、侵权人逃逸或者无力承担民事责任，受害人请求补偿的，受益人应当给予适当补偿。

在法考中，要严格区分上述两种情况分别判断。

2.侵害英雄烈士等人格利益的民事责任。

侵害英雄烈士等的姓名、肖像、名誉、荣誉，损害社会公共利益的，应当承担民事责任。

四、民事责任的竞合及优先适用

（一）民事责任的竞合

民事责任竞合是指行为人实施一个违反民事义务的行为却符合多个民事责任构成要件，由此产生数个互相重叠的民事责任情形。

责任竞合理论上有多种可能性，在法考中，主要涉及侵权责任与违约责任竞合等。具体分析和解决问题时，需要考生明确，在民事责任的竞合中，权利人只能选择一种责任进行主张，而不能要求对方同时承担两种以上的责任类型。

实例：林某从超市购买了一台高压锅，煲汤时，该高压锅因技术缺陷发生爆裂，气压阀飞出造成林某失明和脸部严重灼伤。

结论：林某可以向超市主张侵权责任或者违约责任，二者只能择其一。

（二）民事责任的优先适用

民事主体因同一行为应当承担民事责任、行政责任和刑事责任的，承担行政责任或者刑事责任不影响承担民事责任；民事主体的财产不足以支付的，优先用于承担民事责任。

这一原理在法考中的运用，主要是要注意考查民刑交叉（民法与刑法交叉）或民行交叉（民法与行政法交叉）问题，始终要记住民事责任比刑事责任、行政责任更加优先。

归纳总结　民事责任

分类	①违约责任、侵权责任与其他民事责任 主要用于区分责任的发生原因 ②按份责任与连带责任 前者每个责任人对外按照份额承担责任；后者每个责任人对外承担全部责任，内部仍然有份额 ③过错责任与无过错责任 前者要求行为人只有过错才承担责任；后者不论行为人有无过错，均要承担责任
承担	在不可抗力、正当防卫、紧急避险中，原则上不承担责任，但要注意例外情况
竞合与优先适用	①民事责任竞合时，权利人只能选择其一进行主张 ②民事责任优先于刑事责任、行政责任而适用

专题二 自然人

第一节 自然人的民事权利能力与民事行为能力

命题点拨

本节主要讲述自然人的民事权利能力与民事行为能力，属于自然人制度的基础知识。其在法考中的主要命题点是：一是对胎儿的独特法律地位进行考查；二是结合民事法律行为制度，考查非完全行为能力人的行为效力认定。一些细节的知识点，如死亡时间的推定问题，也偶有考查。此外，本节知识还是后续其他知识点，如监护制度、法定代理制度的基础，因此要作为重点把握。

一、自然人的民事权利能力

（一）自然人的民事权利能力的概念

民事权利能力是自然人享有民事权利、承担民事义务的资格。

这一概念表明，如果一个自然人没有民事权利能力，则意味着其没有资格享受权利、承担义务，人身权、财产权等均不能享有，而一个自然人不能享受权利，特别是不能享有生命权，则将在社会上无法生存。由此可以得出这一概念在法考中的主要命题思路，即要求考生记忆一个重要的结论：所有的自然人均有民事权利能力，或者说民事权利能力人人平等。

（二）自然人的民事权利能力的开始

自然人的民事权利能力始于出生。

关于出生问题，在法考中有两种命题思路：

一是关于出生时间的认定。这一问题，考生只需要把法条记熟即可：根据《民法典》第15条的规定，自然人的出生时间，以出生证明记载的时间为准；没有出生证明的，以户籍登记或者其他有效身份登记记载的时间为准。有其他证据（如司法鉴定意见书）足以推翻以上记载时间的，以该证据证明的时间为准。

二是关于出生之前的问题，即胎儿利益的保护。这一问题，不仅要求考生把法条记熟，还要求考生全面掌握法条背后隐含的各种可能的命题思路。

《民法典》第16条规定："涉及遗产继承、接受赠与等胎儿利益的保护，胎儿视为具有民事权利能力。但是胎儿娩出时为死体的，其民事权利能力自始不存在。"胎儿受领遗产、接受赠与，均由其监护人（父母）代理。具体而言，这一法条主要包括如下几种考法：

1.胎儿可以作为受赠人接受别人赠与的财产（通过其父母代为接受别人的赠与）；若胎儿娩出时为死体的，则不发生赠与的效力（即相当于没有赠与过）。

实例： A怀有B期间，B的爷爷答应赠与B一件玉器作为出生礼物，爷爷的赠与应当认定是有效的，因为B视为具有民事权利能力。若A在B出生前，代替B受领了玉器，可是B娩出的时候是死体的，则A应当返还玉器。

2.胎儿可以作为继承人继承别人的遗产（主要指其父亲的遗产）；若胎儿娩出时为死体的，则该遗产仍然作为被继承人的遗产，由被继承人当初的继承人再重新继承（即相当于没有继承过）。

实例： A怀有B期间，B的父亲C死亡，B有权继承C的遗产；若胎儿娩出时为死体，则B所继承的那部分遗产，仍然作为被继承人C的遗产，由C的继承人再重新继承。

考生在理解这一问题时，还需要注意与另一考点相区分：即胎儿继承了遗产，也正常出生了，但出生后不久即死亡了，此时这批遗产如何处理？对此，由于胎儿是出生后死亡的，虽然生存的时间较为短暂，但在生存的这段时间内其也是自然人，由此，其所继承的别人的遗产，应视为该胎儿自己的遗产（严格来说，此时称为胎儿不太严谨，称为婴儿更合适），由其自己的继承人（主要是其母亲）再进行继承。

3.胎儿在腹中遭遇侵权的，其出生后可以自己的名义主张侵权损害赔偿；若胎儿娩出时为死体的，则其母亲可基于身体权或健康权遭受侵害为由主张损害赔偿。

实例： A怀有B期间，受到C的殴打，导致B出生时畸形。B出生后，可以自己的名义向C主张侵权损害赔偿；若B娩出时为死体的，则A可以健康权受到侵害为由主张权利。

（三）自然人的民事权利能力的终止

自然人的民事权利能力终于死亡，死亡包括自然死亡和宣告死亡两种。需要提醒考生的是：自然死亡，理论上存在各种学说，但这些学说均不是法考中的命题对象，无须浪费时间关注；宣告死亡，后文将有专门的一节进行阐述。

关于死亡问题，在法考中也有两种命题思路：

一是关于死亡时间的推定问题。对此，主要是要求考生能准确理解《民法典》第1121条第2款所规定的死亡时间的推定规则，其具体规定是："相互有继承关系的数人在同一事件中死亡，难以确定死亡时间的，推定没有其他继承人的人先死亡。都有其他继承人，辈份不同的，推定长辈先死亡；辈份相同的，推定同时死亡，相互不发生继承。"

为方便考生记忆，可以将上述规定简单地概括如下：

推定没有继承人的人先死亡→均有继承人的，推定长辈先死亡→辈份相同的，推定同时死亡，相互不发生继承。

关于此内容，还有三点需要提醒考生注意：一是，上述内容中的"没有继承人""有继承人"等表述中涉及的"继承人"，需要排除同一事件中已经死亡的人，即在活着的人中寻找有没有继承人，已经死亡的人，不能算在这里的"继承人"中。二是所谓辈份相同，主要包括两种情况，即夫妻之间、兄弟姐妹之间。三是《保险法》第42条对推定死亡有特别规定，即受益人与被保险人在同一事件中死亡，且不能确定死亡先后顺序的，推定受益人死亡在先。根据特别法优先于一般法的适用原则，如果结合保险的案例进行命题考查，应优先适用《保险法》的这一规定。

实例： 甲、乙夫妻二人与未成年子女丙外出郊游发生事故，最终因事故死亡，无法确定甲、乙、丙三人死亡的先后顺序。经查，甲、乙夫妻二人各有一位弟弟为唯一在世的亲人，此外无其他亲人。

结论： 考虑到在活着的人当中，甲、乙均有继承人（弟弟属于法定继承人范围之内），而丙没有继承人，故应首先推定丙先于甲、乙二人死亡；其次，甲、乙均有继承人且辈份相同，故推定同时死亡，彼此之间不发生继承关系，他们各自的个人财产由各自的弟弟继承。

二是关于自然人死亡后的人格利益保护问题。自然人死亡后，其人格利益仍然受保护。具体内容参见人格权部分。

二、自然人的民事行为能力

（一）自然人的民事行为能力的概念

自然人的民事行为能力是自然人独立实施民事法律行为的资格。民事法律行为的类型多样，此处法考命题时，主要结合合同进行命题。因此，自然人的民事行为能力，是解决一个自然人有没有资格独立和他人签订合同的资格。如果有这个资格，则称为完全民事行为能力；如果没有或受到一定的限制，则称为无民事行为能力或限制民事行为能力。

理解了上述概念，就可以进一步挖掘其在法考中的命题角度，即要求考生牢记只有从事民事法律行为（合同）才需要民事行为能力，其他行为如创作作品、侵权行为之类，不需要考虑民事行为能力。所以，一个9岁的孩子创作了一部小说，其享有著作权，不能因为其不是完全民事行为能力人，就否认其享受著作权。

（二）自然人的民事行为能力的类型

在法考中，对于民事行为能力的类型，考生在复习时要注重从两个方面进行把握：一要记住每一种行为能力下面包括哪些人；二要记住不同行为能力的人所实施的行为的效力最终如何认定。

1.完全民事行为能力

（1）情形

①年满18周岁的成年人；

②年满16周岁不满18周岁，以自己的劳动收入为主要生活来源的人（劳动成年）。

（2）所为民事法律行为的效力

可以独立实施民事法律行为，自己承担行为后果。

实例1： 某17周岁的少年，因出版小说获利10万元，但其仍不是完全民事行为能力人，因为其未持续参加工作，缺乏稳定的劳动收入来源。

实例2： 年满15周岁的小明肆业外出打工，月收入3000元并以此为主要生活来源，但其也不是完全民事行为能力人，因为是未满16周岁。

2.限制民事行为能力

（1）情形

①8周岁以上，未满18周岁的未成年人（劳动成年除外）；

②不能完全辨认自己行为的成年人。

（2）所为民事法律行为的效力

实施民事法律行为应由其法定代理人代理或经其法定代理人同意、追认，否则效力待定，但以下两种行为，可直接认定为有效：

①独立实施纯获利益的民事法律行为，如独立接受别人的无偿赠与；

②与其智力、精神健康状况相适应的民事法律行为，如独立购买标的额较小的玩具。

注意两种特殊情况：A.限制民事行为能力人作出的与其意思能力不相适应的单方民事法律行为无效，如抛弃价值较大的财产；B.限制民事行为能力人实施不能独立实施的多方法律行为也无效，如订立合伙协议、订立设立公司的协议。

3.无民事行为能力

（1）情形

①不满8周岁的未成年人；

②不能辨认自己行为的8周岁以上的人，此处8周岁以上的人，包括8周岁以上的未成年人以及成年人。

（2）所为民事法律行为的效力

无民事行为能力人独立实施的民事法律行为均无效，即使是纯获利益的行为也无效。

经典考题：肖特有音乐天赋，16岁便不再上学，以演出收入为主要生活来源。肖特成长过程中，多有长辈馈赠：7岁时受赠口琴1个，9岁时受赠钢琴1架，15岁时受赠名贵小提琴1把。对肖特行为能力及其受赠行为效力的判断，根据《民法总则》相关规定，下列哪一选项是正确的？（2017年卷三第2题，单选）①

A.肖特尚不具备完全的民事行为能力

B.受赠口琴的行为无效，应由其法定代理人代理实施

C.受赠钢琴的行为无效，因与其当时的年龄智力不相当

D.受赠小提琴的行为无效，因与其当时的年龄智力不相当

归纳总结 自然人的民事权利能力和民事行为能力

民事权利能力	人人均享有
完全行为能力	①年满18周岁的成年人 ②年满16周岁不满18周岁，以自己的劳动收入为主要生活来源的人 可以独立实施民事法律行为

---

① 【答案】B。本题考查自然人的民事行为能力。肖特16岁，以演出收入为主要生活来源，故应属于完全民事行为能力人，A错误。肖特7岁时受赠口琴1个，7岁应属于无民事行为能力人，受赠口琴，赠与行为属于民事法律行为，故该行为无效，而应由其法定代理人代理实施，故B正确。限制民事行为能力人实施民事法律行为由其法定代理人代理或者经其法定代理人同意、追认，但是可以独立实施纯获利益的民事法律行为或者与其年龄、智力相适应的民事法律行为。本题中，肖特在9岁时受赠钢琴1架，15岁时受赠名贵小提琴1把。9岁和15岁均属于限制民事行为能力人，接受赠与属于纯获利益的行为，均有效，故C、D均错误。本题如果出现失误，主要原因是考生可能会受生活常识的影响，认为7岁、9岁、15岁都是未成年人，其接受他人赠与，应该没有什么区别。然而，在民法上，7岁的未成年人属于无民事行为能力人，9岁、15岁则为限制民事行为能力人。综上，本题正确选项为B。

限制行为能力	①8周岁以上，未满18周岁的未成年人（劳动成年除外） ②不能完全辨认自己行为的成年人 实施民事法律行为由其法定代理人代理或经其法定代理人同意、追认，否则效力待定，但独立实施纯获利益的民事法律行为以及与其智力、精神健康状况相适应的民事法律行为有效
无行为能力	①不满8周岁的未成年人 ②不能辨认自己行为的成年人以及不能辨认自己行为的8周岁以上的未成年人 无民事行为能力人独立实施的一切民事法律行为均无效

第二节　自然人的监护制度

命题点拨

　　监护制度近年来考查的较为频繁，主要围绕监护人的设立、监护人的职责这两个考点进行命题，应将其作为复习的重点。

一、监护的概念

　　监护是为保护无民事行为能力人或者限制民事行为能力人而专门设立的制度。

　　在法考中，需要考生掌握根据该概念推导出的一个重要结论，即被监护人要么是无民事行为能力人，要么是限制民事行为能力人，相反，监护人则一定是完全民事行为能力人。如果某人是无民事行为能力人或限制民事行为能力人，其本身还需要他人来监护，而不可能去监护别人。

二、监护人的设立

（一）法定监护

　　法定监护是由法律直接规定监护人范围和顺序的监护。

　　因此，考生在复习法定监护时，重点是记忆法律关于监护人的范围到底是怎么规定的，其顺序又如何排列。

　　1.关于未成年人的法定监护人的范围和顺序

　　监护人范围和顺序分别为：（1）父母；（2）祖父母、外祖父母；（3）兄、姐；（4）其他愿意担任监护人的个人或者组织，但是须经未成年人住所地的居民委员会、村民委员会或者民政部门同意；（5）没有依法具有监护资格的人的，监护人由民政部门担任，也可以由具备履行监护职责条件的被监护人住所地的居民委员会、村民委员会担任。

　　考生除记忆上述法律规定外，还有如下两点需要特别注意：

　　一是父母被称为未成年子女的当然法定监护人。所谓"当然"，在考试时要注意两个方面：一方面，其是指不论父母的婚姻状况如何，只要父母本身是完全行为能力人，其就应当担任其未成年子女的监护人。另一方面，其是指当父母担任未成年子女的监护人时，他人是没有机会担任其子女的监护人的，除非父母的监护资格被依法撤销了（详见后文关于监护资格撤销的阐述）。

二是监护人无人数限制，可以是一个，也可以是数个。因此，考生必须明确，监护并不限于"一对一"的情形，可以是"多对一"的情形。如父母是未成年子女的当然监护人，表明一个未成年人由父母同时担任其监护人，这在事实上就是"二对一"的关系。

2.无民事行为能力、限制民事行为能力的成年人的法定监护

此处的被监护人为不具备完全民事行为能力的成年人，既然是成年人，其就有可能本来是完全民事行为能力，后来转变为非完全民事行为能力，因此，其可能已经有合法的配偶，子女也有可能已经成年，故其监护人范围要考虑配偶、子女等，因此与未成年人的监护人的范围就存在不同。

具体而言，监护人的范围和顺序分别为：（1）配偶；（2）父母、子女；（3）其他近亲属；（4）其他愿意担任监护人的个人或者组织，但是须经该成年人住所地的居民委员会、村民委员会或者民政部门同意；（5）没有依法具有监护资格的人的，监护人由民政部门担任，也可以由具备履行监护职责条件的被监护人住所地的居民委员会、村民委员会担任。

考生除记忆上述法律规定外，还有如下几点需要特别注意：

一是关于近亲属的范围。这属于民法中的常识性知识点，在后面的不少制度中还要经常提及近亲属，故需要考生能够准确记忆近亲属的范围，其共包括"八种人"，分别是其配偶、父母、子女、兄弟姐妹、祖父母、外祖父母、孙子女、外孙子女。

二是对于非完全民事行为能力的成年人而言，不存在当然监护人这一说法。特别是就配偶而言，可以说由配偶在第一顺序担任监护人，但不能说配偶是其当然监护人。在民法上，当然监护人只有一种情况，即父母对未成年子女。

（二）遗嘱监护

遗嘱监护，是指被监护人的父母担任监护人的，可以通过遗嘱指定监护人。

在法考中，考生不仅要熟悉这一概念，还必须要进一步掌握遗嘱监护的成立条件，其中有的条件可以从该概念中推导出来，有的从这一概念中并不能直接看出来。具体而言，包括如下几项：

1.只有父母担任监护人时，方能通过遗嘱的方式为被监护人指定监护人。如父母均重病在床，子女尚未成年，父母立遗嘱指定子女的舅舅为其监护人。如果监护人不是父母，而是他人，则无法通过遗嘱方式为被监护人指定监护人。这一条件，是法考在考查遗嘱监护时的主要陷阱所在，考生务必作为重点记忆。

2.遗嘱本身必须有效的。如果是无效的遗嘱，如自书遗嘱上缺少立遗嘱人的签名，当然就无法发生遗嘱监护的法律效果。

3.被指定人有监护能力。所谓有监护能力，在法考中，主要的判断标准就是其必须要有完全民事行为能力。

4.被指定人同意担任监护人。之所以要求被指定人同意担任监护人，是因为一旦担任了监护人，就必须履行非常多的职责，因此，指定他人为监护人，事实上是在为其设

定义务，故应经过其同意。

（三）协议监护

在法考中，协议监护会从两个方面进行考查，需要考生分别掌握：

1.依法具有监护资格的人之间可以协议确定监护人

这种情况下，要听取被监护人的意见，尊重其本人的真实想法和意愿。

实例：小明的爸妈去世后，爷爷奶奶和外公外婆都希望成为小明的监护人，那么爷爷奶奶和外公外婆可以通过协议约定谁作为小明的监护人，但是在确定监护人时应尊重小明的想法和意愿。

2.成年人协议监护

具有完全民事行为能力的成年人，可以与其近亲属、其他愿意担任监护人的个人或者有关组织事先协商，并签订书面协议，约定待自己年老、智力衰退等原因导致成为非完全民事行为能力时，由自己选定的人或组织担任监护人。

实例：王老得知自己患有老年痴呆，智力精神越发衰退。后与一直照顾自己的保姆甲签订书面协议，确定将来自己丧失或部分丧失民事行为能力时，甲作为自己的监护人。

（四）指定监护

指定监护是指具有法定监护资格的人之间对担任监护人有争议时（争当或推诿），由有关组织指定监护人的监护。

考生在复习指定监护时，可以按照"谁来申请——谁来指定——怎么指定——指定后的结果"的思路进行。具体而言，需要考生掌握如下几个方面：

一是有监护资格的人原则上都可以申请，但对于当然监护人，无指定监护的适用。父母是未成年子女的当然监护人，父亲和母亲围绕谁担任未成年子女的监护人存在争议的，不适用指定监护，而是仍然由父母双方共同担任监护人。这个知识点，是法考在考查指定监护时的主要陷阱之所在。

实例：甲、乙之子丙5周岁，甲、乙离婚后对谁担任丙的监护人发生争议，丙住所地的居民委员会不可以指定监护。若甲、乙均死亡，其他具有法定监护资格的人之间对担任监护人有争议，可要求有关机关指定监护。

二是能够指定他人担任监护人的组织，包括被监护人住所地的居民委员会、村民委员会、民政部门以及人民法院。有关当事人既可以先申请居民委员会、村民委员会、民政部门指定，对这些组织的指定不服的，再诉至人民法院；也可以直接向人民法院申请指定监护人。

二是居民委员会、村民委员会、民政部门或者人民法院在指定时，应当尊重被监护人的真实意愿，按照最有利于被监护人的原则指定监护人。一方面，要考虑被监护人的想法，征求其意见；另一方面，要看谁担任监护人最合适，包括与被监护人生活时间的长短、财产的多少等。

此外，在正式指定监护人前，被监护人的人身权利、财产权利以及其他合法权益处于无人保护状态的，由被监护人住所地的居民委员会、村民委员会、法律规定的有关组织或者民政部门担任临时监护人。待正式指定出监护人后，临时监护就自动停止了。

四是监护人被指定后，即应由被指定的人担任被监护人的监护人。被指定的监护人不得擅自与他人协商变更监护人，擅自变更的，不免除被指定的监护人的监护责任。

（五）委托监护

委托监护是通过委托协议，将监护职责委托给他人而设立的监护。由于当事人之间签有委托协议，故处理委托监护问题，通常按照该协议处理即可，法律并不进行过多的干预。

关于委托监护，考生应注意掌握如下几个方面：

一是委托监护在社会生活中最常见的情形就是夫妻一方将患有精神病的另一方委托给精神病院照料，并将监护职责委托给精神病院。法考目前考到的委托监护，也仅限于这一种情况，所以需要考生对之特别熟悉。

二是未成年人在教育机构学习、生活期间，监护关系并未移转。这种学习、生活只是空间发生了变化，父母并未与教育机构签订任何的委托监护协议。事实上，因为父母是未成年子女的当然监护人，其也不可能将其监护职责都转移给教育机构。

三是委托监护中被监护人侵权的责任承担问题。如果被监护人侵权的，委托人仍要对被监护人的侵权行为承担民事责任，被委托人（受托人）有过错的，承担相应的责任。所谓相应的责任，是与其过错相适应的责任，即过错越大，责任越多；过错越小，责任越少。因此，其在本质上，属于按份责任，考生不能将其记成连带责任。

三、监护人的职责

关于监护人的职责，法考中主要从两个方面考查，一是监护人的职责范围，二是监护人如何履行监护职责，前者是"干什么"的问题，后者是"怎么干"的问题。

（一）监护人的职责范围

监护人的职责包括：代理被监护人实施民事法律行为；保护被监护人的人身权利、财产权利以及其他合法权益等。

（二）监护人如何履行监护职责

监护人应当按照最有利于被监护人的原则履行监护职责；除为被监护人利益外，不得处分被监护人的财产。

对于这一考点，又要求考生掌握如下两方面的细节：

一是如何理解"为被监护人的利益"。这是监护中著名的命题点，也最容易设置陷阱。需要考生明确的是，"为被监护人的利益"，是指客观上确实为被监护人带来实际的经济利益，而不是一些人气、名声等无形的精神利益，也不是主观上自认为有利。

实例：张某的小孩是一名童星，收入颇丰，张某以其名义为希望小学捐款10万元。该行为并非客观上为被监护人带来经济利益，张某的行为违反了上述原则，故应是无效的。

二是监护人违反监护职责的后果。考生只需要记住一句话即可，即监护人不履行监护职责或者侵害被监护人合法权益的，应当承担责任。

四、监护人资格的撤销与恢复

（一）监护人监护资格的撤销

在法考中考查监护人资格的撤销，主要围绕"为什么撤销——谁来申请撤销——谁来撤销——撤销的结果"来命题，考生也要从这几个方面来复习：

1.为什么撤销（撤销的情形）

（1）监护人实施严重损害被监护人身心健康行为的；

（2）监护人怠于履行监护职责，或者无法履行监护职责并且拒绝将监护职责部分或者全部委托给他人，导致被监护人处于危困状态的；

（3）监护人实施严重侵害被监护人合法权益的其他行为的。

2.谁来申请撤销（申请撤销监护人资格的主体）

一是个人，即依法具有监护资格的人；二是组织，即居民委员会、村民委员会、学校、医疗机构、妇女联合会、残疾人联合会、未成年人保护组织、依法设立的老年人组织、民政部门等。

3.谁来撤销

只能通过人民法院撤销，即上述申请人应向人民法院申请。

4.撤销后的结果

撤销后，原监护人即不能再担任监护人。

在法考中，还会进一步延展撤销的结果，要求考生掌握如下几个方面：

一是人民法院在撤销的同时，还必须安排必要的临时监护措施，并按照最有利于被监护人的原则依法另行指定监护人。这就意味着，撤销的同时，还要再给被监护人找出一个新的监护人，不能一撤了事。

二是对于依法负担被监护人抚养费、赡养费、扶养费的父母、子女、配偶等，被人民法院撤销监护人资格后，应当继续履行所负担的义务。如甲、乙作为未成年子女丙的父母，两人的监护资格被依法撤销，人民法院指定丙的叔叔丁为其监护人，但甲、乙仍然要承担抚养的义务，如果丙与丁生活在一起，甲、乙需要支付抚养费。这一考点的背后，事实上是监护与抚养的区分思想，考生必须明确，监护与抚养是两个不同的法律制度，父母的监护资格没有了，不代表其抚养义务也没有了。

（二）监护人监护资格的恢复

监护人的监护资格被撤销后，将来仍然有恢复的机会。法考主要从恢复的条件角度进行命题，需要考生掌握如下条件：

1.只有父母或子女的监护资格被撤销的，才有恢复的机会。在其他人担任监护人的场合，其监护资格一旦被撤销，就再也没有恢复的机会。这一条件，是监护资格恢复中最容易命题的地方。

2.不存在对被监护人故意犯罪的情形。"故意犯罪"属于监护资格恢复中的"一票否决"条件，即只要有故意犯罪的，就不可能恢复监护资格。

3.确有悔改表现。监护资格被撤销后，原监护人确实有悔改表现，才有恢复的机会。

4.尊重被监护人的真实意愿。在决定是否恢复原监护人的监护资格时，必须征求被监护人的意见，尊重其内心想法。

5.只能通过人民法院恢复。撤销监护资格的，只能由人民法院为之；恢复监护资格的，也只能由人民法院为之。

经典考题： 关于监护，下列哪一表述是正确的？（2013年卷三第2题，单选）①

A.甲委托医院照料其患精神病的配偶乙，医院是委托监护人

B.甲的幼子乙在寄宿制幼儿园期间，甲的监护职责全部转移给幼儿园

C.甲丧夫后携幼子乙改嫁，乙的爷爷有权要求法院确定自己为乙的法定监护人

D.市民甲、乙之子丙5周岁，甲乙离婚后对谁担任丙的监护人发生争议，丙住所地的居民委员会有权指定

归纳总结　监护

监护的设立	①法定监护 父母是当然法定监护人，与其婚姻状况无关 ②遗嘱监护 仅被监护人的父母担任监护人的，方可通过遗嘱指定监护人 ③指定监护 不能适用于当然监护人；由村委会、居委会、民政部门或人民法院指定 ④协议监护 一是依法具有监护资格的人之间可以协议确定监护人；二是完全民事行为能力的成年人，可以与他人或者有关组织事先协商，以书面形式确定自己未来的监护人 ⑤委托监护 通过委托协议将监护职责委托给他人
监护人的职责	①职责范围 保护合法权益、代理民事行为 ②履行职责的原则 客观上对被监护人确实有利
监护人资格的撤销与恢复	①撤销 严重损害被监护人身心健康；只能由人民法院撤销 ②恢复 只有被监护人的父母或者子女在撤销监护资格后，方有恢复的机会，且不能有故意犯罪的情形

①【答案】A。本题考查监护制度。A项，医院的监护是基于委托授权，属于委托监护，A项正确。B项，属于监护职责的部分转移而非全部转移，因为甲是乙的当然监护人，不存在全部监护职责转移一说，故B项错误。C项，父母属于未成年子女的当然监护人，甲丧夫后，甲是幼子乙唯一的当然监护人，祖父母属于第二顺位的监护人候选者，故C项错误。D项，父母之外的有监护资格的人对担任监护有争议的，才能适用指定监护，父母是当然监护人，不存在适用指定监护的可能，故D项错误。本题如果出现失误，最主要的原因是对当然监护人的法律地位没有全面理解所致。B、C、D三个选项，均涉及当然监护人的理解问题，即当然监护人不可能把监护职责全部转移给他人；父母有一方死亡的，另一方仍然是当然监护人，轮不到其他人担任监护人；因为是当然监护人，父母围绕谁担任未成年子女的监护人发生争议的，也不可能启动指定监护程序。综上，本题正确选项为A。

第三节 宣告失踪与宣告死亡

命题点拨

本节考点中，宣告死亡比宣告失踪更为重要，其主要命题方式包括两个方面：一是以宣告死亡的法律后果、撤销的法律后果为核心单独命题；二是与其他知识点，如继承等结合起来命题。宣告失踪相对较为简单，不再单独命题，但也并不是不考查，而是通常作为其他题目的命题背景，主要侧重点是其法律后果。

一、宣告失踪

（一）宣告失踪的概念

宣告失踪是指自然人下落不明达法定期间，经利害关系人申请，由人民法院宣告其失踪的法律制度。

围绕这一概念，可能会发生以下疑问，如下落不明的法定期间到底是多长、利害关系都有哪些人、人民法院怎么宣告等，在法考中，将上述疑问转化为宣告失踪的条件进行命题。

（二）宣告失踪的条件

1. 被申请人下落不明满2年

这一条件本身较容易记忆，需要考生进一步掌握如下细节考点：

一是如何计算这2年，即从何时起算、到何时届满的问题。关于何时起算，民法中的规则均是从第二天开始，当天不算入，即从被申请人下落不明的第二天开始计算。关于何时届满，计算规则为"起算点+2年−1天"。甲于2019年6月5日下落不明，则自2019年6月6日开始计算，到2021年6月5日届满。

考生应注意的是，上述关于何时起算、何时届满的计算规则，在民法其他关于时间的制度里，如诉讼时效，均适用。

二是如果战争期间下落不明的，则自战争结束之日或者有关机关确定的下落不明之日起计算。如果有关机关确定了下落不明的时间，则从有关机关确定的时间开始计算；如果没有确定下落不明的时间，则从战争结束之日开始计算。当然，此处所谓"之日"，具体计算时也是从第二天开始。

2. 经利害关系人申请

这一条件，需要考生掌握如下两个方面：

一是利害关系人的范围。利害关系人包括两类人：一类是近亲属，即配偶、父母、子女、兄弟姐妹、祖父母、外祖父母、孙子女、外孙子女；另一类是与被申请人有民事权利义务关系的人，如被申请人的债权人、债务人均属于利害关系人。

二是利害关系人之间发生了矛盾如何处理。如甲下落不明已满2年，其妻子、父母、子女均不同意宣告失踪，但甲的债权人同意宣告失踪，法院应否宣告？对此，请考生牢记"无先后次序、不实行少数服从多数"这句话，即没有谁优先于谁的问题，妻子的主张不比别人优先，也不实行少数服从多数，而是在时间条件符合的情况下，任何一个利害关系人申请宣告失踪的，法院均会宣告。

3.由法院宣告

法院受理宣告失踪申请后，先要发出寻找被申请人的公告，公告期为3个月。3个月届满后，仍然找不到失踪人的，则法院将正式下判决，宣告被申请人失踪。

（三）宣告失踪的法律后果

基本法律后果是为失踪人设立财产代管人，以代管其财产。这就意味着，宣告失踪之后，失踪人对其财产的所有权并不消灭，而只是由他人代管而已，因此，也就不发生继承问题。

具体而言，需要考生掌握以下几点：

1.财产代管人在代管过程中，如果为了代管财产而需要诉讼的，则以自己的名义作为原告或被告参加诉讼，而不是以失踪人的名义作为原告或被告。

2.失踪人所欠税款、债务和应付的其他费用，由代管人从失踪人的财产中支付。

3.财产代管人不履行代管职责、侵害失踪人财产权益或者丧失代管能力的，失踪人的利害关系人可以向人民法院申请变更财产代管人。

（四）失踪宣告的撤销

关于失踪宣告的撤销，考生需掌握如下两个方面：

一是宣告失踪撤销的条件。对此，可以比照宣告失踪的条件进行记忆，具备包括三项：失踪人重新出现；经本人或者利害关系人申请；由人民法院撤销。

二是失踪人重新出现的结果。失踪人重新出现，即有权要求财产代管人及时移交有关财产并报告财产代管情况。此处法考中可能会设置的陷阱是，要求财产代管人移交财产并报告代管情况，是否需要以撤销失踪宣告为前提？结论应当是否定的，只要失踪人一出现，就可以主张该权利。这是因为，宣告失踪并不导致失踪人对其财产的所有权发生消灭的结果，其仍然对财产享有所有权，因此，无须撤销失踪宣告，其即可主张代管人移交财产并报告代管情况。

二、宣告死亡

（一）宣告死亡的概念

宣告死亡是指自然人下落不明达法定期间，经利害关系人申请，由人民法院宣告其死亡的法律制度。

与宣告失踪相同的是，在法考中，也是就围绕这一概念引发的疑问，如下落不明的时间长短、利害关系人的范围、法院如何宣告等进行命题，这就是宣告死亡的条件问题。

（二）宣告死亡的条件

1.被申请人下落不明达到法定期间

与宣告失踪不同的是，在宣告死亡中，需要考生掌握三种情形：

（1）原则上要求下落不明满4年；

（2）因意外事件下落不明的，从事故发生之日起满2年；

（3）因意外事件下落不明，且经有关机关证明不可能生存的，不受时间的限制，可以直接申请宣告死亡。

2.经利害关系人申请

关于利害关系人的范围、利害关系人之间发生矛盾如何处理等问题，与宣告失踪相同。此外，还要掌握另一个问题，即对同一自然人，有的利害关系人申请宣告死亡，有的利害关系人申请宣告失踪，只要符合宣告死亡条件的，人民法院均应当宣告死亡。

实例：高某于2009年4月8日出海捕鱼，因遇到台风失去音讯，生死不明已满5年。现家中有配偶于某、母亲张某、弟弟高二某、儿子高小某，如果于某申请宣告高某失踪，张某、高二某均表示赞同，但高小某主张宣告高某死亡，则法院应宣告高某死亡。

3.由法院宣告

法院受理宣告死亡申请后，先要发出寻找被申请人的公告，公告期为1年；但在因意外事件下落不明，经有关机关证明不可能生存的情形下，公告期为3个月。公告期届满后仍然找不到失踪人的，则法院将正式下判决，宣告被申请人死亡。

（三）宣告死亡的法律后果

在法考中，宣告死亡的法律后果会从多个角度考查，考生应重点掌握以下几个方面：

1.死亡日期的确定

考生应准确区分两种情况分别记忆：

一是一般规则，即原则上以人民法院宣告死亡的判决作出之日视为其死亡的日期。需要注意的是，此处所谓"判决作出之日"，就是指判决的当天，而不是第二天，因为此处规定的是死亡的具体日期，而不是计算被宣告人已经死了多少时间。如果是计算已经死了多少时间，则应从第二天开始计算。

二是特殊规则，仅适用于意外事件，即因意外事件下落不明而被宣告死亡的，意外事件发生之日视为其死亡的日期。此处所谓"意外事件发生之日"，亦是指当日。

2.宣告死亡的一般法律后果

在被宣告人的原住所地，宣告死亡将和自然死亡发生同样的后果，因此，考生在复习时，可以想象一下一个人死亡时大概会发生什么后果，就很容易记忆了。具体而言，需要考生掌握如下几方面：

（1）被宣告人的财产，将依法被其继承人继承。在法考中涉及此处的继承时，都是假设被宣告人没有立下遗嘱，因此，此处的继承主要就是围绕法定继承命题。关于法定继承的具体规则，在继承编中再详细阐述。

（2）被宣告人与其配偶的婚姻关系自动终止。既然婚姻关系终止，则其配偶就可以与他人再婚，且不构成重婚。

（3）配偶可以单方决定将子女依法送养给他人。在我国民法中，父母如果没有能力抚养子女的，可以依法将子女送养给他人。在宣告死亡的情形下，被宣告人的配偶如果符合这一条件的，可以单方决定将子女依法送养给他人。

3.宣告死亡与事实不符时的处理

所谓宣告死亡与事实不符，是指被宣告人事实上仍然生存。对此情形，考生应掌握两个具体问题的处理：

一是既然其仍然生存，就应该承认其为自然人，如果其具有完全民事行为能力，则其实施的民事法律行为原则上就应当认定为有效。

二是基于民法尊重个人意思自治的要求，如果其实施的民事法律行为与宣告死亡的法律后果相矛盾的，应以其实施的民事法律行为为准，因为该行为蕴含着其本人的真实意思表示。

实例：甲于2018年2月15日被宣告死亡，其房屋由其子乙继承。实际甲在外地仍然生存，并将房屋出卖给丙。该房屋的买卖合同有效，丙可主张办理房屋过户登记，过户后其可拥有房屋所有权。

（四）死亡宣告的撤销

关于死亡宣告的撤销，考生需要掌握两个方面：

一是死亡宣告撤销的条件。对此，也可以比照宣告死亡的条件进行记忆，具备包括三项：被宣告人重新出现；经本人或者利害关系人申请；由人民法院撤销。

二是死亡宣告撤销后的结果。对此，考生可以比照宣告死亡的结果进行对比分析和记忆：

1.财产问题

考生需要根据是否涉及第三人而分别记忆两个规则：

（1）依继承取得财产的，应返还原物；无法返还的，应当给予适当补偿。

（2）原物已为第三人合法取得的，第三人无返还义务，而是由依继承取得原物的人给予适当补偿。此处所谓"合法取得"，并没有"有偿"要求，只要不违法即可，这一细节考点，是宣告死亡撤销中最主要的陷阱所在。

实例：甲被宣告死亡，其个人遗产中的轿车由其妻子乙继承。之后乙赠与丙。甲的死亡宣告被撤销之后，丙无义务返还该轿车。对于乙而言，其属于依继承取得财产的人，本来是应当返还的，但由于赠与了丙，无法返还，故应当给予甲适当补偿。

2.婚姻问题

（1）婚姻关系自撤销死亡宣告之日起自行恢复。关于"自行恢复"，民法理论上存在争议，但在法考中，一向是与"自动恢复"同等含义。

（2）例外的是，如果其配偶再婚或者向婚姻登记机关书面声明不愿意恢复的，则不能自行恢复。此处"配偶再婚"，实际上也是涉及了第三人的利益，故不能与被宣告人自行恢复。

3.收养问题

被宣告死亡的人在被宣告死亡期间，其子女被他人依法收养的，收养关系有效，在死亡宣告被撤销后，被宣告人不得以未经本人同意为由主张收养关系无效。

4.侵权问题

此所谓侵权问题，是指利害关系人隐瞒真实情况使他人被宣告死亡而取得其财产。对此，利害关系人除应返还原物及孳息外，还应对造成的损失予以赔偿。

（五）宣告失踪与宣告死亡的关系

考生需熟练记住以下两个要点：

一是宣告失踪并不是宣告死亡的必经程序，可以不经宣告失踪，直接申请宣告死亡。

二是申请人只申请宣告失踪的，即便符合宣告死亡的条件，也只能宣告失踪。

经典考题：甲出境经商下落不明，2015年9月经其妻乙请求被K县法院宣告死亡，其后乙未再婚，乙是甲唯一的继承人。2016年3月，乙将家里的一辆轿车赠送给了弟弟丙，交付并办理了过户登记。2016年10月，经商失败的甲返回K县，为还债将登记于自己名下的一套夫妻共有住房私自卖给知情的丁；同年12月，甲的死亡宣告被撤销。下列哪些选项是正确的？（2017年卷三第53题，多选）①

A.甲、乙的婚姻关系自撤销死亡宣告之日起自行恢复

B.乙有权赠与该轿车

C.丙可不返还该轿车

D.甲出卖房屋的合同无效

归纳总结 宣告失踪与宣告死亡	
宣告失踪	①条件 A.被申请人下落不明满2年；B.经利害关系人申请；C.由法院宣告 ②法律后果 为失踪人设立财产代管人 ③撤销 失踪人重新出现，可以申请撤销，并有权要求财产代管人及时移交有关财产并报告财产代管情况

① 【答案】ABC。本题考查宣告死亡。A选项，《民法典》第51条规定："被宣告死亡的人的婚姻关系，自死亡宣告之日起消除。死亡宣告被撤销的，婚姻关系自撤销死亡宣告之日起自行恢复。但是，其配偶再婚或者向婚姻登记机关书面声明不愿意恢复的除外。"本题中，乙未再婚，也未向婚姻登记机关书面声明不愿意恢复，所以，甲的死亡宣告被撤销后，其与乙的婚姻关系自行恢复，故A项正确，当选。B选项，乙是甲唯一的继承人，其在甲被宣告死亡后，对家里轿车享有所有权，有权赠与该轿车，故B项正确，当选。C选项，乙将家里的一辆轿车赠送给了弟弟丙，交付并办理了过户登记。丙已经取得该车的所有权，丙属于第三人合法取得，所以丙可不返还轿车，故C项正确，当选。D选项，甲被宣告死亡后，其妻子乙实际上对原先夫妻共有的房屋享有所有权，甲再将其出售给丁，构成无权处分。根据负担行为的基本原理（参见本编专题四第一节），无权处分所订立的买卖合同，只要不存在其他影响合同效力的情形，应认定为有效，故D项错误，不当选。本题最可能出现失误的地方在于D选项，出现失误的原因是对负担行为的原理这一重要知识点没有掌握好。对此，将在本编专题四重点进行分析，此处仅作一简要阐述。所谓负担行为，主要是指签订合同的行为，合同签订之后，当事人有履行合同的义务，这对当事人构成一种负担（因为如果不履行义务，要承担违约责任），故而称为负担行为。就签订合同这种行为而言，即使当事人手中没有处分权，也应当认定为是有效的。如：甲之电脑交给乙保管（未让其出卖），乙擅自出卖给丙，虽然乙对甲的电脑没有处分权，但乙、丙的买卖合同仍然应认定为有效。如此处理，是为了保护合同相对方丙的交易安全，即如果将来乙无法履行该买卖合同，则丙可以基于这一有效的合同向乙主张违约责任。综上，本题应选ABC。

宣告死亡	①条件 A.被申请人下落不明达到法定期间（4年、2年、不受限制）；B.经利害关系人申请；C.由法院宣告 ②法律后果 A.死亡日期的确定 判决作出之日；意外事件发生之日 B.财产发生继承 C.婚姻关系终止 D.子女可依法送养给他人 ③撤销的法律后果 A.财产问题 继承人应返还原物，原物不存在的，给予适当补偿；合法取得的第三人无返还义务 B.婚姻问题 自撤销死亡宣告之日起自行恢复。例外：配偶再婚；向婚姻登记机关书面声明不愿意恢复 C.收养问题 不得以未经本人同意为由主张收养关系无效 D.侵权问题 利害关系人隐瞒真实情况使他人被宣告死亡而取得其财产的，应返还原物、孳息并予以赔偿

专题三 法人

第一节 法人的概念、特征与分类

命题点拨

　　法人的特征在法考中有两种价值，一种是直接进行命题考查，另一种是如果对法人特征把握得不到位，会导致和非法人组织之间的界限不清，同时对法人的学习产生影响，因此，这一块的内容要好好体会一下。法人的分类，早期较注重考查理论上的分类，从未来命题趋势来看，应以《民法典》中规定的法人类型为复习重点。

一、法人的概念与特征

（一）法人的概念

　　法人是享有民事权利能力和民事行为能力，能以自己的名义享有民事权利和承担民事义务的社会组织。

　　这一概念将法人定性为社会组织的一种。社会组织并不像自然人这样本来就存在于社会中，而是由自然人创办的。由自然人创办的社会组织，一种符合法人的特征，称为法人组织，简称为法人；一种不符合法人的特征，称为非法人组织。在民法中，最为典型的法人就是公司，此外，国家机关、高校等也均是法人；最为典型的非法人组织就是合伙企业。

（二）法人的特征

　　在法考中，法人的特征（可简单记为"三大独立"）是重要的命题来源：

　　一是人格独立。其意思是，法人一经成立，便与其出资人在主体地位上相互独立，法人可以以自己的名义从事各种活动。在法考中，人格独立的考试价值在于，要求考生不要把法人和背后的出资人混为一谈，他们属于不同的民事主体。

　　二是财产独立。其意思是，法人的财产由出资人的财产和法人经营获得的财产共同组成，它们独立于出资人，由法人对其享有所有权。在法考中，财产独立的考试价值在于，要求考生能够准确判断法人财产的所有权人为法人，而不是其背后的出资人。这也就意味着，出资人向法人投资以后，即对所投资的资产丧失所有权，其所有权人转变为法人。

　　三是责任独立。其意思是，法人以其全部的财产对外承担无限责任，而法人的出资人以其出资额为限对法人的债务承担有限责任。在法考中，责任独立的考试价值在于，一方面，要求考生明确法人本身的责任是无限责任，而其背后的出资人方为有限责任。因此，所谓有限责任公司，并不是公司的责任有限，而是出资人的责任有限。另一方面，法人与其出资人之间既不是连带责任，也不是补充责任，而是按照法律要求各自承担各自的责任，只有在特殊情况下才可能突破这个规则，如法人人格被否认的，出资人将和法人对外承担连带责任。关于法人人格否认问题，本专题第二节再详细阐述。

不符合上述特征的社会组织，就会被纳入非法人组织的范畴。如合伙企业，合伙人对其投资到合伙企业中的财产并不丧失所有权，而是与其他合伙人共有；当合伙企业的财产不足以承担债务的，合伙人通常都承担连带责任。鉴于非法人组织并未从民法角度命题，后文不再详细阐述这一民事主体。但考生需要明确，对于合伙企业，通常会从商法的角度命题，在复习商法时应予注意。在民法中，仅须掌握其属于非法人组织即可。

二、法人的分类

（一）民法理论上法人的分类

民法理论上关于法人的分类，是早期题目中较为重视的，近年来已不再单独命题。本部分内容，考生仅须简单记忆要点即可。

1.公法人与私法人

公法人是依照公法设立，由权力机关所创设的行使公共管理职能的法人，如国家行政机关。

私法人是依照私法设立，从事社会活动或者商业经营的法人，如公司。

2.社团法人与财团法人

这是对私法人的再分类，故本分类对公法人不适用。

社团法人是以人的集合为基础成立的法人，如公司。所谓以人的集合为基础，并不是完全脱离财产，而是说先有人聚集到一起，再进行投资，最终成立法人。如在公司的成立过程中，是先有志同道合的投资人聚集在一起，然后再商量每人向公司投入多少钱，最终公司得以成立。

财团法人是以财产的集合为基础成立的法人，如基金会。所谓以财产的集合为基础，并不是完全脱离人，而是说先有财产聚集到一起，再需要人来管理，最终成立法人。如在基金会的成立过程中，先有一批钱被捐献出来，然后对这笔钱需要有人进行管理，最终基金会得以成立。

在法考中，这一分类的命题点可以有很多，主要是要求考生掌握社团法人与财团法人的以下区别：

分　类		社团法人	财团法人
区别	财产的来源	成员出资	社会捐赠
	是否有成员	有，出资者为其成员	无
	是否有意思机关	有，成员组成意思机关	无
	是否有营利性	可以是营利，也可以是非营利	只能是公益性的，不得具有营利性质

（二）立法上法人的分类

我国《民法典》将法人分为营利法人、非营利法人、特别法人三类，这是考生需要重点掌握的。具体考点总结如下：

1.营利法人

以取得利润并分配给股东等出资人为目的成立的法人，为营利法人。

在法考中，这一类法人主要有如下考试价值：

一是要求考生熟记营利法人的具体种类，其包括有限责任公司、股份有限公司和其他企业法人等。所谓其他企业法人，需要结合商法来理解，如外商独资企业，不属于公司，不归《公司法》调整，而归《外商独资企业法》调整，但其也是以营利为目的，且具有法人资格，故也属于营利法人。

二是要求考生对营利法人中的"营利性"一词有精准的把握。营利不等同于赚钱，只有将所赚的钱分配给法人组织体的构成人员（股东），才属于此处的营利。如果某一法人不赚钱，或者虽然赚钱但不分配，均不属于营利法人。

2.非营利法人

为公益目的或者其他非营利目的成立，不向出资人、设立人或者会员分配所取得利润的法人，为非营利法人。

在法考中，这一类法人的考试价值更大，分如下几个方面进行阐述：

一是要求考生熟记非营利法人的具体种类，其包括事业单位法人、社会团体法人、捐助法人三种类型。事业单位法人如公立高校；社会团体法人如各种研究会；捐助法人如基金会。

二是要求考生准确把握非营利法人与公益法人的关系。非营利法人，一种是以公益为目的，如捐助法人中的基金会，肯定是以公益为目的的；另一种是其他非营利目的，如社会团体法人，往往是以服务内部会员的利益为目的，谈不上是为了公益（公共利益），但也不是为了营利目的，故称为其他非营利目的。在这一意义上，非营利法人的范围要大于公益法人。

三是要求考生掌握公益法人终止时的剩余财产分配。公益法人终止时，不得向出资人、设立人或者会员分配剩余财产。剩余财产应当按照法人章程的规定或者权力机构的决议用于公益目的；无法按照法人章程的规定或者权力机构的决议处理的，由主管机关主持转给宗旨相同或者相近的法人，并向社会公告。

四是要求考生掌握各类非营利法人的具体制度，包括设立目的、法人资格的取得、组织机构、经费来源等。因内容较多，以下对三类非营利法人分别阐述：

（1）事业单位法人

在法考中，事业单位法人有如下考点需要考生掌握：

一是事业单位法人的目的。事业单位法人，均是以提供公益服务为目的，如国家出资设立的公立高校、公立医院等。需要注意的是，民办高校、民办医院，通常是以公司制的形式运作，以营利为目的，故应归入营利法人中。

二是事业单位法人资格的取得。原则上经依法登记成立，取得事业单位法人资格；依法不需要办理法人登记的，从成立之日起，具有事业单位法人资格。此处所谓"依法不需要办理法人登记"，是指由于历史的原因和我国特殊的国情，法律允许某些事业单位法人不办理登记。对此，法考不会再往后追问到底是哪些单位。就该考点，考生只需要记住"原则上登记、例外可以不登记"这句话即可。

三是事业单位法人的组织机构。根据《民法典》的规定，事业单位法人原则上以理事会为其决策机构，除非法律另有规定；同时还设立有法定代表人。《民法典》未对事业单位法人的执行机构、监督机构进行明确规定，这意味着，根据《民法典》的立场，执行机构、监督机构不是事业单位法人的必设机构。

四是事业单位法人的经费来源。需要考生记住一句话：事业单位法人的经费有来自国家的财政拨款，也有来自自收自支的。

（2）社会团体法人

在法考中，社会团体法人有如下考点需要考生掌握：

一是社会团体法人的目的。社会团体法人，既可以是为了公益目的，也可以是为了内部会员的共同利益。因此，社会团体法人并不都是以公益为目的。

二是社会团体法人资格的取得。原则上经依法登记成立，取得社会团体法人资格；依法不需要办理法人登记的，从成立之日起，具有社会团体法人资格。就该考点，也是要求考生记住"原则上登记、例外可以不登记"这句话即可。

三是社会团体法人的组织机构。根据《民法典》的规定，社会团体法人以会员大会或者会员代表大会等为权力机构；以理事会等为执行机构；同时还设立有法定代表人。《民法典》未对社会团体法人的监督机构进行规定，这意味着，根据《民法典》的立场，监督机构不是社会团体法人的必设机构。

四是社会团体法人的经费来源。此点和事业单位法人的考点相同，也是需要考生记住一句话：社会团体法人的经费有来自国家的财政拨款，也有来自自收自支的。

（3）捐助法人

在法考中，捐助法人需要掌握的考点多于事业单位法人和社会团体法人，具体考点有：

一是捐助法人的目的。捐助法人均是以公益为目的。

二是捐助法人资格的取得。取得捐助法人资格，均以登记为必要条件。

三是捐助法人的组织机构。根据《民法典》的规定，捐助法人以理事会、民主管理组织等为决策机构；同时还应设立执行机构；应当设监事会等监督机构；同时还设立有法定代表人。因此，捐助法人的机构是最健全的。

四是捐助法人的经费来源。捐助法人的经费，均来自他人的捐助，故其名曰捐助法人。

五是捐助法人的主要类型。捐助法人又包括基金会法人、社会服务机构法人和宗教捐助法人三种类型。基金会法人如一些名人创办的以救助社会弱者、救灾等为目的的基金会，其欲改变其宗旨和目的的，应由基金会法人按照程序申请，征得其业务主管单位的同意，并报登记管理机关核准；社会服务机构法人如孤儿院；宗教捐助法人如寺院、道观、教会。

六是捐助人的特有权利。需要考生掌握捐助人的知情权、建议权、撤销权：

知情权，是指捐助人有权向捐助法人查询捐助财产的使用、管理情况。

建议权，是指捐助人可以向捐助法人提出意见和建议，捐助法人应当及时、如实答复。

撤销权，是指捐助法人的决策机构、执行机构或者法定代表人作出决定的程序违反法律、行政法规、法人章程，或者决定内容违反法人章程的，捐助人等利害关系人或者主管机关可以请求人民法院撤销该决定，但是捐助法人依据该决定与善意相对人形成的民事法律关系不受影响。此处撤销权的规则体现了法人制度中非常重要的思想——优先保护善意第三人思想，即不论法人内部发生了什么情况，对外均不得约束善意第三人，而是要优先保护善意第三人的利益，然后再解决法人内部问题。这一思想，贯穿在法人制度的始终。

3.特别法人

所谓特别法人，可以理解为是因为我国特殊的国情，某些法人既不适合放到营利法人中，又不适合放到非营利法人中，故而单列出来称为特别法人。

在法考中，关于特别法人，考生只需要记住其有且只有四类即可，分别是：机关法人（即各级国家机关）、农村集体经济组织法人、城镇农村的合作经济组织法人（如农业合作社）、基层群众性自治组织法人（即村民委员会和居民委员会）。

经典考题： 甲以自己的名义，用家庭共有财产捐资设立以资助治疗麻风病为目的的基金会法人，由乙任理事长。后因对该病的防治工作卓有成效使其几乎绝迹，为实现基金会的公益性，现欲改变宗旨和目的。下列哪一选项是正确的？（2015年卷三第1题，单选）①

A.甲作出决定即可，因甲是创始人和出资人

B.乙作出决定即可，因乙是法定代表人

C.应由甲的家庭成员共同决定，因甲是用家庭共有财产捐资的

D.应由基金会法人按照程序申请，经过上级主管部门批准

归纳总结 法人的概念、特征与分类

概念	法人本质上是一种由自然人创办的社会组织
特征	三大独立：人格独立、财产独立、责任独立
营利法人	①特征：分配所取得的利润 ②类型：有限责任公司、股份有限公司和其他企业法人等
非营利法人	①特征：不分配所取得的利润 ②类型：事业单位法人、社会团体法人、捐助法人
特别法人	机关法人、农村集体经济组织法人、城镇农村的合作经济组织法人、基层群众性自治组织法人

① 【答案】D。本题考查基金会法人。《民法典》第92条第1款规定，基金会法人属于捐助法人的一种。根据《民法典》第93条的规定，基金会法人应由执行机构执行法人事务，而非由创始人、出资人决定，也不是由法定代表人单独决定，故A、B、C项错误。根据《基金会管理条例》第15条的规定，基金会修改章程，应当征得其业务主管单位的同意，并报登记管理机关核准。本题中，基金会法人的宗旨和目的属于基金会章程中记载的事项，欲改变之，应当经过主管单位同意，并经登记机关核准，故D项正确。本题如果出现失误，最可能的原因是对基金会法人的考点掌握得不够细致。不过，即使考生不了解基金会法人的考点，根据法人基本原理，也可以选对本题。因为改变法人的宗旨和目的，显然属于法人的重大事项，根据法人的基本原理，不可能会由法人的创始人、投资人或法定代表人单独决定如此重大的事项。根据排除法，也只剩下D这个选项。综上，本题正确选项为D。

第二节　法人的能力

命题点拨

　　法人的能力包括民事权利能力、民事行为能力和民事责任能力。其中，民事责任能力最为重要，几乎每年都会进行考查，且主要结合侵权责任、代理等制度进行命题，相关真题将在后续章节中进行分析。其次，民事权利能力也偶有涉及，考查重点是法人民事权利能力的范围问题。民事行为能力近年来法考没有涉及，但作为基础知识，考生也应有所了解。在学习本节知识的过程中，需要多与自然人的民事权利能力、民事行为能力进行对比。

一、法人的民事权利能力

（一）法人民事权利能力的概念

　　法人的民事权利能力是法人享有民事权利、承担民事义务的资格。

　　这一概念表明，不论是法人的民事权利能力，还是自然人的民事权利能力，其本质都是用来解决有没有资格享有民事权利、承担民事义务的问题。不过，与自然人民事权利能力始于出生、终于死亡不同的是，法人的民事权利能力，始于成立、终于终止（法人的成立、终止，分别相当于自然人的出生和死亡）。

（二）法人民事权利能力的范围

　　这是法考在考查法人民事权利能力时的主要命题点，需要考生掌握如下内容：

　　一是法人基于自身的天然属性导致其民事权利能力范围受限。这是指，基于自然人的天然属性而专属于自然人享有的民事权利，法人均不能享有，如生命权、健康权、继承权等，法人因其自然属性无法享有。

　　二是机关法人和公益法人的民事权利能力范围受限。这是指，为了防止国有资产的流失和保护交易安全，此类法人的民事权利能力范围会受到限制，如机关法人和以公益为目的的事业单位法人、社会团体法人，原则上不得担任保证人。

　　三是企业法人的民事权利能力范围受限。这是指，企业法人应在其登记的经营范围内从事活动。关于此点，法考在命题时，会从反面进行，即法人超越经营范围订立的合同，其效力究竟应如何认定？对此，考生必须掌握如下规则：不能仅因法人超越经营范围就直接认定该合同无效，而是应根据合同生效条件的有关规定进行认定，如果当事人意思表示真实、内容合法，即使超越经营范围了，合同也应认定有效。

　　四是法人在清算期间的民事权利能力范围受限。法人因破产等原因进入清算阶段，法人本身并不消灭，但只能进行清算方面的活动，如清理资产，而不得从事与清算无关的活动。

二、法人的民事行为能力

（一）法人民事行为能力的概念

　　法人的民事行为能力是指法人独立实施民事法律行为的资格。

这一概念表明，不论是法人的民事行为能力，还是自然人的民事行为能力，其本质都是用来解决有没有资格独立实施民事法律行为的问题。不过，与自然人民事行为能力分为完全民事行为能力、限制民事行为能力和无民事行为能力不同的是，法人的民事行为能力并不存在这些类型的划分。法人的民事行为能力，都可以称之为是完全民事行为能力，即每个法人都有资格独立实施民事法律行为。

（二）法人民事行为能力的取得与终止

在法考中，法人的民事行为能力问题不是命题重点，已多年未涉及。对考生而言，主要是把法人民事行为能力取得与终止方面的理论观点理解清楚，同时可以和自然人民事行为能力的取得与终止进行对比，不至于让自己陷入理论困惑；同时，万一在选择题中考查这一观点的判断，也能够较好应对。

这个理论观点就是：法人的民事行为能力与民事权利能力同时取得、同时消灭，即均是始于成立、终于终止。相比较而言，自然人的民事行为能力与民事权利能力，肯定不是同时取得，且未必同时消灭。

就取得而言，法人本身不像自然人那样有一个逐渐成长的过程，所以法人一成立，不仅意味着其有了民事权利能力，还具有民事行为能力；而自然人的出生，意味着其有了民事权利能力，但其民事行为能力的取得，则是随着年龄的增长，而逐渐从无民事行为能力，过渡到限制民事行为能力，最后再取得完全民事行为能力。

就消灭而言，法人一旦终止，其民事权利能力肯定也就不存在了，相应地，其民事行为能力必然也就消灭了；而自然人，如果是死亡的话，民事权利能力与民事行为能力会同时消灭，但是，一个完全民事行为能力人可能因患有精神疾病等问题而变为无民事行为能力人或限制民事行为能力人，此时其民事权利能力并没有消灭。

三、法人的民事责任能力

（一）法人民事责任能力的概念

法人的民事责任能力指法人独立承担民事责任的资格。

法人作为一种社会组织，其参与民事活动都是通过法人机构或者法人的工作人员进行的，由此产生的法律后果，应由法人承担，这种现象，就是法人民事责任能力的体现。

（二）法人承担民事责任的情形

该问题是法考命题的重点，需要考生掌握如下两方面的知识：

1.法人对法定代表人的行为负责

需要考生掌握该考点的两个命题角度：

一是从正面命题，即法定代表人以法人名义从事的民事活动，其法律后果由法人承受。这一命题角度，是说法定代表人正常情况下以法人名义实施的各种活动，如法定代表人以法人名义与第三人签订合同，该法律后果应由法人承担，即由法人负责履行该合同。

该命题角度还隐含了一个重要陷阱，就是要求考生运用前述优先保护善意第三人思想，就法人内部对法定代表人代表权限制问题进行准确分析，即法人内部对法定代表人代表权的限制，不得对抗善意相对人。这就意味着，即使法定代表人超越了对其代表权的限制而与善意第三人签订合同，善意第三人也可以主张法人承担该合同的法律后果。当然，就内部关系而言，法人可以因法定代表人违反对其代表权的限制，而追究其法律责任。

二是从反面命题，即法定代表人因执行职务造成他人损害的，由法人承担民事责任。这一命题角度，是说法定代表人在执行职务过程中出现了违法行为，导致对他人造成损害后果，对此，应由法人承担责任。

2.法人对工作人员的职务行为负责

本考点与上一考点的命题角度相同，也是需要考生掌握正反两个方面：

一是就正面而言，需要考生记住这一规则：法人工作人员以法人名义实施的执行职务的行为，其法律后果由法人承受。同时，法人内部对工作人员职权范围的限制，也不得对抗善意相对人。

这一规则，表面上看与前述法人对法定代表人行为负责的规则非常相近，但其背后隐含的法理不同，近年来在法考里有所考查，需要考生能够分清。这一法理就是：法定代表人和法人之间为代表关系，法人的工作人员和法人之间为代理关系。这两种关系的本质区别是，法定代表人被称之为"当然有权"，即其当然有权代表法人从事民事活动，而不需要法人另行给其授权；法人的工作人员则被称为"需要授权"，即其以法人名义从事民事活动，必须经过法人授权（也就是授予代理权），否则就构成无权代理。就是因为这一点，法考在无权代理部分进行命题时，总是结合法人制度来命题，即法人工作人员未授权即擅自以法人名义对外签合同。

二是就反面而言，法人工作人员因执行职务造成他人损害的，由法人承担民事责任。同样，这一规则也是针对法人工作人员在执行职务过程中出现违法行为的情况而设定的。

（三）法人人格否认

《民法典》建立了营利法人的人格否认制度，为《公司法》中公司法人人格否认制度（也称为"揭开公司面纱"）奠定了基础。该制度是民法与商法的交叉地带，需要考生特别重视。

1.法人人格否认的基本内涵

法人人格否认，指为防止法人独立人格的滥用和保护债权人的利益，在某一具体的法律关系中，否认法人的独立人格，并进而否认出资人的有限责任，由出资人对法人债务承担连带责任的一种法律制度。

如本专题第一节所述，在法人的三大特征中，有所谓"人格独立"，即法人与其出资人在主体地位上相互独立，由此，法人的债务才由法人承担，而其背后的出资人仅承担有限责任。然而，有的出资人却滥用法人独立地位和有限责任，对法人的债权人的利益造成严重损害。此种情况下，就有必要否认法人的独立人格，这就意味着，法人和其出资人的主体地位会被并在一起，而不再是两个独立的主体，由此，法人的债务，其出资人也就必须承担连带责任，从而达到一方面保护债权人利益、另一方面惩罚出资人的目的。

2.法人人格否认的构成要件

在某一具体的法律关系中否认法人人格时，应同时满足如下要件：（1）出资人实施了滥用法人独立地位和有限责任的行为；（2）严重损害法人债权人的利益；（3）出资人滥用法人独立地位和有限责任的行为与法人债权人利益受到损害之间存在因果关系；（4）出资人主观上存在故意。就考试而言，重点是考查出资人到底实施了哪些滥用法人独立地位和有限责任的行为，对此，将在下文详细阐述。

3.法人人格否认的主要适用情形

在法考中，要求考生必须掌握法人人格否认的主要适用情形，这样在做题碰到这些情形时，就很会容易联想到法人人格否认制度，从而有针对性地做题。这些主要适用情形，也就解释了出资人滥用法人地位和有限责任究竟有哪些具体表现。

（1）人格混同

人格混同，是指法人与出资人出现完全混同的局面。认定公司人格与股东人格是否存在混同，最根本的判断标准是公司是否具有独立意思和独立财产，最主要的表现是公司的财产与股东的财产是否混同且无法区分。这种情况在一人公司中最为常见，如：甲有300万元存款，其个人从中出资200万元创办乙公司，该200万元资产本应归乙公司所有，剩余的100万元应是甲个人所有。然而，在乙公司经营过程中，出资的200万元资产和剩余的100万元资产之间完全没有界限，甲随意就将乙公司的资产转移到个人名下，又随意将个人资产转移到乙公司名下用于经营。后乙公司经营过程中拖欠丙公司债务。此时，就应否认乙公司的法人人格，由甲和乙公司对丙公司的债务承担连带责任。

具体而言，在认定是否构成人格混同时，应当综合考虑以下因素：①股东无偿使用公司资金或者财产，不作财务记载的；②股东用公司的资金偿还股东的债务，或者将公司的资金供关联公司无偿使用，不作财务记载的；③公司账簿与股东账簿不分，致使公司财产与股东财产无法区分的；④股东自身收益与公司盈利不加区分，致使双方利益不清的；⑤公司的财产记载于股东名下，由股东占有、使用的；⑥人格混同的其他情形。

此外，在出现人格混同的情况下，往往同时出现以下混同：公司业务和股东业务混同；公司员工与股东员工混同，特别是财务人员混同；公司住所与股东住所混同。这些混同有利于认定人格混同，但并不意味着出现人格混同，就一定会出现这些混同。

（2）过度支配与控制

过度支配与控制，是指公司控制股东对公司过度支配与控制，操纵公司的决策过程，使公司完全丧失独立性，沦为控制股东的工具或躯壳，严重损害公司债权人利益。此时，应当否认公司人格，由滥用控制权的股东对公司债务承担连带责任。实践中常见的情形包括：①母子公司之间或者子公司之间进行利益输送的；②母子公司或者子公司之间进行交易，收益归一方，损失却由另一方承担的；③先从原公司抽走资金，然后再成立经营目的相同或者类似的公司，逃避原公司债务的；④先解散公司，再以原公司场所、设备、人员及相同或者相似的经营目的另设公司，逃避原公司债务的；⑤过度支配与控制的其他情形。

此外，还需要注意的是，控制股东或实际控制人控制多个子公司或者关联公司，滥用控制权使多个子公司或者关联公司财产边界不清、财务混同，利益相互输送，丧失人格独立性，沦为控制股东逃避债务、非法经营，甚至违法犯罪的工具。对此，可以综合案件事实，否认子公司或者关联公司法人人格，由其承担连带责任。

（3）资本显著不足

资本显著不足，是指法人成立时，出资人实际投入法人的资本额与法人经营所隐含的风险相比明显不足。具体操作时，会根据法人的经营需求而定，即某一法人经营本身需要较多的资本，然而出资人实际投入的资本明显不足，根本无法满足经营需求。用较小的投入从事风险极大的经营，本来想寄希望于有限责任的保护，这种情况就会被认定为滥用法人的独立地位和出资人的有限责任，从而会引发否认法人人格的结果，由出资人对法人的债务承担连带责任。

（4）利用公司回避合同义务

利用公司回避合同义务，是指出资人利用其所创办的法人回避和他人之间所订立的合同上的义务。在法考中，这种情形又有如下几种常见的表现：

①出资人为逃避合同上的特定不作为义务而设立新的法人从事相关活动。常见的不作为义务是保守商业秘密：如甲和乙之间签订合同，约定甲保守乙的商业秘密。后甲出资创办丙公司，并利用其所知道的乙的商业秘密从事经营活动，从而侵害了乙的商业秘密权，这种情况下，就应否认丙公司的法人人格，由甲和丙公司对乙承担连带责任。

②出资人通过设立新的法人逃避债务。常见的逃避债务的情形是将原法人的资产转移到新的法人中，从而逃避原法人的债务，如：甲公司欠乙公司钱款共5000万元，甲公司的最大出资人（控股股东）张某欲使甲公司逃避该债务，于是另设立丙公司，将甲公司资产全部转移到丙公司名下。此时，就应否认甲公司的法人人格，由张某和甲公司对乙公司的债务承担连带责任。

③利用法人对债权人进行欺诈以逃避合同义务。常见的利用法人进行欺诈的情形是操纵法人与他人签订合同，事后又以出资人有限责任为由主张对法人债务不承担责任，如：李某是甲公司最大的出资人，其操纵甲公司股东会通过决议，将质量不合格的设备出卖给乙公司，给乙公司造成巨大损失。此时，就应否认甲公司的法人人格，由李某和甲公司承担连带责任。

（5）利用法人规避法律所规定的强制性义务

利用法人规避法律所规定的强制性义务，是指出资人本应承担某种强制性义务，但却通过法人进行回避，妄图逃避该义务。最为典型的强制性义务就是依法纳税义务，此类案件近年来多有报道，需要考生注意。如：甲与乙演出公司就甲参加乙公司的演出、乙公司支付演出费达成一致意见，但甲让乙公司和其出资并控股的丙公司签订协议，将演出费全部汇入丙公司账户，然后甲再通过丙公司账户将演出费转入甲的个人账户。税务机关经清查，发现丙公司逃避税务，而丙公司逃避税务实质上是甲利用丙公司的法人地位完成的，此时，就应否认丙公司的法人人格，对于应当缴纳的税款以及滞纳金等法定义务，甲和丙公司应承担连带责任。

4.法人人格否认的法律后果

关于法人人格否认的法律后果，在前述基本内涵和主要适用情形中实际上已有阐述，即通过否认法人人格，最终的结果是由出资人和法人对外承担连带责任，此时，出资人就不能主张用有限责任制度回避自己的义务，而应就法人的债务承担全部责任。

在法考中，考生在处理法人人格否认法律后果的题目时，有如下两个问题要特别注意：

一是法人人格否认的结果是由出资人对法人的债务承担连带责任，但此处的出资人仅指滥用了法人独立地位和有限责任的出资人，而不是所有的出资人都必须承担连带责任。通过前述主要适用情形的分析，可以感觉到，能够滥用法人独立地位和有限责任的出资人，往往都是出资数额巨大、实际对公司控股的大股东，由于他们拥有较多的股份，所以在公司表决、管理时，就会占有绝对优势，从而控制相应决策。

二是法人人格否认的结果只适用于个案，也就是只适用于某一次纠纷中，而不是对法人人格的永久剥夺。就某一具体的法人而言，其在本次案件中被否认人格了，也只在该案件中由出资人和法人承担连带责任，在其他案件中不适用；该法人也不因为本次案件被否定人格，就不能再持续经营了。这一规则，可以简单地比喻为"就事论事"，而不"全面扩张"。

此外，法人人格否认问题，还可能会进一步拓展到关联企业的人格混同以及破产制度进行考查。不仅法人与出资人之间会出现人格混同的情形，关联企业之间也会出现人格混同，其最主要的表现也是关联企业之间的财产出现混同导致无法区分。这种情况下，一旦这些企业进入到破产状态，法院就可能依法对这些关联企业的破产程序进行合并审理，这也被称为实质合并方式审理。人民法院裁定采用实质合并方式审理破产案件的，各关联企业相互之间的债权债务归于消灭，即互相不再享有债权和债务；同时，各关联企业的财产将被作为合并后统一的破产财产，即合并成一个整体性资产，然后由各关联企业的债权人按照法定顺序公平受偿。

归纳总结 **法人的能力**

民事权利能力	①本质：法人享有民事权利、承担民事义务的资格 ②属性：始于成立、终于终止；受法人天然属性的限制，同时机关法人、公益法人、企业法人以及法人在清算期间的民事权利能力范围均受到限制
民事行为能力	①本质：法人独立实施民事法律行为的资格 ②取得与终止：与法人的民事权利能力同时取得、同时终止
民事责任能力	①本质：法人独立承担民事责任的资格 ②属性：法定代表人以法人名义实施的行为、法人工作人员受法人委托实施的代理行为，法律后果均由法人承担；在执行职务过程中的侵权行为，均由法人承担责任 ③法人人格否认 A.本质：在个案中否认法人的独立人格，并进而否认出资人的有限责任，由出资人对法人债务承担连带责任 B.构成要件：出资人实施了滥用法人独立地位和有限责任的行为；严重损害法人债权人的利益；二者存在因果关系；出资人主观上存在故意 C.主要适用情形：人格混同；过度支配与控制；资本显著不足；利用公司回避合同义务；利用法人规避法律所规定的强制性义务等 D.法律后果：由出资人对法人的债务承担连带责任

第三节　法人的法定代表人、组织机构与分支机构

命题点拨

　　法定代表人制度，是近年来法考中考查较为频繁的知识点，通常结合合同制度考查，相关真题在后文中会有分析。各类组织机构，近年来几乎没有考查，仅作一般了解即可。此外，法人组织结构的不少问题在学理上均存在争议，但是这些争论对法考本身并无实质性影响，考生复习时应避免陷入这些无谓的争论中。

一、法人的法定代表人

（一）法定代表人的概念

　　法定代表人，是指依照法律或法人章程的规定，代表法人从事民事活动的负责人。

　　考生可以通俗地将法定代表人理解为是法人内部具有最大职权的人，这种职权的典型表现，就是可以不经法人授权，而直接以法人名义对外签订合同。

（二）法定代表人意思表示的效力

　　这是法考的主要命题点，相应考点在上一节阐述法人的民事责任能力时已有阐述，即法定代表人以法人名义从事的民事活动，其法律后果由法人承受。同时，法人章程或法人权力机构对法定代表人代表权的限制，不得对抗善意相对人。此处就该考点略作展开，并结合实例进行分析，以加深印象，有效应对题目：

　　1.法人的法定代表人死亡、变更的，不影响该法定代表人意思表示的效力。

　　实例：王某是甲公司的法定代表人，以甲公司名义向乙公司发出书面要约，愿以10万元价格出售甲公司的一块清代翡翠。王某在信函发出后3小时意外死亡，乙公司回函表示愿意以该价格购买。甲公司新任法定代表人张某以王某死亡为由主张该要约无效。

　　结论：张某的主张不能得到支持，王某的要约是有效的，甲公司应承担法律后果。

　　2.若法人章程或法人权力机构对法定代表人的代表权进行了限制，该限制不得对抗善意第三人。

　　实例：张某为甲公司的法定代表人，公司章程规定，张某对外签订200万元以上合同时，必须经股东会同意，不得擅自为之。后张某与李某（不知道该限权规定）签订了一份价值300万元的服装买卖合同。

　　结论：此合同若无其他效力瑕疵的，应当认定有效，甲公司应承担法律后果。

二、法人组织机构

（一）法人组织机构的概念

　　法人组织机构，又称法人机关，指根据法律或法人章程的规定，于法人成立时产生，无需特别委托授权就能形成、表示和实现法人意志的内部机构。

　　上述概念并不需要考生特别记忆，仅须考生知晓一个知识点、记忆一个知识点即可。知晓的知识点是，法人在成立的时候，就应该有组织机构，以便实现法人的意志，保障

法人的运转，所以法人组织机构对法人很重要。需要记忆的知识点是，法人组织机构既然是法人的内部机构，其就不会具有独立的人格。

（二）法人组织机构的类型

关于法人组织机构的类型，有的学者将法定代表人也纳入法人组织机构中，有的学者则反对这一观点。这种学术争论对法考意义不大，考生只要分别掌握各类具体组织机构的基本知识点即可，由于法定代表人在前文已有阐述，此处主要阐述其他组织机构。

1.意思机构

意思机构，又称权力机构，是形成法人意思的机构。所谓形成法人的意思，其实质就是负责决定法人的一切重大事项。如公司的股东会。

就这一机构，考生仅须掌握两个考点即可：一是意思机构由法人的成员组成，如股东会就是由公司的全体股东组成的。所谓法人的成员，是指能对法人经营所获利益进行分配的人，典型的就是公司的股东。二是既然意思机构由成员组成，那么对于没有成员的法人，就必然没有意思机构，如财团法人就没有意思机构。财团法人的财产主要来自他人的捐赠，内部并无成员，同时其以公益为目的，因此只需要有人进行管理、负责执行就可以了，故没有意思机构。

此外，关于意思机构和决策机构的关系，理论上有不同认识，有的认为两者应是同一个机构，有的认为不是，我国《民法典》明确规定捐助法人应当设立决策机构，应当认为其采用的是后一种观点。不过，此一问题，因学理性过强，目前法考真题尚未涉及，考生仅作简要了解即可。

2.执行机构

执行机构是执行法人章程或法人意思机构的决定等事项的机构。如公司的董事会。

就这一机构，考试仅需掌握一个考点即可，即执行机构是否是法人必须设立的机构。对此，传统民法理论存在争议，但我国《民法典》对事业单位法人的执行机构并没有要求必须设立。依此规定，在我国《民法典》的背景下，可以认为执行机构不是所有法人必须设立的机构。至于学术争议问题，考生无须关注。

3.监督机构

监督机构是根据法人章程和意思机构的决议对执行机构实施监督的机构。如公司的监事会。

就这一机构，考生也仅需掌握一个考点即可，即监督机构不是法人的必设机构，仅公司法人、捐助法人这两类法人应当设立监督机构。对此问题，不存在任何争议。因此，从考查概率上来说，考查监督机构的可能性要超过意思机构和执行机构。

三、法人的分支机构

法人的分支机构是以法人财产设立的，在法人主要活动地点以外的一定领域内，实现法人部分职能的内部组成部分。如分公司。

就法考来说，需要考生掌握如下几点：

1.在登记方面，独立活动的法人分支机构需要登记，经登记的法人分支机构，可以自己名义参与民事活动。如设立分公司的目的，均是希望分公司独立进行经营活动，故

《公司法》规定分公司必须办理登记。

2.在责任方面，分支机构以自己的名义从事民事活动，产生的民事责任由法人承担；也可以先以该分支机构管理的财产承担，不足以承担的，由法人承担。需要考生注意的是，此处有一个考试陷阱，就是"分支机构管理的财产"，并不是分支机构享有所有权的财产，只是由其管理而已，分支机构管理的财产，其所有权仍然由法人本身享有。

3.在法律地位方面，法人分支机构不属于组织机构（法人机关）。如前所述，法人组织机构有特定的含义和范围，即意思机构、执行机构、监督机构，分支机构本身不在法人组织机构的序列之中。

归纳总结	法人的法定代表人、组织机构与分支机构
法定代表人	①法定代表人以法人名义从事的民事活动，其法律后果由法人承受 ②法人章程或法人权力机构对法定代表人代表权的限制，不得对抗善意相对人 ③法人的法定代表人死亡、变更，不影响该法定代表人意思表示的效力
法人的组织机构	①意思机构：负责形成法人的意思 ②执行机构：负责执行法人的事务 ③监督机构：负责监督法人的执行机构
法人的分支机构	①分支机构不属于组织机构 ②分支机构的责任，既可先以该分支机构管理的财产承担，不足清偿的，再由法人承担，也可以直接由法人承担

第四节　法人的设立、变更与终止

命题点拨

本节内容有两个命题角度，一是纯粹从民法角度进行命题，此时主要考查法人的设立，具体考点是法人设立过程中责任的承担。二是结合公司法来命题，主要考查内容是法人的变更与终止，由于《民法典》只是对法人的变更和终止进行了原则性规定，故考生在此处主要掌握这些原则性规定即可，《公司法》里的一些细致性的规定，留待商法课程中学习。

一、法人的设立

法人的设立是指依照法律规定的条件和程序使社会组织获得法律上人格的整个过程，它是创设法人的一系列行为的总称。

就法人的设立而言，法考中所考查的内容仅涉及一个问题，即法人设立过程中产生的责任由谁承担。对于这一问题，要求考生分两种情况进行掌握：

1.设立人为设立法人，以法人的名义从事的民事活动，其法律后果由法人承受；法人未成立的，其法律后果由设立人承受，设立人为两人以上的，享有连带债权，承担连带债务。

2.设立人为设立法人，以自己的名义从事民事活动产生的民事责任，第三人有权选择请求法人或设立人承担。

二、法人的变更

（一）法人变更的概念

法人的变更是指法人在性质、组织机构、经营范围、财产状况以及名称、住所等方面发生的重大变化。

就该概念而言，考生需要掌握的考点是：法人存续期间登记事项发生变化的，应当依法向登记机关申请变更登记；如果法人的实际情况与登记的事项不一致的，不得对抗善意相对人。这里再次体现了优先保护善意第三人的思想。

实例： 甲公司经合法程序罢免了原来的法定代表人张某，后选举李某为法定代表人，但未向登记机关办理变更登记。后张某以甲公司的名义与不知情的赵某签订合同。

结论： 该合同对甲公司发生效力。因为没有办理变更登记，不得对抗善意相对人。

（二）法人的合并

法人的合并指两个以上的法人结合成为一个法人的民事法律行为。

就法考而言，考生仅须掌握如下两个考点：

一是掌握法人合并的方式。具体包括两类：一类是新设合并，即两个以上的法人合并为一个新法人，原法人均消灭。如A法人+B法人——→C法人。另一类是吸收合并，即一个法人吸收被合并的其他法人，合并后只有一个法人存续，被吸收的法人消灭。如A法人+B法人——→A法人。

二是掌握法人合并的法律后果。法人合并后，该法人的债权债务发生概括移转，即其权利和义务全部由合并后的法人享有和承担。所谓概括，是既包括权利，也包括义务的意思。

（三）法人的分立

法人的分立是指一个法人不经清算程序而分成两个或两个以上法人的民事法律行为。

就法考而言，考生就法人分立需要掌握的考点与法人的合并相同，也是两个方面：

一是掌握法人分立的方式。具体也包括两类：一类是创设式分立，即一个法人分为几个法人，新法人资格确立，同时原法人资格消灭。如C法人——→A法人+B法人。另一类是存续式分立，即一个法人分为几个法人后，新法人资格确立，同时原法人资格继续存在。如A法人——→A法人+B法人。可以与上述新设合并、吸收合并对应起来理解。

二是掌握法人分立的法律后果。法人分立的，其权利和义务由分立后的法人享有连带债权，承担连带债务，但是债权人和债务人另有约定的除外。此处需要考生特别注意运用对内、对外思想进行分析：由于法律要求分立后的法人对外承担连带债务，这就意味着，如果分立后的法人就各自应承担的债务有约定的，则该约定仅在分立后的法人内部有效，对外是无效的，即对债权人仍然要承担连带责任。

三、法人的终止

（一）法人终止的原因

法人终止的原因包括：解散（如公司股东会决议解散公司）、被宣告破产以及其他原因。

（二）法人终止的必经程序——清算

法人的清算有破产清算和非破产清算之分。其中，法人因破产而终止的，走破产清算程序，此时依《企业破产法》进行；法人因破产之外的原因而终止的，走非破产清算程序，此时依《民法典》或《公司法》规定的程序进行。

（三）清算组和清算法人

考生必须对这一组概念比较熟悉，以便做题时不发生混淆：清算组亦称清算人，系执行清算事务的机构，其在清算期间取得清算法人的执行机关和代表机关的地位，对内执行清算事务，对外代表清算法人为意思表示；以清算组为执行机关和代表机关的法人称清算法人，清算法人的民事权利能力并没有消灭，而是受到严格的限制，即仅限于从事清算范围内的民事活动。

（四）清算义务人

清算义务人是指有义务组成清算组，从而对法人进行清算的人。对此，考生记住一句话即可：法人的董事、理事等执行机构或者决策机构的成员为清算义务人。

提示：《公司法》中对公司法人的设立、变更、终止另有规定的，根据"特别法优先于一般法"的规则，应优先适用《公司法》的规定，此点考生务必注意。但《公司法》的规定仅适用于公司，对公司之外的法人，则仍然应适用《民法典》的规定。

经典考题：黄逢、黄现和金耘共同出资，拟设立名为"黄金黄研究会"的社会团体法人。设立过程中，黄逢等3人以黄金黄研究会名义与某科技园签署了为期3年的商铺租赁协议，月租金5万元，押3付1。此外，金耘为设立黄金黄研究会，以个人名义向某印刷厂租赁了一台高级印刷机。关于某科技园和某印刷厂的债权，下列哪些选项是正确的？（2017年卷三第53题，多选）[①]

A.如黄金黄研究会未成立，则某科技园的租赁债权消灭

B.即便黄金黄研究会未成立，某科技园就租赁债权，仍可向黄逢等3人主张

---

① 【答案】BCD。本题考查法人设立过程中的责任承担。对于法人设立过程中产生的责任如何承担，要分为以法人名义作出还是以个人名义作出。其中，以法人名义作出的，其法律后果由法人承受；法人未成立的，其法律后果由设立人承受，设立人为两人以上的，享有连带债权，承担连带债务。据此分析，本案中，黄金黄研究会未成立，某科技园就租赁债权，仍可向黄逢等3人主张，且黄逢等应承担连带责任，故B、C正确，A错误。设立人为设立法人以自己的名义从事民事活动产生的民事责任，第三人有权选择请求法人或者设立人承担。据此分析，本案中，黄金黄研究会成立后，某印刷厂就租赁债权，既可向黄金黄研究会主张，也可向金耘主张，D正确。本题如果出现失误，最可能的原因是考点掌握不够牢固，即没有记住处理法人设立过程中的责任问题时，应严格区分是以法人名义作出的还是以个人名义作出的，二者的法律后果完全不同。综上，本题正确选项为BCD。

C.如黄金黄研究会未成立，则就某科技园的租赁债务，由黄逢等3人承担连带责任

D.黄金黄研究会成立后，某印刷厂就租赁债权，既可向黄金黄研究会主张，也可向金耘主张

归纳总结	法人的设立、变更和终止

法人的设立	①以法人名义设立的，法律后果由法人承受；法人未成立的，由设立人承担连带责任 ②以自己名义设立的，第三人有权选择请求法人或设立人承担法律后果
法人的变更	①法人的实际情况与登记的事项不一致的，不得对抗善意相对人 ②常见的法人变更包括法人的合并和法人的分立。法人的合并又分为新设合并和吸收合并；法人的分立又分为创设式分立和存续式分立
法人的终止	①终止的原因：解散、破产以及其他原因 ②制度界限：一是区分破产清算与非破产清算，前者适用于因破产而终止，后者适用于因其他原因导致终止；二是区分清算组与清算法人，前者是执行清算事务的机构，而当法人处于清算期间，则称为清算法人 ③清算义务人：法人的董事、理事等执行机构或者决策机构的成员为清算义务人

专题四　民事法律行为

第一节　民事法律行为的概念、特征与分类

命题点拨

民事法律行为是民法中最重要的内容之一，每年均进行考查，且分值较多、难度较大。本节为民事法律行为的基础内容，主要从如下角度命题：一是结合案例，考查民事法律行为与事实行为的区分；二是考查处分行为与负担行为的区分，该内容几乎每年的题目都有涉及，且多与物权变动结合在一起进行考查，本节主要阐述基本原理，具体真题留待后面物权编再进行分析；三是考查民事法律行为分类中的其他内容，主要是一些特殊的民事法律行为，如单方行为、实践性行为、要式行为。

一、民事法律行为的概念与特征

（一）民事法律行为的概念

民事法律行为是指民事主体通过意思表示使民事法律关系产生、变更和消灭的行为。在法考中，理解这一概念，重点是要明确三点：

一是民事法律行为离不开意思表示，即要求民事主体必须把内心欲与他人发生民事法律关系的意思表示于外。由此引发了意思表示这个考点，该考点将在第二节专门进行阐述。

二是民事法律行为主要包括合同、遗嘱、婚姻（结婚、离婚）等行为。就法考而言，历来是结合合同进行命题。遗嘱、婚姻等，则主要从继承、婚姻的角度命题。

三是根据民事法律行为的效力，其又包括有效民事法律行为、无效民事法律行为、可撤销民事法律行为、效力待定民事法律行为等不同表现形态，这些内容也将逐渐在后面分节进行阐述。

（二）民事法律行为的特征

法考在考查民事法律行为的特征时，并不是要求考生纯粹记忆这些特征，而是要求考生通过与事实行为进行对比，来把握民事法律行为的特征，进而予以命题。因此，考生在阅读下面内容时，请先回忆本书专题一第三节所总结的常考的事实行为。

1.民事法律行为以意思表示为核心要素；而事实行为不要求任何意思表示

如当事人签订合同，必然要考虑当事人在合同中表达的意思到底是什么，由当事人的意思来决定合同的内容；而在盖房子这样的事实行为中，只要是合法建造房屋，建完之后即可享有所有权，并不需要当事人把内心意思表达出来。

2.民事法律行为要求行为人具备相应的民事行为能力；而事实行为不要求行为人具有相应的民事行为能力

仍以签订合同为例，如果当事人是民事无行为能力人，就会导致合同无效；而在写小说这样的事实行为中，哪怕是 7 岁的孩子天马行空地完成了小说的撰写，其就享有著作权，而不需要考虑其行为能力。

综上，如果题目考查事实行为的效力，则无须考虑当事人的意思表示、无须考虑当事人的行为能力；如果题目考查民事法律行为的效力，则既需要考虑当事人的意思表示，也要考虑当事人的行为能力。

二、民事法律行为的分类

（一）单方法律行为、双方法律行为、多方法律行为和决议行为

这是以民事法律行为的成立需要一方的意思表示还是双方或多方的意思表示所作的划分。

单方法律行为是指仅由一方的意思表示即可成立的民事法律行为，如遗嘱、抛弃所有权、授予委托代理权。

双方法律行为是指双方当事人相互对应的意思表示达成一致才能成立的民事法律行为，如合同行为，需要合同双方当事人意思表示一致方能使合同成立。理解这一概念，重点在于理解何谓"相互对应的意思表示"，其是指双方当事人意思表示的目的是为了达成财产的互换。如在买卖合同中，卖方将标的物交付给买方，买方将价款交付给卖方，这就是"对应的意思表示"，也就是双方交换财产。

多方法律行为是指两个以上当事人相同方向的意思表示达成一致才能成立的民事法律行为，如合伙协议、设立公司协议。理解这一概念，有两个方面非常重要：一是多方法律行为并不要求必须是三个以上当事人，有两个当事人的意思表示，也可能构成多方法律行为。二是考生必须理解何谓"共同方向的意思表示"，其是指当事人意思表示的目的不是为了达成财产的交换，而是指向同一方向。如甲、乙两人签订设立丙公司的协议，约定每人投资 10 万元，此时并不是甲、乙两人互相交换 10 万元（即不是对应的意思表示），而是甲、乙两人都把钱投到丙公司里面去，指向的投资方向相同，故应认定为多方法律行为。

决议行为，是指法人、非法人组织依照法律或章程规定的议事方式和表决程序作出决议的行为，如股东会决议、董事会决议。所谓"决议"，重在强调表决的过程。

在法考中，这一分类具有如下考试价值：

1.考生必须牢记赠与合同是双方法律行为而不是单方法律行为。赠与合同的成立，需要赠与人、受赠人双方的意思表示一致，仅有赠与人愿意赠与的意思表示，而没有受赠人接受赠与的意思表示，赠与合同是无法成立的。

2.考生必须明确，多方法律行为与双方法律行为的区分，不在于意思表示的数量，而在于意思表示的内容是"相互对应"还是"相同方向"。此外，法考中所涉多方法律行为，也仅有合伙协议、设立公司协议两种情况，考生要作为特例记住。

3.考生还应掌握决议行为的效力规则，其采取"多数决原则"，即决议只要一定多数的人赞同即可获得通过，而不要求全体同意。同时，一旦根据"多数决原则"获得通过，则即使对表决时投反对票的人，也是有拘束力的。

（二）财产行为与身份行为

这是以民事法律行为发生的效果是身份关系或财产关系所作的划分。

身份行为，是指发生身份变动效果的民事法律行为，如结婚、协议离婚。

财产行为，是指发生财产变动效果的民事法律行为，如订立买卖合同、抛弃所有权。

在法考中，这一分类具有如下考试价值：

1.身份行为不能适用代理，需要本人亲自为之；财产行为，则是可以由他人代理的。

2.需要考生特别关注遗嘱行为的定性问题。遗嘱通常会与一定的身份关系相关，但遗嘱本身只能引起财产方面的后果而不会产生身份方面的后果，故遗嘱属于与身份相关的财产行为。因此，立遗嘱也不能适用代理。需要注意的是，在《民法典》继承编中，有一种特殊的遗嘱即代书遗嘱，但代书遗嘱并不是由别人代理，而是由别人代为书写，只是写作的过程由别人代笔而已。

（三）负担行为与处分行为

这是以民事法律行为的效力不同所作的划分。该分类在法考中最为重要。

负担行为是指发生给付义务效果的行为。其效力是使一方对另一方负担给付义务，主要是指当事人签订各类合同的行为。合同签订后，通常即发生一方向另一方负担履行合同义务的效果。如甲、乙签订买卖合同，约定甲将电脑出卖给乙，合同签订后，甲即负有将电脑所有权转移给乙的义务，故甲、乙之间签订合同的行为，即为负担行为。

处分行为是指直接发生权利变动效果的行为。权利变动，包括权利的产生、权利的移转或消灭。常见的处分行为如动产交付、不动产登记、抛弃所有权、债权转让、债务免除。如甲、乙签订买卖合同，约定甲将电脑出卖给乙，甲通过把电脑交付给乙，意图转移电脑的所有权，这里的交付电脑，便是处分行为。

在法考中，这一分类具有极大的考试价值，考生务必认真体会并准确记忆：

1.负担行为和处分行为既然是二分的，则二者在效力判断上就应该分别进行。概括而言，就是考生要理解好下面这一原理：负担行为效力的认定，无须考虑当事人是否有处分权；处分行为要想发生效力，当事人必须有处分权。考生要牢记下面这句话：无处分权不影响合同的效力。

实例： 甲将一台电脑借给乙使用。乙擅自将其出卖给丙，并交付给丙。乙、丙之间的买卖合同效力如何认定？丙是否取得了电脑的所有权？

结论：

首先，乙、丙的买卖合同有效。乙对甲的电脑不享有所有权，其擅自将电脑出卖给丙，构成无权处分，但乙、丙的合同照样有效。因为合同属于负担行为，即使当事人没有处分权，也不影响合同的效力。

其次，丙没有取得电脑的所有权。因为乙将电脑交付给丙的行为，属于处分行为，而乙对电脑并没有处分权，故乙即使将电脑交付给了丙，丙也不能取得电脑的所有权。需要注意的是，如果本案再增加两个条件，一是丙是善意的，二是丙购买电脑的价格也是合理的，则意味着丙符合善意取得的条件，此时丙可以依据善意取得制度获得电脑的所有权。

2.负担行为和处分行为既然是二分的，则不论处分行为是否发生了法律效果，都不应当对负担行为的效力有任何的影响。考生要牢记下面这句话：即使处分行为没有发生法律效果，负担行为照样也是有效的。

实例： 甲将自己的一套房屋出卖给乙，双方签订了买卖合同。后甲找各种借口，一直拒绝和乙办理过户登记。则乙是否取得了房屋的所有权？甲、乙的合同效力如何认定？

结论：

首先，乙没有取得房屋的所有权。因为房屋的所有权转移，必须以办理过户登记为条件，甲一直拒绝办理过户登记，表明房屋所有权没有转移。也就是说，本案中，未发生处分行为的法律效果（即所有权没有转移）。

其次，甲、乙的买卖仍然有效。虽然房屋的所有权并没有从甲转移给乙，但并不影响合同的效力，甲、乙的合同仍然应认定为有效。

（四）有偿行为与无偿行为

这是以当事人取得利益是否需要支付对价所作的划分。

有偿行为是指当事人取得利益需要支付对价，如买卖、租赁等。

无偿行为是指一方当事人取得利益，同时无须向对方支付对价，如赠与、借用等。

在法考中，这一分类的考试价值在于，需要考生掌握一项重要的民法原理，即对无偿行为的义务人的要求低于有偿行为的义务人。这是因为，在有偿行为中，对方支付了对价，故对当事人的要求应当更高；而在无偿行为中，对方并未支付对价，故不能要求过高。考生可以想想民间所流传的一句话"拿人钱财、替人消灾"，大致就能明白这个道理了。

例如，在无偿保管合同中，保管人仅对因自身故意或重大过失而造成保管物毁损、灭失承担赔偿责任；但在有偿的保管合同中，保管人只要因过错造成保管物损毁、灭失，不论该过错是故意还是过失，不论是重大过失还是一般过失，都应当承担责任。

（五）诺成性行为与实践性行为

这是以民事法律行为是否以交付标的物为成立要件所作的划分。

诺成性行为是指当事人意思表示一致即可使民事法律行为成立，如买卖、承揽、租赁等。大多数民事法律行为都是诺成性行为。

实践性行为是指除了要求当事人意思表示一致外，还需要交付标的物才能使行为成立，如定金合同、保管合同、借用合同、自然人之间的借款合同等。

在法考中，这一分类的考试价值在于，需要考生牢记上述著名的"四大实践性行为"。

（六）要式行为与不要式行为

这是以民事法律行为是否必须依照一定形式实施所作的划分。

要式行为是指必须依照法律规定或当事人约定的形式实施的民事法律行为，如融资租赁合同、建设工程合同、金融机构借款合同、各种担保合同、居住权合同、遗嘱等，其中前五种合同都必须是书面形式，遗嘱则根据其是自书遗嘱、代书遗嘱还是其他类型，分别有不同的形式要求。

不要式行为是指对形式没有特别要求的民事法律行为。大多数民事法律行为都是不要式行为，如买卖、互易等。

在法考中，这一分类的考试价值在于，需要考生牢记上述著名的几种要式行为。

归纳总结 民事法律行为的概念、特征与分类

概念	民事主体通过意思表示使民事法律关系产生、变更和消灭的行为
特征	与事实行为的区别：事实行为，无须考虑当事人的意思表示、无须考虑当事人的行为能力。民事法律行为则均需要考虑
分类	①单方法律行为、双方法律行为、多方法律行为和决议行为 赠与合同是双方法律行为 ②财产行为与身份行为 身份行为不能适用代理 ③处分行为与负担行为 无处分权不影响负担行为（合同）的效力 ④有偿行为与无偿行为 对无偿行为的义务人的要求低于有偿行为的义务人 ⑤诺成性行为与实践性行为 四大实践性行为：定金合同、保管合同、借用合同、自然人之间的借款合同 ⑥要式行为与不要式行为 融资租赁合同、建设工程合同、金融机构借款合同、各种担保合同、居住权合同等均要求是书面形式

第二节　意思表示

命题点拨

本节考点，最为重要的为意思表示的瑕疵，其在法考中主要从效力判断的角度进行命题。此外，非对话的意思表示、意思表示的解释均具有较强的可考性，且和后续合同编的内容密切相关，也需要重点掌握。其他内容，近年来均没有进行考查，仅作一般性理解即可。

一、意思表示的概念

民事法律行为以意思表示为核心，故理解意思表示的内容是学习民事法律行为的关键。

意思表示是指具有相应民事行为能力的民事主体将意欲发生一定私法上效果的内心意思表示于外的行为。

在法考中，上述概念的考试价值在于，需要考生从该概念中推导出意思表示的两层含义，即内心的效果意思和外在的表示行为。

（一）内心的效果意思

内心的效果意思是指行为人实施行为时，所追求的与对方发生人身关系或者财产关系的意思。是否有内心的效果意思，是判断意思表示的关键，较易命题。如果当事人所作

的表示本身没有效果意思，即不是想与对方发生人身关系或财产关系，则不属于意思表示，而应归入好意施惠的范畴，因此不会发生民法上的效果。（此内容详见本编专题一）

（二）外在的表示行为

外在的表示行为是指当事人将其内心的效果意思表示于外。

在法考中，需要考生从两个角度理解表示行为，即明示的形式和默示的形式。

1.明示形式

明示形式，既包括使用直接语汇实施的表示行为，如口头语言、文字、表情语汇，还包括依习惯使用的特定形体语汇，如举手招呼出租汽车，即表示有租用该车之意。概括而言，明示形式包括口头形式、书面形式和公告形式，其中公告形式一般适用于当事人下落不明的场合。

2.默示形式

默示形式，是以行为人的某种作为或者不作为形式实施的表示行为。

按默示时的作为和不作为，默示形式又可划分为：

（1）推定（作为的意思表示），即从行为人的某种作为中推知其内心的意思。

在推定中，行为人仍然有一定的行为（即作为），法律从其作为中猜测其内心的想法。

常考的类型主要有：

①根据《民法典》第734条的规定，在租赁合同中，租赁期限届满，承租人继续使用租赁物，出租人没有提出异议的，原租赁合同继续有效，但是租赁期限为不定期。该规定实际上是将"承租人继续使用租赁物"的行为推定为有继续承租的意思。

②根据《民法典》第503条的规定，在无权代理中，被代理人已经开始履行合同义务或者接受相对人履行的，视为对合同的追认。

③根据《民法典》第638条的规定，在试用买卖中，买受人在试用期内已经支付部分价款或者对标的物实施出卖、出租、设立担保物权等行为的，视为同意购买。

（2）沉默（不作为的意思表示），即从行为人的某种不作为中推知其内心的意思。

在沉默中，行为人没有任何的行为（即不作为），法律从其不作为中猜测其内心的想法。

就法考而言，沉默具有重要的命题价值，表现在《民法典》中关于沉默有较多的规定，需要考生牢记这些重要的规定。现总结如下：

①根据《民法典》第145条第2款的规定，在限制行为能力人实施的超越其年龄、智力、精神健康状况的行为中（效力待定），相对人可以催告其法定代理人自收到通知之日起30日内予以追认。法定代理人未作表示的，视为拒绝追认。

②根据《民法典》第171条第2款的规定，在无权代理中，相对人可以催告被代理人自收到通知之日起30日内予以追认。被代理人未作表示的，视为拒绝追认。

③根据《民法典》第551条规定，在债务承担中，债务人或者第三人可以催告债权人在合理期限内予以同意，债权人未作表示的，视为不同意。

④根据《民法典》第638条第1款的规定，在试用买卖中，试用期限届满，买受人对是否购买标的物未作表示的，视为购买。

⑤根据《民法典》第718条的规定，在租赁合同中，出租人知道或者应当知道承租人转租，但在6个月内未提出异议，视为出租人同意转租。

⑥根据《民法典》第1124条第1款的规定，在继承中，继承开始后，继承人放弃继承的，应当在遗产处理前，以书面形式作出放弃继承的表示；没有表示的，视为接受继承。

⑦根据《民法典》第1124条第2款规定，在遗赠中，受遗赠人应当在知道受遗赠后60日内，作出接受或者放弃受遗赠的表示；到期没有表示的，视为放弃受遗赠。

实例：张三死后留有房屋一间和存款若干，法定继承人为其子张某。张三生前立有遗嘱，将其存款赠与外甥女夏某。张某和夏某被告知90日后参与张三的遗产分割，但直到遗产分割时，两人均未作出是否接受遗产的意思表示。张某未作表示视为接受继承，夏某未作表示视为放弃受遗赠。

二、意思表示的分类

（一）明示的意思表示与默示的意思表示

意思表示依其表示的载体不同，分为明示的意思表示和默示的意思表示。（详见上文）

（二）有相对人的意思表示与无相对人的意思表示

这是以其是否以向相对人实施为要件所作的划分。

有相对人的意思表示是指意思表示必须向相对人实施，如要约与承诺，要约必须向相对人（受要约人）发出；承诺，必须向相对人（要约人）发出。

无相对人的意思表示是指意思表示无须向相对人实施，如遗嘱，遗嘱人立遗嘱时，并不需要将遗嘱内容告诉遗嘱中指定继承遗产的人。

在法考中，这一分类的考试价值在于，需要考生记忆两种意思表示的生效标准不一样：

1.无相对人的意思表示，原则上自表示完成时生效，但遗嘱只能在立遗嘱人死亡时生效。

2.有相对人的意思表示，其生效又要进一步区分为对话的意思表示和非对话的意思表示而分别判断：

对话意思表示是指相对人可同步受领意思表示，如通过口头或者打电话直接订立合同。以对话方式作出的意思表示，相对人知道其内容时生效。

需要考生进一步明确的是：随着通讯工具的发达，对话方式的形式也有新的变化，通过在线即时通讯方式作出的意思表示，如视频、线上会议等，也属于对话意思表示。至于当前非常流行的微信方式，如果是用微信直接进行视频通话或语音通话的，则表明双方当事人能够同步受领，故也属于对话意思表示；如果是用微信发送文字、语音的，因受网络影响可能延迟到达对方手机，而且就是到达对方手机，对方也并不一定及时看到，这表明双方当事人非处于同步受领状态，故属于下文要阐述的非对话意思表示。

非对话意思表示是指相对人无法同步受领意思表示，如通过发书面信件、传真等方式订立合同。以非对话方式作出的意思表示，到达相对人时生效；但非对话方式如果是采用数据电文形式（主要指电子邮件形式）作出的，相对人指定特定系统接收数据电文的，该数据电文进入该特定系统时生效，未指定特定系统的，相对人知道或者应当知道该数据电文进入其系统时生效。当事人对生效时间另有约定的，按照其约定。

三、意思表示的解释

意思表示的解释，是说当事人对意思表示的内容发生争议，产生不同的理解时，需要对意思表示的内容进行解释，以确定其真实的含义。如当事人在意思表示中所表达的价款前后出现矛盾，此时就要结合意思表示的解释方法，确定以哪一种价款为主。

在法考中，本考点主要是要求考生记忆《民法典》第142条关于意思表示解释的具体方法，该规定的具体内容是：有相对人意思表示的解释，应当按照所使用的词句，结合相关条款、行为的性质和目的、习惯以及诚信原则，确定意思表示的含义；无相对人意思表示的解释，则不能完全拘泥于所使用的词句，而应当确定行为人的真实意思。

可见，虽然该规定区分了两种情况进行，但实际上，这两种解释方法所考量的因素是一样的，即结合相关条款、行为的性质和目的、习惯以及诚信原则。

四、意思表示瑕疵

意思表示瑕疵，是说意思表示过程中出现了问题，主要表现为两种情形：一是意思与表示不一致，即内心的想法和实际表达出来的意思不一样，主要表现为真意保留、虚假行为、隐藏行为、重大误解；二是意思表示不自由，即表示出来的意思不是自己自愿表达的，主要表现为欺诈、胁迫、显失公平。

以上"两大类七小种"，虚假行为、隐藏行为将在本专题第四节无效的民事法律行为中进行阐述，重大误解、欺诈、胁迫、显失公平将在本专题第五节可撤销的民事法律行为中进行阐述，此处仅分析真意保留问题。

真意保留是指行为人故意隐瞒其真实意思，而表示出其他的意思。就法考而言，需要考生掌握真意保留的效力：基于真意保留所为的民事法律行为，效力不受影响；但如果相对人知道或应当知道其真意保留的，则会构成虚假的民事法律行为，此时行为无效。

实例： 甲想以20万元的价格购买乙的国画，乙不想卖给甲，但是乙患有重病的父亲执意要乙卖给甲，乙考虑到父亲的病情，便按照父亲的意思，假意向甲提出愿意20万元出售，双方签订了买卖合同。

结论： 若甲明知乙隐瞒其内心真意而仍然与其签订合同，也就意味着一方说假话，另一方也知道其在说假话，故双方都是虚伪的，因此就进一步构成了虚假的意思表示，故应认定为无效（虚假意思表示的分析，参见本专题第四节）。若甲不知道乙隐瞒了内心的意思，则此次买卖和一般的买卖没有区别，即甲、乙的买卖合同仍然是有效的。因为这种情况下，乙将真意保留在心中，只有其本人知道，合同相对方并不知道，故不应当影响合同的效力。

归纳总结	意思表示
概念	内心的效果意思+外在的表示行为
类型	①明示的意思表示与默示的意思表示 默示又分为推定和沉默，沉默有时视为同意，有时视为不同意 ②有相对人的意思表示与无相对人的意思表示 无相对人的意思表示，原则上自表示完成时生效；有相对人的意思表示中，对话意思表示自相对人知道其内容时生效；非对话意思表示原则上自到达相对人时生效
意思表示的解释	考量因素：结合相关条款、行为的性质和目的、习惯以及诚信原则
意思表示瑕疵	①意思与表示不一致，主要表现为真意保留、虚假行为、隐藏行为、重大误解 注意：真意保留中，行为效力本身不受影响，但如果相对人知晓真意保留的，行为无效 ②意思表示不自由，主要表现为欺诈、胁迫、显失公平

第三节 民事法律行为的成立与生效

命题点拨

本节内容在法考中一般不直接进行命题，但本节内容是后续无效、可撤销、效力待定内容的基础，而且成立与生效的基本概念区分，也隐含在一些题目中，需要考生对二者的区分有所把握。

一、民事法律行为的成立

民事法律行为的成立是指因满足各种条件而产生了一个民事法律行为。

在法考中，需要考生掌握这些条件，以判断某一民事法律行为是否成立：

（一）民事法律行为的一般成立要件

一般要件是指任何民事法律行为的成立都必须具备的要件。

1.有当事人

当事人包括自然人、法人和非法人组织。

需要考生注意的是，在判断一个民事法律行为是否成立时，只需要有当事人即可，而不论当事人是否有民事行为能力。是否有民事行为能力，是民事法律行为生效时需要考虑的。

2.有意思表示

单方法律行为只需要一个意思表示；双方法律行为需要两个相互对应的意思表示达成一致；多方法律行为需要两个以上相同方向的意思表示达成一致。

需要考生注意的是，在判断一个民事法律行为是否成立时，只需要有意思表示即可，而不论意思表示是否真实。意思表示是否真实，是民事法律行为生效时需要考虑的。

3.有行为内容

行为内容，有的书上也表述为标的或客体，通常用数量、质量、价款等进行描述。这里的内容，需要满足两个基本要求：一是确定，指行为内容须达到能被具体认定的程度，如甲、乙在买卖合同中约定"甲将一样物品"卖给乙，则该合同不成立，因为"一样物品"到底是什么物品，数量如何、价值几何，均未约定，说明合同内容不确定，故无法成立。二是可能，指行为内容在客观上须具有实现的现实性，如甲、乙二人签订的以月球土地为标的物的买卖合同，即属于标的不可能的合同，故该合同不能成立。

需要考生注意的是，在判断一个民事法律行为是否成立时，只需要有行为内容即可，而不论该行为内容是否合法。行为内容是否合法，是民事法律行为生效时需要考虑的。

（二）民事法律行为的特别成立要件

特别成立要件是一般成立要件以外某些个别民事法律行为的成立所必须具备的要件。在法考中，主要是要求考生掌握实践性行为，其成立除需要满足上述几个条件外，还要求必须交付标的物。

二、民事法律行为的生效

民事法律行为的生效，也需要满足一定的要件，同样包括一般生效要件和特别生效要件。其中，一般生效要件对应着一般成立要件，考生在学习的时候要一一对应起来。

（一）民事法律行为的一般生效要件

一般要件是指对已成立的民事法律行为，为其赋予肯定的保护性效力所必须具备的条件。

1.当事人有相应的民事行为能力

当事人不具有相应的民事行为能力时，所实施的行为无效或效力待定。需要考生注意的是，此处并不要求必须是完全民事行为能力。因为限制民事行为能力人对于纯获利益的行为或与其年龄、智力相适应的民事法律行为，也是有效的。

2.意思表示真实

意思表示不真实的民事法律行为是可撤销的民事法律行为。

3.内容合法

民事法律行为的内容不得违反法律或社会公共利益，不得违反公序良俗，即民事法律行为须有合法性。

（二）民事法律行为的特别生效要件

特别生效要件是一般生效要件以外某些个别民事法律行为的生效所必须具备的要件。在法考中，有以下三种情况需要考生掌握：

1.附延缓条件和附始期的民事法律行为

对于附延缓条件的行为，需要条件成就时，民事法律行为才能生效，如当事人约定租赁合同自承租人法考通过方生效，则只有承租人通过法考，该租赁合同才能生效。

对于附始期的民事法律行为，需要期限到来时，民事法律行为才能生效，如当事人约定租赁合同三个月后方生效，则只有三个月以后，该租赁合同才能生效。

关于附延缓条件、附始期的民事法律行为，本专题第七节专门进行阐述。

2.遗嘱

对于遗嘱而言，其生效必须以立遗嘱人死亡为必要条件。

3.需办理审批手续的民事法律行为

对于此类民事法律行为，须自完成审批后方能生效，如国有股权转让合同，需要待国有资产监督管理机构批准后方能生效。

就法考命题而言，并不是要求考生一般性地记忆上述成立要件、生效要件，而是需要考生利用这些知识点分析问题。具体而言，上述知识点有如下命题价值：

（1）民事法律行为总是先判断是否成立，再判断是否生效。考生要掌握如下的逻辑关系：

一是民事法律行为如果未成立，则不可能生效。如民事法律行为的内容不确定的，该行为不能成立，既然未成立，就不可能生效。

二是民事法律行为如果成立了，也不一定生效。如某一民事法律行为满足三大成立要件，已经成立，但到生效阶段进行判断时，发现当事人是无民事行为能力人，则该行为应被认定为无效。

（2）民事法律行为成立以后，如果满足生效要件，则会进入到生效状态。对此，考生也要掌握如下的逻辑关系：

一是民事法律行为的成立，通常意味着民事法律行为同时也生效了。这是因为，在大部分民事法律行为中，当事人都是具有相应的民事行为能力的，意思表示也真实、行为内容也合法，对于这些民事法律行为，成立的同时也就生效了。如甲、乙签订一份价值100万元的法考民法教材的买卖合同，就该合同，有当事人、有意思表示、有行为内容，故该合同成立；同时，甲、乙双方均为完全民事行为能力人，双方的意思表示真实，买卖图书的内容也合法，故该合同也同时生效了。

二是特殊情况下，民事法律行为成立以后，并不同时生效，而是需要等待一段时间才会生效。之所以造成这种情况，是因为法律对某些民事法律行为的生效有特别规定，或当事人对民事法律行为的生效有特别约定。就法律规定而言，考生主要需要掌握遗嘱的生效规则：当事人立完遗嘱，遗嘱即可成立，但其生效，需要等到立遗嘱人死亡，而从当事人立完遗嘱到立遗嘱人死亡，中间可能间隔很长时间。就当事人的约定而言，如甲、乙6月6日签订一份买卖合同，其中约定，该合同在7月7日生效。则该合同在6月6日成立，但要等到7月7日才会生效。

（3）民事法律行为的成立，当事人并不会进入到履行状态，只有民事法律行为生效了，当事人才会进入到履行状态。如在前述例子中，甲、乙6月6日签订一份买卖合同，其中约定，该合同在7月7日生效。自6月6日开始到7月6日这一阶段，甲不能要求乙履行合同，乙也不能要求甲履行该合同，任何一方均可以合同尚未生效为由拒绝对方的履行请求。7月7日合同生效后，则意味着正式进入到履行状态，双方均有履行该合同的义务。至于履行顺序，则要看当事人在合同中是如何约定的；如果没有约定，则任何一方均可要求与对方同时履行。

三、民事法律行为的效力类型

根据民事法律行为是否完全符合上述生效要求，其呈现出不同的效力类型。就法考而言，有如下两点需要考生掌握：

第一，民事法律行为的效力类型，包括有效、无效、可撤销、效力待定以及未生效等五种情况。其中，无效、可撤销、效力待定，是因为不满足上述民事法律行为的一般生效要件而导致的，如当事人为无民事行为能力人的，将导致无效的局面；当事人因受到胁迫而导致意思表示不真实，就会导致行为处于可撤销的局面；当事人为限制民事行为能力人的，将导致效力待定的局面。未生效，是因为不满足上述民事法律行为的特别生效要件而导致的，这是近年来开始逐渐受到命题者重视的一种效力状态，如附延缓条件的民事法律行为，在条件成就前，其效力状态为未生效，而非无效或者效力待定；附始期的民事法律行为，在期限到来前，其效力状态也是未生效；又如遗嘱，其在立遗嘱人死亡之前，也是处于未生效状态。

第二，并非所有的民事法律行为都有五种效力类型。合同有五种效力类型；婚姻的效力类型只有三种，即有效、无效、可撤销，不存在效力待定或未生效的婚姻；遗嘱的效力类型也只有三种，即有效、无效、未生效，不存在效力待定或可撤销的遗嘱。对此，需要考生在后面婚姻、继承制度的学习过程中予以足够的注意。

归纳总结 **民事法律行为的成立与生效**

民事法律行为的成立	①一般要件 针对所有民事法律行为：当事人+意思表示+行为内容 ②特别要件 只针对某些特殊的民事法律行为：实践性行为的成立，要求必须交付标的物
民事法律行为的生效	①一般要件 针对所有民事法律行为：当事人有相应的民事行为能力+意思表示真实+内容合法 ②特别要件 只针对某些特殊的民事法律行为：附延缓条件和附始期的民事法律行为，待条件成就或期限届满时生效；遗嘱，需立遗嘱人死亡时方能生效；需办理审批手续的民事法律行为，自完成审批后生效
民事法律行为的效力类型	有效、无效、可撤销、效力待定、未生效

第四节　无效的民事法律行为

命题点拨

本节内容为法考的重点，主要有两个命题角度：一是无效民事法律行为的判断，即哪些原因导致民事法律行为无效；二是无效民事法律行为的后果，即无效民事法律行为在当事人之间产生什么权利义务。此外，无效民事法律行为的补正、部分无效的民事法律行为，也是可考性较强的两个考点，前者可以结合商品房买卖合同、建设工程合同等进行考查，后者则主要考查有哪些具体情形。

一、无效的民事法律行为的概念

无效的民事法律行为指不满足民事法律行为的生效要件，因而不发生行为人预设的法律效果的民事法律行为。

理解这一概念，需要考生注意两点：一是民事法律行为之所以无效，是因为不满足民事法律行为的生效要件，如民事行为能力不具备、意思表示虚假、行为内容违法等，这在本节的第二部分将专门进行阐述；二是民事法律行为无效，当事人在实施民事法律行为时所追求的效果便不会发生，这就意味着，民事法律行为无效，当事人是不需要履行的，如果已经履行了，则需要恢复到履行之前的状态，这在本节的第三部分将专门进行阐述。

二、无效的民事法律行为的类型（原因）

（一）行为能力欠缺者实施的民事法律行为

1.无民事行为能力人实施的民事法律行为无效；

2.限制行为能力人实施的超出其能力范围的单方行为无效，如订立遗嘱、抛弃价值较大的物品等。

在法考中，目前主要考查第一种情况，需要考生记牢。

（二）虚假行为

行为人与相对人以虚假的意思表示实施的民事法律行为无效。

虚假行为，近年来考查频繁，需要考生掌握如下几点：

1.虚假行为的认定。在认定虚假行为时，考生需要注意如下分析方法：首先，一方当事人进行了虚假的意思表示，即说假话；其次，另一方当事人也明知其进行虚假的意思表示，但却表示同意。由此，双方达成了一个民事法律行为。考生可以将虚假行为通俗地理解为双方当事人"假戏真做"。

实例：甲将房屋出卖给乙，双方签订了标的额为400万元的买卖合同。其后，乙又对甲说："以这个价格到房管部门办理过户手续时，要交不少税，等咱们在房管部门签合同时，把价格写成300万元，这样能少交不少税。多出来的这100万元，我私下里给你。"甲表示同意。其后，双方在房管部门所签的合同价格写明为300万元。

结论：在该案中，乙对甲所作的"签订300万元的合同"的表述很明显是虚假的，甲也明知是虚假的，但双方最后仍然在房管部门签订了这份标的额为300万元的合同，故该合同应当被认定为无效。

2.在法考中，需要考生"透过虚假看真实"，即要分析当事人为什么要实施虚假行为。这是因为，当事人是想通过虚假行为掩盖他们真实的想法。那么，法考就会进一步考查，他们基于真实想法所实施的行为（即被隐藏的行为）效力应如何认定。如在上例中，甲、乙签订的300万元的买卖合同，是为了隐藏他们之间的400万元的买卖合同。对此，考生应把握如下标准：对于被隐藏的民事法律行为，如果符合民事法律行为的生效要件，则应认定为有效；如果不符合民事法律行为的生效要件，则应认定为无效。就上述例子而言，甲、乙隐藏的400万元的买卖合同，因当事人都有相应的民事行为能力、意思表示真实、内容合法，故应认定为有效。因此，确定甲、乙之间的权利义务时，应以400万元的买卖合同为准。

（三）恶意串通行为

恶意串通损害他人合法利益的民事法律行为无效。

恶意串通行为，同样是法考中重点考查的内容，需要考生掌握如下几点：

1.恶意串通的认定。在认定恶意串通时，需要考生严格按照如下条件进行：首先，要有行为人的恶意（明知、知情）；其次，要有串通，即不仅双方都有损害他人的恶意，还要求双方要有意思联络，也就是属于双方商量好的事情；再次，要损害他人合法权益。考生可以将恶意串通行为通俗地理解为双方当事人"损人利己"。

实例：甲和乙签订买卖合同，约定将其房屋以100万元出售给乙。后甲后悔，不想出售给乙，于是找到好友丙，希望其帮忙把房屋先过户到丙的名下，以逃避乙要求甲履行交付房屋的义务，同时许诺给丙2万元报酬，丙同意。甲、丙签订了买卖该房屋的合同，并将房屋过户到丙的名下。待乙要求甲履行买卖合同时，甲告知乙名下已无房屋，只能给乙适当赔偿。

结论：本案中，甲、丙之间的行为，均为恶意且有串通的过程，目的也是为了损害乙的利益，同时满足甲留下房屋、丙获得报酬的目的，故甲、丙的合同应认定为无效。

2.恶意与恶意串通的关系。如前所述，恶意串通，必须有恶意、串通以及损人的目的，因此，恶意仅仅是恶意串通的条件之一，而不等同于恶意串通。考生在做题时要时刻提醒自己：恶意不等于恶意串通。在法考中，这种情形最容易结合"一物二卖"进行考查。

实例：甲和乙签订买卖合同，约定将其房屋以100万元出售给乙。第二天，丙知道了甲想出卖房屋的事情，也知道甲、乙已经签订了买卖合同，但仍然找到甲，提出愿出120万元购买该房屋，甲应允，甲、丙签订买卖合同后，当天即完成过户。乙知道上述情况后，主张甲、丙的买卖合同因恶意串通无效。

结论：本案中，丙明知甲与乙签订了房屋买卖合同，仍然向甲提出购买该房屋，在民法上可以认定为恶意。但是，丙的目的并不是为了和甲串通在一起损害乙的利益，其只是想购买该房屋；甲的目的也不是为了和丙串通在一起损害乙的利益，而只是为了将房屋以更高价格卖出去。因此，甲、丙两人之间并没有为了损害乙的利益而进行的串通行为，两人的目的是为了"利己"，而不是为了"损人"，故不能认定为无效。当然，甲对乙无法履行买卖合同，乙向甲主张违约责任，完全会获得法律的支持。

3.虚假行为和恶意串通的关系。当事人实施虚假行为，有时是为了损害他人利益，此时也会同时构成恶意串通；当事人恶意串通，有时是以虚假行为为依托的，此时也会同时构成恶意串通。在上述情况下，按虚假行为处理，或按恶意串通行为处理，均可。

如在本节的实例1中，甲、乙所签的300万元的买卖合同，显然也包含了双方串通好损害国家税收利益的因素，故按照恶意串通认定，也无不可。在本节的实例2中，甲、丙之间恶意串通损害乙的利益，显然，甲、丙之间的买卖合同，也是一种虚假行为，故按照虚假行为认定，同样可以。

需要考生注意的是，虚假行为和恶意串通并不总是同时出现，在很多的虚假行为中，并不会出现恶意串通的情节，此时，就只能按照虚假行为处理，而不能按照恶意串通处理。

实例： 甲将其汽车出租给乙，双方签订了租赁合同。但甲不想让外人知道其将汽车出租给乙的事实，于是甲又和乙协商，双方另签订一份借用合同，对外就说是借给乙开的，乙应允，双方遂签订了借用合同。

结论： 本案中，借用合同显然是虚假的，故应认定为无效。但该合同并不是以损害他人合法权益为目的，故不构成恶意串通。同时，"透过虚假看真实"，本案属于"以借用掩盖租赁"，租赁合同符合民事法律行为的生效要件，故应认定为有效。

（四）违反强制性规定的行为

违反强制性规定的民事法律行为无效。

违反强制性规定的行为，也是法考的重点，且涉及不少学术争议。考生应掌握如下几点：

1.如本书专题一第二节所述，民法中的绝大部分规定是任意性规定，当事人不遵守任意性规定，而是进行了相反的约定，不仅不会无效，还优先于任意性规定而适用。民事法律行为只有违反了强制性规定的，才会导致无效。如《民法典》规定诉讼时效为3年，这属于强制性规定，如果当事人自愿约定时效为4年，则该约定无效。

2.本内容涉及一项学术争议，可能会混淆考生，需要考生体会一下，但却不必记忆，这就是强制性规定的分类。按学界通说，强制性规定分为效力性强制性规定和管理性强制性规定，民事法律行为只有违反强制性规定中的效力性规定，才会导致民事法律行为无效；如果是违反了强制性规定中的管理性规定，则不影响民事法律行为的效力。

效力性强制性规定和管理性强制性规定的表述，并没有进入到《民法典》中，如何进行区分，也无明确规定。因此，法考不会过多考查二者的区分问题，本书对此略作阐述，考生有所体会即可。所谓效力性强制性规定，是指这种强制性规定的目的是为了约束民事法律行为的效力，故违反此类规定，将导致无效；所谓管理性强制性规定，是指这种强制性规定的目的是为了便于行政机关的管理，而非出于约束民事法律行为的效力，因此，违反此类规定，不会导致民事法律行为无效。效力性强制性规定与管理性强制性规定的区分，体现了民法、行政法二分的思想。

典型的管理性强制性规定如：《民法典》第706条规定，当事人未依照法律、行政法规规定办理租赁合同登记备案手续的，不影响合同的效力。

典型的效力性强制性规定如：与《民法典》配套的《最高人民法院关于审理建设工程施工合同纠纷案件适用法律问题的解释（一）》（以下简称《建设工程合同解释（一）》）第1条规定："建设工程施工合同具有下列情形之一的，应当根据民法典第一百五十三条第一款的规定，认定无效：（一）承包人未取得建筑施工企业资质或者超越资质等级的；（二）没有资质的实际施工人借用有资质的建筑施工企业名义的；（三）建设工程必须进行招标而未招标或者中标无效的。"

后文在涉及强制性规定时，是否会影响民事法律行为的效力，本书也会特别提示，故考生无须过于纠结本考点，而只需要掌握本书提示的那些强制性规定即可。

（五）违反公序良俗的行为

违反公共秩序和善良风俗的民事法律行为无效。

在法考中，需要考生把握实践中常见的违反公序良俗的民事法律行为，这些常见的现象，也正是法考命题的重点：

1.损害公共秩序的合同，如以从事犯罪或者帮助犯罪为内容的合同；

2.过分限制基本人权的合同，如约定配偶一方结婚后不得擅自接触异性的夫妻忠实条款；

3.违反基本的伦理道德的合同，如包二奶合同、代孕合同等。

三、无效的民事法律行为的法律后果

无效的民事法律行为之无效，指不能发生当事人所预期达到的效果，但考生不能误认为该行为不发生任何效果。具体而言，需要考生掌握如下几种效果：

（一）停止履行

既然无效的民事法律行为不能依当事人的意思发生效力，那么，该行为中所约定的当事人的义务也就无须履行。

（二）返还财产

民事法律行为无效，行为人因该行为取得的财产，应当予以返还；不能返还或者没有必要返还的，应当折价补偿。

就该效果而言，考生要特别注意如下现象：在无效的民事法律行为中，如果仅一方当事人获得财产的，获得财产的一方应予返还；如果双方当事人互相取得财产的，则应互相返还。

实例：甲名下有两套房屋，甲将1号房屋赠与乙，双方签订了赠与合同，并完成过户。其后，甲又将2号房屋以200万元的价格卖给了丙，双方签订了买卖合同，并完成交款交付和房屋过户手续。现甲与乙之间的赠与合同、甲与丙之间的买卖合同均被认定为无效。

结论：

（1）由于赠与合同无效，故乙基于赠与合同获得的1号房屋，应返还给甲。

（2）由于买卖合同无效，故丙基于买卖合同获得的2号房屋，应返还给甲；甲基于买卖合同获得的200万元，应返还给丙。

（三）赔偿损失

民事法律行为无效的，如果当事人存在过错，则有过错的一方应当赔偿对方由此所受到的损失；各方都有过错的，应当各自承担相应的责任。法律另有规定的，依照其规定。

四、无效的民事法律行为的补正

无效的民事法律行为的补正，指民事法律行为本来无效，但当事人可以通过事后补正来使民事法律行为满足有效的条件，促使其有效。

无效民事法律行为的补正现象，主要存在于房屋买卖合同、租赁合同以及建设工程合同中，以下仅举2例方便考生理解，后文在论述这些合同时，会就其中的补正现象进行详细分析。

例1：出卖人未取得商品房预售许可证明，与买受人订立的商品房预售合同，应当认定无效，但是在起诉前取得商品房预售许可证明的，可以认定有效。[《最高人民法院关于审理商品房买卖合同纠纷案件适用法律若干问题的解释》（以下简称《商品房买卖合同解释》）第2条]

例2：承包人超越资质等级许可的业务范围签订建设工程施工合同，在建设工程竣工前取得相应资质等级，当事人请求按照无效合同处理的，不予支持，即应当按照有效合同对待。（《建设工程合同解释（一）》第4条）

五、部分无效的民事法律行为

无效的民事法律行为可分为全部无效的民事法律行为和部分无效的民事法律行为。部分无效的民事法律行为，是指民事法律行为的一部分内容不具备民事法律行为的有效要件时，该部分民事法律行为不具有效力，但不影响其他部分的效力，其他部分仍具有效力（简称"互不影响"）。

就法考而言，需要考生掌握如下知识点：

1.考生应牢记法考中经常考查的几种部分无效现象，主要有：

（1）《民法典》第705条第1款规定："租赁期限不得超过二十年。超过二十年的，超过部分无效。"据此，租赁期限超过20年的，超过20年的部分无效，在20年以内的部分有效。

（2）《最高人民法院关于适用〈中华人民共和国民法典〉继承编的解释（一）》（以下简称《继承编解释（一）》）第25条第1款规定："遗嘱人未保留缺乏劳动能力又没有生活来源的继承人的遗产份额，遗产处理时，应当为该继承人留下必要的遗产，所剩余的部分，才可参照遗嘱确定的分配原则处理。"据此，在特留份的额度内，遗嘱无效，其余部分有效。

（3）《民法典》第586条第2款规定："定金的数额由当事人约定；但是，不得超过主合同标的额的百分之二十。"据此，定金合同中超过主合同标的额的20%的部分无效，20%以内的部分仍然有效。

2.需要考生在做选择题时应特别注意：部分无效的民事法律行为，不能简称为"无效的民事法律行为"，即"部分"二字不能去掉，否则就是错误的表述。在做主观题时，也要牢记不能将"部分无效的民事法律行为"简单写成"无效的民事法律行为"。

经典考题： 张某和李某设立的甲公司伪造房产证，以优惠价格与乙企业（国有）签订房屋买卖合同，以骗取钱财。乙企业交付房款后，因甲公司不能交房而始知被骗。关于

乙企业可以采取的民事救济措施，下列哪一选项是正确的？（2015年卷三第3题，单选）①

　　A.以甲公司实施欺诈损害国家利益为由主张合同无效

　　B.只能请求撤销合同

　　C.通过乙企业的主管部门主张合同无效

　　D.可以请求撤销合同，也可以不请求撤销合同而要求甲公司承担违约责任

归纳总结　无效的民事法律行为

基本定性	自始、当然、确定无效
类型	①行为能力欠缺 A.无民事行为能力人实施的民事法律行为无效 B.限制行为能力人实施的超出其能力范围的单方行为无效 ②虚假行为：行为人与相对人以虚假的意思表示实施的民事法律行为无效 ③恶意串通：恶意串通损害他人合法权益的民事法律行为无效 注意："知情"（恶意）并不构成恶意串通 ④违反强制性规定：违反了法律、行政法规中的效力性强制性规定 ⑤违反公序良俗：违反公共秩序和善良风俗
法律后果	①停止履行 ②返还财产 ③赔偿损失
补正与转换	民事法律行为本来无效，但当事人通过事后补正而使其有效
部分无效的 民事法律行为	①租赁期限超过20年的，超过部分无效 ②未保留缺乏劳动能力又没有生活来源的继承人的遗产份额，未保留的部分无效 ③定金合同超过主合同标的额的20%的，超过的部分无效

① 【答案】D。本题考查无效的民事法律行为、可撤销的民事法律行为。A、C选项，涉及无效的民事法律行为。本题中，甲公司与乙公司订立的合同中存在明显的欺诈。乙企业是国有企业，但是，国有企业的利益并不能直接等同于国家利益，国家利益的侵犯主要指国家安全、国家的基本社会经济秩序等受到侵害。国有企业作为一个市场主体，在市场交易的过程中，与交易的相对方均为平等的主体，国有企业在签订合同的过程中受到欺诈的，是可撤销合同，而不是无效合同。故A、C项错误。此外，C选项所谓"通过主管部门主张合同无效"的表述，在法律中也没有任何依据，属于命题者杜撰的混淆考生的表述。B、D选项，涉及可撤销的民事法律行为。可撤销的民事法律行为中，相关的当事人享有撤销权，既然是权利，就意味着权利人既可以撤销，也叫以不予以撤销。可撤销的民事法律行为，在撤销之前是有效的，撤销权人只要没有行使撤销权，则合同就应当按照原来的内容来履行，如果不能履行的，则应当依据合同约定承担违约责任。故B项错误，D项正确。本题如果出现失误，有两方面的原因：一是知识点方面掌握得不够牢固，没有牢记无效民事法律行为、可撤销民事法律行为都是由哪些原因导致的。二是对于一些知识点之外的表述，缺少辨别能力，如对于C选项"通过主管部门主张合同无效"这种表述，考生可能会对该选项有所犹豫，觉得自己好像没学过，不好把握。面对此类题目时，考生一定要坚定自己的信心，既然在我们的书中没有讲到这样的内容，说明法律上就不存在这样的规定，要毫不犹豫地判定其为错误表述。综上，本题的正确选项为D。

第五节　可撤销的民事法律行为

命题点拨

　　本节内容为法考的重点，命题角度与无效民事法律行为相同，也包括两个方面：一是可撤销民事法律行为的判断，即哪些原因导致民事法律行为可撤销；二是可撤销民事法律行为的后果，主要围绕撤销权进行考查。导致民事法律行为可撤销的四大原因，即欺诈、胁迫、重大误解、显失公平，近年来越考越细，需要考生在复习过程中进行深入细致的理解。

一、可撤销的民事法律行为的概念

　　可撤销的民事法律行为，指因行为有法定的意思表示的重大瑕疵，可以通过诉讼或仲裁的方式予以撤销的民事法律行为。

　　理解上述概念，需要考生特别注意掌握如下方面：可撤销的民事法律行为本来是有效的，可以基于意思表示的内容发生法律效力，但同时赋予当事人以撤销权。如果当事人行使此权利，则该民事法律行为将归于无效；如果当事人明示放弃行使此项权利或者此项权利因除斥期间经过而消灭，则民事法律行为确定有效。

二、可撤销的民事法律行为的类型（原因）

（一）因欺诈实施的民事法律行为

　　在法考中，围绕欺诈问题，考生应掌握如下考点：

　　1.欺诈的判断标准。欺诈是指一方故意告知对方虚假情况或者隐瞒真实情况的行为，即说假话或不说真话。一方面，欺诈必然是出于故意的；另一方面，欺诈的目的是为了让对方上当。考生可以通俗地将欺诈理解为"骗人"。

　　实例1： 乙将二手翻新的手机以新手机的价格卖给了甲。

　　结论： 乙构成欺诈，甲可以撤销合同。

　　实例2： 张三在乘坐汽车时，听见一小贩李四正在兜售珍珠，其称"天然珍珠10元一颗"，张三欣然买之。经查，该珍珠为人工制造的劣质珍珠。李四是否构成欺诈？

　　结论： 本案中，李四称"天然珍珠10元1颗"，有骗人的故意吗？应当认定为是没有的，因为正常人都会知道这样的珍珠不可能是真，李四的行为，相当于是在告诉他人，"我卖的珍珠既然这么便宜，那就说明肯定是假的"。真正的骗人应当是：以劣质珍珠冒充天然珍珠，并高价出售，才会构成欺诈。如果李四称"天然珍珠1万元1颗"，张三因相信李四而购买之，实则该珍珠为劣质人工珍珠，则李四构成欺诈。

　　2.关于第三人欺诈的认定问题。所谓第三人欺诈，如甲欺诈乙，使其与丙订立合同，乙可否主张撤销？对此，考生需要牢记如下判断标准：第三人实施欺诈行为，使一方在违背其真实意思的情况下实施的民事法律行为，对方知道或者应当知道该欺诈行为的，受欺诈方有权请求人民法院或者仲裁机构予以撤销。考生需要注意的是，此处的"对方知道"的判断时间，是指民事法律行为达成之时，而不是指民事法律行为达成以后。如就上例而言，乙可否撤销和丙之间的合同，取决于丙在订立合同时是否知道乙受甲欺诈，如果丙知道，则乙可以撤销；如果丙不知道，则乙不可以撤销，乙如果就此受到损失，回头再向甲主张责任。

（二）因胁迫实施的民事法律行为

在法考中，围绕胁迫问题，考生应掌握如下考点：

1.胁迫的判断标准。胁迫是指以给他人造成损害为要挟，使对方在违背真实意思的情况下实施民事法律行为。一方面，行为人对他人实施了要挟行为；另一方面，胁迫的目的是强迫别人。

考生只要掌握上述标准，通常就可以把题目做对。但近年来，法考在此方面的题目难度升级，有时仅以上述标准难以应对题目。因此，考生还要进一步掌握如下判断方法：把胁迫分为"胁"和"迫"两个方面，胁代表手段，迫代表目的：胁是威胁，表明手段不正当；迫是强迫，表明目的不正当。手段和目的中有一个不正当的，就是胁迫。

手段不正当，通过当事人的威胁手段，往往就能判断；目的不正当，在有的题目中不易判断，对此，本书给出十分容易掌握的标准，即"迫使对方做没有义务做的事情"，即从对方是否有义务的角度进行判断，如果对方没有义务做，而迫使对方去做的，就是胁迫；如果让对方去做本来就有义务做的事情，就不是目的不正当了。

实例1： 甲正在偷丙的电脑，被乙发现。后乙对甲说：如果甲不将自己的自行车赠与乙，乙就公开甲的盗窃事实。甲只好将其自行车赠与乙。乙是否构成胁迫？

结论： 乙的手段是公开甲的盗窃事实，甲本身确实有盗窃行为，乙公开，并无不正当问题；乙的目的是让甲将其自行车赠与乙，甲并无此义务，即乙在迫使甲做没有义务做的事情，故乙的行为构成胁迫。

实例2： 乙对甲说：如果不赠与其1万元，就到网上公开甲的隐私。乙是否构成胁迫？

结论： 乙的手段是公开甲的隐私，将会侵犯隐私权，手段不正当；乙的目的是让甲赠与其1万元，甲并无此义务，即乙在迫使甲做没有义务做的事情，故乙的行为构成胁迫。

实例3： 甲欠乙款到期未还，某日乙给甲打电话说：如果再不还钱，将去法院告甲。乙是否构成胁迫？

结论： 乙的手段是去法院起诉甲，甲欠乙款到期未还，乙去法院诉讼，并无不正当问题；乙的目的是让甲还钱，甲本来就有还钱的义务，即乙并没有迫使甲做没有义务做的事情，故乙的行为不构成胁迫。

2.关于第三人胁迫的认定问题。所谓第三人胁迫，如甲胁迫乙，使其与丙订立合同，乙可否主张撤销？对此，考生需要牢记如下判断标准：第三人以胁迫手段，使对方在违背真实意思的情况下实施的民事法律行为，无论合同相对人在合同成立时是否知道或者是否应当知道第三人胁迫，受胁迫人均有权撤销。如就上例而言，不论丙在订立时是否知道乙受甲胁迫，乙均能撤销。第三人胁迫的结果，显然与第三人欺诈存在重大不同，需要考生做题时严格区分第三人胁迫和第三人欺诈。

3.关于欺诈与胁迫的交叉问题。在某些案件中，当事人既有欺诈行为，也有胁迫行为，对此，应按照欺诈还是胁迫处理？该问题法考已有多次涉及，对此，考生要牢记统一**按胁迫处理**。如乙对甲说：如果不赠与其1万元，就到网上公开甲的隐私，实际上乙并不知晓甲的任何隐私。在此情况下，乙不知晓甲的隐私而告知甲其掌握甲的隐私，构成欺诈；乙以公开甲的隐私为手段，要求甲赠与其1万元，构成胁迫。但在法考中，最终本案要按照胁迫处理。这是因为，这类案件中，欺诈只是胁迫的一种手段，乙的最终目的，不是为了欺诈，而是要通过胁迫获得1万元，为了达到这一目的，其才以欺诈为手段。因此，按照胁迫处理更为合理。

（三）因重大误解实施的民事法律行为

在法考中，围绕重大误解问题，考生应掌握如下考点：

1.重大误解的判断标准。重大误解是指对**行为的内容发生错误认识**，包括对行为的性质、对方当事人、标的物的品种、质量、规格和数量等的错误认识。如误认甲为乙，并因此与之签订合同；误将A型号电脑当成B型号电脑，并购买之。

2.对当事人行为能力的错误认识不属于重大误解，当事人不能以重大误解为由撤销。所谓行为能力认识错误，是指误将无民事行为能力人或限制民事行为能力人当成完全民事行为能力人。

实例：甲误将15岁的乙当成成年人，而与其签订价值5万元的电脑买卖合同。甲可否以重大误解为由撤销该合同？

结论：15岁本为限制民事行为能力人，但甲却误将其当成成年人，也就是误将其当成完全民事行为能力人。这种情况下，不允许甲以重大误解为由撤销该合同。其原因在于，甲自身本为完全民事行为能力人，却误将乙的行为能力判断错误，如果允许甲再以重大误解为由撤销，则主动权就完全掌握在甲这样一个完全民事行为能力人手中，作为弱者一方的乙完全没有得到法律的保护，没有体现出民法保护无民事行为能力人、限制民事行为能力人的基本思想。简单来说，就是"成年人犯的错误不能让未成年人承担"。

那么，上述实例中的合同效力究竟如何认定呢？此时，为了贯彻保护弱者的基本思想，法律的天平应当倾向于弱者一方，即倾向于乙一方，具体而言，就是根据乙的行为能力来判断合同的效力。由于乙是限制民事行为能力人，其和甲所签订的合同标的额达到5万元，超出了乙的行为能力范围，故该合同应认定为效力待定，由乙的法定代理人来表达是否追认。

3.**动机错误不属于重大误解**，当事人不能以重大误解为由撤销。动机，是指当事人实施民事法律行为时所追求的目的；动机错误，则是当事人追求的目的与最终的事实不一致。由于重大误解是对行为内容的错误认识，因此行为动机的错误就无法被重大误解所涵盖。

实例：吴老伯考察某新楼盘时，听销售人员介绍周边有轨道交通19号线，出行方便，便与开发商订立了商品房买卖合同。后来才知道，轨道交通19号线属市域铁路，并非地铁，无法使用老年卡，出行成本较高；此外，铁路房的升值空间小于地铁房。吴老伯深感懊悔，主张撤销该商品房买卖合同。

结论：吴老伯不可主张撤销该商品房买卖合同。吴老伯此处发生的错误认识，是将轨道交通误认为是地铁（大家应知道一个常识，轨道交通和地铁是不能划等号的），并进而误认为将来出行方便，乃至于房屋价值是上涨。但这些错误认识，均不属于房屋买卖合同的内容，而是属于买房屋背后的动机问题，故不能以重大误解为由撤销。真正的重大误解，应当是围绕房屋买卖合同而发生的，如把开发商弄错了（即对对方当事人认识错误）、要买1号楼的房屋结果买成了2号楼的房屋（即对标的物的规格认识错误）、要买2套房屋结果买成了3套房屋（即对标的物的数量认识错误）。

（四）显失公平的民事法律行为

在法考中，围绕显失公平问题，考查的不如欺诈、胁迫、重大误解那么频繁，相对而言也较为简单，考生需要掌握的就是显失公平的判断标准。显失公平，是指一方利用对方处于危困状态、缺乏判断能力等情形，致使民事法律行为在成立时明显失去公平。对此，考生可从如下方面进行理解：

1.显失公平的前提是一方当事人利用对方处于危困状态或者利用对方缺乏判断能力。没有利用，便不会出现显失公平。需要考生注意的是，此处的"利用"，并不是实施胁迫行为，而只是利用了对方的这种不利局面而已。考生可以通俗地理解为"乘虚而入"。

2.显失公平的事实发生在合同成立之时。如果是发生在合同成立后，则可以根据情势变更的相关规定变更或者解除合同。关于情势变更问题，在合同编部分有详细阐述。

3.显失公平的结果是当事人的权利义务明显不对等。显失公平强调的是当事人订立合同时约定的给付与对待给付客观上明显不对等。对此，考生可以权利义务的多少来进行衡量，即一方权利过多而义务过少、对方权利过少而义务过多。

实例： 甲父乙身患重病，急需巨额医疗费用。甲拟将祖传字画出售，市场价为300万元，丙打听到甲家面临的困难，趁机向甲提出50万元购买该画。因市场上并无他人愿意购买该画，甲只好将其出售给丙。事后甲可否撤销该合同？

结论： 甲可以显失公平为由撤销该合同。本案中，丙利用甲处于危困状态，趁机压价，使300万元的字画以50万元即成交，丙的权利多而义务少，甲应得的合理利益没有得到，故甲、丙之间显失公平，甲可以撤销该合同。考生可以通俗地将丙的行为理解为"白占便宜"。

三、可撤销的民事法律行为的法律后果

可撤销的民事法律行为，是说当事人可以将其撤销，也就是当事人享有撤销权。

在法考中，会从谁来撤销、怎么撤销、在多长时间内撤销、撤销以后怎么办等角度命题，故考生应围绕这一系列问题，掌握好如下考点：

（一）撤销权的主体

1.因重大误解产生的可撤销民事法律行为，撤销权的主体为基于重大误解实施民事法律行为的行为人即误解方；双方重大误解，双方均有撤销权。

2.因欺诈产生的可撤销民事法律行为，撤销权的主体为受欺诈一方。

3.因胁迫产生的可撤销民事法律行为，撤销权的主体为受胁迫一方。

4.因显失公平产生的可撤销民事法律行为，撤销权的主体为受损害一方。

注意： 在代理中，代理人订立合同时，遭受欺诈、胁迫、显失公平或者发生重大误解的，代理人不享有撤销权，撤销权归被代理人享有。

（二）撤销权的行使方式

撤销权的行使必须经人民法院或仲裁机构确认，不得由当事人自己以单方意思表示行使，即通过给对方发通知的方式，是无法撤销的。

（三）撤销权的行使期间

1.欺诈或显失公平的当事人自知道或者应当知道撤销事由之日起1年内行使；重大误解的当事人自知道或者应当知道撤销事由之日起90日内行使；当事人受胁迫，自胁迫行为终止之日起1年内行使。

2.当事人知道撤销事由后明确表示或者以自己的行为表明放弃撤销权，撤销权消灭。

3.当事人自民事法律行为发生之日起5年内没有行使撤销权的，撤销权消灭。

（四）撤销权的行使结果

民事法律行为被撤销后，归于无效，即按无效的民事法律行为予以处理（参见上一节）。

经典考题：齐某扮成建筑工人模样，在工地旁摆放一尊廉价购得的旧蟾蜍石雕，冒充新挖出文物等待买主。甲曾以5000元从齐某处买过一尊同款石雕，发现被骗后正在和齐某交涉时，乙过来询问。甲有意让乙也上当，以便要回被骗款项，未等齐某开口便对乙说："我之前从他这买了一个貔貅，转手就赚了，这个你不要我就要了。"乙信以为真，以5000元买下石雕。关于所涉民事法律行为的效力，下列哪一说法是正确的？（2017年卷三第3题，单选）①

A.乙可向甲主张撤销其购买行为

B.乙可向齐某主张撤销其购买行为

C.甲不得向齐某主张撤销其购买行为

D.乙的撤销权自购买行为发生之日起2年内不行使则消灭

---

① 【答案】B。本题考查第三人欺诈。第三人实施欺诈行为，使一方在违背真实意思的情况下实施的民事法律行为，对方知道或者应当知道该欺诈行为的，受欺诈方有权请求人民法院或者仲裁机构予以撤销。因此，第三人实施欺诈的，受欺诈方能否撤销该民事法律行为，取决于对方是否知道或应当知道该欺诈行为。本题中，甲欺诈乙，致使乙与齐某签订合同，而甲欺诈乙时，齐某本人即在现场，故其属于明知甲欺诈乙，因此，受欺诈方乙可以向对方当事人齐某主张撤销其购买行为，故B正确。A选项，因乙的行为相对方是齐某而非甲，故即使其是受到甲的欺诈，也不得向甲主张撤销该行为，该选项错误。C选项，甲曾以5000元从齐某处买过一尊同款石雕，为受齐某欺诈所为民事法律行为，甲可向齐某主张撤销，故该选项错误。本选项，要特别注意甲的撤销权来自当初购买的石雕，而不是之后甲实施的欺诈乙的行为。D选项，《民法典》第152条第2款规定："当事人自民事法律行为发生之日起五年内没有行使撤销权的，撤销权消灭。"该选项错误。本题如果出现失误，主要原因在于审题方面的问题。一是没有区分好第三人欺诈中三方当事人的关系。本题中的第三人欺诈，表现为甲欺诈乙，致使乙与齐某签订合同，故乙能否撤销，取决于乙与齐某订立合同时齐某是否知道乙受甲欺诈。二是没有区分好本题有两份合同，一份是因第三人欺诈而导致的乙和齐某之间的合同，另一份是此前甲和齐某之间的合同，在后面这一份合同中，甲遭到了齐某的欺诈。通过本题，提醒考生审题的重要性，尤其是这种有多种合同出现的题目，审题的思路一定要清晰。综上，本题的正确选项为B。

归纳总结	可撤销的民事法律行为
基本定性	本来有效，经撤销后归于无效
类型	①因欺诈产生的民事法律行为 故意告知虚假事实或者隐瞒真实的事实 注意：第三人欺诈中，受欺诈方能否撤销，取决于相对方是否知道其受到欺诈 ②因胁迫产生的民事法律行为 目的不正当或手段不正当 注意：第三人胁迫中，无论相对方是否知道其受到胁迫，受胁迫人均有权撤销 ③重大误解 对行为内容本身发生错误认识 注意：对行为能力认识错误、动机错误均不是重大误解 ④显失公平 一方利用对方处于危困状态、缺乏判断能力等情形，致使民事法律行为成立时显失公平
法律后果	①谁能撤销 误解方、受欺诈方、受胁迫方、受损害方 ②怎么撤销 通过人民法院或仲裁机构 ③多长时间内撤销 欺诈或显失公平中，自当事人知道或者应当知道撤销事由之日起1年内；重大误解中，自当事人知道或者应当知道撤销事由之日起90日内；胁迫中，自胁迫行为终止之日起1年内 注意：最长时间为5年，自行为发生之日起计算 ④撤销后的结果 无效

第六节　效力待定的民事法律行为

命题点拨

　　本节内容为法考的重点，命题角度包括两个方面：一是结合限制行为能力制度，考查限制行为能力人所实施的效力待定行为；二是结合无权代理制度，考查无权代理人所实施的效力待定行为。因此，复习本节内容，还需要与本编专题二自然人以及专题五代理结合起来。

一、效力待定的民事法律行为的概念

　　效力待定的民事法律行为，是指民事法律行为之效力有待于第三人之追认，在第三人追认前，效力处于不确定状态的民事法律行为。

在法考中，要求考生必须准确区分效力待定的民事法律行为与无效的民事法律行为、可撤销的民事法律行为的本质区别，以避免陷入概念的理论困惑中，同时，也有利于准确判断题目：

就效力待定的民事法律行为与无效的民事法律行为而言，无效的民事法律行为本来就是无效的，而效力待定的民事法律行为是否有效，取决于第三人是否追认，故其效力在追认前是不确定的。

就效力待定的民事法律行为与可撤销的民事法律行为而言，可撤销的民事法律行为在撤销前是有效的民事法律行为，只是在撤销后归于无效，其效力是有效或无效取决于当事人是否行使撤销权；效力待定的民事法律行为的效力在追认前既非有效亦非无效，而是处于一种不确定的状态，其最终是有效还是无效取决于第三人的追认。

二、效力待定的民事法律行为的类型（原因）

（一）限制民事行为能力人待追认的行为

限制民事行为能力人实施的与其年龄、智力、精神健康状况不相适应的双方法律行为，为效力待定的民事法律行为。对此，本编专题二自然人中已有详细阐述。

（二）欠缺代理权的代理行为

行为人没有代理权、超越代理权或者代理权终止后，仍然实施代理行为的，为效力待定的民事法律行为。对此，本编专题五代理中将有详细阐述。

实例：甲委托乙购买轿车一辆，价格在20万元以下。乙在汽车销售中心选购汽车时看到一辆50万元的轿车很心动，于是为甲购买了这辆轿车。乙违背甲的指示给甲购买了50万元的车，超越了代理权，属于效力待定的民事法律行为。

三、效力待定的民事法律行为的法律后果

在效力待定的民事法律行为中，考生必须从当事人的角度掌握各自享有的权利，具体而言，就是第三人享有追认权，相对人享有催告权，善意的相对人还享有撤销权：

（一）第三人的追认权

追认权是指第三人通过追认，使他人效力待定的行为发生效力的权利。

1.在无权代理中，追认权人属于被代理人；在限制民事行为能力人实施的待追认行为中，追认权属于法定代理人。

2.追认权人以通知方式向效力待定行为的相对人进行追认。追认的通知自到达相对人时生效，行为经追认，对相关当事人发生法律效力。

（二）相对人的催告权

催告权是指相对人告知追认权人相关事实并催促其在给定期间内实施追认的权利。

相对人可以催告法定代理人（或被代理人）自收到通知之日起在30日内予以追认。被催告人未作表示的，视为拒绝追认。

（三）善意相对人的撤销权

撤销权是指善意的相对人撤销其意思表示的权利。需要考生注意的是，此处的撤销权，并不是本专题第五节可撤销的民事法律行为中的撤销权。具体而言，需要考生掌握

以下几点：

1.相对人须为善意，如相对人知道或应当知道对方欠缺行为能力或欠缺代理权而仍与之为民事法律行为，则不享有撤销权。

2.撤销权须在追认权人追认之前行使，一旦追认权人追认，效力待定行为即生效，相对人就无法行使撤销权。

3.撤销的意思必须以明示的方式作出，通知到达对方当事人，民事法律行为确定无效。

实例：甲委托乙前往外地茶商丙处采购普洱茶一批，乙对当地生产的青茶市场看好，便自作主张以甲的名义向丙订购。不知情的丙与之订立了买卖合同。甲有追认权，丙有催告权、撤销权。

归纳总结 效力待定的民事法律行为

基本定性	效力处于不确定状态，需要等待第三人确认
类型	①限制民事行为能力人待追认的行为：限制民事行为能力人实施的与其年龄、智力、精神健康状况不相适应的双方法律行为 ②欠缺代理权的代理行为：行为人没有代理权、超越代理权或者代理权终止后，仍然实施的代理行为
法律后果	①第三人的追认权 在无权代理中，追认权人属于被代理人；在限制民事行为能力人实施的待追认行为中，追认权属于法定代理人 ②相对人的催告权 相对人可以催告法定代理人（或被代理人）自收到通知之日起在30日内予以追认。被催告人未作表示的，视为拒绝追认 ③善意相对人的撤销权 善意相对人在第三人追认之前，可以撤销其意思表示。撤销之后，行为归于无效

第七节 附条件与附期限的民事法律行为

命题点拨

本节内容，近年来考查频率不算高，但也偶有考查，主要涉及一些基本概念的理解，因此，学习本节内容，重在掌握好各概念之间的区别。此外，在命题方式上，本节内容通常不再单独出题，而是与合同相结合进行命题。

一、附条件的民事法律行为

（一）附条件的民事法律行为的概念

附条件的民事法律行为是指当事人在民事法律行为中附加一定的条件，并以条件的成就与否来决定行为效力的发生或者终止的民事法律行为。

理解上述概念，可从如下角度进行：一是当事人必须在民事法律行为中附加一定的条件，方可称之为附条件的民事法律行为。由此，引发了本节的一个重要考点，即如何判断此处的条件。二是当事人可以用条件来决定民事法律行为效力的发生，即原来效力不发生，条件成就则发生；也可以用条件来决定民事法律行为效力的终止，即原来效力已经发生，条件成就则终止。由此，引发了另一个重要的考点，即如何对条件进行分类。以下分别进行阐述。

（二）民事法律行为所附条件的要求

这是本节重要的命题来源之一，考生应掌握，作为民事法律行为所附的条件，应同时满足如下要求：

1.须为将来的事实。当事人不得以已经发生的事实作为条件。

2.须为发生与否不确定的事实，即该事实可能发生也可能不发生。如甲、乙协商一致，如果乙能通过明天的面试，则甲就赠送乙一部手机。正是因为条件所附事实发生与否不确定，所以当事人在附条件时，所用的语言通常都是"如果……，则……"的表述。

3.须为当事人约定的而非法律规定的事实。如当事人在买卖合同中约定，房屋的所有权待将来办理登记时转移。这就不是附条件的民事法律行为，因为按照法律的规定，房屋的所有权本身就是在登记时转移，这属于法律规定的事实。

4.须为合法的事实。当事人不得以违法的事实作为条件。

实例：甲、乙在租赁合同中约定，如果3个月后甲有空闲的建筑施工设备，则租给乙两台。

结论：该合同为附条件的民事法律行为，具体条件为3个月后甲公司有空闲的建筑施工设备，该事实为不确定但是可能发生的事实。

（三）民事法律行为所附条件的分类

1.以条件成就时民事法律行为的效力为标准，分为延缓条件和解除条件。

（1）延缓条件，又称停止条件或生效条件，指条件成就时，民事法律行为才发生效力。也就是说，在条件成就之前，该行为本身没有生效，等到条件成就时才生效。如在上述实例中，甲、乙公司租赁合同所附的条件即为延缓条件，他们之间的租赁合同目前未生效，需要等3个月以后甲有了空闲的建设施工设备时方生效。

（2）解除条件，又称终止条件，指条件成就时，已经生效的民事法律行为失效。也就是说，在条件成就之前，该行为本身已经生效，等到条件成就时行为的效力就会终止。如甲、乙在租赁合同中约定，甲将建设施工设备出租给乙，如果甲承包了另一工地，则乙就把设备还给甲。在该例中，甲、乙的租赁合同目前已经生效，但如果甲承包了另一工地，乙必须把设备还给甲，这也就意味着他们的租赁合同效力到时会终止。

2.以条件是否要求事实的发生为标准，分为积极条件和消极条件。

（1）积极条件，以事实的发生为条件。如有了空闲设备、承包了一块土地。

（2）消极条件，以事实的不发生为条件。如没有空闲设备、没有承包一块土地。相对于积极条件，消极条件就是在条件中加上否定词，如"没有"、"不"等。

需要考生注意的是，上述两种分类，各自的标准是不同的，考生不可混淆。延缓条件和解除条件，是说当事人用这个条件来干什么，是用来让民事法律行为生效呢，还是让民事法律行为终止；而积极条件和消极条件，是说当事人选择的是以事实的发生为条件呢，还是选择的是以事实的不发生为条件，而不涉及用这个条件来干什么。在法考中，历来注重考查延缓条件和解除条件，对积极条件和消极条件，则较少关注。

（四）民事法律行为所附条件的成就与不成就

民事法律行为所附的条件，将来可能会成就，也可能会不成就，由此就会发生不同的法律后果。对此，考生应按照是延缓条件还是解除条件的逻辑来掌握相应考点：

民事法律行为	条件成就的效力	条件不成就的效力
附延缓条件的民事法律行为	民事法律行为生效	民事法律行为确定不生效
附解除条件的民事法律行为	已经生效的民事法律行为效力终止	已经生效的民事法律行为继续有效
法律拟制	（1）条件成就之拟制：当事人为自己的利益不正当地阻止条件成就的，视为条件已经成就 （2）条件不成就之拟制：当事人为自己的利益不正当地促进条件成就的，视为条件不成就	

二、附期限的民事法律行为

（一）附期限的民事法律行为的概念

附期限的民事法律行为是指当事人在民事法律行为中附加一定的期限，并以期限的到来决定行为效力的发生或者终止的民事法律行为。

考生在复习时，应重点掌握期限和条件的区分标准，这也是本节的主要命题来源之一，对此，将在下文分析。

（二）民事法律行为所附期限的要求

作为民事法律行为所附的期限，也应同时满足须为将来的事实、须为当事人约定的而非法律规定的事实、须为合法的事实等要求，这些要求与条件的要求一样，不再阐述。考生需要重点掌握的是二者的不同之处：期限必须是确定发生的事实，即期限将来肯定会到来；而如前所述，条件是发生与否不确定的事实。因此，通过是确定发生还是发生与否不确定，可以很好地将期限和条件进行区分。

就法考而言，需要考生掌握的期限主要有未来的时间和死亡这两个事实。因为未来的时间肯定会到来，如甲、乙签订租赁合同，约定该租赁合同在1个月后生效。死亡也是肯定会到来的，故也是期限，如甲、乙签订租赁合同，约定该租赁合同在乙死亡时终止。

（三）民事法律行为所附期限的分类

期限分为始期和终期。

始期，是指以期限决定行为效力的开始，也就是说，在期限到来之前，该行为本身没有生效，等到期限到来时才生效。考生可参照延缓条件进行理解。如甲、乙之间关于租赁合同在1个月后生效的约定，就是始期。

终期，是指以期限决定行为效力的终止，也就是说，在期限到来之前，该行为本身已经生效，等到期限到来时行为的效力就会终止。考生可参照解除条件进行理解。如甲、乙之间关于租赁合同在乙死亡时终止的约定，就是终期。

（四）民事法律行为所附期限的到来

民事法律行为所附的期限，将来肯定会到来，由此就会发生一定的法律后果。对此，考生也应按照是始期还是终期的逻辑来掌握相应考点，并参照延缓条件和解除条件的成就来理解，即期限到来后，附始期的民事法律行为发生效力，附终期的民事法律行为效力终止。

经典考题： 刘某欠何某100万元货款届期未还，且刘某不知所踪。刘某之子小刘为替父还债，与何某签订书面房屋租赁合同，未约定租期，仅约定："月租金1万元，用租金抵货款，如刘某出现并还清货款，本合同终止，双方再行结算。"下列哪些表述是错误的？（2014年卷三第59题，多选）①

A.小刘有权随时解除合同　　　　　　B.何某有权随时解除合同

C.房屋租赁合同是附条件的合同　　　D.房屋租赁合同是附期限的合同

归纳总结

附条件的民事法律行为	①条件本身的要求
	将来发生的事实＋发生不确定的事实＋当事人约定的事实＋合法的事实
	②条件的分类
	A.延缓条件和解除条件
	延缓条件：行为本来尚未生效，条件成就时，行为才发生效力
	解除条件：行为本来已经生效，条件成就时，行为失去效力
	B.积极条件和消极条件
	积极条件：以事实的发生为条件
	消极条件：以事实的不发生为条件
	③条件的成就与不成就
	A.成就：在延缓条件，条件成就，行为生效；在解除条件，条件成就，行为失效
	B.不成就：在延缓条件，条件不成就，行为不生效；在解除条件，条件不成就，行为不失效

---

① 【答案】ABD。本题考查附条件、附期限的民事法律行为、租赁合同。首先分析C、D这两个选项。条件与期限的核心区别在于：条件是发生与否不确定的事实，期限是确定发生的事实。本题中，小刘与何某在租赁合同中约定的"刘某出现并还清货款"这一事实，能否发生尚不确定，因为刘某可能会出现，也可能不会出现，故属于条件而非期限。C选项正确，D选项错误。再来分析A、B这两个选项。租赁合同中，双方当事人能否随时解除合同，取决于是否属于不定期租赁合同。在不定期租赁中，双方当事人均有随时解除权。本题中，租赁合同中约定"月租金1万元，用租金抵货款"，因货款共100万元，可知租期为100个月，因此，该租赁合同实际为定期租赁合同，故双方当事人均不享有任意解除权，AB选项错误。本题如果出现失误，有两个主要的原因：一是对条件、期限的区别没有把握好，属于知识点方面掌握不牢，请考生始终记住条件是发生与否不确定的事实，期限是确定发生的事实。二是对定期租赁合同、不定期租赁合同的区别没有把握好。当然，这一知识点目前尚未学到，大家无须担心，待租赁合同部分，再详细阐述。综上，本题正确选项为ABD。

	①期限本身的要求
附期限的民事 法律行为	将来的事实+必然发生的事实+当事人约定的事实+合法的事实
	②期限的分类
	始期：行为本来尚未生效，期限到来时，行为才发生效力
	终期：行为本来已经生效，期限到来时，行为失去效力
	③期限的到来
	在始期，期限到来，行为生效；在终期，期限到来，行为失效

专题五　代　理

第一节　代理概述

命题点拨

本节内容，在法考中的命题方式有如下几种：一是直接对意定代理中代理权授予行为进行考查。二是结合合同的相关内容，考查隐名代理。以上两点，是本节的复习重点。三是偶尔将代理与相关制度的区分、代理的各种分类隐含在其他考点中进行考查。

一、代理的概念与特征

（一）代理的概念

代理是代理人于代理权限内，以被代理人名义与第三人实施民事法律行为，所产生的法律后果直接归属于被代理人的法律制度。

理解这一概念，主要是要求考生始终牢记代理是三方关系，即被代理人（又称为本人）、代理人、第三人。代理的具体运作过程，通过下面的实例进行阐释。

实例： 甲委托乙购买一批图书，乙精心挑选后选择了丙出版社，与之订立了图书买卖合同。

结论：

（1）甲、乙之间为代理关系，产生代理关系的基础关系为甲、乙之间的委托合同。

（2）乙、丙之间为代理行为关系，乙以被代理人甲的名义与丙签订买卖合同。

（3）甲、丙之间为代理效果关系，该买卖合同的效果最终由被代理人甲承受，即在甲、丙之间产生合同关系，由甲、丙相互履行该合同。

（二）代理的特征

代理的特征中，有的只是为了考生进一步理解好代理的含义，有的则具有直接的命题价值：

1.代理涉及三方当事人

代理行为中涉及三方当事人：本人（被代理人）、代理人、第三人（相对人）。

2.代理人在代理权限之内以被代理人名义与第三人实施民事法律行为

该特征具有较大的考试价值，考生应掌握如下几点：

（1）代理人须在代理权限范围之内进行民事活动，超越代理权则为无权代理。

（2）代理人须以被代理人名义从事民事活动。

（3）可以被代理的行为只能是民事法律行为，而不能是事实行为。代替他人从事事实行为，如接送孩子、给领导献花、替人值班、代人写信，都不属于代理。

（4）并非所有的民事法律行为都能够被他人代理，如结婚、离婚、收养等身份行为因其具有专属性而不得代理，这些行为只能自己亲自为之。但是离婚存在例外情形，如果夫妻一方为限制民事行为能力人或无民事行为能力人，则其与配偶的离婚案件可以由其监护人代理。如果其监护人是其配偶的话，则需要先将其监护人由配偶变更为他人，再由新的监护人代理其进行离婚。

3.代理人独立进行代理行为

在代理关系中，代理人在授权范围内，依照自己的判断独立进行代理行为。

4.代理行为的法律效果

代理人以被代理人名义进行的民事法律行为的法律后果直接归属于被代理人。

（三）代理与相关概念的区分

在法考中，要求考生通过对代理概念和特征的理解，进一步精准地将其与委托、代表、行纪、中介、冒名等进行区分。

1.关于代理与委托

所谓委托，是当事人之间通过委托合同，委托对方为自己处理事务的法律现象。

代理与委托的区别在于：当事人之间签订的委托合同是产生代理权的原因之一，即因为一方通过委托合同委托另一方办事，然后再给另一方授予代理权，以便让另一方与第三人发生民事法律关系。委托形成代理的情况下，委托人就是被代理人，受托人就是代理人。但委托合同并不必然导致代理的出现，因为委托的事情可以多种多样，而代理，只能代理实施民事法律行为；同时，代理权的产生原因，也并不必然都来自委托合同，如法定代理权（指监护人对被监护人的代理），就来自法律的直接规定。

考生可以通俗地理解为：代理通常来自于委托，但不能说所有的代理都来自委托，因为法定代理是来自于法律的规定。

实例： 甲与乙签订委托合同，委托乙购买电脑。其后，甲向乙出具一份授权委托书。乙持授权委托书与丙签订了买卖合同。甲、乙之间基于委托合同产生了委托法律关系，并进一步产生代理关系，由乙代理甲与丙签订了买卖合同。

2.代理与代表

代理与代表的区别，本书专题三法人制度已有阐述，此处再次强调：在法人制度里，法定代表人以法人名义实施的行为，为代表，其不需要法人单独授权，属于当然有权代表法人；法人的工作人员以法人名义实施的行为，为代理，其需要法人单独授权，否则构成无权代理。

此外，还有一个概念与代理和代表均有关联，即职务行为。职务行为一词，很多部门法均有涉及，争议较多。民法上的职务行为，主要是指执行法人工作任务的行为。进一步而言，执行法人工作任务的人员，可能是法定代表人，也可能是法定代表人之外的法人工作人员，如果是前者，就构成代表；如果是后者，就构成代理。在法考里涉及职务行为的，主要是从执行职务过程中产生损害的角度进行命题，对此，本书将在专题二十五第一节详细阐述。

3.代理与行纪

在合同编里，我们将专门学习行纪合同。行纪合同，是指一方根据他方的委托，以自己的名义为他方从事贸易活动，并收取报酬的合同。其中以自己名义为他方办理业务的，为行纪人；由行纪人为之办理业务，并支付报酬的，为委托人。

代理与行纪的区别，不同书上有不同的总结，本书仅介绍对做题最有意义的区别：行纪人只有特别的民事主体才能充任，担任行纪人，必须具有行纪资格；而代理人，普通的自然人均能担任，并没有所谓资格的要求。关于行纪资格，不是法考的考查对象，考生无须关注，考生只需要记住法考只涉及两类行纪人，即商行和寄售行，前者，可以受托替他人卖东西，也可以受托替他人买东西；后者，则只能受托替他人卖东西。

实例：甲有2枚钻戒，一枚委托好友乙出售，另一枚委托丙寄售行出售。则甲、乙之间成立代理关系，甲、丙之间成立行纪关系。此外，根据前述代理和行纪合同的概念，乙将以甲的名义对外出售戒指；丙以自己的名义对外出售戒指，出售之后，再将相应的利益转交给甲。

4.代理与中介

中介合同也将在合同编里学习。中介合同，是指中介人向委托人报告订立合同的机会或者提供订立合同的媒介服务，委托人支付报酬的合同。

代理与中介的区别，本书亦仅介绍对做题最有意义的区别：中介人的作用，是促成委托人和第三人签订合同，其不会以委托人的名义与第三人签订合同；而代理人的作用，是以被代理人的名义与第三人签订合同。

实例：甲名下有两套房屋，一套房屋委托好友乙出售，另一套房屋委托丙中介公司出售。则甲、乙之间成立代理关系，乙将以甲的名义与第三人签订买卖合同；甲、丙之间成立中介关系，丙将促成甲与第三人签订买卖合同，但丙不会以甲的名义与第三人签订买卖合同。

5.代理与冒名

冒名，是指冒充他人之名实施某种行为。

冒名与代理的区别在于：在冒名中，只有两方当事人的关系体现，冒名者应对合同相同方承担法律后果，被冒名者不就此承担任何后果，同时冒名者侵犯了被冒名者的姓名权；而在代理中，有三方当事人的关系体现，由被代理人向合同相对方承担法律后果，代理人也没有侵犯被代理人的姓名权。

实例：甲委托乙与丙、丁分别签订买卖合同，乙以甲的名义与丙签订了买卖合同；在乙与丁签订合同前，戊冒充甲与丁签订了买卖合同。则甲、乙之间成立代理关系，乙以甲的名义与丙签订合同，乙对甲的表述是："我叫乙，我受甲的委托，过来和你丙签订合同"，自丙看来，这里能清晰地体现出乙、甲、丙的三方关系。戊的行为为冒名行为，其冒充甲与丁签订合同，戊对丁的表述是："我叫甲，我过来和你丁签订合同"，自丁看来，这里只体现出了甲、丁的两方关系，该合同应当由冒名者戊承担法律后果，与被冒名者甲无关，同时戊还侵犯了甲的姓名权。

二、代理的分类

（一）意定代理和法定代理

这是根据代理权产生的原因不同所作的划分。

意定代理，是指代理人根据被代理人的授权而进行的代理，如委托代理中，代理人的代理权来自被代理人的授权。

法定代理，是指以法律的直接规定为根据而产生的代理，如监护人对被监护人的代理，监护人有权代理被监护人实施民事法律行为，然而该代理权并非来自被监护人的授权，而是来自法律的规定，即法律承认监护人有权代理被监护人实施民事法律行为。

在法考中，该分类有如下考试价值：

1.考生必须牢记监护人又叫法定代理人，他们是同一人，只是表述的角度不同。在审题时，不要被题目中的不同表述所混淆。

2.在委托代理中，考生必须会区分委托与代理的关系。该问题在前文已有论述，即委托是代理的产生原因之一，当事人通过签订委托合同委托另一方办事，然后再给另一方授予代理权，以便让另一方与第三人发生民事法律关系。进一步，其考试价值在于：委托合同属于双方民事法律行为，其成立需要委托人、受托人的意思表示一致，进而对双方的民事行为能力均有要求；而委托人给受托人授予代理权的这一授权行为，则被定性为单方法律行为，其成立只需要委托人单方的意思表示即可，而不论受托人的意思表示如何，进而，对受托人的民事行为能力也就没有要求。考生可将这一考点简单记忆为"给谁授权都有效"。

实例：甲和14岁的孩子乙签订一份委托合同，约定乙为甲购买价值10万元的电脑软件；甲给乙开出授权委托书，里面载有授权乙购买电脑软件的字样，并有乙的签名。甲、乙的委托合同效力如何认定？甲的授权行为如何认定？

结论：

（1）甲、乙的委托合同效力待定，由乙的法定代理人进行追认。这是因为，委托合同是双方行为，乙属于限制民事行为能力人，该合同标的达到10万元，超越了乙的行为能力范围，因此该合同效力待定。其最终效力如何，取决于乙的法定代理人是否追认。

（2）甲的授权行为有效。虽然乙是限制民事行为能力人，但授权行为为单方行为，其成立只需要委托人的意思表示即可，不需要考虑乙的意思表示，也不需考虑乙的民事行为能力，故授权行为是有效的。

（二）本代理和复代理

这是根据由谁选任代理人所作的划分。

本代理，是指由本人选任代理人的代理，一般意义上的代理都是本代理。

复代理，是指由代理人再次选任代理人的代理。如甲选择乙担任代理人，乙经甲同意，又选择丙担任代理人，并将其代理权转委托给丙。由代理人选出的新代理人，又称为复代理人。因此，复代理的结构是：被代理人——代理人——复代理人，然后由复代理人再和第三人之间实施民事法律行为。

在法考中，该分类有如下考试价值：

1.考生必须明确，复代理人虽然是代理人选择出来的，但一旦被选中之后，其就是被代理人的代理人，而不是代理人的代理人。因此，复代理人应当以被代理人的名义实施代理行为，且法律后果也应当归属于被代理人。

2.考生必须明确，代理人不能随意选择复代理人，原则上其应亲自实施代理行为。

能够选择复代理人的，仅限于如下情况：一是经过被代理人的事前同意或事后追认；二是在紧急情况下代理人为了维护被代理人的利益需要转委托给第三人代理的除外。后一种情况，如代理人卧病在床，无法亲自完成代理行为，又无法和被代理人取得联系，同时所代理的事项又特别紧急，此时代理人只好将代理权转委托给第三人（复代理人），由复代理人完成代理的事项。

3.复代理人实施代理行为过程中，如果出现了问题，损害了被代理人的利益，复代理人肯定要承担责任，那么代理人是否也需要就此承担责任？毕竟复代理人是代理人选择出来的。对此，考生应区分如下情况分别判断：

一是如果复代理是经过被代理人同意或事后追认，或者代理人是在紧急情况下为了维护被代理人的利益而将代理权转委托给复代理人的，则代理人仅就复代理人的选任以及对复代理人的指示承担责任。所谓就复代理人的选任承担责任，是说代理人所选择的复代理人不合适，比如有的代理事项的完成需要特定的技术资质，而代理人所选择的复代理人不具备这样的资质。这样复代理人出问题了，代理人要就此承担责任。考生可以通俗地理解为"选错人了"。所谓对复代理人的指示承担责任，是说代理人在选择复代理人的过程中，其在指示复代理人应该完成的代理事项时出现了失误，比如代理的事项是购买A型号的设备，而代理人却告诉复代理人购买B型号的设备。这样复代理人出了问题，代理人要就此承担责任。考生可以通俗地理解为"指示错了"。

二是如果复代理未经被代理人同意或事后追认的，则代理人应就复代理人的一切行为承担责任。也就是说，如果是代理人擅自选任复代理人的，则只要复代理人出了问题，代理人就应当承担责任。当然，紧急情况下为了维护被代理人的利益而不得不进行复代理的，则适用上述第一种情况下的规则。

（三）单独代理和共同代理

这是根据行使代理权的人数不同所作的划分。

单独代理，是指代理权属于一个人的代理；

共同代理，是指代理权由数个代理人共同行使的代理。

在法考中，该分类的考试价值在于，考生须记住如下规则：在共同代理中，如果代理人中一人或数人未与其他代理人协商，所实施的行为侵害被代理人权益的，则仅由实施行为的代理人承担民事责任。

（四）直接代理和间接代理

这是根据代理人实施代理行为是否以被代理人的名义所作的划分。

直接代理，是指代理人以被代理人的名义实施的代理。

间接代理，是指代理人在代理权限内以自己名义实施的代理（注意是"以自己名义"，而不是冒名行为）。

理解这一分类，需要考生明确，本节之前所阐述的内容均为直接代理，这也是《民法典》总则编里规定的代理。间接代理，在总则编里没有规定，而是规定在合同编委托合同部分。

就这一分类，有如下考试价值：

1.在法考中，不论是直接代理还是间接代理，都属于代理。因此，如果某一道题目要求考生判断"以下属于代理的是……",则在该题中,直接代理和间接代理都应算在内;如果某一道题目要求考生判断"以下属于直接代理的是……",则只能选择直接代理。

2.直接代理中,由被代理人承担法律后果。而在间接代理中,代理人以自己名义与第三人实施代理行为,在此情形下,看不到被代理人的名字,那么会对被代理人产生何种法律效果呢?该问题是法考的重要命题来源之一。先举例说明:

实例:甲委托乙购买一批图书,乙精心挑选后选择了丙出版社,并以自己的名义与之订立了图书买卖合同。

问题1:若丙在订立合同时知道乙、甲之间存在代理关系,乙以自己的名义与丙所订立的买卖合同会约束甲吗?

问题2:若丙在订立合同时不知道乙、甲之间存在代理关系,乙以自己的名义与丙所订立的买卖合同会约束甲吗?如果丙不交货,甲能找丙吗?如果甲不付款,丙能找甲吗?①

上述情形下,请考生掌握如下判断方法:

首先,如果第三人在订立合同时知道代理人与被代理人之间存在代理关系,则代理人和第三人之间所订立的合同直接约束被代理人和第三人,也就是由被代理人承担法律后果。考生可以记住,这种情况下,和直接代理的法律后果并没有什么区别。例外的是,如果有证据证明该合同只约束代理人和第三人(如代理人和第三人在合同中明确约定该合同就只在他们两人之间发生法律效果),则该合同就与被代理人无关,被代理人无须承担法律后果。

其次,如果第三人在订立合同时不知道代理人与被代理人之间的代理关系的(理论上也称为隐名代理),原则上该合同只约束代理人与第三人。但是被代理人享有介入权,第三人享有选择权:

(1)第三人违约的,代理人应当向被代理人披露第三人,被代理人因此可以行使代理人对第三人的权利,此即被代理人的介入权,考生可以简单记忆为"被代理人可以直接找第三人"。此种情形下,有一个例外,即第三人与代理人订立合同时如果知道该代理人背后有被代理人的话,就不会订立合同的,则该合同就和被代理人无关,被代理人不享有介入权。不过,该例外需要第三人举证,在实践中很难举证成功;在法考中,从未考查过,考生知道即可。

(2)被代理人违约的,代理人应当向第三人披露被代理人,第三人因此可以选择代理人或者被代理人作为相对人主张其权利,此即第三人的选择权,考生可以记忆为"找谁都可以",但第三人选择之后,不得变更。

经典考题:甲公司与15周岁的网络奇才陈某签订委托合同,授权陈某为甲公司购买价值不超过50万元的软件。陈某的父母知道后,明确表示反对。关于委托合同和代理权

---

① 【答案】问题1:若丙在订立合同时,知道甲、乙之间的代理关系,买卖合同直接约束甲、丙;问题2:若丙在订立合同时,不知道甲、乙之间的代理关系,该买卖合同原则上只约束乙、丙。但是若因为丙不交货致使乙不能履行义务,乙应当向甲披露丙,则甲可直接行使对丙的权利;若乙是因为甲不付款的原因不能履行其对丙的义务,乙应当向丙披露甲,丙可选择乙或者甲主张权利。

授予的效力，下列哪一表述是正确的？（2015年卷三第4题，单选）①

A.均无效，因陈某的父母拒绝追认

B.均有效，因委托合同仅需简单智力投入，不会损害陈某的利益，其父母是否追认并不重要

C.是否有效，需确认陈某的真实意思，其父母拒绝追认，甲公司可向法院起诉请求确认委托合同的效力

D.委托合同因陈某的父母不追认而无效，但代理权授予是单方法律行为，无需追认即有效

归纳总结　代理概述

代理的概念与特征	①代理中的三方关系 被代理人、代理人、第三人 ②代理与委托、代表、行纪、中介、冒名等均存在区别 委托通常构成代理的原因；代表特指法定代表人与法人之间的关系；行纪人有特定的资质要求；中介人只促成委托人和第三人订立合同，其不代理委托人和第三人订立合同；冒名行为没有显示出三方关系
代理的分类	①意定代理和法定代理 在意定代理中，委托合同是双方法律行为，授权行为是单方法律行为；在法定代理人，监护人也就是法定代理人 ②本代理和复代理 复代理人是被代理人的代理人；代理人只能经过被代理人的事前同意或事后追认以及紧急情况下为了维护被代理人的利益才能选择他人作为复代理人；复代理人在代理过程中损害到被代理人利益，也要根据是否经过被代理人同意或追认而有所不同

① 【答案】D。本题考查授权行为与委托合同的区分、授权行为的单方属性。委托合同为代理人和被代理人之间所订立的合同，是双方行为，要求双方均必须有相应的民事行为能力；授权行为是被代理人给代理人授权，是单方行为，只需要被代理人具有相应的民事行为能力，对代理人的民事行为能力则没有要求。具体到本题，陈某15岁，属于限制民事行为能力人，虽然其是一个网络奇才，但并不能代表陈某的认知水平足以完成金额为50万元的交易活动，该标的额超过了陈某的民事行为能力范围。因此，该委托合同应为效力待定，由于陈某的父母明确表示反对，即没有追认，故该合同最终应认定为无效。甲授权给陈某以甲的名义签订合同，该授权行为为单方法律行为，无须考虑陈某的民事行为能力，故应认定为有效。上述行为的效力，不再需要确认陈某这一限制民事行为能力人的真实意思。因此，ABC三个选项错误，不当选，D选项正确，当选。本题如果出现失误，主要原因是对知识点理解的不够深入，即对授权行为与委托合同的区分以及授权行为的单方属性没有把握到位。一方面，不论题目如何进行描述，考生脑子里要始终将委托合同和授权行为分开判断，即使题目中将二者混在一起进行描述，我们做题时也要保持思路清晰。另一方面，要牢记委托合同被定性为双方法律行为，双方当事人均必须有相应的民事行为能力；授权行为被定性为单方法律行为，在判断授权行为的效力时，仅需要考虑被代理人的民事行为能力，而无须考虑代理人一方的民事行为能力。综上，本题正确选项为D。

续 表

③单独代理和共同代理

在共同代理中，如果代理人中一人或数人未与其他代理人协商，所实施的行为侵害被代理人权益的，则仅由实施行为的代理人承担民事责任

④直接代理和间接代理

间接代理中，代理人在代理权限内以自己名义实施代理。其法律后果，如果第三人知道其背后有被代理人，则和直接代理没有实质性区别；如果第三人不知道其背后有被代理人，则被代理人享有介入权，第三人享有选择权

第二节 无权代理

命题点拨

无权代理在法考中的考查频率很高，主要命题角度包括：一是对狭义无权代理的法律后果进行考查，二是对特殊的无权代理即表见代理的构成要件、法律后果进行考查。此外，无权代理与代理权滥用等相关制度的区分，也偶有考查，需要考生掌握。

一、无权代理的认定及其法律后果

（一）无权代理的认定

无权代理，是指行为人不具有代理权，而以他人名义实施民事法律行为的代理现象。

理解该概念，一是要明确无权代理本质上也是一种代理现象，所以如果某种行为根本就不是代理，如中介，那就不可能构成无权代理。二是必须重点是把握行为人不具有代理权都有哪些具体表现。本书将其概括为三种情形：（1）根本没有经过被代理人授权，但代理人仍然进行代理，如甲未经乙授权，即以乙的名义与丙签订合同。（2）虽然经过被代理人授权但代理人却越权实施代理，如甲得到乙的授权购买电脑，但甲却以乙的名义与丙签订购买手机的合同。（3）虽然曾经有被代理人授权但已经终止，代理人却仍然进行代理，如甲得到乙的授权在一个月之内购买电脑，但甲却在两个月之后以乙的名义与丙签订购买电脑的合同。

在法考中，准确地认定无权代理，具有如下的考试价值：

1.考生在做题时要始终对冒名行为有所警惕。如本专题第一节所述，冒名行为根本就不是一种代理现象，因此，其也不可能是无权代理。

2.要求考生必须准确区分无权代理与代理权滥用。代理权滥用，是指代理人为自己利益计算或为他人利益计算，行使代理权损害了被代理人的利益。此处需要考生掌握两方面的内容：

一是代理权滥用的主要类型及其法律效果：

（1）双方代理。双方代理指代理人同时代理双方当事人为同一民事法律行为的代理。如甲既代理乙出卖一批设备，又代理丙购买一批设备，于是甲同时以乙、丙的名义签订了一份买卖合同，将乙的设备卖给了丙。

双方代理，如果经过了双方被代理人的事前同意，当然就不构成代理权滥用。如果未经被代理人事前同意，则构成代理权滥用，其法律效果是效力待定，由双方被代理人决定是否追认。需要考生注意的是，由于此种情形下有两个被代理人，所以，仅其中一个被代理人追认，还不足以发生法律效力，必须双方均追认，该合同才对这两个被代理人均发生法律效力。

（2）自己代理。自己代理是指代理本人与自己订立合同，也称"自己契约"。如甲代理乙出卖一批设备，甲遂以乙的名义与自己签订了一份合同，将乙的设备卖给了自己。

自己代理，如果经过了被代理人的事前同意，当然就不构成代理权滥用。如果未经被代理人事前同意，则构成代理权滥用，其法律效果是效力待定，由被代理人决定是否追认。

（3）串通代理。串通代理，是指代理人和相对人恶意串通，损害被代理人合法权益的代理。如甲代理乙出卖一批设备，甲遂以乙的名义与丙签订了一份合同，但甲、丙在合同中约定的设备的价格比市场价低50%。

串通代理，因为是代理人私下里和相对人恶意串通的，所以肯定构成代理权滥用。恶意串通的民事法律行为无效，故其对被代理人没有任何约束力，同时还应由代理人和相对人承担连带责任。

二是代理权滥用和无权代理的区分方法。根据前文的论述，可以发现，在代理权滥用中，代理人均有代理权，只不过被代理人不正当地使用，如擅自以被代理人的名义与自己签合同、和相对人恶意串通等；而在无权代理中，代理人是没有代理权的。这是二者的根本区别。

（二）无权代理的法律后果

无权代理所实施的行为效力待定，此在本书专题四已有所阐述，下面结合无权代理现象，再详细展开一下：

1. 被代理人的追认权。因无权代理订立的合同效力待定，经被代理人追认后，该合同自始有效；未经被代理人追认的，对被代理人不发生效力，此时，善意相对人有权请求无权代理人履行合同或者就其受到的损害请求行为人赔偿。在确定赔偿的范围时，不得超过被代理人追认时相对人所能获得的利益。

实例1：周某超越代理权，以贾某的名义与某公司签订了货物买卖合同，贾某知道后未作任何表示，而是准备好货物并交给承运人运至该公司。贾某的行为已经进入到履行状态，表明其已经对该合同进行了追认，合同有效，对贾某和该公司发生法律效力。

实例2：甲未经乙授权，即以乙的名义与丙签订合同，丙对此并不知情。如果乙不予追认，则甲与丙所签订的合同对乙不发生效力，丙有权请求甲履行该合同，或者就其受到的损害请求甲赔偿。

2. 相对人的催告权。相对人可以催告被代理人自收到通知之日起30日内予以追认。被代理人未作表示的，视为拒绝追认。

3. 善意相对人的撤销权。行为人实施的行为被追认前，善意相对人有撤销的权利。撤销可以通知、诉讼或仲裁的方式作出。需要考生注意的是，此处的撤销权，只有善意的相对人才能享有；而前述催告权，则不论相对人善意与否，均享有该权利。

4.如果相对人知道或者应当知道行为人无权代理的，相对人和行为人按照各自的过错承担责任。此处所谓按照各自过错承担责任，是一种按份责任，而不是连带责任。

二、特殊的无权代理——表见代理

（一）表见代理的概念

表见代理是指代理人虽无代理权但表面上有足以使相对人相信其有代理权而由被代理人承担法律后果的代理。

（二）表见代理的法律要件

这是法考在考查代理制度时的主要命题来源之一，要求考生拿到相关题目时，必须准确判断是否构成表见代理。因此，考生要熟练掌握以下构成要件：

1.须行为人是无权代理；

2.须相对人善意（即相对人不知行为人无代理权）；

3.须有表见事由。

即存在使相对人相信代理人有代理权的事实和理由。从法考角度，该条件最为重要，需要考生掌握两个方面的内容：

一是牢记常见的表见事由，这样做题时一眼就能判断出来该题是否属于表见代理。这些常见的表见事由有：授权委托书、介绍信、盖有公章的空白合同书、长期的业务往来关系、交易习惯等。如甲已从乙公司辞职，但仍然持在乙公司工作期间由乙公司向其发放的盖有乙公司公章的空白合同书，与不知情的丙公司签订合同，甲的行为可认定为表见代理。

二是需要考生特别注意，上述表见事由的出现，并非无权代理人的违法行为所引起的，否则不构成表见代理。如无权代理人私刻本人的公章、伪造授权委托书、盗用公章等行为，即便相对人是善意的，也不构成表见代理。

实例：甲开了一家经营家具的店。一天，其好友乙到甲的店中玩耍，甲因外出收账遂委托乙代其看店，并嘱咐乙若有生意上门别私自决定。于是乙换上店服，帮助甲经营该店。不久丙前来购物，乙为帮助甲完成此笔生意，于是将一个价值3万元的衣柜以15000元售于丙。乙的行为是表见代理，甲应承担相应的合同后果。当然，甲的损失，可以向乙进行追偿。

（三）表见代理的法律后果

表见代理的法律后果，需要考生掌握两个方面：一是表见代理发生和有权代理同样的效力，即代理人从事代理行为的后果直接归属于被代理人。二是被代理人因此遭受损失的，可以向代理人追偿。可见，表见代理制度之价值，在于维护交易安全，即优先保护善意第三人的利益，由其要求被代理人承担法律后果；然后再保护被代理人的利益，其可以向代理人追偿。

最后，提示考生处理代理题目时的基本思路，可以分三步：（1）首先判断是否属于无权代理；（2）如果是无权代理，再判断是否构成表见代理；（3）如果不构成表见代理，则按一般的无权代理处理，即效力待定。

经典考题：吴某是甲公司员工，持有甲公司授权委托书。吴某与温某签订了借款合同，该合同由温某签字、吴某用甲公司合同专用章盖章。后温某要求甲公司还款。下列哪些情形有助于甲公司否定吴某的行为构成表见代理？（2014年卷三第52题，多选）[1]

　　A.温某明知借款合同上的盖章是甲公司合同专用章而非甲公司公章，未表示反对

　　B.温某未与甲公司核实，即将借款交给吴某

　　C.吴某出示的甲公司授权委托书载明甲公司仅授权吴某参加投标活动

　　D.吴某出示的甲公司空白授权委托书已届期

归纳总结　无权代理

无权代理的认定及其法律后果	①无权代理包括根本没有经过被代理人授权、虽然经过被代理人授权但代理人却越权实施代理、虽然曾经有被代理人授权但已经终止 ②冒名行为、代理权滥用均不是无权代理 ③无权代理的法律后果是效力待定，其中被代理人享有追认权，相对人享有催告权，善意的相对人享有撤销权
表见代理	①构成要件 无权代理+相对人善意+表见事由 ②法律后果 发生有权代理的后果，被代理人承担代理行为的后果；被代理人对代理人有追偿权

[1]【答案】CD。本题考查表见代理。A项，公司签订合同时，通常盖公司的公章。此外，公司还有很多专用章，如合同专用章、财务专用章，合同专用章显然只能用于签订合同，财务专用章则只能用于财务往来。因此，在签订合同时，盖合同专用章没有任何问题，盖公司的公章当然也没问题。A项所表述的事实对表见代理的认定没有任何影响，不当选。B项，在表见代理中，只需要相对人是善意的，且根据表见事由进行判断即可，法律并没有要求相对人要对表见事由尽任何的实质性审查义务。事实上，假如要求相对人尽实质性审查义务，则无疑会增加交易成本，与表见代理的制度价值是相违背的。因此，温某就是未与甲公司核实，也不影响吴某表见代理的认定，该选项不当选。C项，属于超越代理权范围，D项属于代理权已终止，相对人温某见到吴某出示的委托书后，均会知晓这些事实的存在，此时温某仍与吴某签订合同，就是恶意的了，故可以否定吴某的行为构成表见代理，这两个选项均应当选。本题如果出现失误，主要原因在于两个方面：一是对类似题目做的较少，缺少经验。法考在考查表见代理时，大部分题目是从正面出题，即要求考生判断构成表见代理，而本题则要求考生判断哪些情形可以否定构成表见代理。其实，不论是从正面出题，还是从反面出题，都是围绕表见代理的构成要件来命题，需要考生熟悉此类题目。二是生活常识在本题中可能构成干扰，即好像签订合同就必须盖公章。其实，除了公章之外，还有各种场合之下的专用章，这些专用章在各自领域与公章的效力是一样的。综上，本题正确选项为CD。

专题六　诉讼时效

第一节　诉讼时效概述

命题点拨

本节内容，有如下两种命题思路：一是结合案例，对诉讼时效的特征进行考查；二是对诉讼时效的适用范围进行考查，重点是哪些权利不适用诉讼时效。上述考点，一般会结合本专题后面两节进行命题。

一、诉讼时效的概念与特征

（一）概念

诉讼时效是指权利人持续不行使权利达到法定期间，义务人即产生抗辩权的制度。

理解这一概念，有两个方面需要注意：一是诉讼时效的届满，基本要求是持续不行使权利并且达到法律规定的时间，如果权利人在此时间内主张了权利，则会导致时效中断，这将在本专题第二节重点学习；二是诉讼时效届满以后，只是义务人享有抗辩权，即有权拒绝履行义务，但权利人的权利本身并不消灭，这构成了本专题第三节重点学习的内容。

（二）特征

诉讼时效的特征，是法考中重要的命题来源，需要考生牢记：

1.强制性

强制性，是指诉讼时效的期间、计算方法以及中止、中断的事由由法律规定，当事人约定无效；当事人对诉讼时效利益的预先放弃无效。所谓预先放弃，是指在诉讼时效届满前，义务人放弃诉讼时效抗辩，此种放弃，在法律上被认定为无效，将来义务人仍然可以抗辩。

实例：甲、乙签订的买卖合同中约定，若甲交付的货物质量不合格，乙应当在5个月内起诉。该约定无效，因为诉讼时效属于法定期间，不得任意约定。

2.被动性

被动性，是指当事人未提出诉讼时效抗辩，法院不得对诉讼时效进行释明或主动适用诉讼时效。这就意味着，法院欲适用诉讼时效进行裁判，必须是在当事人提出诉讼时效抗辩权的前提下，否则法官即使发现债权人的债权超过了诉讼时效，也应当"假装"诉讼时效不存在。

3.阶段性

当事人应在一审期间提出诉讼时效抗辩，二审期间原则上不得提出，但基于新的证据证明对方的请求权已过诉讼时效的除外。这就意味着，诉讼时效原则上只能适用于一审这个阶段，到了二审，除非当事人提出新的证据，否则法院也不再允许义务人就诉讼时效进行抗辩。

二、诉讼时效的适用范围

（一）诉讼时效的适用对象

诉讼时效主要是适用各种债权请求权。结合债权的产生原因，可知诉讼时效适用于合同债权请求权、侵权请求权、不当得利请求权、无因管理请求权、缔约过失请求权、单方允诺请求权等。

（二）不适用诉讼时效的请求权

这是法考重要的命题来源，需要考生反复记忆：

1.《民法典》规定的不适用诉讼时效的请求权：

（1）请求停止侵害、排除妨碍、消除危险。

（2）不动产物权和登记的动产物权的权利人请求返还财产。

该规定在法考中最易设置陷阱，考生应明确两点：一是本规定只适用于不动产物权和登记的动产物权。所谓登记的动产物权，是就船舶、机动车、航空器（即特殊动产）而言的，它们的所有权在主管部门有登记。二是本规定只适用于当事人"请求返还财产"，如果当事人主张损害赔偿，就应当适用诉讼时效了。

（3）请求支付抚养费、赡养费或者扶养费。

（4）人格权受到侵害，受害人主张的消除影响、恢复名誉、赔礼道歉请求权。

2.《最高人民法院关于审理民事案件适用诉讼时效制度若干问题的规定》（以下简称《诉讼时效规定》）规定的不适用诉讼时效的债权请求权：

（1）支付存款本金及利息请求权。

（2）兑付国债、金融债券以及向不特定对象发行的企业债券本息请求权。

（3）基于投资关系产生的缴付出资请求权。

3.《公司法解释（三）》规定的不适用诉讼时效的债权请求权：

（1）公司请求瑕疵出资股东交付出资的债权。

（2）公司的债权人请求公司的瑕疵出资股东（在未出资本息范围内）对公司债务承担补充责任的债权。

（3）公司的债权人请求抽逃出资的公司股东（在抽逃出资本息范围内）对公司债务承担补充责任的债权。

经典考题： 甲公司开发的系列楼盘由乙公司负责安装电梯设备。乙公司完工并验收合格投入使用后，甲公司一直未支付工程款，乙公司也未催要。诉讼时效期间届满后，乙公司组织工人到甲公司讨要。因高级管理人员均不在，甲公司新录用的法务小王，擅自以公司名义签署了同意履行付款义务的承诺函，工人们才散去。其后，乙公司提起诉讼。关于本案的诉讼时效，下列哪一说法是正确的？（2017年卷三第4题，

单选）①

A. 甲公司仍可主张诉讼时效抗辩

B. 因乙公司提起诉讼，诉讼时效中断

C. 法院可主动适用诉讼时效的规定

D. 因甲公司同意履行债务，其不能再主张诉讼时效抗辩

归纳总结　诉讼时效概述

概念	诉讼时效是指权利人持续不行使权利达到法定期间，义务人即产生抗辩权的制度
特征	①强制性：诉讼时效的期间、计算方法以及中止、中断的事由由法律规定，当事人约定无效；当事人对诉讼时效利益的预先放弃无效 ②被动性：当事人未提出诉讼时效抗辩，法院不得对诉讼时效进行释明或主动适用诉讼时效 ③阶段性：当事人应在一审期间提出诉讼时效抗辩，二审期间原则上不得提出，但基于新的证据证明对方的请求权已过诉讼时效的除外
适用范围	不适用诉讼时效的请求权： ①请求停止侵害、排除妨碍、消除危险 ②不动产物权和登记的动产物权的权利人请求返还财产 ③请求支付抚养费、赡养费或者扶养费 ④人格权受到侵害，受害人主张的消除影响、恢复名誉、赔礼道歉请求权 ⑤支付存款本金及利息请求权 ⑥兑付国债、金融债券以及向不特定对象发行的企业债券本息请求权

---

① 【答案】A。本题考查诉讼时效、表见代理。考生看完本题之后，应当发现A选项和D选项的观点是矛盾的，就大致可以推测应该其中有一个是正确的说法。因此，在做题技巧上，应先考查B、C这两个选项，如果这两个选项是错误的，那就印证了上述推测，然后再重点分析A、D这两个选项。B选项，诉讼时效的中断，要求必须发生在诉讼时效进行过程中，即诉讼时效尚未届满。如果诉讼时效已经届满了，则不存在诉讼时效中断的问题。本题中，乙公司提起诉讼是在诉讼时效届满之后，故不存在中断的问题，B错误。C选项，诉讼时效具有被动性的特征，法院不能主动适用诉讼时效，故该选项错误。再来分析A、D这两个选项。这两个选项的核心问题是，法务小王的行为是否具有法律效力。如果有法律效力，表明是甲公司同意履行债务，其不能再抗辩；如果没有法律效力，则甲公司仍然可以诉讼时效届满为由抗辩。结合表见代理的构成要件分析：（1）法务小王的行为未经甲公司授权，故属于无权代理；（2）乙公司是否是善意的呢？通过题干描述可知，乙公司的工人先找甲公司的高级管理人员主张权利，在高级管理人员均不在的时候，才向法务小王主张权利，即乙公司的工人属于明知小王为法务人员，据此，其不属于善意第三人。因此，本题不适用表见代理，法务小王的行为，对外不得被认定为是甲公司同意履行债务的意思表示，即甲公司仍然可以主张诉讼时效抗辩，A正确、D错误。本题如果出现失误，主要原因是对表见代理的知识点掌握得不够牢固。表见代理的要件是无权代理、第三人善意、有表见事由，通过对本案案情的细致分析，可知第三人（乙公司）并非是善意的，故不构成表见代理。综上，本题正确选项为A。

⑦基于投资关系产生的缴付出资请求权

⑧公司请求瑕疵出资股东交付出资的债权

⑨公司的债权人请求公司的瑕疵出资股东（在未出资本息范围内）对公司债务承担补充责任的债权

⑩公司的债权人请求抽逃出资的公司股东（在抽逃出资本息范围内）对公司债务承担补充责任的债权

第二节　诉讼时效的期间与计算

命题点拨

诉讼时效的计算规则是法考的重点，包括起算、中止、中断三项内容，通常穿插在其他考点中作为一个选项出现。就起算而言，既可能考查一般情况下的起算点，也可能考查特殊情况下的起算点，需要考生全面掌握；就中止和中断而言，需要考生掌握中止、中断的事由以及法律后果。

一、诉讼时效的期间

考生仅须掌握《民法典》中规定的一般情况下的**三年**期间的诉讼时效即可。至于个别的特殊规定，并不在考试范围之列。

二、诉讼时效期间的起算

在民法中，考生如果仅记住时效期间为三年，但不知从何时起算，是无法做对题目的。

（一）一般情况下的起算点

诉讼时效期间自**权利人知道或者应当知道权利受到损害以及义务人之日**起计算。

理解这一起算点，考生可以从三方面进行：一是诉讼时效的起算，要求权利人的权利必须受到损害，如被他人侵权、义务人到期不履行债务。二是诉讼时效的起算，还要求权利人知道其权利受到损害。三是诉讼时效的起算，还要求权利人知道义务人到底是谁。如被他人侵权时，一直不知道侵权人到底是谁，诉讼时效不会起算。

（二）特殊情况下的起算点

1.当事人约定同一债务分期履行的，诉讼时效期间自**最后一期**履行期限届满之日起计算

2.无民事行为能力人或者限制民事行为能力人对其法定代理人的请求权的诉讼时效期间，自该**法定代理终止**之日起计算

此处所谓"法定代理终止"，也就是监护的终止，如被监护人成长为完全民事行为能力人、监护人的监护资格被撤销、监护人自己成为无民事行为能力人等。

3.未成年人遭受性侵害的损害赔偿请求权的诉讼时效期间，自受害人年满18周岁之日起计算

4.当事人对债务履行期限有约定的，自债务履行期限届满之日开始计算

5.不能确定债务履行期限的，诉讼时效期间从债权人要求债务人履行义务的宽限期届满之日起计算，但债务人在债权人第一次向其主张权利之时明确表示不履行义务的，诉讼时效期间从债务人明确表示不履行义务之日起计算

6.合同被撤销后，返还财产、赔偿损失请求权的诉讼时效期间从合同被撤销之日起计算

三、诉讼时效的中止

（一）概念

诉讼时效的中止，是指在诉讼时效期间的最后6个月内，因法定事由而使权利人不能行使请求权的，诉讼时效期间的计算暂时停止。

理解这一概念，需要考生注意如下两个方面：一是诉讼时效中止的事由必须发生在最后6个月，或者虽然不在最后6个月，但持续到最后6个月；二是诉讼时效中止的结果是，已经过的期间仍然有效，待中止的法定事由消除后，时效期间继续计算。

（二）诉讼时效中止的事由

该考点需要考生下功夫记忆，在审题时对这些事由要保持高度敏感：

1.权利人因不可抗力而不能行使权利（不可抗力是指不能预见、不能避免并不能克服的客观情况）

这种情况下，待不可抗力结束后，诉讼时效继续计算。

2.受害人是无民事行为能力人、限制民事行为能力人且没有法定代理人，或者法定代理人死亡、丧失民事行为能力、丧失代理权

这种情况下，待找到受害人的新的法定代理人后，诉讼时效继续计算。

3.继承开始后，遗产遭到他人侵犯，但继承人或者遗产管理人尚未确定

这种情况下，待确定继承人或遗产管理人后，诉讼时效继续计算。

4.权利人被义务人或者其他人控制，无法主张权利

这种情况下，待权利人恢复人身自由后，诉讼时效继续计算。

5.其他导致权利人不能行使请求权的障碍

在法考中，这种"其他障碍"主要就夫妻关系进行考查，即男女两人本来存在债权债务关系，后来缔结婚姻，则婚姻关系构成诉讼时效中止的事由，如果将来双方离婚，则诉讼时效继续计算。

（三）诉讼时效中止的法律后果

中止事由结束后，一律再补6个月。

需要考生注意的是，这种情况下，不论原先还剩余多少时间，也不论中间耽误了多少时间，只要中止事由一结束，均补6个月。

实例：甲对乙享有债权，于2012年10月10日到期；2015年5月10日，甲因交通事故变成植物人（一直不能确定法定代理人）；2015年10月10日，甲苏醒并奇迹般地康复了。

结论：此案中，甲债权的诉讼时效期间原本是从2012年10月11日开始计算，到

2015年10月10日届满。2015年5月10日甲成为无民事行为能力人，该事由发生在诉讼时效的最后6个月内，故发生诉讼时效中止。2015年10月10日，甲康复，中止事由结束，故从这一天后再计算6个月的时间，诉讼时效届满。因此，从2015年10月11日继续计算6个月的时间。

四、诉讼时效的中断

（一）概念

诉讼时效的中断，是指在诉讼时效进行过程中，因法定事由的发生，使已经过的时效期间失去效力，而须重新计算时效期间的制度。

理解这一概念，需要考生注意以下几个方面：一是诉讼时效中断的事由必须发生在诉讼时效进行过程中，诉讼时效尚未起算或诉讼时效已经届满，均不存在诉讼时效中断的问题；二是诉讼时效中断的结果是，已经过的期间归于无效，待中断的法定事由消除后，时效期间重新计算（即重新算三年）。

（二）诉讼时效中断的事由

同样需要考生牢记这些中断的事由：

1.权利人向义务人提出履行请求

具体而言，具有下列情形之一的，应当认定为权利人向义务人提出履行请求，产生诉讼时效中断的效力：

（1）当事人一方直接向对方当事人送交主张权利文书，对方当事人在文书上签名、盖章、按指印或者虽未签名、盖章但能够以其他方式证明该文书到达对方当事人的；

（2）当事人一方以发送信件或者数据电文方式主张权利，信件或者数据电文到达或者应当到达对方当事人的；

（3）当事人一方为金融机构，依照法律规定或者当事人约定从对方当事人账户中扣收欠款本息的；

（4）当事人一方下落不明，对方当事人在国家级或者下落不明的当事人一方住所地的省级有影响力的媒体上刊登具有主张权利内容的公告的，但法律和司法解释另有特别规定的，适用其规定。

2.义务人同意履行义务

包括义务人作出分期履行、部分履行、提供担保、请求延期履行、制定清偿债务计划等承诺或者行为等。

3.权利人提起诉讼或者申请仲裁

4.与提起诉讼或者申请仲裁具有同等效力的其他情形

如为主张权利而申请宣告义务人失踪或死亡、申请诉前财产保全、向人民调解委员会以及其他依法有权解决相关民事纠纷的国家机关、事业单位、社会团体等社会组织提出保护相应民事权利的请求等。

（三）诉讼时效中断的法律后果

1.一般法律后果

中断事由结束后，一律再重新计算三年。

2.若干特别规定

关于诉讼时效中断的法律后果，有如下特别规定需要考生特别理解与记忆：

（1）主张部分债权时的诉讼时效中断

权利人对同一债权中的部分债权主张权利，诉讼时效中断的效力及于剩余债权，但权利人明确表示放弃剩余债权的情形除外。考生可简单记忆为"主张部分，及于全部"。

实例：甲欠乙20万元到期未还，乙要求甲先清偿15万元。

结论：乙的行为，导致20万元债权的诉讼时效均中断。

（2）连带债务中的诉讼时效中断

对于连带债务人中的一人发生诉讼时效中断的事由，对其他连带债务人也发生诉讼时效中断的效力。考生可简单记忆为"一人中断，全体中断"。

实例：甲和乙对丙因共同侵权而需承担连带赔偿责任共计10万元，丙要求甲承担8万元。

结论：丙的行为，可导致甲和乙对丙负担的连带债务诉讼时效均中断。

本考点有一著名的命题陷阱需要考生注意：连带责任保证并非连带债务。连带债务的前提是只有一个债务，在同一个债务中，债务人有两人以上；而连带责任保证中存在两个债务，其中一个是主债务，另一个是保证债务。考生需要特别记忆的是：在连带责任保证中，债权人向债务人或者连带保证人主张权利，不会导致另一个债务诉讼时效中断。

实例：甲欠乙10万元，丙提供连带责任保证。乙要求甲还钱。

结论：乙的行为，仅导致甲的主债务的诉讼时效中断，丙的连带保证债务的诉讼时效并未中断。

（3）代位权中的诉讼时效中断

债权人提起代位权诉讼的，对债权人的债权和债务人的债权均发生诉讼时效中断的效力。考生可简单记忆为"一次起诉，两个中断"。

实例：甲欠乙10万元到期未还，乙欠丙10万元到期无力清偿。丙对甲提起代位权诉讼。

结论：丙的起诉，导致丙对乙的债权以及乙对甲的债权均发生诉讼时效中断的后果。

（4）债权让与中的诉讼时效中断

债权转让的，应当认定诉讼时效从债权转让通知到达债务人之日起中断。考生可简单记忆为"债权转让，到达中断"。

实例：甲欠乙10万元。乙将其债权转让给丙。

结论：自债权转让的通知到达甲处，诉讼时效中断，新债权丙可以主张重新计算三年的诉讼时效。

（5）债务承担中的诉讼时效中断

债务承担的，诉讼时效从债务承担意思表示到达债权人之日起中断。考生可简单记忆为"债务承担，到达中断"。

实例：甲欠乙10万元。甲拟将其债务转让给丁。

结论：自债务转让的通知到达乙处，诉讼时效中断，乙可以主张重新计算三年的诉讼时效。

经典考题：甲8周岁，多次在国际钢琴大赛中获奖，并获得大量奖金。甲的父母乙、丙为了甲的利益，考虑到甲的奖金存放银行增值有限，遂将奖金全部购买了股票，但恰遇股市暴跌，甲的奖金损失过半。关于乙、丙的行为，下列哪些说法是正确的？（2016年卷三第52题，多选）①

A.乙、丙应对投资股票给甲造成的损失承担责任

B.乙、丙不能随意处分甲的财产

C.乙、丙的行为构成无因管理，无须承担责任

D.如主张赔偿，甲对父母的诉讼时效期间在进行中的最后6个月内因自己系无行为能力人而中止，待成年后继续计算

归纳总结	诉讼时效的期间与计算

期间	三年
起算	①一般情况：自权利人知道或者应当知道权利受到损害以及义务人之日起计算 ②特殊情况 A.分期履行：最后一期 B.非完全民事行为能力人对其法定代理人：法定代理终止 C.未成年人遭受性侵害：年满18周岁 D.有履行期限：履行期限届满 E.不能确定债务履行期限：宽限期 F.合同被撤销后返还财产、赔偿损失：合同被撤销
中止	①事由 不可抗力、受害人无法定代理人、无继承人或者遗产管理人、权利人被控制、其他障碍 ②法律后果 中止事由结束后，一律再补6个月

---

① 【答案】AB。本题考查诉讼时效的中止、监护。A选项，乙、丙作为甲的监护人，处分被监护人的财产时，必须本着对被监护人有利的原则。所谓对被监护人有利，是指客观上确实有利，而非主观上自认为有利。本题中，乙、丙将甲的奖金投入股市，属于有重大投资风险的行为，由此造成损害后果，乙、丙应对投资股票给甲造成的损失承担责任。该选项正确。B选项，监护人负有不得随意处分被监护人财产的义务，如果处分，要对被监护人有利。该选项正确。C选项，监护人处分被监护人的财产，属于监护人的职责，是有义务的行为，只是不能随意处分而已。所谓无因管理，是无任何义务而管理他人事务的行为，因此，监护人处分被监护人的财产，不属于无因管理。该选项错误。D选项，被监护人对监护人主张赔偿权利的诉讼时效，自监护终止之日起计算。在未起算之前，是不会发生诉讼时效中止的结果的。该选项认为甲对父母乙、丙的时效已经开始计算，并在最后6个月发生中止，表述错误。本题如果出现失误，最主要的原因是关于诉讼时效起算和中止的关系没有掌握好，即只有开始起算，方有中止的可能性；同时对被监护人向监护人主张权利的诉讼时效的起算点，掌握得不够扎实。

中断	①事由 权利人向义务人提出履行请求、义务人同意履行义务、权利人提起诉讼或者申请仲裁、其他情形 ②法律后果 中断事由结束后，一律再重新计算三年 特别规定：主张部分，及于全部；一人中断，全体中断；一次起诉，两个中断；债权转让，到达中断；债务承担，到达中断

第三节 诉讼时效届满及与除斥期间的区别

命题点拨

本节内容，在法考中直接命题的诉讼时效届满的法律后果，要求考生从债权人、债务人两重关系角度进行把握。诉讼时效和除斥期间的区别，主要是作为基础知识进行把握，要求考生在学到民法的相关时间制度时，不要将二者混淆即可。

一、诉讼时效届满的后果

（一）对债权人的效力

1.权利人仍然可以起诉，法院不得以超过诉讼时效为由不予受理。法院受理后，若义务人提出诉讼时效的抗辩，那么法院应判决驳回债权人的诉讼请求

关于此点，考生应重点把握两个方面：一是法院在适用诉讼时效时，必须以义务人提出抗辩为前提；二是法院适用的法律文书为判决，而不是裁定。

2.诉讼时效期间届满后，义务人同意履行的，不得以诉讼时效期间届满为由抗辩；义务人已自愿履行的，不得请求返还

关于此点，考生要特别注意区分义务人是同意全部履行还是同意部分履行：在同意全部履行的情况下，义务人就全部债务均不能再抗辩了；在同意部分履行的情况下，义务人就其未同意履行的剩余部分，仍然可以抗辩。

3.权利人受领超过诉讼时效的债权，不构成不当得利

关于此点，考生应知晓背后的原因：诉讼时效届满后，权利人的权利本身并不消灭，仅义务人取得抗辩权而已，因此，权利人受领义务人的履行，仍然有权利作为依据，即有正当根据，故不是不当得利。

（二）对债务人的效力

1.义务人取得时效抗辩权，如果义务人行使时效抗辩权，则法院应当判决驳回诉讼请求

2.法院须持中立立场，不得主动适用诉讼时效或予以释明

3.诉讼时效利益可以放弃

此点需要考生特别注意理解，所谓诉讼时效利益可以放弃，是指诉讼时效期间届满后，义务人主动放弃诉讼时效抗辩（如义务人作出同意履行义务的意思表示，即视为其放弃诉讼时效抗辩），该放弃行为有效，将来义务人就不得再行使诉讼时效抗辩权。这一制度，与本专题第一节所述诉讼时效强制性中的"当事人对诉讼时效利益的预先放弃无效"并不矛盾。考生可以按如下方法记忆：时效届满前，义务人放弃抗辩的，无效，将来仍然可以抗辩；时效届满后，义务人放弃抗辩的，有效，将来不可以再抗辩。

实例：甲欠乙10万元，约定2015年4月1日到期，期间乙一直未要求甲还款。2018年5月1日，乙赶上用钱，于是向甲要求还款。

结论：

（1）甲可以诉讼时效届满为由而主张抗辩，拒绝还钱；

（2）乙仍可向法院提起诉讼，法院仍然应当受理，但只要甲提出诉讼时效抗辩，乙就面临败诉；

（3）甲可放弃诉讼时效抗辩，自愿履行义务，乙接受甲的履行并不构成不当得利

二、诉讼时效与除斥期间的区别

除斥期间，是指期间届满，权利即消灭的法律制度。

在民法中，诉讼时效与除斥期间是两项著名的与时间有关的制度。为避免混淆，考生可从如下几方面进行把握：

	诉讼时效	除斥期间
适用范围	诉讼时效适用于债权请求权	除斥期间主要适用于形成权
效果	诉讼时效届满，义务人产生时效抗辩权，但权利人的权利本身并不消灭	除斥期间届满，权利直接消灭
弹性	诉讼时效可以中止、中断（故又称为可变期间）	除斥期间不能中止、中断（故又称为不变期间）
始期	诉讼时效期间一般自权利人知道或应当知道权利受到损害以及义务人之日起计算	除斥期间一般自权利人知道或应当知道权利产生之日起计算

需要说明的是，在法考中，上述区别的主要命题价值在于第二项和第三项，考生要作为重点掌握。其余区别，一般不会进行命题，考生有所了解，不至于出现错误认识即可。

经典考题：甲公司向乙公司催讨一笔已过诉讼时效期限的10万元货款。乙公司书面答复称："该笔债务已过时效期限，本公司本无义务偿还，但鉴于双方的长期合作关系，可偿还3万元。"甲公司遂向法院起诉，要求偿还10万元。乙公司接到应诉通知后书面回函甲公司称："既然你公司起诉，则不再偿还任何货款。"下列哪一选项是正确的？

（2014年卷三第5题，单选）①

A. 乙公司的书面答复意味着乙公司需偿还甲公司3万元

B. 乙公司的书面答复构成要约

C. 乙公司的书面回函对甲公司有效

D. 乙公司的书面答复表明其丧失了10万元的时效利益

归纳总结　诉讼时效届满的后果、与除斥期间的区别

诉讼时效届满的后果	①权利人仍然可以起诉，法院仍然应当受理；受理后，义务人提出抗辩，法院应判决驳回权利人的诉讼请求 ②义务人同意履行的，不得以诉讼时效期间届满为由抗辩；义务人已自愿履行的，不得请求返还 ③权利人受领超过诉讼时效的债权，不构成不当得利 ④义务人取得时效抗辩权 ⑤法院须持中立立场，不得主动适用诉讼时效或予以释明 ⑥诉讼时效利益可以放弃
与除斥期间的区别	①诉讼时效适用于债权请求权；除斥期间主要适用于形成权 ②诉讼时效届满，义务人产生时效抗辩权，但权利人的权利本身并不消灭；除斥期间届满，权利直接消灭 ③诉讼时效是可变期间，可因法定事由中止、中断；除斥期间是不变期间，不能中止、中断 ④诉讼时效期间一般自权利人知道或应当知道权利受到损害以及义务人之日起计算；除斥期间一般自权利人知道或应当知道权利产生之日起计算

① 【答案】A。本题考查诉讼时效届满的后果、要约。A选项，诉讼时效期间届满后，义务人同意履行的，不得以诉讼时效期间届满为由抗辩；义务人已自愿履行的，不得请求返还。本题中，乙公司在时效届满后同意履行3万元货款，则就该3万元，乙公司不能反悔，必须要求履行，故A选项正确。B选项，要约，是指希望与他人订立合同的意思表示。本题中，乙公司的书面答复旨在表示还债的意思，并不是为了和甲公司签订合同，因此并不是要约，该选项错误。C选项，乙公司的书面回函，核心内容是"不再偿还任何货款"，这是乙公司在表示反悔，如前所述，义务人在时效届满后同意履行义务，就应当履行，故乙公司的这一回函对甲公司应当是无效的，该选项错误。D选项，乙公司的书面答复表明其需要履行3万元债务，就剩余的7万元，其仍然能够抗辩，这表明，其丧失了3万元的时效利益（所谓时效利益，是指义务人可以抗辩的权利），该选项错误。本题如果出现失误，主要原因可能是两个方面：一是对于义务人在时效届满后仅表示履行部分债务的法律后果把握得不够准确。这种情况下，义务人就剩余部分仍然可以抗辩。二是对于要约这一知识点不够熟悉。对于要约制度，本书将在合同编详细阐述。综上，本题正确选项为A。

第二编　物　权

专题七　物权的一般原理

第一节　物权的类型与效力

命题点拨

本节内容在法考中有如下命题思路：一是以物权法定原则为基础，考查《民法典》中尚未规定的新型担保物权制度，如让与担保、后让与担保。二是对物权的优先效力进行考查，这是本节最重要的知识点。三是对物权请求权效力进行考查，该效力较为抽象，本节仅介绍基本原理，详细内容在本专题第五节进行阐述。

物权是指对物进行支配的权利。作为物权客体的物，其概念、分类等内容，本书第一编专题一已有介绍；物权是财产权、支配权、绝对权，这些问题同样在专题一中有所阐述。以上问题，本专题均不再重复论述。

就法考命题来说，考生须先掌握民法中有哪些权利属于物权，这样才能建立对物权的感性认识，同时在具体做题时，才不会把不属于物权的民事权利按照物权来对待。因此，本书先阐述《民法典》中规定的物权类型，要求考生要时刻牢记物权有且仅有如下几种权利。此外的民事权利，均不属于物权，在做题时均不能用物权的思维进行思考和分析。

一、物权的类型

（一）《民法典》中规定的物权类型

《民法典》将物权分为三种大的类型，即所有权、用益物权和担保物权。所有权，按主体不同又分为国家所有权、集体所有权、个人所有权以及其他主体所有权。就法考而言，主要围绕个人所有权进行命题。用益物权，又包括土地承包经营权、建设用地使用权、宅基地使用权、地役权以及居住权；担保物权，又包括抵押权、质押权和留置权。考生应该牢记这些物权的类型。

为方便考生进行后续内容的学习，以下简单解释一下各类用益物权和担保物权的基本内涵。

1. 土地承包经营权

土地承包经营权是指承包农村土地进行农业生产的权利，其目的只能是农业生产。如甲承包本村的土地用于种庄稼。

2. 建设用地使用权

建设用地使用权是指在国有土地之上建造建筑物的权利，其目的只能是建造建筑物。

如某房地产开发公司欲在某城市土地之上建设商品房，由于城市的土地归国家所有，该公司盖商品房的前提，是先获得建设用地使用权。需要考生注意的是，《土地管理法》等法律中还规定了集体土地之上建造建筑物的建设用地使用权，因《民法典》对此未规定，故不属于法考命题的范畴，考生仅知道有这一法律现象即可。

3.宅基地使用权

宅基地使用权是指农民在集体土地之上建造住宅的权利，其目的只能是建造住宅。如甲获得本村100平方米的宅基地使用权，便可以在其上建造住宅。

4.地役权

地役权是指为提高自己不动产的效益，依约定使用他人不动产的权利，其目的只能是对他人不动产进行使用。在法考里，这一概念最抽象，特举如下例子进行说明，以便考生有感性认识：

地役权图示：

在该图示中，假设甲要经过乙的承包地架设水管进行抽水，乙表示同意。这样，甲经过乙的同意，便享有了使用乙的土地的权利，这种权利就是地役权。

5.居住权

居住权是指对他人的住宅占有、使用，以满足生活居住需要的权利，其目的只能是占有、使用。如甲将其一套房屋为其弟弟乙设立居住权。

考生在理解这一概念时，要将其与对房屋的租赁权进行区分。甲将房屋为乙设立居住权与甲将房屋出租给乙（乙对甲的房屋享有租赁权）的本质区别在于：其一，当事人签订的合同不同，设立居住权时所签订的合同称为居住权合同；出租房屋时所签订的合同为租赁合同。其二，是否有偿不同，设立居住权一般都是无偿的，即居住权人无须付费；出租房屋都是有偿的，即承租人必须支付租金。其三，是否登记不同，设立居住权，必须到房屋主管部门办理居住登记；出租房屋，不存在登记问题。其四，权利性质不同，居住权是物权，既然是物权，其就是支配权、绝对权；《民法典》却未将租赁权纳入物权的范围，租赁权的产生是基于当事人的租赁合同，而合同是债权的产生原因之一，故租赁权属于债权，既然是债权，其就是请求权、相对权。就法考命题来说，前三个区别可以直接出题，第四个区别主要是学理上的，请考生回忆本书第一编专题一关于支配权、请求权、绝对权、相对权的阐述，体会一下该区别即可。

6.抵押权

抵押权是指为保障债权的实现，当事人设定的不转移占有的担保物权。

担保物权的本质功能，在于确保债权的实现。所谓确保债权的实现，是指设有担保物权的债权可以获得优先受偿的机会，即谁的债权之上有担保物权，谁就能获得优先保护。这一功能，简称为担保物权的优先受偿性。

结合上述概念，请考生牢记抵押权的本质特征是"不转移占有"，即不能将抵押物交付给对方。不清楚抵押物到底由谁占有，是大多数考生没有做对抵押权题目的本质原因。

实例：甲从乙处借款10万元，以自己的汽车为乙设定了抵押权；后甲又从丙处借款10万元，未设定担保。现在汽车由谁占有？汽车拍卖所得为15万元，乙、丙如何分配该15万元？

结论：（1）现在汽车由甲占有。（2）就汽车拍卖所得，乙先拿走10万元，余下5万元归丙。这就体现了担保物权能够保障债权获得优先实现的功能。

7.质押权（质权）

质押权是指为保障债权的实现，当事人设定的转移占有的担保物权。

质押权和抵押权同为担保物权，本质功能都是为了保障债权的实现。二者的本质区别，是设立质押权必须"转移占有"，即须将质押权交付给对方。至于当事人是设立抵押还是质押，则由当事人自己协商确定。

实例：甲从乙处借款10万元，以自己的汽车为乙设定了质押权。现在汽车由谁占有？

结论：由乙占有。

8.留置权

留置权是指债权人已合法占有债务人的动产，当债务人不履行到期债务时，债权人可以留置该动产的担保物权。

留置权作为担保物权，其本质功能当然是为了保障债权的实现。所谓"留置"，考生可简单记忆为"不予返还"。

实例：甲将电脑交给乙修理，乙修理后甲不支付修理费。乙可否扣留该电脑？

结论：可以。乙是在行使留置权。

记住上述物权的种类，在法考中的命题价值在于：不会将物权之外的民事权利理解为是物权，从而在做题时就会准确地对题目进行定性。例如，最容易被考生误解为物权的权利就是租赁权，由于物权有且仅有上述几类权利，故租赁权不能被纳入物权中。如前文分析，租赁权是基于租赁合同而产生的，其属于债权。

（二）物权法定原则

1.物权法定原则的内涵理解

物权法定原则，是指物权的种类和内容，由法律规定，当事人不得任意创设。

考生可以从如下两方面把握物权法定原则的内涵：

一是所谓物权的种类由法律规定，即当事人不能在法律认可的物权种类之外另行创设新的物权。如我国《民法典》规定，质押权只能在动产或权利之上设立，因此，如果当事人在不动产之上设立质权，则对方在法律上并不享有质权。

二是所谓物权的内容法定，即当事人在民事法律关系中所约定的物权的具体内容，只能由法律规定，当事人无权约定。如我国《民法典》规定，抵押权不能将标的物转移给对方占有，因此，如果当事人在抵押合同中约定抵押人自愿将抵押物转移给对方占有，对方按照约定要求抵押人转移抵押物的占有，在法律上并不能获得支持。

2.让与担保与物权法定原则

这是本部分最重要的考点，需要考生认真体会并记住主要的规则。

让与担保是指债务人或第三人为担保债务人的债务，将担保标的物的所有权转移给债权人。债权人于债务清偿后，将担保物返还给债务人或第三人；如果债务到期不能获得清偿，债权人可以就该标的物所得价款优先受偿。

《民法典》中所规定的三大担保物权即抵押权、质押权、留置权，均不会将所有权转移给对方。让与担保的本质，则是将担保物的所有权直接转移给对方，但其最终目的，不是为了让对方取得所有权，而仍然是担保债务的履行，即债务人履行债务了，债权人就将担保物返还给担保人（可能是债务人自己，也可能是第三人）；债务人到期不履行债务，债权人就通过拍卖标的物所获得的价款来偿还其债权。

《民法典》没有明确规定让与担保，理论上存在广泛争议。由于法考真题中已经多次涉及这一考点，故有必要予以详细分析。考生应从两个方面进行理解和记忆：

（1）让与担保的约定（合同）本身有效。让与担保合同，是当事人自愿签订的，也是真实的意思表示，故该合同是有效的。

（2）债权人对标的物享有的是担保物权而不是所有权。虽然从表面上，担保人将标的物的所有权转移给债权人，但其最终目的，不是为了让债权人获得所有权，而仍然是担保债务的履行，故债权人享有的是担保物权而不是所有权。既然是担保物权，债权人就标的物所得价款，当然就可以优先受偿了。

上述观点，在《最高人民法院关于适用〈中华人民共和国民法典〉有关担保制度的解释》（以下简称《担保制度解释》）第68条中进行了明确规定。需要提示考生两点：其一，在该司法解释之前，我国理论界关于让与担保的债权人享有的权利，有担保物权说和所有权说两种学说，自该司法解释实施后，考生应统一掌握担保物权说而舍弃所有权说。其二，由于《担保制度解释》承认让与担保是一种担保物权，故可以认为，让与担保是我国法律体系中除抵押权、质押权、留置权之外的第四种担保物权。

实例： 自然人甲与乙订立借款合同，其中约定甲将自己的一辆汽车作为担保物让与乙。借款合同订立后，甲向乙交付了汽车并办理了车辆的登记过户手续。乙向甲提供了约定的30万元借款。甲与乙关于将汽车让与给债权人乙作为债务履行担保的约定效力如何？乙对汽车享有什么权利？

结论：（1）本案中，甲与乙关于将汽车让与给债权人乙作为债务履行担保的约定属于让与担保，是有效的。（2）乙对甲的汽车享有担保权利，如果甲到期未履行债务，乙可以就汽车价款主张优先受偿。需要注意的是，乙不能基于上述约定主张对汽车享有所有权。

3.关于后让与担保问题

后让与担保也是本部分的重要命题来源之一，法考也已有过考查。考生应掌握两个方面的问题：

（1）后让与担保与让与担保的本质区别

二者区别表现在：在后让与担保中，当事人在设定担保时并不转移所有权，而是约定将来债务人不还款时方转移所有权，通常表现为"以买卖担保借款"。后让与担保中的"后"，就是将来转移所有权的意思。

（2）如何回答后让与担保问题

关于后让与担保问题，有两种答题思路，考生掌握其中任何一种即可：

第一种思路：按照《最高人民法院关于审理民间借贷案件适用法律若干问题的规定》（以下简称《民间借贷规定》）第23条的规定进行回答。该规定的具体内容是：

当事人以订立买卖合同作为民间借贷合同的担保，借款到期后借款人不能还款，出借人请求履行买卖合同的，人民法院应当按照民间借贷法律关系审理。当事人根据法庭审理情况变更诉讼请求的，人民法院应当准许。按照民间借贷法律关系审理作出的判决生效后，借款人不履行生效判决确定的金钱债务，出借人可以申请拍卖买卖合同标的物，以偿还债务。就拍卖所得的价款与应偿还借款本息之间的差额，借款人或者出借人有权主张返还或者补偿。

第二种思路：鉴于在"以买卖担保借款"的后让与担保案件中，买卖合同实质上是虚假的，当事人的真实意思是要就标的物进行担保，因此，可以从虚假的民事法律行为角度进行分析，即因为买卖合同是虚假的，故将其认定为无效；同时，将其背后隐藏的民事法律行为解释为担保合同，从而认可担保合同有效。

实例： 甲与乙订立借款合同，约定甲向乙借款200万元，借款期限1年，借款当日交付。其后，双方就甲自有的房屋又订立了一份商品房买卖合同，其中约定：如甲按期偿还对乙的100万元借款，则本合同不履行；如甲到期未能偿还对乙的借款，则该借款变成购房款，甲应向乙转移该房屋所有权；合同订立后，该房屋仍由甲占有使用。就甲对乙的100万元借款，如乙未起诉甲履行借款合同，而是起诉甲履行买卖合同，应如何处理？

结论： 本案属于后让与担保问题。可以有两种答题思路：思路一，根据前述《民间借贷规定》第23条的规定，主张本案应按照民间借贷法律关系作出认定和处理。思路二，根据行为人与相对人以虚假的意思表示实施的民事法律行为无效的原理，主张当事人之间的买卖合同是虚假的意思表示，应认定为无效。同时，当事人之间隐藏的民事法律行为应为抵押（房屋为不动产，如果用于设定担保，只能是抵押），故应当按照抵押合同处理。

需要提示考生的是，让与担保、后让与担保，一般仅在民法主观题中进行考查，建议考生在客观题复习阶段，仅简单了解即可，待复习主观题时，再将上述内容理解透彻，并知晓如何予以解答。

二、物权的效力

（一）优先效力

物权的优先效力，是指同一标的物上有数个相互冲突的权利并存时，具有较强效力的权利应当获得法律的优先保护。

在法考中，涉及物权的题目时，往往都是至少要有两个以上的当事人需要法律进行保护，此时，就需要考生动用物权的优先效力思想，对这些当事人谁先获得保护、谁后获得保护进行排序。

具体而言，需要考生掌握如下考点：

1.物权与物权之间发生冲突时

原则上先成立的物权优先于后成立的物权，但法律另有规定的除外。此另外规定的内容，主要体现在担保物权中，本书将在担保物权部分详细讲解。就该考点，考生可简单记忆为"成立在先，效力在先"。

实例： 甲从乙、丙处各借款50万元，以其一套房屋为乙、丙各设立了抵押权，乙4月5日完成登记，丙4月10日完成登记。后房屋拍卖所得为70万元，如何分配？

结论： 乙先获得50万元，剩余20万元归丙。因为乙的抵押权比丙的抵押权成立的早，就乙的抵押权优先。此处有一重要的陷阱需要考生注意：乙、丙谁能优先获得清偿，并不取决于甲是先从乙处借的钱，还是先从丙处借的钱，而是关键看谁的抵押权成立的更早。

2.物权与债权之间发生冲突时

同一标的物上同时存在物权与债权时，物权优先于债权，法律另有规定的除外。

就这一考点，考生又要具体分为如下几点进行把握：

（1）在一物二卖中，先取得标的物所有权的买方优先于未取得标的物所有权的买方获得保护。

这是因为，先取得标的物所有权的买方，其既然对标的物享有所有权，而所有权属于物权；同时另一个买方又没有取得标的物所有权，其即享有基于买卖合同而产生的债权（合同是债权的主要原因之一），那么，按照物权优先于债权的原理，先取得标的物所有权的买方就应当优先于未取得标的物所有权的买方获得法律的保护。考生可简单记忆为"谁先取得物权谁优先"。

实例： 甲于8月10日与乙签订合同，约定将房屋卖给乙，两个月后办理过户。一周后，甲又与不知情的丙签订合同，约定将房屋卖给丙，第二天即与丙办理了房屋过户手续。

问题1：甲乙、甲丙的合同，哪个有效？哪个无效？

问题2：乙请求法院判决房屋归其所有，可否获得支持？

问题3：如果乙的请求不能获得支持，又应如何保护乙的权利？

结论：

问题1：所有的合同均有效。这是因为，不论哪一个合同，当事人都具有相应的行为能力，意思表示真实，内容合法，符合民事法律行为的有效要件，故均应认定为有效。

问题2：乙请求法院判决房屋归其所有，不能获得支持。这是因为，房屋已经过户到丙的名下，丙已经对房屋享有所有权，乙则仅享有基于合同而产生的债权，由于物权优先于债权，故法院应确认房屋归丙所有。此处有一重要的陷阱需要考生注意：乙、丙谁能优先获得保护，并不取决于甲是先与乙签的合同，还是先与丙签的合同，关键要看房屋已经归谁所有。

问题3：乙可以向甲主张违约责任。由于乙与甲的买卖合同是有效的，甲将房屋过户到丙的名下，就无法再对乙履行该合同了，即对乙构成违约，故乙可以向甲主张违约责任。

上述一物二卖的案例，是法考中经典的命题模式，几乎每年都会出现相关的题目，考生必须非常熟悉，以便准确应对。同时，一物三卖、一物四卖等多重买卖，也都适用上述原理。

（2）不同债权人对同一债务人均享有债权的，设有担保物权的债权优先于其他债权而受偿。

这实际上就是前面所阐述的担保物权的优先受偿性。所以，担保物权的优先性，实质上是物权优先效力思想在担保物权领域的体现。考生可简单记忆为"谁有担保谁优先"。

（3）特殊情况下，债权比物权优先获得保护。

法考在此处主要围绕"买卖不破租赁"来命题。在买卖不破租赁中，购买了房屋的新的所有权人不能破除房屋之上已经存在的租赁合同，实质上也就是房屋的承租人（其所享有的租赁权为债权）优先于房屋的新所有权人（其所享有的所有权为物权）获得保护。

就买卖不破租赁制度，需要考生把握如下几点：

①买卖不破租赁的全面表述是：租赁物在承租人按照租赁合同占有期限内发生所有权变动的，不影响租赁合同的效力。此处需要考生注意的细节是租赁物所有权的变动必须发生在"租赁合同占有期限内"，如果是在租赁合同占有期限之外，则买卖可以破除租赁。租赁合同的占有期限，要结合案例准确分析。

请对比如下案例：

实例1：甲把房屋出租给乙，租期一年。合同签订后乙即入住该房屋，租期开始计算。一周后，甲将房屋出售给丙，并在当天办理了过户登记。丙要求乙搬走，可否获得法律支持？

实例2：甲把房屋出租给乙，租期一年。双方约定乙一个月后入住该房屋，租期自乙入住时开始计算。一周后，甲将房屋出售给丙，并在当天办理了过户登记。一个月后，乙要求入住该房屋，丙不同意。应支持谁的主张？

结论：

就实例1，丙的主张不能获得支持。按照买卖不破租赁制度，丙不能破除乙的租赁合同。

就实例2，丙的主张可以获得支持。因为，甲、乙的租赁期限在一个月后才开始计算，而丙则是一周以后购买并获得了该房屋的所有权，这表明，甲、丙之间的房屋所有权发生变动时，并不在租赁合同的占有期限内，故不适用买卖不破租赁制度，而是相反，买卖可以破除租赁，故应支持丙的主张。乙的损失，可向甲主张责任。

②在买卖不破租赁的前提下，购买了房屋的新的所有权人继受了原所有权人的法律地位，即其为租赁合同的新承租人，故租金应由新的所有权人收取。

实例：甲把房屋出租给乙，租期一年。合同签订后乙入住该房屋，租期即开始计算。乙预付了一年的租金。半年后，甲将房屋出售给丙，并办理了过户登记。剩余半年的租金应归谁所有？如何支付？

结论：应归丙所有，因为其为该房屋的新所有权人，同时也就是该租赁合同的出租人，故有权获得租金。由于乙已经预付了一年的租金，故乙没有再支付租金的义务；同时，甲已经丧失了房屋的所有权，其再保有租金，对丙构成不当得利。故就剩余半年的租金，由丙以不当得利为由向甲主张返还。

③与买卖不破租赁制度较为类似的制度是抵押不破租赁，其基本原理与买卖不破租

赁一样，仅仅是将买卖改为抵押而已。此处需要考生掌握两个具体考点：

A.抵押不破租赁的全面表述是：抵押权设立前抵押财产已经出租并转移占有的，原租赁关系不受该抵押权的影响。此处需要考生注意的细节是在抵押权设立前，抵押财产已经出租并且转移给承租人占有的，承租人才能主张抵押不破租赁，如果抵押权设立前，抵押财产尚未转移给承租人占有的，则抵押可以破除租赁。

请对比如下案例：

实例1：甲把房屋出租给乙，租期一年。合同签订后乙即入住该房屋，租期开始计算。一周后，甲将房屋抵押给丙，并在当天办理了抵押登记。半年后，甲欠丙款到期未还，丙申请法院拍卖房屋，丁拍得该房屋。丁要求乙搬走，可否获得法律支持？

实例2：甲把房屋出租给乙，租期一年。双方约定乙一个月后入住该房屋，租期自乙入住时开始计算。一周后，甲将房屋抵押给丙，并在当天办理了抵押登记。半年后，甲欠丙款到期未还，丙申请法院拍卖房屋，丁拍得该房屋。丁要求乙搬走，可否获得法律支持？

结论：

就实例1，可以适用抵押不破租赁。因为在抵押权设立前，房屋已经转移给承租人乙占有，故乙可以主张抵押不破租赁。丙实现抵押权时，不得破除乙的租赁，故丁不能要求乙搬走。

就实例2，不可以适用抵押不破租赁。因为在抵押权设立前，房屋尚未转移给承租人乙占有，故乙不可以主张适用抵押不破租赁。丙实现抵押权时，可以破除乙的租赁，故丁可以要求乙搬走。乙的损失，可以向其合同相对方甲主张责任。

B.对于何时适用买卖不破租赁，何时适用抵押不破租赁，请考生记住如下区分方法：如果是出租人将房屋出卖给第三人，则以买卖不破租赁进行分析；如果是抵押权人在申请拍卖房屋，则以抵押不破租赁进行分析。如在上述两个实例中，由于都是抵押权人在申请拍卖房屋，故应适用抵押不破租赁，而不是买卖不破租赁。

（二）物权请求权效力

物权请求权，又称为物上请求权，指物权人在其权利的实现上遇有某种妨害时，有权请求造成妨害事由发生的人排除此等妨害的权利。考生可以通俗地理解为当物权受到侵害时，物权请求权就会出现，以便保护物权。如甲的电脑被乙偷走，甲的所有权遭到侵害，此时甲可以向乙主张返还电脑，这在民法上称为返还原物请求权，属于物权请求权的一种。

在法考中，就物权请求权主要有如下三种考法：

一是考查物权请求权的基本理论。这一考法较为抽象，需要考生记住如下几句话：（1）物权请求权并非物权本身，而是独立于物权的一种请求权，其是在物权受到侵害时用于保护物权的权利。（2）既然物权请求权是专门用来保护物权的，则其就不能与物权相分离而单独存在，在别的权利如人格权受害时，就不会有物权请求权的出现。

二是考查具体的物权请求权类型。在法考中，物权请求权包括返还原物请求权、排除妨碍请求权和消除危险请求权。这三种物权请求权，在本专题第五节再详细进行阐述。

三是结合诉讼时效制度进行考查。此点在本书专题六已有阐述，即排除妨碍请求权、消除危险请求权以及返还原物请求权中的不动产物权和登记的动产物权的权利人的请求返还原物的，不适用诉讼时效。如果是未登记的动产物权（即普通动产，如桌子、电脑、手机等）的权利人请求权返还原物，则适用诉讼时效，即受3年诉讼时效期间的限制。

经典考题： 甲以某商铺作抵押向乙银行借款，抵押权已登记，借款到期后甲未偿还。甲提前得知乙银行将起诉自己，在乙银行起诉前将该商铺出租给不知情的丙，预收了1年租金。半年后经乙银行请求，该商铺被法院委托拍卖，由丁竞买取得。下列哪一选项是正确的？（2017年卷三第8题，单选）①

A.甲与丙之间的租赁合同无效

B.丁有权请求丙腾退商铺，丙有权要求丁退还剩余租金

C.丁有权请求丙腾退商铺，丙无权要求丁退还剩余租金

D.丙有权要求丁继续履行租赁合同

归纳总结	物权的类型与效力

物权的类型	所有权；用益物权：土地承包经营权、建设用地使用权、宅基地使用权、地役权、居住权；担保物权：抵押权、质押权、留置权
物权的效力	①优先效力 A.成立在先，效力在先 B.谁先取得物权谁优先 C.谁有担保谁优先 ②物权请求权效力 A.物权请求权并非物权本身，而是独立于物权的一种请求权；同时物权请求权又不能与物权相分离而单独存在 B.包括返还原物请求权、排除妨碍请求权和消除危险请求权

---

① **【答案】**C。本题考查抵押不破租赁。A选项，考生首先应明确的是，甲将商铺为乙设立抵押权，甲的所有权并不消灭，甲将其出租给丙，并没有任何法律障碍。其次，甲与丙之间的租赁合同，双方当事人均有相应的行为能力，意思表示真实，内容合法，应认定为有效。该选项错误。B、C两个选项，涉及对抵押不破租赁的理解。由于本案中抵押在先，租赁在后，不符合抵押不破租赁的条件，故抵押可以破除租赁，因此，丁有权请求丙腾退商铺。丙的合同相对方是甲，其与丁无合同关系，故丙主张退还剩余租金，应向甲主张，而不是向丁主张。B选项错误，C选项正确。D选项，既然本案中抵押能够破除租赁，那么丙就不能再要求丁继续履行租赁合同了，该选项错误。本题如果出现失误，最主要的原因是对买卖不破租赁、抵押不破租赁的区别这一知识点没有掌握好。本案中，丁购买了该商铺，容易让人想到买卖不破租赁，然而，申请法院拍卖商铺的人是抵押权人丙，故应适用抵押不破租赁而不是买卖不破租赁。综上，本题正确选项为C。

第二节 物权变动

命题点拨

本节是物权这一编中最为重要的一节，分值高、难度大，需要考生作为重中之重来理解和把握。主要命题思路包括：一是对基于民事法律行为的物权变动进行考查，包括形式主义、意思主义以及区分原则这三大考点；二是对非基于民事法律行为的物权变动进行考查，包括继承、法律文书、事实行为三种具体类型。

一、物权变动的概念

物权变动是指物权的取得（设立）、变更和消灭的总称。

就法考而言，物权的取得可能会进行命题，这就要求考生必须掌握物权取得的两个类型，即原始取得和继受取得。原始取得是指不以他人的权利及意思为依据，而是依据法律直接取得物权，如通过先占、善意取得制度获得物的所有权；继受取得是指以他人的权利及意思为依据取得物权（即必须经过他人同意），如通过买卖取得标的物的所有权。

物权的变更，如甲、乙原先约定以1号房屋进行抵押，后双方协商改为以2号房屋进行抵押；物权的消灭，如甲将房屋出卖给乙，甲的所有权消灭。考生仅知道即可。

鉴于法考对物权变动的考查，历来是从物权的取得角度命题，以下所阐述内容，均围绕物权的取得进行。

二、物权变动的原则

1.公示原则

公示原则，在本书专题一第四节动产与不动产的分类中已有初步阐述。所谓公示，就是公开展示的意思，公示原则就是要求物权的设立、变更、消灭必须以一定的可以从外部查知的方式表现出来，即"让人知"。

请考生牢记：动产物权原则上以交付为公示方法，不动产物权以登记为公示方法。动产物权，特殊情况下会考虑登记，不动产物权，肯定只以登记为公示方法。此处留有疑问的是，交付对动产物权有什么作用，登记对不动产物权有什么作用，该疑问，留待下一部分再行阐述。

2.公信原则

公信原则，是指以登记或者交付方式表现出来的物权状态即使与真实的物权状态不相符的，也以登记或交付方式表现出来的物权状态为准，即"使人信"。需要考生掌握如下两种具体表现：

（1）记载于不动产登记簿的人推定为该不动产的权利人，动产的占有人推定为该动产的权利人，除非有相反的证据证明。有的书上也把上述情况分别描述为登记具有权利公示性、占有具有权利公示性，其本质意思就是推定登记簿记载的人、占有人可以被推定为享有相应的权利。当然，既然是推定，就允许当事人通过相反的证据予以推翻。

实例：甲手上戴有一枚钻戒，乙认为钻戒归自己，要求甲返还，可否获得法律支持？

结论：钻戒戴在甲的手上，在法律上推定甲是钻戒的权利人。乙欲要回钻戒，必须举出证据证明钻戒非甲所有而是归自己所有，如举出证据证明甲是从乙处偷的钻戒。否则不能请求甲返还。

（2）凡善意信赖公示的表象而为一定的行为，在法律上应当受到保护，保护的方式就是承认善意的第三人能够取得物权，这就引发了善意取得制度。

实例：甲的电脑交给乙保管，乙擅自以市场价出卖给丙，丙因看到电脑在乙处而决定购买，按市场价支付了价款，并当场拿走了电脑。则应认定电脑归谁所有？

结论：应认定归丙所有。电脑由乙占有，丙由此产生信赖而从乙处按市场价购买，并完成了电脑的交付，符合善意取得的条件，故应认定归丙所有。甲的损失，可以要求乙予以赔偿。

三、基于民事法律行为的物权变动

当事人取得物权的原因多种多样，一种是跟合同有关的，民法上称为基于民事法律行为的物权变动，此处将予以详细阐述；另一种是合同之外的原因，民法上称为非基于民事法律行为的物权变动，这是下一个部分要阐述的。

（一）基本内涵的理解

所谓基于，是"因为"的意思；所谓民事法律行为，是"合同"的意思；所谓物权变动，是"取得物权"的意思。因此，所谓基于民事法律行为的物权变动，就是说当事人基于与对方签订的合同而取得物权。

根据取得物权的具体种类不同，此处的合同名称也有所不同。其中，取得所有权的，和对方所签订的合同为买卖合同；取得用益物权如土地承包经营权、建设用地使用权、地役权、居住权的，与对方所签订的合同就分别称为土地承包经营权合同、建设用地使用权合同、地役权合同、居住权合同；取得担保物权如抵押权、质押权，就分别称为抵押权合同、质押权合同。

在此，有两点需要提醒考生特别注意：

一是考生要明确的是，上述分析不包括宅基地使用权和留置权。这是因为，取得宅基地使用权，并不是基于和对方所签订的宅基地使用权合同而取得，而是采用行政审批的方式，由农民向村民委员会申请，乡镇人民政府同意、县级土地主管部门审查同意。取得留置权，并不是基于和对方签订留置权合同而取得，而是只要符合法律规定的条件即可取得，故后面在阐述留置权时，将会对法律所规定的留置权的条件进行详细分析。

二是请考生在学习和分析具体题目时，始终要牢记：在当事人从对方手中取得所有权、土地承包经营权、建设用地使用权、地役权、居住权、抵押权、质押权这七种权利时，双方当事人之间肯定签订了相应的合同。不论题目中是否交代有这样的合同，考生都要记住，事实上有这样的合同存在。以下所分析的，就以这七种权利为限。

（二）基于民事法律行为的物权变动的具体模式

这一标题较为抽象，考生只需明白：此处要解决的问题是，在基于民事法律行为的物权变动中，当事人是签订了合同就可以取得物权，还是除了签订合同外，还必须要公示方能取得物权。该问题也呼应了前面所留下的疑问，即交付和登记在物权变动中到底起什么作用。

1.形式主义

（1）内涵理解

形式主义，是指除当事人签订的合同生效外，还需要进行公示，对方才能取得物权。换句话说，对方取得物权要满足两个条件，一是合同生效；二是公示（对动产而言就是交付，对不动产而言就是登记）。

请考生记住如下两个要点：

一是在形式主义中，不公示肯定不能取得物权。

二是形式主义可简单概括为：合同生效＋公示＝取得物权。

三是形式主义中，公示的方法，对动产而言，就是交付；对不动产而言，就是登记。

（2）适用范围

形式主义适用于取得所有权、建设用地使用权、居住权、不动产抵押权、质押权。

实例1：甲将电脑卖给乙，乙满足什么条件方能取得电脑的所有权？

结论：取得所有权适用形式主义，乙取得所有权需要满足两个条件，一是甲、乙之间的买卖合同生效，二是完成公示（对动产而言，也就是交付）。当然，在法考的题目中，一般对这里的签订合同环节进行省略，重点考查这里的公示。

实例2：甲从乙处借款100万元，以其房屋进行抵押。乙满足什么条件方能取得房屋的抵押权？

结论：房屋抵押属于不动产抵押，适用形式主义，乙取得抵押权需要满足两个条件，一是甲、乙之间的抵押合同生效，二是完成公示（对不动产而言，也就是登记）。同样，法考中一般都会省去签订抵押合同的环节，但考生心中必须明确，此处当事人肯定是签订过抵押合同。

2.意思主义

（1）内涵理解

意思主义，是指只要当事人签订的合同生效，对方就能取得物权，此时并不需要考虑公示。换句话说，对方取得物权只需要满足一个条件，即合同生效即可。

请考生记住如下四个要点：

一是在意思主义中，不公示照样能取得物权，因为其取得物权仅需要满足一个条件，即合同生效。

二是意思主义可简单概括为：合同生效＝取得物权。

三是在意思主义中，公示的作用不在于让当事人取得物权，而是让当事人取得的物权具有对抗善意第三人的效力。所谓对抗，是优先的意思。对抗善意第三人，就是比善意第三人还要优先获得法律的保护。即在意思主义中，如果当事人公示了其物权，那么即使其遇到了善意第三人，也能获得法律的优先保护；反过来，如果当事人没有公示其物权，那么其遇到了善意第三人，法律就会优先保护善意第三人。

四是在意思主义中，不论是不动产还是动产，其公示的方法均是登记，而不涉及交付。但考生一定要明确，此处的登记，并不是用于取得物权的，而是用来对抗善意第三人的。

需要特别提示考生的是：在做题方法上，遇到意思主义，一定要分清本题是从物权取得的角度命题，还是从取得物权后能否对抗的角度命题，在前者，无须考虑公示；在后者，则须考虑登记。

（2）适用范围

意思主义适用于取得动产抵押权、地役权以及通过转让方式取得土地承包经营权。

实例1：甲将其土地承包经营权转让给乙，乙何时取得土地承包经营权？

结论：只要甲、乙的土地承包经营权转让合同生效，乙就取得了土地承包经营权。

实例2：甲经乙同意，使用乙的土地架设水管，乙何时取得地役权？

结论：只要甲、乙的地役权合同生效，乙就取得了地役权。

实例3：甲从乙处借款10万元，以其1号汽车设立了抵押，未办理登记。之后甲从丙处借款10万元，以其2号汽车设立了抵押，办理了登记。之后，甲将1号汽车出卖给了不知情的丁，将2号汽车出卖给了不知情的戊。甲欠乙、丙的借款到期均未还。

问题1：乙何时取得1号汽车的抵押权？丙何时取得2号汽车的抵押权？

问题2：乙可否向丁主张抵押权？丙可否向戊主张抵押权？

结论：

就问题1，乙、丙均在抵押合同生效时即取得抵押权。因为动产抵押实行意思主义，只要合同生效就取得物权。

就问题2，乙不可以向丁主张抵押权。丙可以向戊主张抵押权。因为动产抵押实行意思主义，登记可以对抗善意第三人，乙的抵押权没有登记，故不能对抗善意第三人丁，法律优先保护丁，不让乙向丁主张抵押权；丙的抵押权办理了登记，故可以对抗善意第三人戊，法律优先保护丙，丙可以向戊主张抵押权。戊因此遭受的损失，应向其相对方甲主张责任。

3.若干特别问题的说明

上述考点是每年法考的重点，且失分率较高，有必要再就如下几点对考生进行特别提示：

（1）不动产抵押和动产抵押的区分

在法考中，不动产抵押、动产抵押最容易出错，考生要保持高度警惕。对此，特作如下说明：

首先，考生要始终牢记抵押权的基本概念，即设立抵押权时，肯定不能将标的物交付给对方。故不论是动产抵押还是不动产抵押，始终不要考虑交付问题。

其次，不动产抵押实行形式主义，动产抵押实行意思主义。因此，取得不动产抵押权，必须办理登记手续；取得动产抵押权，则无须办理登记手续，登记并不是取得动产抵押权的必要条件，而仅是用于对抗善意第三人的。

最后，在做题方法上，考生碰到抵押权的题目时，一定要先看一下，该题考查的是动产抵押还是不动产抵押，然后再分别按照意思主义、形式主义的思路进行分析。

（2）关于特殊动产的所有权变动问题

根据《民法典》第225条的规定，特殊动产的所有权变动，可表述为"交付转移所有权、登记对抗"，其具体意思是：

首先，特别动产毕竟是动产，因此，交付肯定能转移所有权。考生在做特殊动产的题目时，也必须首先考虑交付。

其次，适用登记对抗的前提，在法考中主要考查一种情形：在特殊动产的多重买卖中，如果几个买方均没有交付的，则谁先登记，谁就能对抗别的买方，即可以优先获得法律的保护。考生可简单记忆为"谁先登记谁优先"。但这一规则的运用，一定是要在都没有交付的情况下。

比较如下实例：

实例1：甲将一部汽车分别出卖给乙、丙、丁三人，并分别签订了买卖合同。甲将汽车交付给了乙，但甲又将其登记在丙的名下。应确定汽车归谁所有？

结论：应归乙所有。因为乙最先完成了交付，交付是特殊动产所有权转移的首要考虑标准。

实例2：甲将一部汽车分别出卖给乙、丙、丁三人，并分别签订了买卖合同。甲将汽车登记在丙的名下。应确定汽车归谁所有？

结论：应归丙所有。因为三个买方都没有完成交付，而丙先完成了登记，丙可以对抗其他买方，即可以获得法律的优先保护，故应确认汽车归丙所有。

（三）区分原则

区分原则来源于民事法律行为中处分行为和负担行为的区分思想，考生可以结合本书专题四关于处分行为和负担行为的区分原理来进行理解。

具体而言，区分原则是指在基于民事法律行为的物权变动中，要对合同和物权进行区分。合同是否有效，按照合同的规则来判断，具体来说，就是当事人有相应的民事行为能力、意思表示真实、内容合法；物权变动的结果是否发生，要按照物权变动的模式来判断，具体来说，就是按照形式主义、意思主义来判断。考生可简单记忆为"合同归合同、物权归物权"。

在法考中，关于该原则，考生应掌握如下两个具体要点：

1.法考在此处的命题惯例是，只要题目中未特别交代出现合同无效的事由，那么，所有的合同签完就有效。所以考生在做题时，重点要找有没有合同无效的事由，只要没有，就可以确认该题所涉及的合同是有效的。

2.如果当事人签完合同后，没有进行公示会对物权变动产生影响（形式主义中，未公示不能取得物权；意思主义中，未公示虽然能取得物权，但不能对抗善意第三人），但不会影响到合同的效力。换句话说，即使未进行公示，合同也是照样有效的。考生可简单记忆为"公示与否不影响合同的效力"。

实例1：甲将房屋出卖给乙，签订了买卖合同后，甲拒绝办理过户登记。乙是否取得了房屋的所有权？甲、乙的买卖合同效力如何？

结论：乙没有取得房屋的所有权，但甲、乙的买卖合同有效。取得房屋所有权，实行形式主义，故没有办理登记，买方不能获得所有权；根据区分原则，即使未办理登记，也不影响买卖合同的效力，故合同本身应认定为有效。

实例2：甲将电脑为乙设立质押，签订了质押合同，但并未交付。乙是否取得了质押权？甲、乙的质押合同效力如何？

结论：乙没有取得质押权，但甲、乙的质押合同有效。取得质押权，实行形式主义，故没有交付，乙不能取得质押权；根据区分原则，即使未交付，也不影响质押合同的效力，故合同本身应认定为有效。

四、非基于民事法律行为的物权变动

所谓非基于民事法律行为的物权变动，就是指当事人取得物权，不是基于合同这一原因，而是合同之外的原因。

（一）非基于民事法律行为的物权变动的具体模式

该问题，主要是分析在非基于民事法律行为的物权变动中，当事人取得物权需要满足什么条件。提醒考生注意的是，在理解非基于民事法律行为的物权变动的具体模式时，一律不允许再考虑形式主义和意思主义，而是适用法律的特殊规定。

就法考而言，考生应掌握如下几点：

1.基于法律文书取得物权

自法律文书生效时，当事人即取得物权。

此处的法律文书，不同书上有不同的解释，本书给出考生最易掌握的解释，即此处的法律文书，必须是改变了原有的物权关系，通俗地讲，就是将标的物的主人给更改了。如法考中最常见的命题模式：房屋本来属于甲、乙夫妻共有，后法院判决房屋归乙所有，由于该判决书直接将房屋的主人从甲、乙共有改为乙个人所有，属于改变了原有的物权关系，故该判决书生效时，乙即取得了房屋的所有权，和是否办理登记没有关系。

实例：甲将房屋出卖给乙，后甲拒绝办理过户登记手续。乙向法院起诉，法院判决甲配合乙办理过户登记手续。该判决书生效后，乙是否取得了该房屋的所有权？

结论：该判决书生效后，乙没有取得该房屋的所有权。因为法院判决书的内容是"甲配合乙办理过户登记手续"，其并没有改变房屋的所有权归属，故不符合上述法律文书的要求，不能直接导致对方取得所有权。

2.基于继承取得物权

自继承开始时，当事人即取得物权。所谓继承开始时，即被继承人死亡时。

实例：李某继承了父亲的一套房屋，李某何时取得该房屋的所有权？

结论：自继承开始时，即李某父亲死亡时，李某即获得了该房屋所有权，与是否登记无关。

3.基于合法建造房屋等事实行为取得物权

自事实行为成就时，当事人即取得物权。所谓事实行为成就，在法考里就是指房屋建造完成。该考点存在陷阱，需要考生注意：此处建造的房屋，必须是合法建造，违法建造的房屋，当事人是不能取得物权的。

实例：甲公司获得某地块的建设用地使用权并建造大楼一栋，甲公司何时取得该栋大楼的所有权？

结论：自大楼建造完成，甲公司就取得其所有权，与是否登记无关。

（二）公示在非基于民事法律行为的物权变动中的作用

对此，考生可以从如下几方面把握：

1.在非基于民事法律行为的物权变动中，公示并不是取得物权的必要条件。但如果当事人想对房屋进行处分，如将房屋出卖给第三人，为了让第三人能够取得物权，必须先将房屋登记在自己的名下，然后再过户登记到第三人名下。考生可简单记忆为"两道登记程序"。

实例： 甲继承父亲的一套房屋，欲卖给乙。乙满足什么条件才能取得房屋的所有权？

结论： 甲先将房屋登记在自己的名下，再登记到乙的名下，乙才能取得房屋的所有权。这是因为，乙是通过购买而取得房屋所有权，这就必须办理登记；而目前房屋仍登记在甲的父亲的名下，故甲必须先将房屋登记在自己的名下，才可能再过户登记到乙的名下。

2.在非基于民事法律行为的物权变动中，如果当事人未经登记就对房屋进行处分，如将房屋出卖给第三人的，则第三人不能取得物权，但合同本身仍然有效。

实例： 甲继承父亲的一套房屋，未办理登记，即与乙签订了该房屋的买卖合同。

结论： 乙不能取得该房屋的所有权，但甲、乙的合同仍然是有效的。

经典考题： 甲向乙借款，欲以轿车作担保。关于担保，下列哪些选项是正确的？（2013年卷三第58题，多选）[①]

A.甲可就该轿车设立质权　　　　　　　B.甲可就该轿车设立抵押权
C.就该轿车的质权自登记时设立　　　　D.就该轿车的抵押权自登记时设立

归纳总结 物权变动	
原则	①公示原则：让人知 ②公信原则：使人信
基于民事法律行为的物权变动	①形式主义 合同生效+公示=取得物权，公示是取得物权的必要条件；适用于取得所有权、建设用地使用权、居住权、不动产抵押权、质押权 ②意思主义 合同生效=取得物权，公示不是为了取得物权，而是为了对抗善意第三人；适用于取得土地承包经营权、地役权以及动产抵押权 ③区分原则 不公示仅影响物权变动的效果，不影响合同的效力

---

① 【答案】AB。本题考查基于民事法律行为的物权变动。A选项，不动产不能设立质押，但轿车作为动产，当然可以设立质押，该选项正确。B选项，轿车作为动产，同样可以设立抵押，该选项正确。C选项，轿车的质押适用形式主义，需要完成公示才能取得物权；轿车作为动产，其公示方法为交付，故轿车质权的设立（取得）是自交付时，而不是登记时，该选项错误。D选项，轿车的抵押为动产抵押，动产抵押实行意思主义，故轿车抵押权的设立（取得）是自抵押合同生效时，而不是登记时。在动产抵押中，登记是用于对抗善意第三人的。该选项错误。本题如果出现失误，最根本的原因是对形式主义、意思主义的基本内涵及其适用范围把握得不够准确。在形式主义中，取得物权需要满足两个条件，即合同生效+公示。此处所谓公示，对动产而言就是交付，对不动产而言就是登记；在意思主义中，取得物权仅需要满足一个条件，即合同生效，公示的作用不是为了取得物权，而是为了对抗善意第三人，此处所谓公示，不论是动产还是不动产，都是登记。此外，动产质押，适用形式主义；动产抵押，适用意思主义。综上，本题正确选项为AB。

续　表

非基于民事法律行为的物权变动	①基于法律文书取得物权：自法律文书生效时，当事人即取得物权
	②基于继承取得物权：自继承开始时，当事人即取得物权
	③基于合法建造房屋等事实行为取得物权：自事实行为成就时，当事人即取得物权

第三节　登　记

命题点拨

本节内容，在法考中重点考查三种特殊的登记制度，即更正登记、异议登记和预告登记，需要考生全面掌握这三种登记制度的运行原理。

一、一般的登记类型

一般的登记类型，是根据物权种类不同而进行的划分，包括：取得所有权时办理的登记，称为过户登记或变更登记；与土地承包经营权、建设用地使用权、地役权、居住权、抵押权有关的登记，分别称为土地承包经营权登记、建设用地使用权登记、地役权登记、居住权登记、抵押权登记。

明确上述类型，对考试有如下意义：一是考生不能只知道过户登记，也应知道涉及土地承包经营权等用益物权以及抵押权等的登记。二是由于有的物权的取得适用形式主义，有的物权的取得适用意思主义，故上述登记的作用是不一样的。在形式主义中，登记是取得物权的必要条件；在意思主义中，登记与取得物权没有关系，只是用来对抗善意第三人的。对此，考生可以结合本专题上一节的内容进行理解。

二、三种情形下的登记

（一）更正登记

更正登记，从字面意思而言，是登记出现错误而需要进行更正。对此，考生需要把握如下考点：

1.更正登记的条件

当事人申请更正登记，应同时满足如下条件：

（1）不动产登记簿出现登记错误；

（2）登记名义人书面同意更正或者申请人确有证据证明登记错误。

实例：某房屋登记在甲名下，乙拿出充分证据证明登记簿有错误，该房屋应归乙所有，则乙可以依法申请更正登记。

2.关于借名买房与代理他人买房

（1）关于借名买房

借名买房，即借用别人的名义购买房屋。关于此种情况下的房屋归属，法律未有明文规定，然而法考中已开始考查，各种法考书籍的说法存在差异。本书要求考生掌握如下判断方法：在借名买房中，当事人会约定，借名买房后，房屋归借用人所有，但事实上登记在出借人名下的（此时往往是借用人被限制购房，所以就以出借人的名义购买房屋，并将房屋暂时登记在出借人名下）。此种情形下，既然当事人约定房屋归借用人所有，则其就可以当初的约定为依据，申请更正登记，即将房屋更正到借用人名下。

实例：刘某借用张某的名义购买房屋后，将房屋登记在张某名下（刘某是借用人，张某是出借人）。双方在代购房协议中约定该房屋归刘某所有，房屋由刘某使用，产权证由刘某保存。后刘某、张某因房屋所有权归属发生争议。此时刘某可向登记机构申请更正登记，依据就是当事人之间在代购房协议中的约定。

（2）关于代理他人买房

代理他人买房，根据是直接代理还是间接代理而导致外在表现有所不同：

在直接代理中，代理人以被代理人的名义购买房屋，房屋也登记在被代理人名下，此时房屋也肯定登记在被代理人名下，这就不存在更正登记问题，法考一般不涉及。

在间接代理中，代理人以自己的名义购买房屋，房屋也登记在代理人名下。此种情况下，由于代理人是受被代理人委托而购买房屋，房屋本应归被代理人所有。因此，如果房屋登记在代理人名下，被代理人事后就可以提出更正登记，理由就是两人之间存在代理购房协议。

（二）异议登记

异议登记，从字面意思而言，是当事人对登记的事项有不同意见，从而申请异议登记。对此，考生需要把握如下考点：

1.异议登记的条件

异议登记，只要当事人对登记的事项有不同意见，并有初步的证据证明，就可以申请。在法考中，一般会结合更正登记、借名买房以及代理买房进行考查：在更正登记中，如果当事人申请更正登记不成功，就可能转而申请异议登记；在借名买房中，借用人也可以对将房屋登记在出借人名下提出异议登记。在代理买房中，被代理人可以对将房屋登记在代理人名下提出异议登记。

实例：某房屋登记在甲名下，乙认为该房屋应归自己所有，但手里证据尚不充分。此时，乙申请更正登记不会成功，其可以申请异议登记，即对该房屋的所有权归属提出异议。房管部门就会在甲的登记簿上记载下乙所提出的房屋归属异议。

2.异议登记的法律效力

此是法考中的难点，需要考生认真体会并记住相关要点：

（1）异议登记并不会限制登记簿记载的权利人的处分权。如在上述实例中，甲将房屋出卖给丙，甲、丙申请过户登记，房管部门仍然会让甲、丙完成过户登记，即将房屋登记到丙的名下。

（2）异议登记会导致购买房屋的第三人处于恶意的状态，从而使这里的第三人不可能构成善意取得。由于房屋之上有异议登记，当第三人购买这样的房屋并到房管部门办理过户登记时，就会发现房屋登记簿上有他人的异议登记，这样第三人就明知该房屋可能归他人所有，此时其仍然购买该房屋，就构成恶意。

实例：某房屋登记在甲名下，乙依法申请办理了异议登记，并向法院提起诉讼，请求法院确认房屋的归属。在法院审理期间，甲将房屋出售给丙，并办理了过户登记。后法院判决确认房屋归乙所有。乙持判决书要求丙返还房屋，丙不能以自己是善意取得而拒绝返还。

　　3.异议登记的有效期

　　异议登记后，申请人应在异议登记之日起15日内向法院起诉，以确认房屋的归属。如果申请人在异议登记之日起15日不起诉，异议登记失效；如果申请人起诉，则异议登记继续有效，直至法院最终判决生效为止。

　　此处考生除掌握15日的时间之外，还需掌握如下考点：如果申请人在异议登记之日起15日后才起诉，则一方面异议登记已经失效，另一方面，法院仍然应当受理。考生可以简单记忆为"异议登记失效不影响法院对案件的实体审理"。

　　实例：某房屋所有权登记于甲之名下，乙对此提出异议，并于6月10日依法办理了异议登记。6月30日，乙向法院提起诉讼。

　　结论：异议登记的有效期为15日，此处乙在20日后才起诉，异议登记失效，但是对于乙的起诉，人民法院应当受理。

　　4.异议登记中的赔偿问题

　　如果申请人的异议登记不当，造成权利人损害的，权利人可以向申请人请求损害赔偿。所谓异议登记不当，典型情形就是申请人明知房屋不归自己所有，但仍然捏造证据申请办理异议登记，此种情形下，申请人应对房屋真正权利人的损失承担侵权责任。

　　（三）预告登记

　　预告登记，从字面意思而言，是当事人意图通过登记，预先告知别人其购买房屋的事实。对此，考生需要把握如下考点：

　　1.预告登记的条件

　　预告登记，主要适用于当事人购买房屋时，因各种原因暂时不办理过户登记，而申请办理预告登记。

　　实例：甲将房屋出售给乙，签订了买卖合同，甲、乙约定：3个月以后办理过户登记；乙可以申请预告登记。则在合同签订后，乙可以依法申请办理预告登记，房管部门就会在甲的登记簿上记载下乙购买该房屋的相关信息。

　　2.预告登记的法律效力

　　这也是法考中的难点，需要考生掌握如下要点：

　　（1）预告登记会限制卖方的处分权。卖方欲再次对房屋进行处分时，必须经过买方同意。此处的处分，法考中可能考查的情形包括再次出卖房屋、将房屋为第三人设定抵押、将房屋为第三人设立居住权。

　　（2）如果卖方未经买方同意而擅自处分的，则第三人不能取得相应的物权，但卖方和第三人所签订的合同仍然有效。此时，第三人也应被认定为恶意。

　　实例：甲于6月30日将其房屋出卖给乙，约定3个月后交房。乙于7月2日依法办理了预告登记。7月3日，丙与甲签订房屋买卖合同，并于当天到房管部门申请办理过户登记。乙办理预告登记后，第三人丙购买该房屋，属于恶意第三人；预告登记对卖方的处分权构成限制，第三人不能取得房屋所有权，但合同仍然有效。

　　3.预告登记的失效

　　预告登记的失效包括两个方面：（1）自能够办理不动产过户登记之日起90日内未申

请过户登记，预告登记失效；（2）买方放弃债权或买卖合同被认定无效、被撤销，预告登记失效。预告登记失效后，就无法再限制卖方的处分权了。

经典考题： 甲与乙签订《协议》，由乙以自己名义代甲购房，甲全权使用房屋并获取收益。乙与开发商和银行分别签订了房屋买卖合同和贷款合同。甲把首付款和月供款给乙，乙再给开发商和银行，房屋登记在乙名下。后甲要求乙过户，乙主张是自己借款购房。下列哪一选项是正确的？（2015年卷三第5题，单选）①

A.甲有权提出更正登记

B.房屋登记在乙名下，甲不得请求乙过户

C.《协议》名为代购房关系，实为借款购房关系

D.如乙将房屋过户给不知《协议》的丙，丙支付合理房款则构成善意取得

归纳总结　登记

更正登记	①要求不动产登记簿出现登记错误，且登记名义人书面同意更正或者申请人确有证据证明登记错误 ②借名买房中，房屋登记在出借人名下，但借用人可以申请更正登记；代理购房中，房屋登记在代理人名下，被代理人可以申请更正登记
异议登记	①当事人申请更正登记不成功，可以申请异议登记；在借名买房中，借用人可以申请异议登记 ②异议登记不限制登记簿记载的权利人的处分权，但会导致购买房屋的第三人均为恶意第三人 ③异议登记失效不影响法院对案件的实体审理 ④异议登记不当，申请人应承担损害赔偿责任
预告登记	①预告登记限制卖方的处分权 ②卖方未经买方同意擅自处分房屋的，第三人不能取得相应的物权，但卖方和第三人所签订的合同仍然有效 ③自能够办理不动产过户登记之日起90日内未申请过户登记，买方放弃债权或买卖合同被认定无效、被撤销，预告登记失效

---

① 【答案】A。本题考查更正登记、善意取得。A选项，本题题目中的表述是"由乙以自己名义代甲购房"，表明本题考查的是代理购房，且是间接代理。由于在代理中法律后果应归属被代理人，故甲有权提出更正登记，申请将房屋登记在自己名下，该选项正确。B选项，基于A选项的分析，甲有权提出更正登记，也就意味着甲有权请求乙过户，该选项错误。C选项，通过题目描述来看，很明显当事人所签订的《协议》就是代理购房协议，而不是借款购买房屋，不存在借款的意思表示，该选项错误。D选项，善意取得的构成要件包括无权处分、第三人善意、价格合理以及完成公示（参见本书专题八的论述）。其中，首要构成要件是无权处分，虽然甲有权提出更正登记，但在甲更正之前，房屋仍然登记在乙的名下，应认定乙是房屋的所有权人，其处分房屋，并不构成无权处分。因此，丙不属于善意取得，该选项错误。本题如果出现失误，主要原因是对代理购房的法律现象及结果认定、善意取得的构成要件掌握得不够扎实。代理购房，结果应当归属于被代理人，故如果登记在代理人名下，被代理人有权申请更正登记。善意取得的首要构成要件是无权处分，登记簿记载的权利人在被更正之前，仍然属于有权处分。综上，本题正确选项为A。

第四节　交　付

命题点拨

本节内容，在法考中重点考查三大观念交付制度，即简易交付、占有改定、指示交付。首先，考生需要熟记三大观念交付都是在什么情况下发生的，这样在审题时一眼就能看出来该题考查的是哪种观念交付；其次，考生要掌握三大观念交付中到底以什么时间点视为交付，这是法考最终要求考生回答的问题。

一、交付的概念

交付，就是指当事人一方将自己占有的财产移交给另一方占有。

交付的考试价值体现在：（1）在动产所有权转移中，交付是对方取得所有权的必要条件；（2）在动产质押中，交付是对方取得质押权的必要条件；（3）在抵押中，不论是动产抵押还是不动产抵押，均不涉及交付。

交付的方式有现实交付、拟制交付和观念交付，以下详细阐述。

二、交付的方式

（一）现实交付

即直接将标的物交付给对方，考生可简单记忆为"一手交钱一手交货"。

（二）拟制交付

即将代表标的物的权利凭证交付给对方。如本书专题一第四节中提到的仓单，其是证明在仓储公司中储存有货物的凭证，若当事人将这批货物出卖给他人，则可以将该仓单交付给对方，这就相当于将货物交付给了对方。

（三）观念交付

观念交付是法律规定的特殊交付方式，考生在学习过程中要始终注意不能按照现实交付进行思考，而要按照法律规定的特殊交付标准进行认定。

1.简易交付

（1）发生场合

买方先借后买，即当事人一开始是为了借用某一标的物，后在借用的过程中又购买了该标的物。此处的借用，亦可变换为租赁或保管。

（2）交付时间的认定

在简易交付中，双方当事人存在两个合同，即先有借用合同（或租赁合同、保管合同），后有买卖合同。其中，第二个合同即买卖合同生效时视为交付。

实例：甲在6月9日将其电脑借给乙使用。乙不慎将电脑弄坏，便于6月15日向甲提出购买该电脑，甲同意，双方签订了买卖合同。乙何时取得该电脑的所有权？

结论：该实例为简易交付，乙先借后买，买卖合同生效时视为交付，交付对动产而言，即意味着所有权发生转移，即6月15日乙取得电脑的所有权。

2.占有改定

（1）发生场合

卖方先卖后借，即当事人一开始就签订了某一标的物的买卖合同，后来卖方经买方同意又将标的物借回使用。此处的借用，亦可变换为租赁或保管。

（2）交付时间的认定

在占有改定中，双方当事人存在两个合同，即先有买卖合同，后有借用合同（或租赁合同、保管合同）。其中，第二个合同即借用合同（或租赁合同、保管合同）生效时视为交付。

实例： 甲在6月9日将其电脑卖给乙。双方约定次日交付，但6月10日，甲提出再借用几天，乙表示同意。乙何时取得该电脑的所有权？

结论： 该实例为占有改定，甲先卖后借，借用合同生效时视为交付，此时标的物所有权发生转移，即6月10日乙取得电脑的所有权。

此处为占有改定，乙于达成借用合同之日取得电脑所有权，即6月10日发生所有权的转移。

（3）关于占有改定中的特殊问题说明

就法考情况来看，占有改定最为疑难，错误率也最高。现就其中的特殊问题说明如下，请考生注意掌握：

①注意区分占有改定与当事人关于交付时间的约定。如果当事人在买卖合同中将交付的时间往后推迟了，则并不是占有改定。考生应掌握的做题方法是：在分析题目时应重点关注当事人之间在买卖的意思表示外，是否还存在借用（租赁、保管）的意思表示，如果不存在，则不是占有改定。

实例比较：

实例1： 甲将电脑卖给乙，双方约定5天后交付，是占有改定吗？

实例2： 甲将电脑卖给乙，其后又约定由甲继续保管，是占有改定吗？

结论：

实例1不属于占有改定，因为当事人之间就只有买卖的意思表示，"5天后交付"是关于交付时间的约定。

实例2属于占有改定，因为当事人之间除了买卖的意思表示外，又产生了保管的意思表示，符合占有改定的要求。

②在设立质权时，若当事人之间采用占有改定方式进行交付的，则债权人不能取得质权。

实例： 甲以其电脑为乙设定质押，双方当事人签订质押合同后，甲又向乙提出，再借该电脑用五天，乙表示同意。乙对该电脑享有质押权吗？

结论： 不享有。甲先质押后借用，类似于买卖中的先卖后借，属于占有改定现象，电脑一直在甲处，乙方不享有质押权。

③在善意取得制度中，若无权处分人和第三人之间采用占有改定方式进行交付的，则第三人不能主张适用善意取得，即第三人不能取得标的物的所有权。

实例： 甲将电脑交给乙保管。乙在保管期间擅自以市场价将电脑出卖给不知情的丙，乙、丙签订买卖合同后，乙又向丙提出，再借该电脑用五天，丙表示同意。丙可以基于善意取得主张对该电脑享有所有权吗？

结论：不可以。乙擅自将电脑以市场价出卖给不知情的丙，表面上符合善意取得的构成要件，但是，乙、丙之间先卖后借，属于占有改定现象，电脑一直在乙处，丙不能基于善意取得主张对标的物享有所有权。

3.指示交付

（1）发生场合

对方购买之前，标的物由第三人占有。因此，在指示交付中，至少涉及三方当事人，即出卖人、买受人、第三人，其中，出卖人和买受人在达成买卖合同时，标的物由第三人占有，出卖人对第三人享有返还原物的权利，之后出卖人将标的物出卖给买受人，由买受人向第三人主张返还原物。

（2）交付时间的认定

根据最高人民法院《物权编解释（一）》第17条的规定，指示交付中，交付的时间为出卖人与买受人之间有关转让返还原物请求权的协议生效时。所谓返还原物请求权的协议，是指出卖人与买受人达成的，出卖人自愿将对第三人所享有的返还原物的权利，转让给买受人的协议。该协议既可单独存在，也可以合并在买卖合同中，如果题目中未明确说明，则一律视为该协议合并在买卖合同中。一旦该协议合并在买卖合同中，考生便可以将其简单记忆为买卖合同生效视为交付。

实例：甲在6月9日将其电脑借给乙使用。乙于6月10日向甲提出购买该电脑，甲同意，双方签订了买卖合同。6月11日，甲通知乙电脑已出售给丙，让乙直接把电脑交给丙。6月12日，乙将电脑交给丙。6月13日，丙付款。丙何时拥有该电脑的所有权？

结论：该实例为指示交付。题目中未说明转让返还原物请求权的协议是单独签订的，可以视为合并在买卖合同中，而买卖合同是6月10日生效的，故应以6月10日作为交付的时间，此时丙取得电脑的所有权。

（3）关于指示交付中的特殊问题说明

指示交付，近年来题目也越来越难，其中在认定指示交付时，命题者有意设置陷阱，本书特就此专门予以阐述。

具体而言，法考中将指示交付与由出卖人向第三人交付问题混淆在一起进行命题。所谓由出卖人向第三人交付，是指买受人指示出卖人，将标的物直接交付给第三人。这一概念中出现了"指示"二字，导致做题时容易混淆。

考生应掌握的做题方法是：指示交付的关键判断标准是标的物归出卖人所有，同时标的物由第三人占有，出卖人对第三人享有返还原物请求权，此后出卖人将标的物出卖给了买受人；而在由出卖人向第三人交付中，标的物归出卖人所有，然而标的物也由出卖人占有，然后出卖人根据买受人的要求，将标的物交付给第三人。

上述区别可以简单概括为：在指示交付中，是出卖人指示第三人将标的物交付给买受人；在由出卖人向第三人交付中，是买受人指示出卖人将标的物交付给第三人。此外，考生还要明确，由出卖人向第三人交付，并不是什么观念交付，而是适用现实交付制度，其交付时间的认定，要看出卖人到底在什么时间将标的物交付给了第三人。

实例比较：

实例1：甲将电脑出卖给乙，乙指示甲将电脑交给丙。是指示交付吗？

实例2：甲将电脑借给丙使用，后甲将电脑出卖给乙，甲指示丙交给乙。是指示交付吗？

结论：

实例1不是指示交付，而是由出卖人向第三人交付。在该实例中，买受人乙指示出卖人甲将电脑交付给第三人丙，符合出卖人向第三人交付的特征。其交付时间的认定，取决于乙什么时候将电脑交给了丙。

实例2是指示交付。在该实例中，出卖人甲指示第三人丙将电脑交付给买受人乙，符合占有改定的特征。

经典考题：庞某有1辆名牌自行车，在借给黄某使用期间，达成转让协议，黄某以8000元的价格购买该自行车。次日，黄某又将该自行车以9000元的价格转卖给了洪某，但约定由黄某继续使用1个月。关于该自行车的归属，下列哪一选项是正确的？（2017年卷三第5题，单选）①

A.庞某未完成交付，该自行车仍归庞某所有

B.黄某构成无权处分，洪某不能取得自行车所有权

C.洪某在黄某继续使用1个月后，取得该自行车所有权

D.庞某既不能向黄某，也不能向洪某主张原物返还请求权

归纳总结	**交付**
简易交付	①发生在买方先借用（租赁、保管）后购买的场合下 ②买卖合同生效时视为交付
占有改定	①发生在卖方先出卖后借用（租赁、保管）的场合下 ②借用合同（租赁合同、保管合同）生效时视为交付 ③占有改定不同于当事人关于交付时间的约定；在设立质权时，不能采用占有改定方式；在善意取得制度中，占有改定不能导致善意取得的发生

① 【答案】D。本题考查观念交付。A项，庞某和黄某之间发生的现象为先借后卖，属于简易交付，买卖合同生效视为交付，交付意味着所有权转移给黄某。该选项说庞某未完成交付，表述错误。B选项，黄某既然已经取得了自行车的所有权，其再出卖给洪某，就是有权处分，洪某也能取得自行车所有权，该选项表述错误。C选项，黄某和洪某之间发生的现象为先卖后借，属于占有改定，借用合同生效视为交付，交付意味着所有权转移给了洪某。该选项说洪某取得所有权的时间在黄某使用1个月后，是错误的，正确的表述是两人之间的借用合同生效时，洪某取得自行车所有权。D选项，由于庞某已经丧失了自行车所有权，故不能再向黄某或洪某主张返还原物了，该选项正确。本题如果出现失误，最主要的原因是对占有改定中交付时间的认定这一考点掌握得不够到位。在占有改定中，以借用合同（保管合同、租赁合同）的生效视为交付，而不是等到借用结束后才视为交付。综上，本题正确选项为D。

续 表

指示交付	①发生在对方购买之前，标的物由第三人占有的场合下 ②出卖人与买受人之间有关转让返还原物请求权的协议（通常合并在买卖合同中）生效时视为交付 ③指示交付不同于由出卖人向第三人交付，在指示交付中，是出卖人指示第三人将标的物交付给买受人；在由出卖人向第三人交付中，是买受人指示出卖人将标的物交付给第三人

第五节　物权的保护

命题点拨

物权的保护，法考重点围绕三种物权请求权即返还原物请求权、排除妨碍请求权、消除危险请求权进行命题，命题的重心是这三种权利的适用条件，需要考生重点掌握。

一、物权保护的体系

物权受到侵害以后，可以动用的保护措施包括确认物权请求权、返还原物请求权、排除妨碍请求权、消除危险请求权、恢复原状请求权、损害赔偿请求权。

就此问题，考生可以从如下几方面把握：

1.确认物权请求权，适用于当事人对物权的归属或内容发生争议时，从而请求法院予以确认。如甲、乙围绕某一栋房屋归谁所有发生争议，任何一方可请求法院予以确认。

2.返还原物请求权、排除妨碍请求权、消除危险请求权，理论上又合称为物权请求权，是法考的命题重点，下文将详细阐述。

3.恢复原状请求权属于债权请求权还是物权请求权，存在广泛的学术争议，考生无须过多关注这种争议，仅知道有这一项权利存在即可。其具体内涵，可从字面上理解，即恢复到物权受到侵害之前的状态。如甲将乙的电脑损坏，乙要求甲将电脑修好到损坏之前的状态，即为恢复原状请求权。

4.损害赔偿请求权，是物权人要求对方予以赔偿的权利，其在本质上是债权请求权。主张赔偿，其理由是自己的物权遭到对方侵犯，这是基于侵权而主张的权利，而侵权是债的发生原因，故损害赔偿请求权定性为债权请求权。

5.上述各种保护方法，既可以单独适用，也可以合并适用。只要符合法律规定，物权人并非只能选择其一。如甲的汽车被乙偷走，导致损坏，甲既可以要求乙返还原物，也可以要求其予以损害赔偿。

二、返还原物请求权

（一）适用条件

返还原物请求权，又称原物返还请求权，即请求对方将标的物返还回来。关于其适用条件，考生应从如下几点进行把握：

1.原物必须存在，即有返还的可能性

如果原物已经灭失，则无法适用返还原物，只能适用损害赔偿。

2.行使该权利的人必须是物权人

由于返还原物请求权是物权请求权，是专门用来保护物权的，故返还请求人必须是物权人，并且是具有占有权能的物权人。

所谓具有占有权能的物权人，是说当事人基于其享有的物权，可以占有标的物，如所有权人可以占有标的物，质押权人可以占有标的物，故其均属于具有占有权能的物权。在法考中，考生应该牢记：由于设立抵押时不能将标的物交付给抵押权人，故抵押权人不能占有标的物，因此，其就不享有返还原物请求权了。当抵押物被第三人侵占时，抵押权人可以要求抵押人及时行使返还原物请求权，在抵押人不行使返还原物请求权时，也可以要求抵押人将返还原物请求权转让给自己，转让之后，其就可以向第三人主张返还原物请求权了。

实例：甲以其汽车为乙设定抵押，后汽车被丙盗走。甲能向丙主张返还原物吗？乙能向丙主张返还原物吗？

结论：

（1）甲可以向丙主张返还原物。因为甲是所有权人，丙从甲处偷走了该汽车，甲可以基于所有权向丙主张返还。

（2）乙不能向丙主张返还原物。因为乙是抵押权人，汽车原本就不在乙处，乙无法主张返还原物。如果甲怠于向丙主张返还，乙就可以要求甲将对丙的返还原物请求权转让给自己，由自己出面，要求丙返还。

3.被请求的义务人必须是现实的无权占有人

所谓现实的无权占有人，是说标的物仍然在无权占有人手中，如果标的物又流转到第三人手中，则无法向无权占有人主张返还。

实例：甲的手机被乙拾得，乙将手机转卖给丙。甲可以向乙主张返还原物请求权吗？可以向丙主张返还原物请求权吗？

结论：甲可以向丙行使返还原物请求权，但无法向乙行使返还原物请求权，其只能要求乙赔偿损失。原因在于：乙根本不占有标的物，无从将手机交还给甲，所以甲不能向乙主张返还原物请求权。丙购买的是遗失物，而遗失物不适用善意取得，故甲仍然享有所有权，其可以向丙主张返还原物请求权。

（二）法律后果

被请求人应返还原物及其孳息。

三、排除妨碍请求权

（一）适用条件

排除妨碍请求权，又称妨碍排除请求权，即请求对方将对物权的妨碍予以排除。有的书上又将其称为排除妨害请求权，有的书上则认为两者存在区别，就法考命题情况来看，并未区分这两个概念，因此，在法考背景下，可以等同使用，考生不必纠结。

关于其适用条件，考生应从如下几点进行把握：

1.行使该权利的人必须为物权人

由于排除妨碍请求权旨在将他人造成的妨碍予以排除，故主张该权利的人，只要是物权人即可，而不要求必须是具有占有权能的物权人。故此处的物权人，包括抵押权人在内。

2.妨害人以无权占有以外的方式妨害物权的行使

如将汽车停在他人的车位门口；自家树木被吹断坠入邻家院子。

3.请求排除妨碍时，妨碍仍在进行

如果妨碍已经消除，谈不上再行使排除妨碍请求权。

4.被请求的义务人必须是对妨碍的排除有支配力的人

该条件是法考的命题重点，需要考生结合如下实例仔细体会：所谓对妨碍的排除有支配力的人，既包括制造妨碍的人，也包括虽然没有制造妨碍，但该妨碍在其可以控制的范围内的人。

实例：甲将自有房屋卖给乙，乙在交房和过户前擅自撬锁连夜装修，给邻居带来极大困扰，邻居主张排除妨碍，可以向谁主张？

结论：邻居既可以请求乙排除妨碍，也可以请求甲排除妨碍。这是因为，乙是制造妨碍的人，当然对妨碍的排除有支配力，故可以请求其去除这一妨碍，即不要在夜里装修房屋；甲虽然不是制造妨碍的人，但甲是房屋的出卖人，其在交付房屋前，仍然可以控制这一房屋，使其不在半夜发出噪音，乙擅自撬锁连夜装修，甲可以要求乙不要再装修房屋，故甲属于对妨碍的排除有支配力的人，邻居也可以向甲主张排除妨碍。

（二）法律后果

被请求人采取措施将妨碍排除。

四、消除危险请求权

（一）适用条件

消除危险请求权的具体适用条件，与排除妨碍请求权的具体适用条件基本类似，考生可以对照进行记忆：

1.行使该权利的人必须为物权人（也包括抵押权人在内）

2.物权的行使有受到妨害的危险

如邻人的大树倾斜，有被风刮倒至自家院内的风险。

3.请求消除危险时，危险仍然存在

4.被请求的义务人必须是对危险的消除有支配力的人

此处对危险的消除有支配力的人，包括制造危险的人以及其他可以控制危险的人。

（二）法律后果

被请求人采取措施将危险予以消除。

经典考题：叶某将自有房屋卖给沈某，在交房和过户之前，沈某擅自撬门装修，施

工导致邻居赵某经常失眠。下列哪些表述是正确的？（2013年卷三第55题，多选）①

    A.赵某有权要求叶某排除妨碍

    B.赵某有权要求沈某排除妨碍

    C.赵某请求排除妨碍不受诉讼时效的限制

    D.赵某可主张精神损害赔偿

归纳总结　物权的保护

返还原物请求权	①原物必须存在，即有返还的可能性 ②行使该权利的人必须为物权人（不包括抵押权人） ③被请求的义务人必须是现实的无权占有人
排除妨碍请求权	①行使该权利的人必须为物权人（包括抵押权人） ②妨害人以无权占有以外的方式妨害物权的行使 ③请求排除妨碍时，妨碍仍在进行 ④被请求的义务人必须是对妨碍的排除有支配力的人
消除危险请求权	①行使该权利的人必须为物权人（包括抵押权人） ②物权的行使有受到妨害的危险 ③请求消除危险时，危险仍然存在 ④被请求的义务人必须是对危险的消除有支配力的人

第六节　占　有

命题点拨

    占有本身在《民法典》中仅有5个条文，相对于物权的其他制度，占有的地位并不

---

① 【答案】ABC。本题考查排除妨碍。A选项，排除妨碍中，被请求的义务人必须是对妨碍的排除有支配力的人。所谓对妨碍的排除有支配力的人，既包括制造妨碍的人，也包括虽然没有制造妨碍，但该妨碍在其可以控制的范围内的人。本题中，叶某是房屋的所有权人，对妨碍的消除有支配力，其可以采取措施消除这一妨碍，如禁止沈某进入房内、换锁等，故赵某有权要求叶某排除妨碍。该选项正确。B选项，沈某是制造妨碍的人，其对妨碍的消除有支配力，因为其本人可以自行停止这一妨碍行为，故赵某也有权要求沈某排除妨碍，该选项正确。C选项，在本书专题六诉讼时效以及本专题第一节中，均明确阐述了排除妨碍不适用诉讼时效，该选项正确。D选项，主张精神损害赔偿，必须是人身权益受到严重侵害，本题中赵某作为邻居，是相邻权益受到损害，相邻权益属于物权的范畴，物权属于财产权，不是人身权，单纯的失眠也不是某种人身权益受害，故D项错误。本题如果出现失误，最主要的原因一是受生活常识的影响，误认为是沈某在进行装修，与叶某无关，所以不能向叶某主张排除妨碍。二是对排除妨碍中"被请求的义务人必须是对妨碍的排除有支配力的人"这个考点把握得不够精准，能够被请求排除妨碍的，不一定局限于制造妨碍的人，也包括其他能够控制、消除妨碍的人。综上，本题正确选项为ABC。

算十分重要。但是，在早期的司法考试时代，占有制度的题目相当疑难，主要是大量题目考查法条中没有规定的学术理论，而这些学术理论又存在争议，导致考生复习起来困难重重。自2016年开始，尤其是进入法考时代后，占有在法考里逐渐回归正常，这表现在两个方面：一是仅偶尔考查占有制度，因为其在物权中的地位远远不如所有权、担保物权。法考时代民法分值大量下降，像占有这样的制度不可能再像以前那样总是被考查。二是所考知识点也回归正常，要么是《民法典》里有规定，要么是理论上不存在争议的考点。因此，复习本节知识时，建议考生无须花过多时间、无须过多纠结，对过去有矛盾的一些真题无须钻牛角尖，掌握本书阐述的这些制度即可。

一、占有的概念

占有，指对物在事实上的占领、控制。

占有可以是物权的一种权能，如所有权人、质权人，基于其享有的物权，可以对标的物进行占有；也可以是没有任何权利基础的事实控制，如小偷对赃物的占有。

二、占有的分类

（一）自主占有与他主占有

这是根据占有人的主观心态不同所作的划分。

自主占有，是指占有人以自己为所有权人而对标的物进行占有。考生可以通俗地理解为"自"是自己，"主"是主人，即把自己当成主人。

他主占有，是指占有人以他人为所有权人而对标的物进行占有。考生可以通俗地理解为"他"是他人，"主"是主人，即把他人当成主人。

这一分类在法考中的考试价值表现在：

1.考生须牢记日常生活中一些常见的自主占有、他主占有现象。自主占有，如所有人的占有、小偷的占有、侵占遗失物的拾得人的占有；他主占有，如承租人、保管人、质权人、留置权人对标的物的占有。

2.考生在判断自主占有与他主占有时，不要考虑占有本身合法与否，而只考虑占有人的心态，自主占有并不一定就是合法的，他主占有也不一定就是违法的。如小偷的占有属于自主占有，但小偷的占有显然是违法的；质权人占有质押物是他主占有，但质权人的占有显然是合法的。

（二）直接占有与间接占有

这是根据占有人是否直接在物理上控制标的物所作的划分。

直接占有，是指占有人直接控制标的物。考生可以通俗地理解为"物在自己身边"。如所有权人占有标的物。

间接占有，是指占有人基于某种法律关系（合同、侵权等），通过他人而间接地占有标的物。考生可以通俗地理解为"物在他人身边"。如甲的电脑被乙偷走，电脑在乙的身边，乙是直接占有；对甲而言，电脑虽不在其身边，但其基于所有权可以要求乙返还电脑，甲属于间接占用。

这一分类在法考中的考试价值表现在：

1.考生须深入体会间接占有的内涵。间接占有中，物虽然在他人身边，但权利人却能通过其对物享有的权利，主张标的物的返还，实现对物的最终控制，故也将其作为一种占有来对待。

2.通过占有辅助人对标的物进行占有，应认定为直接占有，而非间接占有。所谓占有辅助人，是受权利人的委托、指派而占有标的物的人。如商场将其商品交给其售货员售卖，商品虽然在售货员手上，然而售货员是受商场的委托而占有商品，其是辅助占有人，本身不构成独立的占有，而只是代替商场进行占有。故商场里的商品，真正的占有人是商场而非售货员。

（三）有权占有与无权占有

这是根据占有是否有权利基础所作的划分。

有权占有，是指基于权利而占有标的物。这些权利，可以是物权，如所有权人、质权人、留置权人基于其物权而占有标的物；也可以是合同（债权），如承租人基于租赁合同而占有租赁物。

无权占有，是指占有标的物并没有权利作为依据。如小偷对赃物的占有，由于小偷对赃物并不享有任何的权利，故是无权占有。

这一分类在法考中的考试价值表现在：

1.考生须明确遗失物的拾得人对遗失物的占有属于无权占有。关于拾得人对遗失物的占有是无权占有还是有权占有，理论上存在广泛争议，但在法考里，历来是作为无权占有对待的。这是因为，拾得人对其所拾得的遗失物，没有任何的权利，包括没有任何的物权，其和遗失物的权利人之间也不存在合同关系，故定性为无权占有更合适。

2.对无权占有人，物权人在请求其返还原物时，其负有返还义务；对有权占有人，物权人在请求其返还原物时，其可以有权占有进行抗辩。如甲将房屋出租给乙，约定租期为1个月。乙是基于租赁合同而占有房屋，故是有权占有，在1个月的租期内，甲请求乙返还房屋，乙有权拒绝；1个月以后，租赁合同到期，甲明确不再续租，此时乙再占有，就是无权占有，甲有权请求其返还。

③以物权为依据的有权占有，基于物权是绝对权的属性，占有人对占有人之外的所有人都是有权占有。以合同为依据的有权占有，基于合同所产生的债权是相对权，占有人只能对合同相对方主张有权占有。

实例：甲将房子出卖给乙，已经交付了房屋，但尚未办理登记。后甲又将房屋卖给了丙，并办理了过户登记。丙要求乙将房屋返还给自己，乙以自己是有权占有进行抗辩，可否获得法律支持？

结论：不能获得支持。乙占有房屋，是基于和甲之间的买卖合同，故属于有权占有，但该有权占有仅是相对于合同相对方甲而言。目前房屋已经归丙所有，乙对丙不能主张有权占有的抗辩，也就是乙对丙而言是无权占有，丙可以要求乙返还房屋。

（四）善意占有与恶意占有

这是根据无权占有人是否知道自己是无权占有为标准所作的划分。

善意占有，是指占有人不知道自己属于无权占有。如甲误将乙的自行车当成自己的自行车而骑走，甲骑走乙的自行车，属于无权占有；甲不知该自行车为乙所有，而误以为是自己的自行车，故属于善意占有。

恶意占有，是指占有人明知自己属于无权占有。如甲明知是乙的自行车，而仍然将自行车骑走，就属于恶意占有。

这一分类在法考中的考试价值表现在：

1. 考生必须明确，善意占有与恶意占有的分类，是以无权占有为前提的，因此有权占有中，并不存在善意占有、恶意占有的区分。如甲将电脑为乙设立质押，乙是有权占有，既不能说其是善意占有，也不能说其是恶意占有。

2. 善意占有与恶意占有的分类，还有如下重要考试价值：

命题角度	恶意占有人	善意占有人
使用责任不同《民法典》第459条	因使用占有物，致使其受到损害的，应负赔偿责任	善意的自主占有人，使用占有物致使其受到损害的，不负赔偿责任 善意的他主占有人，对于超出其假想的占有权限的使用，应负赔偿责任（参见下文的实例）
返还责任不同《民法典》第460条	应返还原物及孳息 无权请求支付必要费用（必要费用，指占有人维持占有物的存在必须支出的费用，如保管费、修理费、治疗费等）	应返还原物及孳息 有权请求支付必要费用
赔偿责任不同《民法典》第461条	占有物毁损、灭失，不论恶意占有人是否具有过错，均要承担赔偿责任	占有物毁损、灭失，无论善意占有人是否存在过错，均不负赔偿责任；但善意的他主占有人对于超出其假想的占有权限的使用所造成的损失，应负赔偿责任

上述分析中，有一个知识点较为抽象，这就是善意的他主占有人，对于超出其假想的占有权限的使用，应负赔偿责任。在具体认定时，首先，要确认必须是他主占有；其次，必须确认是无权占有；再次，必须确认是善意占有。关于该知识点的理解，请考生结合如下实例认真体会：

实例：老李发现有一辆自行车在邻居老张家的车棚里，车子没有上锁，邻居家也没有人在。老李担心自行车被他人偷走，于是将其带回自己家代为保管。当天下午，突然下起了大雨，于是老李就骑着该辆自行车去接快要下课的孙子，路上不慎撞到路边的电线杆上，导致自行车损坏不能再继续使用。老张回来后，老李就将保管自行车但又不慎损坏的事情告诉老张，此时老李才知道自行车不是老张家的，而是老张的朋友老赵的。老赵可否要求老李就自行车的损坏予以赔偿？

结论：可以。本案的分析思路如下：

首先，应认定老李的占有状态。老李认为老张是自行车的主人，而不是把自己当成主人，构成他主占有；老李对老赵的自行车进行占有，没有物权也没有合同作为依据，构成无权占有；老李不知自行车是老赵所有，构成善意占有。

其次，再认定老李是否超出了其假想的占有权限而对标的物进行使用。老李之所以将自行车带回家，是因为担心自行车被他人偷走，故而带回家进行保管，因此，其假想的占有权限就是"保管自行车"。但是，后来老李却骑着自行车去接快要下课的孙子，这就是在"使用自行车"，意味着超出了保管的权限，由此导致的损害，就是属于超出了假想的占有权限而对标的物进行使用，故老李应就其损害承担赔偿责任。

三、占有的效力

占有的效力，也称占有的推定效力，即根据当事人对标的物占有的事实，推定其属于何种类型的占有。在进行推定时，请考生牢记一个通俗的标准，那就是尽量将占有人往好的方面进行推定。具体包括如下考点：

（一）权利推定

占有人的占有，被推定为有权占有，即推定占有人占有标的物，是有权利为依据的。当然，既然是推定，就应允许通过相反的证据予以推翻，故如果有证据证明占有人的占有是无权占有（如证明其占有的标的物是偷盗而来），则该推定可被推翻，而以证据为准进行认定。

（二）事实推定

占有人的占有，被推定为自主占有、善意占有，即推定占有人占有标的物，是把自己当成主人的占有；如果是在无权占有的背景下，则推定其为善意占有。同样，这些推定都可以被证据所推翻。

四、占有的保护

（一）占有保护请求权

占有保护请求权，是指占有人的占有被非法侵害时，占有人可以采取的保护措施。

根据《民法典》第462条的规定，占有保护请求权包括返还占有物请求权（也称返还占有请求权或占有物返还请求权）、排除妨碍请求权和消除危险请求权，分别对应着占有物被他人侵夺、占有状态被他人妨碍、占有状态有被妨碍的危险。其中，后两种保护措施与物权请求权中的排除妨碍请求权、消除危险请求权在本质上是一样的，仅仅是一个是用来保护占有状态的，一个是用来保护物权的。

实例1：甲、乙两家相邻，乙家后院大树倾斜，有被风刮倒砸到甲家房屋的危险。甲请求乙消除危险。甲主张这一权利是基于其对自家房屋享有的所有权，所有权属于物权，故甲主张的消除危险请求权，是物权请求权里的消除危险请求权。

实例2：甲、乙两家相邻。甲将其房屋出租给丙。乙家后院大树倾斜，有被风刮倒砸到甲家房屋的危险。丙请求乙消除危险。丙对甲的房屋享有租赁权，租赁权是债权而非物权，故丙请求乙消除危险不属于物权请求权；丙目前占有甲的房屋，故丙是基于其占有的事实而请求乙消除危险，其主张的消除危险请求权，是占有保护请求权中的消除危险请求权。

就法考而言，主要围绕返还占有物请求权进行命题，故本节以下内容着重就返还占有物请求权进行阐述。

（二）返还占有物请求权

就该考点，考生须掌握如下内容：

1.主张返还占有物请求权的条件

（1）须有占有被侵夺的事实

是指违背占有人的意思，以法律禁止的方式剥夺占有人的占有，将占有人的占有物移转到自己的管理控制之下。如甲的电脑交给乙保管，丙从乙的手中偷走了电脑。

（2）占有物在物理上是存在的，并未消灭

如果占有物已经灭失，则不存在返还占有物的可能性，此时只能主张占有物的损害赔偿请求权。而损害赔偿请求权属于债权请求权，不是物权请求权。

（3）请求权人须是其占有被侵夺的占有人

不论占有人是有权占有还是无权占有，只要其占有被侵夺，都可以依法主张返还占有物请求权。

（4）须自侵占发生之日起1年内行使

1年期满后未行使的，返还占有物请求权消灭。需要考生注意的是，该1年时间的规定，属于除斥期间而不是诉讼时效。因此，返还占有物请求权虽然属于请求权的一种，但却适用除斥期间的规定。

（5）被请求返还的人是标的物的现实占有人，包括占有的侵夺人以及侵夺人的继受人

该考点较为疑难，需要考生按如下要点理解：

①所谓现实占有人，是指标的物仍然在其手上的人。

实例比较：

实例1： 甲的电脑被乙偷走，在乙手上又被丙偷走。乙可否向丙主张返还占有物请求权？

实例2： 甲的电脑被乙偷走，在乙手上又被丙偷走，在丙手上又被丁偷走。乙可否向丙主张返还占有物请求权？可否向丁主张返还占有物请求权？

结论：

实例1中，乙可以向丙主张返还占有物请求权。丙侵占了乙的占有，是占有的侵夺人，且标的物仍然在丙的手上，符合返还占有物请求权的适用条件。

实例2中，乙无法向丙主张返还占有物请求权，也无法向丁主张返还占有物请求权。这是因为，丙虽然侵夺了乙的占有，但目前标的物不在丙的手上，丙不是现实的无权占有人，故乙无法向丙主张返还占有物。标的物虽然在丁的手上，但丁并没有直接侵夺乙的占有，乙的占有是被丙侵夺的，故乙也无法向丁主张返还占有物请求权。

②该知识点所提到的侵夺人的继受人，又分为两种情况，即概括继受人和特定继受人，因较为疑难，特展开分析：

A.对侵夺人的概括继受人主张返还占有物。

概括继受，在学术上存在广泛争议，考生仅须记住其典型表现是基于继承、企业合并等原因而从侵夺人处继受占有。对此，法考的观点是，不论继受人是善意还是恶意，占有人均可对其主张返还占有物请求权。请考生结合以下实例进行理解：

实例：甲的电脑交给乙保管，乙保管期间被丙偷走，后丙死亡，该电脑被丙的儿子丁继承。甲可否请求丁返还？乙可否请求丁返还？

结论：

a.甲可以请求丁返还。甲请求返还的依据是其所有权，故其向丁主张返还，所主张的是物权请求权中的返还原物请求权，只要其物权没有消灭，就可以主张这一请求权。在上述实例中，电脑的所有权始终没有转移，仍然归甲所有，故甲可以基于其所有权向丁主张返还原物请求权。

b.乙可以请求丁返还。由于乙对电脑不享有物权，而仅有占有的状态，故其向丁主张返还，所主张的是占有保护请求权中的返还占有物请求权。丁是小偷丙的概括继受人，因此，不论丁是善意（不知电脑是丙偷来）还是恶意（明知电脑是丙偷来），乙都可以向其主张返还占有物请求权。

B.对侵夺人的特定继受人主张返还占有物。

特定继受，也存在较大争议，考试仅须记住其典型表现是基于买卖、赠与、出租等原因而从侵夺人处继受占有。对此，法考的观点是，占有人只能对恶意的继受人主张返还占有物请求权，对善意的继受人，则不可以主张返还占有物请求权。

（二）返还占有物请求权与返还原物请求权的区别

两者在字面上都有返还的字样，导致容易发生混淆，不同书上对两种的区别均有总结。就法考而言，考生仅需掌握如下区别即可应对题目，过多的学术层面的区别无须考生掌握：

	返还占有物请求权	返还原物请求权
保护的对象不同	保护的是占有人的占有	保护的是物权人的物权
请求权人不同	由占有人主张返还占有物请求权	由物权人主张返还原物请求权
权利行使的期限不同	受1年除斥期间的限制	不受诉讼时效和除斥期间的限制（例外：未登记的动产物权请求返还的，适用3年诉讼时效的规定）

经典考题：张某拾得王某的一只小羊拒不归还，李某将小羊从张某羊圈中抱走交给王某。下列哪一表述是正确的？（2014年卷三第9题，单选）①

---

① 【答案】D。本题考查占有的保护。A选项，张某拾得王某的一只小羊，属于拾得遗失物，拾得人不可能基于拾得行为而直接获得遗失物的所有权，该选项明显错误，考生较易排除。B选项，小羊本身属于王某所有，李某将其交给王某，王某的所有权获得恢复。张某作为小羊的拾得人，对王某而言，本来就有返还小羊的义务，因此，张某对王某不能主张占有物返还请求权，该选项错误。C选项，张某占有小羊期间，小羊被李某抱走，李某侵犯了张某的占有，张某本来是可以向李某主张返还占有物的。但李某将小羊交给了王某，李某目前已经不再是小羊的现实占有人，故张某无法向李某主张返还占有物请求权，该选项错误。D选项，如上分析，李某的行为确实对张某的占有构成侵犯，这一事实是可以认定的，故该选项正确。本题如果出现失误，最主要的原因是对返还占有物请求权的适用条件掌握得不够牢固，如被请求返还的人必须是标的物的现实占有人。由于对知识点掌握得不够牢固，就容易根据生活常识做题，这容易引发错误。综上，本题正确选项为D。

A.张某拾得小羊后因占有而取得所有权　　　B.张某有权要求王某返还占有

C.张某有权要求李某返还占有　　　　　　　D.李某侵犯了张某的占有

归纳总结　占有

占有的分类	①自主占有与他主占有 关键看占有人是把自己当成主人还是把他人当成主人，且不考虑占有合法与否 ②直接占有与间接占有 关键看物是否在自己身边，但通过占有辅助人对标的物进行占有的为直接占有 ③有权占有与无权占有 关键看占有本身有无权利作支撑，包括物权、合同（债权） ④善意占有与恶意占有 关键看占有人是否知道自己是无权占有，该分类不适用于有权占有
占有的效力	占有人的占有，被推定为有权占有、自主占有、善意占有，但可被相反证据推翻
返还占有物请求权	①行使条件 A.须有占有被侵夺的事实 B.占有物在物理上是存在的，并未消灭 C.请求权人须是其占有被侵夺的占有人 D.须自侵占发生之日起1年内行使 E.被请求返还的人是标的物的现实占有人，包括占有的侵夺人以及侵夺人的继受人 ②与返还原物请求权的区别 返还占有物请求权，是对占有的保护，由占有人主张，受1年除斥期间的限制；返还原物请求权，是对物权的保护，由物权人主张，除未登记的动产物权请求返还适用3年诉讼时效的规定，其他情况下不受诉讼时效和除斥期间的限制

专题八 所有权

第一节 所有权概述

命题点拨

本节内容为所有权的基础知识，在法考中有如下命题思路：一是结合案例，要求考生准确理解所有权的内容的基本含义。二是对征收制度偶尔进行考查。征用制度，在当前疫情防控背景之下，也有一定的考试价值。三是对相邻关系进行考查。由于这些考点相对于整个民法来说，并不算是疑难问题，因此，法考在命题时，一般是将这些考点与其他知识点融合进行考查，也不单独作为一道题进行考查。

一、所有权的概念

所有权是财产所有人在法律规定的范围内，对其财产享有占有、使用、收益、处分的权利。这就意味着，一个人拥有对某一标的物的所有权，其可以占有标的物，也可以对其进行使用并因此获得利益，也可以对其进行处分，如出卖给他人。

二、所有权的内容

所有权的内容，也称所有权的权能，即一个人拥有所有权能干什么，也就是概念中提到的占有、使用、收益、处分。

就法考而言，需要考生准确理解这四个词汇，在做题时能够准确予以区分：

1.占有

占有指所有权人对于财产实际上的占领、控制。本书在专题七第六节专门进行了阐述，此处不再论述。

2.使用

使用指依照物的性能和用途，不毁损该物或变更其性质地加以利用。

这一概念与日常生活中理解的使用并非同一意义，如甲将木头烧火取暖，在日常生活中理解为使用，然而，在民法上，木头被燃烧后性质发生改变，就不是使用，而是属于下文要阐述的处分了。

3.收益

收益指收取物所带来的利益，如孳息、利润。因此，收益一词，比孳息的概念要更广泛。

4.处分

处分指决定财产事实上和法律上命运的权能。所谓事实上的命运，是指对物的性质进行改变，又称为事实处分；所谓法律上的命运，是指转移所有权、为他人设立用益物权或担保物权。

在法考中，对处分的准确理解对考试十分重要，具体而言，有如下命题价值：

（1）考生必须意识到，租赁不属于处分。如将房屋出租给他人，就不是处分，因为将房屋出租给他人，既不转移所有权，也没有为对方设立用益物权和担保物权。通过出租而获得租金，租金属于孳息，因此这是收益的体现。

（2）基于对处分概念的理解，考生要进一步理解无权处分的概念。那就是当事人对标的物没有处分权，却将其出卖给他人、为他人设立用益物权或担保物权。所谓没有处分权，是说自己没有所有权，也没有得到所有权人的授权。

实例：甲对电脑享有所有权，则拥有四种权能。甲可以对其占有和控制，这是占有权能；可以用其来上网，这是使用权能；可以将其出租获取收益，这是收益权能；也可以将其出卖，这是处分权能。

三、所有权的限制

关于所有权的限制，要求考生掌握征收、征用两项制度。

（一）征收（《民法典》第243条）

征收，是指为了公共利益需要，依照法律规定的权限和程序将集体所有的土地和组织、个人的房屋及其他不动产转变为归国家所有。如将住户的房子征收为国家所有，在该土地上建设公园。

在法考中，需要考生记忆如下具体考点：

1.征收的结果，是导致所有权发生转移，即集体、组织、个人享有的财产转变为归国家所有。

2.国家取得所有权的时间，是征收决定生效时。征收决定，由国家机关根据法律规定的权限和程序作出。至于权限如何划分、程序如何运作，考试不涉及，考生无须关注。

3.征收的对象只能是土地和房屋，动产不存在被征收的问题。

4.征收的补偿问题。具体而言，征收集体土地的，应依法及时足额支付土地补偿费、安置补助费、农村村民住宅、其他地上附着物和青苗的补偿费等费用以及安排被征地农民的社会保障费用，保障被征地农民的生活，维护被征地农民的合法权益。

征收组织、个人的房屋及其他不动产，应当依法给予征收补偿，维护被征收人的合法权益；征收个人住宅的，还应当保障被征收人的居住条件。

（二）征用（《民法典》第245条）

征用，是指因抢险救灾、疫情防控等紧急需要，国家机关依照法律规定的权限和程序临时使用组织、个人的不动产、动产。

在法考中，需要考生通过和征收进行对比，记忆关于征用的如下考点：

1.征用的结果，只是临时使用，不会导致财产归国家所有。

2.征用决定，也需要由国家机关根据法律规定的权限和程序作出。至于权限如何划分、程序如何运作，考试不涉及，考生无须关注。

3.征用的对象包括动产和不动产。

4.征用的返还与补偿问题。由于征用不转移所有权，因此，使用之后，应当返还给被征用人。同时，财产被征用或者征用后毁损、灭失，应给予补偿。

四、相邻关系

（一）概念

相邻关系是指两个或者两个以上相邻不动产的所有人或使用人，在行使占有、使用、收益、处分的权利时因互相提供必要便利而发生的权利义务关系。

就法考而言，考生应把握如下几点：

1.可以将相邻关系简单理解为邻居之间应互相容忍，但容忍也是有限度的，"忍无可忍，无须再忍"。

实例：甲将位于顶楼的房屋出租给乙，约定乙可适当装饰房屋。租赁期间，乙装修房屋，产生巨大噪音，使斜对楼的住户丙的睡眠受到严重影响。丙可依相邻关系要求甲或者乙排除妨碍。相邻关系需要邻居之间彼此适当的容忍，但是容忍也是有限度的，乙装修房屋超过了必要限度。

2.相邻关系中的"相邻"，通常是指邻居之间，既包括土地的相邻人之间，也包括房屋的相邻人之间。但何谓相邻，法律并未明确规定，考生一方面可多结合社会生活理解，另一方面又不可过于钻牛角尖。如住在同一栋楼里，二楼和三楼之间固然是邻居，二楼和四楼、五楼之间当然也是邻居，二楼装修房屋给五楼邻居造成噪音污染，五楼的邻居也可以请求排除妨碍。

3.相邻关系的主体，不限于所有权人之间，使用人之间也会发生相邻关系。如甲承租一楼的房屋，乙承租二楼的房屋，甲、乙之间也发生相邻关系。

4.相邻关系要求邻居之间互相容忍，这是法律的强制要求。换句话说，只要有不动产相邻的事实，邻居之间就应承担这种容忍义务。

（二）相邻关系的类型

以下相邻关系的类型，是根据社会生活实际总结出来的，考生也应多结合社会生活实际来理解。通过本部分介绍，需要考生在心目中留下印象：相邻关系广泛存在。

1.相邻用水排水关系。

考生可从用水、排水两个角度来理解：

（1）相邻人应当尊重水的自然流向，在相邻人之间合理分配水资源。上游使用者不得将水全部拦截，影响下游用水；下游使用者也不得影响上游的排水。

（2）相邻一方在为房屋设置管、槽或其他装置时，不得使房屋雨水直接注泻于邻人建筑物上或者土地上。

2.邻地使用关系。

此种相邻关系较为复杂，考生要区分三种情况进行理解：

（1）袋地通行权。

袋地通行权，用的是比喻的说法，是指相邻一方的建筑物或土地，处于邻人的土地包围之中，非经过邻人的土地不能到达公共道路，或者虽有其他通道但通行非常困难的，可以通过邻人的土地以到达公共道路。此种与公用道路没有适当联系的土地称为袋地，此种通行权利称为袋地通行权。

在袋地通行权中，通行人在选择道路时，应当选择最必要、损失最少的路线，如只需小道即可，就不得开辟大道；能够在荒地上开辟道路，就不得在耕地上开辟。同时，通行人应当尽量避免对相邻不动产的权利人造成损害，造成损害的，应当予以赔偿。

（2）管线通过。

相邻人因铺设电线、电缆、水管、暖气和燃气管线等必须利用相邻土地、建筑物的，该土地、建筑物的权利人应当提供必要的便利。但相邻人应当选择损害最小的地点及方法安设，相邻人还应对所占土地及施工造成的损失给予补偿，并于事后清理现场。

（3）营建利用。

相邻人因建造、修缮建筑物而必须利用相邻土地、建筑物的，该土地、建筑物的权利人应当提供必要的便利。但相邻人应当选择损害最小的地点及方法安设，相邻人还应对所占土地及施工造成的损失给予补偿，并于事后清理现场。

3.通风采光日照关系。

相邻人在建造建筑物时，应当与邻人的建筑物留有一定的距离，不得违反国家规定的有关工程建设标准，以免影响邻人建筑物的通风、采光和日照。

4.相邻竹木归属关系。

考生可从如下两方面来理解：

（1）相邻地界上的竹木、分界墙、分界沟等，如果所有权无法确定的，推定为相邻双方共有财产，其权利义务适用按份共有的原则。

（2）对于相邻他方土地的竹木根枝超越地界，并影响自己对土地使用的，如妨碍自己土地上庄稼的采光，相邻人有权请求相邻他方除去越界的竹木根枝。

5.相邻侵害防免关系。

考生可从如下两方面来理解：

（1）开掘危险、建筑物危险。

不动产权利人挖掘土地、建造建筑物、铺设管线以及安装设备等，不得危及相邻不动产的安全。

（2）不可量物侵入。

不动产权利人不得违反国家规定弃置固体废物，排放大气污染物、水污染物、噪声、光、电磁波辐射等有害物质。

归纳总结 所有权概述

所有权的内容	占有、使用、收益、处分
所有区的限制	①征收 为了公共利益需要，依照法律规定的权限和程序将集体所有的土地和组织、个人的房屋及其他不动产转变为归国家所有 ②征用 因抢险救灾、疫情防控等紧急需要，国家机关依照法律规定的权限和程序临时使用组织、个人的不动产、动产

续 表

相邻关系	①相邻关系的本质,是邻居之间应互相容忍,但容忍也有限度 ②相邻关系包括用水排水关系、邻地使用关系、通风采光日照关系、相邻竹木归属关系、相邻侵害防免关系

第二节　业主的建筑物区分所有权

命题点拨

本节内容,在法考中重点对建筑物区分所有权中所包括的三种具体权利,即业主的专有权、业主的共有权、业主的管理权分别命题进行考查。《民法典》对业主的管理权有较大修订,需要引起考生特别注意。

一、建筑物区分所有权的概念和业主的认定

（一）建筑物区分所有权的概念

建筑物区分所有权,指权利人即业主对于一栋建筑物中自己专有部分的单独所有权、对共有部分的共有权以及因共有关系而产生的管理权的结合。也就是说,一个人在城市里购买一套房屋,实际上购买了三个权利,故民法上用"区分所有权"这一表述,即能区分出三个权利,这构成了法考的重点。

（二）业主的认定

享有建筑物区分所有权的人称为业主。《最高人民法院关于审理建筑物区分所有权纠纷案件适用法律若干问题的解释》(以下简称《建筑物区分所有权解释》)第1条扩大了业主的范围,据此,业主包括三类人:

1.依照不动产登记取得建筑物专有部分所有权的人

2.通过合法建造、继承、法院或仲裁机构的法律文书取得建筑物专有部分所有权的人

3.基于与建设单位之间的商品房买卖合同,已经合法占有建筑物专有部分,但尚未依法办理所有权登记的人

二、建筑物区分所有权的内容

（一）业主的专有权

考生可以将业主的专有权形象地理解为对所购买房屋中居住面积那部分所享有的权利。

1.业主的专有权的行使

业主对其专有部分享有单独所有权,即对该部分有占有、使用、收益和处分的权利,此点和一般所有权没有区别。

2.民宅商用之限制

民宅商用,即将住宅改变为经营性用房。其基本要求是:应当经有利害关系的业主

一致同意。

何谓有利害关系的业主，就成了法考的命题来源之一，考生应掌握其基本判断方法，即是否住在同一栋建筑物内，具体而言：

（1）本栋建筑物内的其他业主，当然有利害关系。因此，只要本栋建筑物内的一位业主反对，其他业主就不可以进行民宅商用。

（2）整个小区内，本栋建筑物之外的业主，主张与自己有利害关系的，应证明其房屋价值、生活质量受到或者可能受到不利影响。如果其证明出来了，则有利害关系，民宅商用时应经过其同意；如果证明不出来，不算有利害关系，民宅商用时无须经过其同意。

实例：甲在某小区一楼有一套四居室房屋，甲想将其中一间用于开设小型超市，如果十楼的住户乙反对其开设小型超市，甲不得开设。若甲认为其与乙之间无利害关系，法院不予支持。

（二）业主的共有权

考生可以将业主的共有权形象地理解为对所购买房屋中公摊面积那部分所享有的权利。

1.共有部分的认定

即公摊面积到底摊到什么地方去了，这些地方，为业主共有。具体认定标准为：

（1）小区内的道路，属于业主共有，但属于城镇公共道路的除外。城镇公共道路，应认定为归国家所有。

（2）小区内的绿地，属于业主共有，但属于城镇公共绿地或者明示属于个人的除外。城镇公共绿地，属于国家所有；明示属于个人的，归个人所有。

（3）小区内的其他公共场所、公用设施和物业服务用房，属于业主共有。

（4）关于车位的认定

这是本部分最为疑难的问题，需要考生重点掌握如下两点：

①地下停车位，归开发商所有，开发商应当通过出售、附赠或者出租等方式首先满足业主的需要；占用业主共有的道路或者其他共有的场地用于停放汽车的车位，则属于业主共有。

②如果业主购买了车位，则该车位与业主的房屋之间并不是一体关系，即业主对车位成立独立的所有权，业主对房屋享有的所有权和对车位享有的所有权是两个独立的权利。如果业主出卖房屋，车位并不必然要一起出售，可以只出卖房屋不出卖车位，也可以只出卖车位不出卖房屋。考生可简单记忆为"不要把车位和房屋捆绑在一起"。

2.业主的共有权的行使

（1）业主共有权的定性。

考生必须明确，此处业主的共有权既不是按份共有，也不是共同共有，就是一种特殊的共有方式，因此，本专题最后一节所阐述的共有的规则，不能适用于业主的共有权。如业主出卖其房屋，其他业主不享有优先购买权。

（2）业主通过业主大会共同行使对共有部分的权利。

这就涉及业主的管理权问题，下文详述。

（3）业主在特定情况下有权单独使用共有部分。

业主基于对住宅、经营性用房等专有部分特定使用功能的合理需要，可以无偿利用屋顶以及与其专有部分相对应的外墙面等共有部分，如在楼顶摆放一个花盆，或者在自家窗外悬挂供自己使用的广告牌。

需要考生特别注意如下陷阱：业主对共有部分的单独使用不得超出合理范围，如不得在顶楼设置花圃、游泳池之类，也不得将自家窗外的空间租给广告公司使用。

（4）公共维修基金的交纳。

业主有义务交纳维修基金。关于维修基金，需要提醒考生有一个细节考点：考虑到维修基金是建筑物正常存续的必备条件，业主大会请求业主缴付公共维修基金的权利不受诉讼时效限制。

（5）费用分摊。

建筑物及其附属设施的费用分摊、收益分配等事项，有约定的，按照约定；没有约定或者约定不明确的，按照业主专有部分占建筑物总面积的比例确定。

（三）业主的管理权

1.业主管理权的实现载体

业主的管理权，主要通过业主大会、业主委员会来行使，业主可在其中行使表决权。

关于业主大会与业主委员会，需要掌握两点：

（1）业主大会或者业主委员会的决定，对业主具有约束力。

（2）业主的撤销权。业主大会或者业主委员会作出的决定侵害业主合法权益或者违反了法律规定的程序的，业主可以请求人民法院予以撤销。

2.业主决定的程序

（1）参与表决的人数要求：

需要业主共同决定的事项，应当由专有部分面积占比2/3以上的业主且人数占比2/3以上的业主参与表决。考生可简单记忆为"双重2/3"。

（2）通过表决的人数要求：

决定筹集维修资金、改建或重建建筑物及其附属设施、改变共有部分的用途或者利用共有部分从事经营活动，应当经参与表决专有部分面积3/4以上的业主且参与表决人数3/4以上的业主同意。考生可简单记忆为"双重3/4"。

决定其他事项，应当经参与表决专有部分面积过半数的业主且参与表决人数过半数的业主同意。如选择物业服务公司。考生可简单记忆为"双重过半数"。

（3）关于面积计算方法及业主人数计算方法：

A.面积计算方法：

专有部分面积，按照不动产登记簿记载的面积计算；尚未进行物权登记的，暂按测绘机构的实测面积计算；尚未进行实测的，暂按房屋买卖合同记载的面积计算。

总面积，按照前项的统计总和计算。

B.业主人数计算方法：

业主人数，按照专有部分的数量计算，一个专有部分（即一套房屋）按一人计算。但建设单位尚未出售和虽已出售但尚未交付的部分，以及同一买受人拥有一个以上专有部分（即在同一个小区买了两套以上的房屋），按一人计算。

总人数，按照前项的统计总和计算。

经典考题：蒋某是 C 市某住宅小区 6 栋 3 单元 502 号房业主，入住后面临下列法律问题，请根据相关事实予以解答。（2017 年卷三第 86 题，不定项）①

小区地下停车场设有车位 500 个，开发商销售了 300 个，另 200 个用于出租。蒋某购房时未买车位，现因购车需使用车位。下列选项正确的是？

A. 蒋某等业主对地下停车场享有业主共有权

B. 如小区其他业主出售车位，蒋某等无车位业主在同等条件下享有优先购买权

C. 开发商出租车位，应优先满足蒋某等无车位业主的需要

D. 小区业主如出售房屋，其所购车位应一同转让

归纳总结 业主的建筑物区分所有权	
业主的专有权	①业主对其专有部分享有单独所有权，可以占有、使用、收益和处分 ②民宅商用时，应当经有利害关系的业主一致同意
业主的共有权	①小区内的道路，属于业主共有，但属于城镇公共道路的除外 ②小区内的绿地，属于业主共有，但属于城镇公共绿地或者明示属于个人的除外 ③小区内的其他公共场所、公用设施和物业服务用房，属于业主共有 ④小区内的车位，若是地下停车位，归开发商所有；占用业主共有的道路或者其他共有的场地用于停放汽车的车位，则属于业主共有 注意：业主对车位的权利与其对房屋的权利相互独立
业主的管理权	①参与表决的人数要求 须由专有部分面积占比 2/3 以上的业主且人数占比 2/3 以上的业主参与表决 ②通过表决的人数要求 决定筹集维修资金、改建或重建建筑物及其附属设施、改变共有部分的用途或者利用共有部分从事经营活动，应当经参与表决专有部分面积 3/4 以上的业主且参与表决人数 3/4 以上的业主同意；决定其他事项，应当经参与表决专有部分面积过半数的业主且参与表决人数过半数的业主同意

---

① **【答案】**C。本题考查建筑物区分所有权。A 选项，因地下停车场并未占用业主共有的场地，故非属于业主共有，而应归开发商所有，该选项错误。B 选项，优先购买权，在民法中存在共有制度以及租赁制度里，即共有人的优先购买权、承租人的优先购买权，法律上并没有业主优先购买权这样的制度。该选项表述错误。C 选项，开发商应优先满足业主的需要，该选项正确。D 选项，车位和房屋是两个不同的所有权，各自独立，不能将二者捆绑在一起。小区业主如出售房屋，其所购车位无须一同转让，该选项错误。本题如果出现失误，主要是对两个知识点掌握得不够准确：一是对于优先购买权和优先满足业主需要这两个概念发生混淆，优先满足业主需要，并不是优先购买权的意思；二是将车位与房屋一体化理解，但实际上二者是分开的，在销售时不是必须捆绑在一起的。综上，本题正确选项为 C。

第三节 善意取得

命题点拨

善意取得是法考的命题重点，主要有两种命题思路：一是围绕善意取得的构成条件进行命题，要求考生会准确判断某一具体案例是否适用善意取得；二是围绕善意取得的法律后果进行命题，要求考生会准确判断善意取得之后的结果是什么。考生也应按照这个思路进行复习。

一、善意取得的概念

善意取得，又称即时取得，指无权处分人以自己的名义将动产或不动产以合理的价格转让给善意第三人，善意第三人可以取得动产或不动产所有权的制度。

理解这一概念，考生可从如下几方面进行：

1.善意取得的出发点是无权处分，在无权处分中，行为人以自己的名义对他人标的物进行处分。此点区别于无权代理，在无权代理中，行为人以被代理人的名义对被代理人的标的物进行处分。如甲之电脑交给乙保管，乙以自己的名义将电脑出卖给丙，就是无权处分，可能会引发丙的善意取得；如果乙以甲的名义将电脑出卖给丙，就是无权代理，可能会引发丙主张表见代理。

2.善意取得的最终结果，是让善意第三人取得标的物的所有权，原所有权人丧失所有权，其目的是为了优先保护善意第三人。善意第三人从无权处分人那里购买了标的物，其是以买方的地位出现的，代表的是交易安全，需要民法对其提供优先保护。

二、善意取得的构成条件

善意取得，须同时满足如下四个条件：

（一）行为人对标的物进行无权处分

无权处分是善意取得制度适用的前提，没有无权处分，就不存在善意取得的问题。

关于此点，考生应掌握如下几方面：

1.本条件在法考中最容易被考生忽略，也最容易被设置陷阱。如果考生审题时发现行为人是有权处分，则不可能引发善意取得。

2.无权处分的前提是必须构成处分行为，故考生做题时，首先要判断是否是处分行为，如出租行为就不是处分行为，就不会发生善意取得的问题。

实例1： 甲因出国留学将自己的一幅名画交由乙保管，后乙急需用钱，将该幅名画以市价卖给丙并交付于丙。乙出卖该画是无权处分，丙可善意取得该名画所有权。

实例2： 甲、乙夫妻共有一套房屋，但房屋只登记在甲一人名下，甲背着乙偷偷将其卖给丙，丙检查了房屋登记簿，支付合理价款，并办理了房屋过户登记。甲独立出卖夫妻共有的房屋属于无权处分，但丙可善意取得该房屋所有权。

实例3： 甲、乙夫妻共有一套房屋，但房屋只登记在甲一人名下，甲背着乙偷偷将其出租给丙。此时为出租行为，并非处分行为，故无善意取得问题，甲、丙之间租赁合同有效。这是因为，处分权即使遭受限制，也不影响合同（负担行为）的效力。

（二）受让人（第三人）受让财产时是善意的

所谓"善意"，是指受让人对于无权处分人无权处分的事实不知情且无重大过失。

该考点可考性也特别强，需要考生把握如下几个方面：

1.关于善意的内涵理解。善意取得里的善意，是指不知情且无重大过失，这比民法中一般情况下的善意（不知情）要求更加严格。所谓重大过失，请考生把握如下认定标准：在动产权利转让中，受让人受让动产时，交易的对象、场所或者时机等不符合交易习惯的，应当认定受让人具有重大过失，此时受让人就不构成善意了。考生可简单记忆为"不符合交易习惯"。当然，根据法考的命题惯例，凡是题目中没有提到的现象，就可以认定为不存在，因此，如果题目中没有出现不符合交易习惯的案情，就应认定符合交易习惯，即当事人没有重大过失。

2.关于善意的举证问题。考生需要注意，真实权利人主张受让人不构成善意的，应当承担举证证明责任，即受让人无须举证证明自己构成善意，而是由真实权利人举证证明受让人不构成善意。

实例： 甲之电脑交给乙保管，乙擅自将电脑出卖于丙。丙支付了价款之后，乙将电脑交给了丙。现甲请求丙返还电脑，丙则主张自己构成善意取得。甲要求丙证明构成善意，丙则要求甲证明自己不构成善意。应如何举证？

结论： 应当由甲证明丙不构成善意。因为，在善意取得里，应由真实权利人举证证明受让人不构成善意。

3.关于善意认定的时间点。在认定善意时，要求受让人的善意状态必须保持到标的物完成交付或者登记之时。如果第三人在订立合同时为善意，在交付或者登记之时获知实情，则不再是善意，不能构成善意取得。考生可简单记忆为：认定善意，应以交付或登记之时不知情为准，而不能以合同签订时为准。

实例： 甲、乙共有一套房屋，所有权登记在甲之名下，后法院判决房屋归乙所有，但乙并未办理所有权变更登记。后甲将该房屋以市价出售于丙，约定9月20日双方办理过户手续。丙在签订合同时不知道房屋为乙所有，9月19日得知法院有上述判决。9月20日，甲、丙办理了过户登记手续。现乙、丙因房屋归属发生争议，丙主张善意取得，可否获得法律支持？

结论： 不能获得法律支持。因为丙在9月19日知道法院将房屋判决归乙所有，其在9月20日与丙办理过户登记手续，表明在登记时丙已经明知房屋归乙，其构成恶意，故不能依善意取得制度主张获得房屋的所有权。

（三）受让人以合理价格受让

所谓以合理价格受让，在具体判断时，应根据标的物的性质、数量以及付款方式等具体情况，参考转让时交易地市场价格以及交易习惯等因素综合认定。在法考的题目里，只要题目中提到"市价"，即是命题者透露出本案为合理价格。

考生需要注意此考点存在一个陷阱：即"以合理的价格受让"，只要求双方约定的价格合理即可，而不需要受让人实际支付了价款。

（四）转让的财产已完成公示

所谓完成公示，是指动产已经交付给受让人，不动产已经过户登记到第三人名下。完成公示，表明符合物权变动的公示原则，受让人才能真正获得法律的优先保护。

（五）关于特殊情况下不适用善意取得的理解

符合上述四项条件，受让人就应当可以主张善意取得了。但是，考生还要注意，出现如下情况的，即使符合上述四项条件，受让人也不能主张善意取得，即以下情况会排除善意取得的适用：

1.如果当事人买卖的是脱离物，则不适用善意取得。脱离物是相对于委托物而言的，委托物是指无权处分人基于合同或者其他合法途径而占有的动产，如租赁他人之物、保管他人之物、借用他人之物，由于有租赁合同、保管合同、借用合同为依据，故将相应的标的物称为委托物，如果承租人、保管人、借用人处分相应标的物的，会引发受让人的善意取得。

脱离物是指非基于真正权利人的意思而占有的动产，主要包括遗失物、漂流物、埋藏物、盗赃物、抢劫物等。其中，法考对遗失物不适用善意取得，已经多次考到，考生尤其要注意。

实例： 张某遗失的名表被李某拾得。李某将该表以市价卖给了不知情的王某。该名表属于遗失物，作为脱离物，不能适用善意取得，王某不能主张依善意取得制度取得手表的所有权。

2.转让合同被认定无效或被撤销

转让合同，即无权处分人和受让人之间的买卖合同。如果该合同被认定为无效或被撤销，即使表面上符合善意取得的条件，受让人也不能主张依善意取得制度取得标的物的所有权。

考生需要注意的是，转让合同被认定无效或被撤销的原因有很多，如无权处分人胁迫受让人购买标的物，或受让人胁迫无权处分人购买标的物，均可能导致被撤销的结果，但不论是来自谁的原因，只要合同被认定无效或被撤销了，受让人就不能主张善意取得。

三、善意取得的法律后果

（一）物权法上的效果

所谓物权法上的效果，重点解决的是标的物归谁所有的问题。

受让人通过善意取得制度，原始取得标的物的所有权；原所有权人丧失所有权，其不得向受让人主张返还原物请求权。之所以是原始取得而不是继受取得，是因为受让人取得标的物所有权的依据是符合法律的规定，而不是来自标的物真正所有权人的意志。

（二）债权法上的效果

所谓债权法上的效果，重点解决的是如何赔偿的问题。

原所有权人丧失所有权之后，有权向无权处分人请求损害赔偿。

（三）关于用益物权、担保物权的善意取得问题

不仅所有权，用益物权、担保物权也可以适用善意取得。法考在命题时，主要考查的是担保物权的善意取得，请考生掌握以下考点：

1.担保物权善意取得的构成条件

（1）由于设立担保物权的主要目的是保障债权的实现，而不是当事人在购买标的物，债权人并不需要就担保支付对价，而仅需要享有债权即可，因此，相对于所有权的善意取得而言，担保物权的善意取得，不要求"以合理的价格受让"这一条件。

（2）就抵押权来说：

①动产抵押实行意思主义，一般情况下，抵押合同生效时即可取得抵押权。在善意取得中，也是以抵押合同生效作为取得抵押权的条件，登记不是取得动产抵押权的必要条件，而是用来对抗善意第三人的。因此，请考生牢记：动产抵押权的善意取得，仅须满足无权处分、第三人善意即可，当然，抵押合同要依法生效。

实例：甲的电脑交给乙保管，乙因从丙处借款，擅自为不知情的丙设立抵押，因满足了无权处分、第三人善意的条件，故丙在抵押合同生效时，就可以主张善意取得该电脑的抵押权。

②不动产抵押实行形式主义，需要办理登记，债权人方能取得抵押权。因此，请考生牢记：不动产抵押权的善意取得，须满足无权处分、第三人善意、完成登记共三项条件。

（3）就质押权来说：

质押权的设立实行形式主义，交付标的物，债权人方能取得质押权。因此，请考生牢记：动产抵押权的善意取得，须满足无权处分、第三人善意、完成交付三项条件。

实例：甲的电脑交给乙保管，乙因从丙处借款，擅自为不知情的丙设立质押，并将电脑交付给丙。因满足了无权处分、第三人善意、完成交付的条件，故丙就可以主张善意取得该电脑的质押权。

（4）就留置权来说：

留置权的成立，只要符合法定条件即可，这些法定条件包括债权人合法占有标的物、属于同一法律关系、债务已到履行期，在标的物属于第三人所有的情况下，只要债权人符合上述条件，即可留置。

实例：甲的电脑交给乙保管，乙擅自使用导致损坏，交给丙修理，丙修完后乙不支付修理费。因满足了丙合法占有标的物、占有标的物与修理费的发生属于同一法律关系（同一合同）、债务人乙不支付到期的修理费等法律关于留置权的成立条件，故丙可以留置该电脑。

2.担保物权善意取得的法律后果

（1）第三人善意取得担保物权的，所有权人须承受该担保物权的负担。

如在上述第二个实例中，丙对甲的电脑，善意取得了质押权，甲不能否认该质押权的存在。如果乙从丙处借款到期未还，丙就可以依法申请拍卖该电脑，并就拍卖所得价款优先清偿乙所欠款项。

（2）所有权人因第三人善意取得担保物权而受到损失的，有权向无权处分人请求损害赔偿。

经典考题：甲被法院宣告失踪，其妻乙被指定为甲的财产代管人。3个月后，乙将登记在自己名下的夫妻共有房屋出售给丙，交付并办理了过户登记。在此过程中，乙向丙出示了甲被宣告失踪的判决书，并将房屋属于夫妻二人共有的事实告知丙。1年后，甲重新出现，并经法院撤销了失踪宣告。现甲要求丙返还房屋。对此，下列哪一说法是正确的？（2016年卷三第6题，单选）①

　　A.丙善意取得房屋所有权，甲无权请求返还

　　B.丙不能善意取得房屋所有权，甲有权请求返还

　　C.乙出售夫妻共有房屋构成家事代理，丙继受取得房屋所有权

　　D.乙出售夫妻共有房屋属于有权处分，丙继受取得房屋所有权

归纳总结　善意取得

构成条件	①四大构成条件：无权处分+第三人善意+价格合理+完成公示 ②脱离物不适用善意取得；转让合同被认定无效或被撤销，不适用善意取得
法律后果	①受让人取得标的物的所有权，原所有权人丧失所有权 ②原所有权人丧失所有权之后，有权向无权处分人请求损害赔偿 ③担保物权也可以适用善意取得；第三人善意取得担保物权的，所有权人须承受该担保物权的负担

第四节　拾得遗失物、先占、添附

命题点拨

本节考点，以拾得遗失物最为重要，属于法考中常考的知识点，主要从拾得遗失物的法律后果角度命题。先占、添附，偶有考查，重点也是围绕法律后果进行命题。

一、拾得遗失物

（一）遗失物的概念

遗失物指非基于遗失人的意志而暂时丧失占有的物。

---

① **【答案】**B。本题考查善意取得、家事代理。A选项，甲被法院宣告失踪，甲对夫妻共有房屋的共有权并不消灭，由于处分共同共有的财产，须经全体共有人一致同意，故乙擅自处分夫妻共有住房，构成无权处分；但受让人丙知悉甲被宣告失踪的事实，即丙为恶意第三人，故丙不能主张适用善意取得，该选项错误。B选项，基于上一选项的分析，丙不能善意取得房屋的所有权，甲对房屋共有的权利并不消灭，故甲有权请求返还该房屋，该选项正确。C选项，家事代理，是指夫妻任何一方处理家庭日常事务的，对夫妻双方均具有约束力。家事代理，仅适用于家庭日常生活需要的事务，出售房屋属于家庭的重大财产处置行为，不能被认定为日常生活需要，故本案不适用家事代理制度，该选项错误。D选项，如前分析，乙出售夫妻共有房屋未经甲同意，构成无权处分，该选项错误。本题如果出现失误，主要是对善意取得制度中善意的认定标准把握得不够准确。题目中既然提到"乙向丙出示了甲被宣告失踪的判决书"，就应能够判断出丙是在明知情况下购买的房屋，故应认定为恶意，不构成善意取得，无法获得房屋的所有权。综上，本题正确选项为B。

考生在理解这一概念时，应把握如下两点：

（1）遗失物并非无主物，其仍然是有所有权人的，由此就产生了遗失物的真正权利人向拾得人主张返还遗失物的问题。

（2）拾得遗失物在法律上属于事实行为，故考生在做题时，无须考虑拾得人的行为能力问题。

（二）拾得遗失物的法律后果

1.拾得人的义务

（1）报告义务。

拾得人拾得遗失物后应当及时通知权利人领取，或者送交公安等有关部门。

（2）保管义务。

拾得人在遗失物送交有关部门前，应当妥善保管遗失物。因故意或者重大过失致使遗失物毁损、灭失的，应当承担民事责任。

此处重大过失，考生在做题时可以按如下方法进行推理：假设一般人在某种情况下能否想到，如果一般人都能想到，而拾得人却没有想到，就可以认定为其存在重大过失。考生可参照本节后面的真题进行体会。

（3）返还义务。

遗失物权利人享有遗失物返还请求权，它是返还原物请求权在遗失物领域的体现。拾得人负有返还遗失物给权利人的义务。

2.拾得人的权利

（1）必要费用偿还请求权。

拾得人有权要求遗失物的权利人支付为保管遗失物所支出的必要费用，若非必要费用，则不可要求偿还。

实例： 某天，宋某见一头牛在自家门前，便将其领回家，打探失主未果。期间该牛吃饲料的花费共1500元。其后，牛的主人王某寻牛来到宋某家，要求宋某返还。宋某所花费的1500元的饲料费用可否要求王某偿还？

结论： 可以要求王某支付1500元，因为宋某所花费的1500元是保管牛的必要费用。

（2）悬赏报酬请求权。

拾得人在一般情况下不能要求遗失物的权利人支付报酬，但如果权利人悬赏寻找遗失物的，拾得人有权请求权利人支付所承诺的报酬。

此处有两个重要的命题陷阱出现，需要考生特别注意：

①如果权利人拒绝支付拾得人所承诺的悬赏广告的报酬，拾得人不得留置遗失物，而应当先将遗失物返还给权利人，再通过诉讼之类的途径向遗失物权利人索要报酬。

实例： 甲将一钱包遗忘在某公园的草坪上，立即发布寻物启事，承诺愿以500元现金酬谢返还钱包所有人。丙的父亲乙获悉寻物启事后，想起前几日儿子丙（8岁）确实从公园拾得一钱包，与甲描述的钱包极为相似，遂与甲联系，果然是甲丢失的钱包。

问题1：甲是否可以因拾得人为未成年人而拒付酬金？

问题2：若甲拒不支付500元酬金，乙是否可以留置该钱包？

结论：

问题1：甲不可拒绝支付500元给丙。拾得遗失物为事实行为，无须考虑当事人的行为能力，且甲已经发布了寻物启事，就必须支付酬金。

问题2：若甲拒不支付500元酬金，乙不可以留置该钱包。因为支付酬金是基于悬赏广告产生的，而返还遗失物是基于拾得遗失物产生的，二者并非同一法律关系，不符合留置权的成立条件。

②拾得人侵占遗失物的，无权请求权利人偿还保管遗失物等支出的必要费用，也无权请求权利人按照承诺支付报酬。在遗失物的权利人拒绝支付承诺报酬的情况下，拾得人有可能拒绝返还遗失物，这就构成了对遗失物的侵占，结果会导致既不能要必要费用，也不能要权利人承诺的报酬。考生可以简单记忆为：拾得人不能"他不仁、我不义"。

3.遗失物的归属

（1）能找到权利人的，及时交给权利人，否则应交给公安等有关部门。

（2）遗失物自发布招领公告之日起1年内无人认领的，归国家所有。此时，遗失物的权利人会丧失对遗失物的所有权，而由国家取得其所有权。

（三）拾得人擅自处分遗失物

遗失物的拾得人拾得遗失物后，没有返还或上交有权机关，而是擅自处分了该遗失物，应如何处理？这也是法考的重要命题来源，对此，考生按如下两种情况进行掌握：

1.拾得人将拾得物据为己有

此时，构成侵权，可追究拾得人的侵权责任。

2.拾得人将遗失物转让给他人

（1）遗失物的权利人有权向遗失物的受让人主张返还遗失物。因为遗失物不适用善意取得，故受让人不能基于善意取得获得遗失物的所有权。因此，遗失物的权利人可以向其主张返还。

（2）遗失物的权利人向受让人主张返还时，要在多长时间之内主张返还？对于受让人购买遗失物时支付的费用，如何处理？请考生掌握如下处理规则：

①遗失物的权利人应当自知道或者应当知道受让人之日起2年内向受让人请求返还遗失物。此处的2年，在性质上属于除斥期间而不是诉讼时效。

②如果受让人是通过拍卖或者向具有经营资格的经营者（如商店、超市）购得该遗失物的，权利人请求返还原物时，应当向受让人支付其当初购买遗失物所花费的费用，权利人由此遭受损失的，有权向拾得人追偿；如果受让人是通过其他场合购买的遗失物，权利人无须支付此费用，受让人当初购买遗失物所花费的费用，有权要求拾得人返还。

考生应注意的是：是否通过拍卖或具有经营资格的经营者购买，只解决受让人当初购买遗失物的费用是向遗失物的权利人要，还是向拾得人要的问题，但不论是在哪种情况下购买，受让人均不能主张善意取得。

实例：甲将自己的手表丢失，乙捡到后私下里将手表以市场价500元卖于不知情的丙，3年后甲发现了丙戴有自己的手表。甲是否有权要求丙返还？

结论：甲有权要求丙返还手表，且无需支付500元，但丙可向无权处分人乙请求损害赔偿。2年是从甲知道或者应当知道受让人丙之日起算的，和遗失的时间无关。丙是通过私下的场合购买的手表，故丙购买手表所花费的500元，不能向甲主张，而应当向乙主张。

（四）发现埋藏物、隐藏物、漂流物

所谓埋藏物，是指包藏于他物之中，不容易从外部发现的物。

所谓隐藏物，是指放置于隐蔽的场所，不易被发现的物。

所谓漂流物，是指所有人不明，漂流于江、河、湖、海、溪、沟上的物品。

当事人发现埋藏物、隐藏物、漂流物的，参照适用遗失物的相关规定，即考生在碰到此类问题时，可以按照遗失物的相关规则进行处理。

二、先占

（一）先占的概念

先占，指以所有的意思占有无主动产的事实。

理解这一概念，考生可从如下方面把握：

1.先占只能针对无主的动产。

2.先占在性质上属于事实行为，无需考虑先占人的行为能力。

3.先占的结果，是先占人获得标的物的所有权。考生可简单记忆为"谁先占、谁所有"。

（二）无主动产的常见情形

1.大自然中存在的没有所有人的物，如山上的蘑菇、田里的野兔、无人管理的河里的小鱼、河边的石头之类。此类物件一般价值低微，不归国家或者集体所有，可以被个人先占。

2.因所有人抛弃而形成的无主物，如垃圾堆里的各种物件、路边弃置的矿泉水瓶之类。

三、添附

添附一词，本身较难理解，考生应首先大致体会一下添附的类型，再重点把握添附的法律后果。

（一）添附的类型

1.附合。

附合是指两个或两个以上不同所有人的物结合在一起而不能分离，若分离会毁损该物或者花费较大。如用他人的建筑材料建造房屋。

2.混合。

混合是指两个或两个以上不同所有人的动产互相混杂合并，不能识别。如甲的咖啡与乙的白砂糖混合。

3.加工。

加工是指在他人之物上附加自己的有价值的劳动，使之成为新物。如将他人玉石加工成艺术品。

添附的类型，并无法律明确规定，因此，其并不是法考的重点，考生只要简单体会其意思，在做题时能判断该题是在考查添附就可以了。法考在添附方面的命题重点，是

添附以后怎么办的问题，即添附的法律后果。

（二）添附的法律后果

1.物权法上的效果。

因加工、附合、混合而产生的物的归属，有约定的，按照约定；没有约定或者约定不明确的，依照法律规定；法律没有规定的，按照充分发挥物的效用以及保护无过错当事人的原则确定。

这一规定较为笼统，其将添附之后的物的归属问题，诉诸两项原则进行解决，即充分发挥物的效用、保护无过错当事人。考生可按如下逻辑理解这两项原则：

（1）物归属于哪一方，更有利于发挥物的效用的，则应归属于哪一方；

（2）哪一方是无过错当事人的，物就归属于哪一方；

（3）如果发挥物的效用原则与保护无过错当事人原则之间发生冲突的，应优先适用物的效用原则。

实例： 甲将乙的油漆喷于自己车上，喷了油漆的新车应归谁所有？

结论： 应归甲所有。本案中，新车归甲所有，更有利于发生车的效用，因为原来的车就是甲所有的。乙虽然是无过错的当事人，但和发挥物效用原则发生冲突时，应优先适用物的效用原则。当然，乙的利益也并不是完全不保护，其可以向甲要求补偿，这就是债权法效果要解决的问题。

2.债法上的效果。

因一方当事人的过错或者确定物的归属造成另一方当事人损害的，应当给予另一方赔偿或者补偿。如此处理，对另一方当事人的利益也会有所保护。

经典考题： 甲遗失手链1条，被乙拾得。为找回手链，甲张贴了悬赏500元的寻物告示。后经人指证手链为乙拾得，甲要求乙返还，乙索要500元报酬，甲不同意，双方数次交涉无果。后乙在桥边玩耍时手链掉入河中被冲走。下列哪一选项是正确的？（2017年卷三第6题，单选）①

A.乙应承担赔偿责任，但有权要求甲支付500元

B.乙应承担赔偿责任，无权要求甲支付500元

C.乙不应承担赔偿责任，也无权要求甲支付500元

D.乙不应承担赔偿责任，有权要求甲支付500元

---

① 【答案】B。本题考查拾得遗失物。通过分析选项，可知本题的关键问题有两个方面：一是乙应否承担赔偿责任；二是乙能否要求甲支付所承诺的500元报酬。就第一个问题，乙作为拾得人，有保管手链之义务，故其不应带到桥边玩耍；而根据一般人的注意义务，手链带到桥边，有掉入河中的危险，但乙并没有避免，可认定为其具有重大过失，故乙应向甲承担赔偿责任。就第二个问题，拾得人侵占遗失物的，无权请求权利人按照承诺支付报酬。甲向乙主张返还时，乙索要500元报酬，甲不同意，双方数次交涉无果，意味着乙一直占有该遗失物而不予返还，故其无权请求甲履行其承诺的支付报酬的义务。因此，只有B选项正确，其他选项均错误。本题如果出现失误，主要原因是对拾得人重大过失的认定标准把握得不够精准。关于重大过失，需要考生假设自己为拾得人，再想象一下一般人面临这种情况时会如何处理，如果一般人都能想到而拾得人未能想到的，拾得人就构成重大过失。综上，本题正确选项为B。

归纳总结	拾得遗失物、先占、添附
拾得遗失物	①拾得人承担报告义务、保管义务、返还义务 ②拾得人享有必要费用偿还请求权，在权利人悬赏寻找遗失物时，还有权请求权利人支付所承诺的报酬。但拾得人侵占遗失物的，这两项权利均不能主张 ③遗失物自发布招领公告之日起1年内无人认领的，归国家所有 ④拾得人将遗失物转让给他人的，权利人有权自知道或者应当知道受让人之日起2年内向受让人请求返还遗失物
先占	①先占人取得无主动产的所有权 ②无主动产包括大自然中存在的没有所有人的物以及因所有人抛弃而形成的无主物
添附	①添附包括附合、混合、加工 ②添附后，按照充分发挥物的效用以及保护无过错当事人的原则确定添附物的归属，且充分发挥物的效用原则优先；未获得添附物所有权的另一方当事人可以要求赔偿或补偿

第五节 共 有

命题点拨

本节考点有两个命题思路：一是对按份共有的内外部关系进行考查，这是法考的命题重点，需要考生作为重点掌握。二是结合婚姻制度，考查夫妻财产的共同共有。就共同共有，本节仅阐述一般原理，夫妻财产问题，留待第五编再详细阐述。

一、按份共有

（一）按份共有的概念

按份共有，亦称分别共有，是指两个以上的人对共有物按照其应有份额享有权利和承担义务的共有关系。

该概念在法考中具有如下考试价值：

1.各个共有人按照各自的份额对共有物分享权利、分担义务，份额大的权利就大、义务就多，份额小的权利就小、义务就少。这是就内部关系而言，在对外关系上，按份共有人承担的是连带责任。

2.共有人份额的确定规则是：有约定按约定；没有约定或者约定不明确的，按照出资额确定；不能确定出资额的，视为按人数等额享有。

3.当共有人对共有的不动产或者动产没有约定为按份共有或共同共有的，或者约定不明确的，除共有人具有家庭关系等外，视为按份共有。

（二）按份共有的内外部关系

1.按份共有的内部关系：

（1）共有物的占有、使用、收益：

各共有人依其份额对共有物进行占有、使用、收益，共有人可以按照份额分配收益与使用时间。

（2）共有物的处分：

考生在做题时，要严格区分该题考查的是共有人对自己份额的处分还是共有人在对整个标的物进行处分：

①对自己份额的处分：

共有人对自己的份额，可以随时处分，无须经过其他共有人的同意，如出卖自己的份额、以自己的份额为他人设立担保。但如果共有人将自己的份额转让给共有人以外的人时，其他共有人享有优先购买权。关于优先购买权，下文将专门进行阐述。

②对整个共有物的处分：

处分整个共有物或者对共有物进行重大修缮，应当经占2/3以上份额的按份共有人的同意，但是共有人之间另有约定的除外。考生务必注意，此处是以份额为准，而非以人数为准。

实例：甲、乙、丙、丁按份共有一套房子，约定甲的份额为70%，乙、丙、丁各占10%。那么若甲想要向戊转让该房屋，甲可以自行决定出卖该房屋而不需要经过乙、丙、丁的同意，因为甲的份额已经达到了法律所规定的2/3以上。

（3）共有物的管理及费用负担：

①共有物的管理：

A.保存行为。这是指保全共有物的物质上或者权利上利益的行为，如共有物的一般性修缮。共有人可以单独进行共有物的保存行为。

B.改良行为。这是指在不改变共有物性质的前提下，对共有物进行的加工、修理等行为，以增加共有物的效用或者价值。改良行为需要拥有2/3以上份额的共有人同意。

②共有物管理的费用承担：

共有物的管理费用，包括保存费用、改良费用以及其他费用，如缴纳税款等。对共有物的管理费用以及其他负担，有约定的，按照约定；没有约定或者约定不明确的，按份共有人按照其份额负担。

（4）按份共有人的优先购买权：

这是历年法考的重点，需要考生从如下几方面进行把握：

①优先购买权的例外：

A.共有份额的权利主体因继承、遗赠等原因发生变化时，其他按份共有人主张优先购买的，不予支持，但当事人另有约定除外。

实例：甲、乙、丙共有一套房屋，现在甲意外死亡，有继承人丁。此时甲就该共有房屋享有的份额由其继承人丁继承，乙、丙不得主张优先购买权。

B.按份共有人之间转让共有份额，其他按份共有人不可以主张优先购买，但按份共有人之间另有约定的除外。

考生可以将上述规则简单记忆为：只有将份额转让给外人时，其他共有人方能主张优先购买权。

②主张优先购买权的条件：

按份共有人主张优先购买权，必须与外人提出同等条件，方能获得支持。

请考生掌握同等条件的认定标准：

A."同等条件"的认定应综合共有份额的转让价格、价款履行方式及期限等因素确定。其他按份共有人虽主张优先购买，但提出减少转让价款、增加转让人负担等非同等条件要求的，不享有优先购买权。

B.考生须明确，"同等条件"并不一定就必须是相同的条件，可以是相同的条件，也可以是比第三人更高的条件，但不能是比第三人低的条件。

③优先购买权的行使期间：

按份共有人之间有约定的，按照约定处理；没有约定或者约定不明的，按下列情形确定：

A.转让人向其他按份共有人发出的包含同等条件内容的通知中载明行使期间的，以该期间为准。

B.通知中未载明行使期间，或者载明的期间短于通知送达之日起15日的，为15日。

C.转让人未通知的，为其他按份共有人知道或者应当知道最终确定的同等条件之日起15日。

D.转让人未通知，且无法确定其他按份共有人知道或者应当知道最终确定的同等条件的，为共有份额权属转移之日起6个月。

实例： 甲、乙按比例共有一台电脑，甲拟将自己的份额出售。遂将拟出售的价格、拟出售的时间等通知乙，但未要求乙在多长时间内行使优先购买权。乙接到通知1个月后提出行使优先购买权，可否获得法律支持？

结论： 由于甲的通知没有载明行使时间，那么乙的优先权行使期间为购买通知到达乙后的15日内，因此乙在接到通知的1个月后才提出行使优先购买权，将得不到法律的支持。

④两个以上按份共有人均主张优先购买权的处理：

两个以上按份共有人主张优先购买权，先由其相互协商，协商不成时，应按照转让时各自的份额比例行使优先购买权。

实例： 甲乙丙三人共有一间房屋，其中甲的份额为二分之一，乙、丙各自的份额为四分之一。现乙拟将自己的份额出卖给丁，甲、丙均主张优先购买权，且协商不成，如何处理？

结论： 甲、丙应按照2:1的标准共同行使对乙的份额的优先购买权。因为甲、丙协商不成，故按照各自份额比例行使优先购买权，甲的份额为二分之一、丙的份额为四分之一，按数学方法，二分之一比四分之一，也就是2:1。

⑤优先购买权遭受侵害时的救济规则：

所谓优先购买权遭受侵害，主要表现在按份共有人将自己的份额转让给共有人以外的人时，未通知其他共有人，这样其他共有人就无法行使优先购买权。具体救济规则是：

A.按份共有人向共有人之外的人转让其份额，其他按份共有人知道后，在上述优先购买权的行使期间内，仍有权主张优先购买权。

B.其他按份共有人知道之时，超出前述法律规定的除斥期间的，不再享有优先购买权，但有权对出让人主张损害赔偿。

C.按份共有人不得以其优先购买权受到侵害为由，仅请求撤销共有份额转让合同或者认定该合同无效。注意，单纯的请求确认合同无效或要求撤销不予支持，但是既申请确认无效或撤销，又要求行使优先购买权的，是否予以支持，应根据相关法律规定来审查，即审查是否符合无效或撤销的事由、是否符合行使优先购买权的同等条件。

2.按份共有的外部关系。

按份共有人对共有物所产生的损害，对受害人承担连带责任。

二、共同共有

（一）共同共有的概念

共同共有是指两个以上的人基于共同关系，不分份额地共同享有一物的所有权。

该概念在法考中具有如下考试价值：

1.共同共有必须根据某种共同关系产生，具体包括夫妻关系、家庭成员关系、共同继承关系等。下文将对此进行阐述。

2.共同共有人之间没有份额一说，比如"在夫妻关系存续期间，夫妻双方就共有房屋各占50%的份额"的表述是错误的。

3.共同共有人平等地享有权利和承担义务。由于共有人之间没有份额，故在处理内部关系时，就只能是平等地享有权利、承担义务。当然，对外，共同共有人也是连带责任。

（二）共同共有的类型

1.夫妻的共同共有。

夫妻对共同所有的财产，有平等的处理权。夫妻互享家事代理权，即对于日常生活中的事务，一方单独作出决定即可，不需要对方的同意。

2.家庭成员的共同共有。

这是家庭成员在共同生活关系存续期间共同创造、共同所得的财产。由于要求必须是共同生活、共同创造、共同所得，条件苛刻，在实践中已经较少发生，法考也从未涉及。

3.继承人的共同共有。

在被继承人死亡以后，遗产分割完以前，两个以上的继承人对遗产共同享有所有权，此种所有权为共同共有。

（三）共同共有的内外部关系

1.共同共有的内部关系。

（1）共同管理：

共有人按照约定管理共有的不动产或者动产；没有约定或者约定不明确的，各共有人都有管理的权利和义务。

（2）共同处分：

处分共同共有的财产或对其进行重大修缮的，应当经全体共同共有人一致同意，但共有人之间另有约定的除外。

2.共同共有的外部关系。

共同共有人对共有物所产生的损害，对受害人承担连带责任。

三、共有物的分割

共有人对共有物的分割有约定的按照约定，没有约定或者约定不明确的，按份共有人可以随时请求分割，共同共有人在共有的基础丧失或者有重大理由需要分割时可以请求分割。

请考生重点掌握夫妻共同共有中分割财产的理由：

1.所谓基础丧失，如夫妻离婚、夫妻有一方死亡等。

2.所谓有重大理由，是说即使夫妻未离婚，在有重大理由时也应允许分割。包括两项重大理由，考生须牢记：

（1）夫妻一方有隐藏、转移、变卖、毁损、挥霍夫妻共同财产或者伪造夫妻共同债务等严重损害夫妻共同财产利益的行为。

（2）一方负有法定扶养义务的人患重大疾病需要医治，另一方不同意支付相关医疗费用。如丈夫为其父亲治病需要支付大笔治疗费用，妻子不同意支付，此时丈夫可以在未离婚的情形下要求分割夫妻共同共有的财产。

经典考题：甲、乙、丙、丁按份共有一艘货船，份额分别为10%、20%、30%、40%。甲欲将其共有份额转让，戊愿意以50万元的价格购买，价款一次付清。关于甲的共有份额转让，下列哪些选项是错误的？（2016年卷三第53题，多选）①

A.甲向戊转让其共有份额，须经乙、丙、丁同意

B.如乙、丙、丁均以同等条件主张优先购买权，则丁的主张应得到支持

C.如丙在法定期限内以50万元分期付款的方式请求购买该共有份额，应予支持

D.如甲改由向乙转让其共有份额，丙、丁在同等条件下享有优先购买权

---

① 【答案】ABCD。本题考查按份共有。A选项，甲向戊转让其共有份额，是对自己的份额处分，按份共有人有权随时处分自己的份额，无须经过其他共有人的同意，该选项错误。B选项，如乙、丙、丁均以同等条件主张优先购买权，则应先由乙、丙、丁三人协商处理，协商不成功的，按照各自份额比例行使优先购买权。乙的份额为20%，丙的份额为30%，丁的份额为40%，即按照2∶3∶4的标准分配甲的份额，而不是由丁一人获得，该选项错误。C选项，第三人戊提出的条件是价格50万元，价款一次付清，丙提出的条件则是50万元分期付款，不是同等条件，故丙的优先购买权的主张不能获得法律支持，该选项错误。D选项，如甲改由向乙转让其共有份额，则属于共有人内部相互转让份额，其他共有人没有优先购买权，该选项表述错误。本题如果出现失误，最可能的原因就是对优先购买权制度缺少全面的把握。如优先购买权只能在份额转让给外人时才能适用，共有人必须提出同等条件，数个共有人均主张优先购买权时，应先协商，协商不成时按照各自份额比例行使优先购买权。因此，考生应全面掌握这一制度。综上，本题正确选项为ABCD。

归纳总结　共有

按份共有	①各个共有人按照各自的份额对共有物分享权利、分担义务 ②按份共有人可以随时处分自己的份额；处分整个共有物的，须经占2/3以上份额的共有人同意 ③按份共有人将自己的份额转让给外人时，其他共有人在同等条件下享有优先购买权；如果两个以上按份共有人均主张优先购买权的，先由其相互协商，协商不成时，按照转让时各自的份额比例行使优先购买权 ④按份共有人对共有物所产生的损害，对受害人承担连带责任
共同共有	①共同共有人之间不分份额 ②共同共有包括夫妻的共同共有、家庭成员的共同共有以及继承人的共同共有 ③处分共同共有的财产或对其进行重大修缮的，应当经全体共同共有人一致同意 ④共同共有人对共有物所产生的损害，对受害人承担连带责任
共有物的分割	按份共有人可以随时请求分割，共同共有人在共有的基础丧失或者有重大理由需要分割时可以请求分割

专题九　用益物权

第一节　土地承包经营权

命题点拨

　　土地承包经营权，是目前为止考查频率最高的用益物权，主要从土地承包经营权的设立、转让、继承等角度命题，请考生结合物权变动的基本原理，对这些考点进行深入理解并准确记忆。此外，《民法典》中新增的土地经营权，考生也必须掌握。其他考点，简单了解即可。

一、土地承包经营权的概念

　　土地承包经营权，是指承包农村土地进行农业生产的权利。常见的农业生产如种庄稼（耕地）、种草放牧（草地）、种树（林地）等。

　　理解上述概念，考生可从如下几方面进行：

　　1.取得土地承包经营权的目的只能是农业生产，不能用于其他目的。

　　2.土地承包经营权原则上只能由本集体经济组织成员承包经营，称为家庭方式承包；但是特殊情况下，也可以由本集体经济组织以外的单位或个人承包经营，称为其他方式承包。

　　由本集体外的单位或个人承包的，需具备如下条件：

　　（1）只限于荒山、荒沟、荒丘、荒滩等农村土地（简称"四荒地"）；

　　（2）只能够通过招标、拍卖、公开协商等方式承包；

　　（3）应当事先经本集体经济组织成员的村民会议2/3以上成员或者2/3以上村民代表的同意，并报乡（镇）人民政府批准；

　　（4）对于"四荒地"，本集体经济组织成员在同等条件下享有优先承包权。

　　3.土地承包经营权具有一定的期限。其中，耕地的承包期是30年；草地的承包期是30~50年；林地的承包期是30~70年。

二、土地承包经营权的设立、转让与继承

（一）土地承包经营权的设立

　　自土地承包经营权合同生效时设立，即承包人自合同生效时即取得土地承包经营权。在此情形下，县级以上地方政府应当发放土地承包经营权证，并登记造册。

　　有两点需要考生特别注意：

　　1.此处的登记造册并不是登记，登记造册相对于给土地建立档案，是一种行政管理

手段。

2.关于土地承包经营权设立时登记的作用是什么，理论界存在争议，法考的观点是：登记既不是取得土地承包经营权的条件，也不是用来对抗善意第三人的，即这种情况下无须考虑登记。就做题而言，考生只需要明确，取得土地承包经营权，只需要满足一个条件，即合同生效即可，不以登记为必要条件。

（二）土地承包经营权的转让

土地承包经营权的互换实行意思主义，对方自土地承包经营权转让合同生效时取得土地承包经营权。当事人可以向登记机构申请登记；未经登记，不得对抗善意第三人。

因此，在土地承包经营权转让的情况下，实行意思主义。

（三）土地承包经营权的继承

该问题在理论上也存在争议，考生掌握以下两点即可：

1.只有林地的承包经营权可以继承，如果是耕地、草地的承包经营权，则不可以继承。

2.不论是哪一种土地，土地上的收益如农作物、树、草，均可以继承。

三、土地承包经营权的效力

（一）承包人的权利

1.承包人对承包的土地享有占有、使用、收益的权利。

2.承包地被征收的，土地承包经营人有权依法获得相应的补偿。

（二）发包人的义务

1.发包人在承包期内不得调整承包地。因自然灾害严重毁损承包地等特殊情形，需要适当调整承包的耕地和草地的，应当依照《农村土地承包法》等法律规定办理。

2.发包人在承包期内通常不得收回承包地，但是承包人连续2年弃耕抛荒的，发包人有权终止承包合同，收回发包的耕地。

四、关于土地经营权

（一）土地经营权的产生背景

土地经营权制度的出现，源于国家政策中提出的承包地的"三权分置"思想，即农村土地之上可以存在三种权利：首先，农村土地之上有所有权，一般归集体享有。其次，农村土地之上有土地承包经营权，其产生过程是：集体将农村土地发包给承包人，承包人就土地享有的权利称之为土地承包经营权。再次，农村土地之上有土地承包权，其产生过程是：承包人可以将其承包的土地出租、入股或用其他方式流转给他人，他人就土地享有的权利便称之为土地经营权。

（二）土地经营权与土地承包经营权的区分问题

土地承包经营权人采取互换、转让方式流转权利的，对方当事人享有的权利仍然称之为土地承包经营权。此时，原土地承包经营权人所享有的土地承包经营权归于消灭。

土地承包经营权人采取出租、入股等方式流转权利的，对方当事人享有的权利则称之为土地经营权。此时，原土地承包经营权人所享有的土地承包经营权并不消灭，仅仅是不享有对土地的占有、使用、收益权能，而由土地经营权人对土地进行占有、使用和收益。在租期届满、入股期限届满等情况下，原土地承包经营权人所享有的土地承包经营权自动恢复。

（三）土地经营权的设立及登记

根据《民法典》第341条的规定，流转期限为5年以上的土地经营权，自流转合同生效时设立。当事人可以向登记机构申请土地经营权登记；未经登记，不得对抗善意第三人。显然采用的是意思主义。

上述规定，并未涉及流转期限不满5年的土地经营权问题，由此引发较大争论。考生作如下理解即可：流转期限不满5年的土地经营权，也自流转合同生效时设立，但其不存在登记问题，也就谈不上通过登记对抗善意第三人了。

经典考题： 季大与季小兄弟二人，成年后各自立户，季大一直未婚。季大从所在村集体经济组织承包耕地若干。关于季大的土地承包经营权，下列哪些表述是正确的？（2014年卷三第56题，多选）①

A.自土地承包经营权合同生效时设立

B.如季大转让其土地承包经营权，则未经变更登记不发生转让的效力

C.如季大死亡，则季小可以继承该土地承包经营权

D.如季大死亡，则季小可以继承该耕地上未收割的农作物

归纳总结　土地承包经营权

概念	①设立土地承包经营权，只能用于农业生产 ②承包方式分为家庭方式承包和其他方式承包
设立、转让与继承	①自土地承包经营权合同生效时设立（承包人取得土地承包经营权） ②土地承包经营权的互换实行意思主义，对方自土地承包经营权转让合同生效时取得土地承包经营权，未经登记，不得对抗善意第三人 ③只有林地的承包经营权可以继承，耕地、草地的承包经营权，不可以继承；土地上的收益均可以继承

---

① 【答案】AD。本题考查土地承包经营权。A选项，土地承包经营权的设立，只需要满足一个条件即可，即土地承包经营权合同生效，该选项表述正确。B选项，土地承包经营权的转让，实行意思主义，只要当事人之间的土地承包经营权转让合同生效，就发生转让的效力，即对方取得土地承包经营权，登记只是用于对抗的，该选项"未经变更登记不发生转让的效力"实际上是把登记作为转让土地承包经营权的必要条件，是错误的。C选项，只有林地的承包经营权可以继承，耕地、草地的承包经营权不能继承。本题所涉土地是耕地，故不能发生继承的结果，该选项"季小可以继承土地承包经营权"的表述是错误的。D选项，不论何种农业用地，承包收益都是可以继承的，该选项"季小可以继承该耕地上未收割的农作物"是正确的。本题如果出现失误，主要有两个知识点掌握得不够精准：一是没有把握好土地承包经营权在转让时实行意思主义，出现这一问题，还是前述专题七物权变动部分学的不够扎实。二是没有区分好土地承包经营权的继承与土地承包收益的继承这两个概念。就土地承包经营权而言，只有林地可以继承；就土地承包收益而言，不论何种土地的收益都能继承。综上，本题正确选项为AD。

续 表

土地经营权	①土地承包经营权人采取互换、转让方式流转权利的，对方当事人享有的权利仍然称之为土地承包经营权，原土地承包经营权人所享有的土地承包经营权归于消灭 ②土地承包经营权人采取出租、入股等方式流转权利的，对方当事人享有的权利则称之为土地经营权，原土地承包经营权人所享有的土地承包经营权并不消灭

第二节 居住权

命题点拨

居住权为《民法典》新增考点，内容不算难，但新增考点历来受命题者重视，考生应全面掌握居住权制度的核心内容。

一、居住权的概念

居住权，是指对他人的住宅占有、使用，以满足生活居住需要的用益物权。

理解上述概念，考生可以从以下几方面进行：

1.设立居住权的目的只能是用于居住，不能是其他目的。

2.居住权的权能表现为占有和使用，没有收益的权能。居住区作为用益物权，主要体现的是用益物权中的"用"这个功能，没有"益"这个功能。

3.通过居住区居住他人的房屋，与通过租赁合同居住他人的房屋，存在本质区别。对此，本书专题七第一节已有详细阐述。

二、居住权的设立

设立居住权，应满足两个条件，一是当事人签订居住权合同，二是办理居住权登记。可见，居住权的设立适用形式主义。

关于居住权合同，需要强调两点：

1.居住权合同是无偿行为，即居住权的设立应当是无偿的，当事人另有约定的除外；

2.居住权合同是要式行为，即当事人应当采用书面形式订立居住权合同。

三、居住权的具体制度

（一）居住权的流转

居住权不得转让、继承。设立居住权的住宅不得出租，但是当事人另有约定的除外。

（二）居住权的消灭

居住权期限届满或者居住权人死亡的，居住权消灭。居住权消灭的，应当及时办理注销登记。注销登记是居住权消灭后对登记的涂销，不是居住权消灭的必要条件。只要居住权期限届满或者居住权人死亡，即使没有办理注销登记，居住权也归于消灭。

此外，以遗嘱方式设立居住权的，参照适用上述有关规定处理。

归纳总结	居住权	

概念	只能占有、使用，用于居住
设立	①实行形式主义，居住权合同+登记，对方才能取得居住权 ②居住权合同是无偿行为、要式行为
具体制度	①居住权不得转让、继承 ②设立居住权的住宅不得出租，但是当事人另有约定的除外 ③居住权期限届满或者居住权人死亡的，居住权消灭

第三节　其他用益物权

命题点拨

　　本节主要包括建设用地使用权、宅基地使用权、地役权。在法考中，主要有如下命题思路：一是建设用地使用权的核心考点是"房地一体主义"，且主要结合抵押权制度考查，是本节最为重要的知识。二是地役权，在早期曾经多次考查，进入法考时代，地位降低，已经多年没有直接命题了，考生主要掌握地役权设立的意思主义模式、从属性以及与相邻关系的区别。三是宅基地使用权，历史上仅涉及过一次，考生仅有所了解即可。

一、建设用地使用权

（一）概念

　　建设用地使用权是指在国有土地之上建造建筑物的权利，其目的只能是建造建筑物（包括与此相关的构筑物、附属设施）。

（二）建设用地使用权的设立

1.设立方式。

（1）划拨方式。

　　划拨是指土地使用人只需按照一定的程序提出申请，经主管机关批准以获得建设用地使用权。其典型特点是无须缴纳土地出让金等费用，即无偿使用土地。

　　通过划拨方式取得建设用地，主要包括：国家机关用地和军事用地，城市基础设施用地和公益事业用地，国家重点扶持的能源、交通、水利等基础设施用地以及法律、行政法规规定的其他用地。上述以划拨方式取得建设用地，须经县级以上地方人民政府依法批准。

（2）出让方式。

　　出让是指国家以土地所有人身份将建设用地使用权在一定期限内让与给土地使用人。其典型特点是必须缴纳土地出让金，即有偿使用土地。

　　所谓出让，在实践中操作时，主要包括招标、拍卖等方式。

通过出让方式取得建设用地，主要包括：工业、商业、旅游、娱乐和商品住宅等经营性用地，同一土地有两个以上意向用地者。

在法考中，关于划拨和出让这两种方式的区别，考生可以简单记忆为"划拨主要适用于公益用地，无偿；出让主要适用于商业用地，有偿"。

2.形式主义的适用。

设立建设用地使用权的，应当向登记机构申请建设用地使用权登记，建设用地使用权自登记时设立，适用的是形式主义。

（三）建设用地使用权的流转

这是法考关于建设用地使用权主要的命题点，需要考生掌握如下几点：

1.通过出让方式取得的建设用地使用权，权利人有权将建设用地使用权转让、互换、出资、赠与或者抵押，期限不得超过原合同剩余的期限。

2.建设用地使用权流转时，附着于该土地上的建筑物一并流转（房地一体主义）。

实例：甲公司以建设用地使用权为乙银行设立抵押，双方签订了建设用地使用权抵押合同，并办理了登记。该土地上有甲公司的一栋办公大楼，乙银行对此是否享有抵押权？

结论：享有。根据房地一体主义，建设用地使用权和其上的建筑物必须一并抵押。

3.建筑物流转的，其占用范围内的建设用地使用权一并处分（房地一体主义）。

考生可简单记忆为："土地和房屋必须捆绑在一起"，即建设用地使用权流转的，上面的建筑物必须一并流转；建筑物流转的，下面的建设用地使用权必须一并流转。

（四）建设用地使用权的期限问题

对此，考生可从如下两方面把握：

1.建设用地使用权的期限。居住用地的期限是70年；工业、教育、科技、文化、卫生、体育用地的期限是50年；商业、旅游、娱乐用地的期限是40年；综合或者其他用地的期限是50年。

2.建设用地使用权的续期。要分两种情况把握：住宅建设用地使用权期间届满的，自动续期（无须当事人申请，是否再缴纳费用，法律没有明文规定）；非住宅建设用地使用权期间届满后的续期，依照法律规定办理。

二、宅基地使用权

关于宅基地使用权，考生仅需要注意几下几点：

1.用途：宅基地使用权是农民在集体土地之上建造住宅的权利，其目的只能是建造住宅（包括与此相关的附属设施）。

2.流转限制：宅基地使用权本身不能单独转让或抵押，但宅基地之上的房屋是可以转让或抵押的（仅限于本集体经济组织内部），此时宅基地使用权跟着一起转让或抵押。

3.权利主体：由于宅基地使用权只能随着其上的房屋在本集体经济组织内部流转，故而城镇居民不得购置农村的宅基地。请考生注意例外情况：原先是集体经济组织成员，后来户口迁入城镇，则在其父母等被继承人死亡时，其有权继承宅基地使用权。

4.一户一宅：农村村民一户只能拥有一处宅基地，其面积不得超过省、自治区、直辖市规定的标准。

5.转让不补：农村村民将房屋和宅基地使用权一并转让的，转让后再申请宅基地，不予批准。

三、地役权

（一）概念

地役权是指为提高自己不动产的效益，依约定使用他人不动产的权利，其目的只能是对他人不动产进行使用。

其中他人的不动产为供役地，自己的不动产为需役地。

（二）地役权的设立

地役权的设立实行意思主义，对方自地役权合同生效时即取得地役权，登记只是用于对抗善意第三人的。

（三）地役权的从属性

从属性是地役权中最常命题的考点，且经常与意思主义混合在一起出题，请考生作为重点把握。

地役权的从属性，主要体现为地役权随着需役地的转移而转移。其具体考法，结合如下实例进行分析：

实例：甲、乙两人承包两块土地，约定甲对乙的土地享有地役权，该地役权未登记，则：

（1）甲将其土地承包经营权转让给丁，丁能否对乙主张地役权？

结论：可以。甲的土地为需役地，甲将土地承包经营权转让给丁，是需役地上的人发生变化，根据地役权的从属性，地役权也随之转让给丁，故丁可继续享有地役权。

（2）乙将其土地承包经营权转让给戊，甲能否对戊主张地役权？

结论：不可以。乙的土地为供役地，乙将土地承包经营权转让给戊，是供役地上的人发生变化，无法适用从属性原理。而应适用意思主义（登记对抗），即只有甲的地役权经过了登记，才能对抗第三人戊，可以向戊主张地役权；如果未登记，则不能对抗戊，不能向戊主张地役权。根据题意，甲的地役权未登记，故该地役权不能对抗第三人戊，甲不可对戊主张地役权。

（3）甲将其土地承包经营权转让给丁，乙将其土地承包经营权转让给戊，丁能否对戊主张地役权？

结论：不可以。需役地和供役地上的人均发生变化的，对需役地适用从属性原理，对供役地适用意思主义（登记对抗），即虽然需役地的受让人丁享有地役权，但地役权未登记的，不能对抗第三人戊，因此丁不能向供役地的受让人戊主张地役权。

结合上述实例，将此处的考点总结如下，请考生牢记：

①需役地上的人发生变化，适用从属性原理，受让人继续享有地役权，此时无须考虑登记与否。

②供役地上的人发生变化，适用意思主义原理（登记对抗），地役权未登记的，地役权人不得向受让人主张地役权。

③需役地和供役地上的人均发生变化的，同时适用从属性原理和意思主义原理（登记对抗），即虽然需役地的受让人享有地役权，但如果地役权未登记的，其不得向供役地的受让人主张地役权。

（四）地役权与相邻关系的区别

在法考中，偶尔将地役权与相邻关系混在一起命题，需要考生会对二者进行区分：

区　别	相邻关系	地役权
产生原因	法定的权利义务关系，无须当事人约定	约定的权利义务关系，须当事人签订地役权合同
是否有偿	无偿	可能无偿，也可能有偿，取决于地役权合同的约定
权利性质	非独立的物权形态	独立的物权形态（五大用益物权之一）
是否需要登记	无须登记	登记对抗主义

就以上区别，考生重点记忆前两个区别：考试做题时，如果发现当事人签订了关于不动产使用的协议，则应考虑是地役权关系；如果发现当事人有支付使用费之类的有偿约定，则应考虑是地役权关系。

经典考题：某郊区小学校为方便乘坐地铁，与相邻研究院约定，学校人员有权借研究院道路通行，每年支付一万元。据此，学校享有的是下列哪一项权利？（2010年卷三第9题，单选）①

A.相邻权

B.地役权

C.建设用地使用权

D.宅基地使用权

---

① **【答案】**B。本题考查地役权与相邻关系的区别。地役权与相邻关系的主要区别是：（1）相邻关系是法定的权利义务关系，而地役权是约定的权利义务关系，须当事人签订地役权合同；（2）相邻关系一般是无偿的，而地役权一般是有偿的。本题中，虽然出现某郊区小学与"相邻研究院"之类的表述，但却不是相邻关系，这是因为，一是双方当事人之间有约定，而相邻关系是不需要约定的，这个约定实际上就是地役权合同；二是约定中提到"每年支付一万元"，而相邻关系都是无偿的，这个一万元的约定，实质上是使用他人土地所支付的费用，是地役权的体现。因此，B选项正确，A选项错误。C选项，建设用地使用权是用于建设建筑物的，本题中当事人签订合同的目的是"通行"，与建设用地使用权没有关系，该选项错误。D选项，宅基地使用权是用于建造住宅的，同样，本题中的"通行"与宅基地使用权没有关系，该选项错误。本题如果出现失误，最主要的原因是没有把握好地役权与相邻关系的区别。虽然各种法考讲义中所阐述的二者的区别存在很多，但在法考中，真正对做题有用的就是两个方面：一是相邻关系一律无须约定，而地役权必须要约定；二是相邻关系一律都是无偿的，而地役权可能是有偿的，也可能是无偿的。因此，凡是题目中提到约定、有偿这样的内容，都要从地役权角度考虑。综上，本题正确选项为B。

归纳总结　**其他用益物权**

建设用地使用权	①目的只能是建造建筑物（包括与此相关的构筑物、附属设施） ②包括划拨和出让两种方式，划拨主要适用于公益用地，无偿；出让主要适用于商业用地，有偿 ③取得建设用地使用权，适用形式主义，须办理登记 ④建设用地使用权和土地上的建筑物，始终一并流转，实行房地一体主义 ⑤住宅建设用地使用权期间届满的，自动续期
宅基地使用权	①目的只能是建造住宅 ②可以随宅基地之上的房屋一并转让或抵押，但仅限于本集体经济组织内部
地役权	①目的只能是使用他人不动产 ②取得地役权，适用意思主义，对方自地役权合同生效时即取得地役权，登记只是用于对抗善意第三人的 ③地役权具有从属性，地役权随着需役地的转移而转移 ④地役权与相邻关系之间的区别是：相邻关系一律无须约定，而地役权必须要约定；相邻关系一律无偿，而地役权可能有偿，也可能无偿

专题十　担保物权

第一节　担保物权概述

命题点拨

担保物权在法考中地位极其重要，客观题、主观题均有涉及，且考的越来越细致。本节为担保物权的基本原理部分，在法考中的命题思路主要有：一是结合案例，对担保物权的特征进行考查。二是对连带共同担保人之间的追偿问题进行考查，该考点在学术上存在广泛争议，最高人民法院《担保制度解释》对该问题作出了统一性规定，需要考生特别掌握。三是可能考查新增知识点，包括担保合同的效力认定、担保人受让债权的处理等问题。

一、担保物权的概念

担保物权是指在债务人不履行到期债务时，债权人可依法就担保财产优先受偿的权利。

理解这一概念，考生可从如下几方面进行：

1.担保的最终目的是为了确保债权获得实现。债权人担心自己的债权到期不能实现的，最可能发生的领域就是债务人借钱到期不还。因此，在法考中，凡是借款合同出现的地方，基本上均会对担保物权进行考查。

2.提供担保财产的担保人，既可以是债务人本人，也可以是第三人。如果是第三人，则在第三人承担担保责任后，其有权向债务人追偿。

3.担保债权实现的方式有很多种，在宏观上分为物保、人保和金钱担保三类。

物保即担保物权的简称，其典型特点是必须拿出一个"物"作担保，如房屋、汽车等，《民法典》里又将其分为抵押权、质押权（质权）和留置权三类，此外，《担保制度解释》还承认让与担保是一种独立的担保物权类型。对此，专题七第一节已有阐述。

人保就是保证，是指以人的信用作担保，而信用本身是无形的存在，因此，在人保里，不能出现某一个具体的物。由此，保证和担保物权的本质区别可以从两个方面认定：一是物保必然要有物，保证不能出现物；二是物保中的物，可以是债务人自己提供的，也可以是第三人提供的，而保证人只能是第三人，不能是债务人。

实例： 甲从乙处借款。如果丙说："我以汽车作担保。"因为有汽车这个物出现，那就必然是担保物权。如果丙说："请乙放心借给甲钱，如果甲到期不能偿还债务，由我负责还。"因为没有出现任何的物，那就必然是保证。

金钱担保就是定金，通常出现在买卖合同里，由买方按照约定向卖方支付一定的金钱作为担保，如果后来买方违约，则不能要回定金；卖方违约，则要双倍返还定金。

考生从宏观上要知道担保分为物保、人保、金钱担保三类，从微观上要知道担保分为抵押权、质押权、留置权、让与担保、保证以及定金。其中，保证和定金制度，放在第三编合同部分进行学习。

二、担保物权的特征

这是本节重要的命题来源之一，就法考而言，需要考生掌握优先受偿性、从属性、不可分性、物上代位性四大特征。分述如下：

（一）优先受偿性

优先受偿性，是指设有担保物权的债权可以获得优先受偿的机会，即谁的债权之上有担保物权，谁就能获得优先保护。对此，本书专题七第一节已有详细阐述，请考生自行回忆。

（二）从属性

从属性，是指担保物权从属于所担保的债权（也可称为主债权）。请考生在学习本部分知识点时，注意结合本书专题一第五节关于从权利部分的阐述。

具体而言，法考会从以下几个方面考查担保物权的从属性：

1.移转上的从属性。需要考生严格区分两个方面进行把握：

一是当债权人将债权转让给第三人时，担保物权随同债权转让给第三人，且第三人取得从权利不因未办理转移登记手续或未转移占有而受到影响，即这种情况下担保人仍然要承担担保责任。需要考生注意的是，这种情况下，应当将债权转让的事实通知担保人，否则担保人不再承担担保责任。

二是当债务人将债务转让给第三人时，除非经过担保人的书面同意，担保人不再承担相应的担保责任。

考生可以简单记忆为：债权转让的，有从属性；债务转让的，无从属性。

实例：甲从乙处借款100万元，丙以房屋进行抵押。乙将债权转让给丁，通知了甲、丙。但丙的房屋登记簿上登记的抵押权人一直未从乙变更为丁。后甲的债务到期未履行，丁可否主张对丙的房屋行使抵押权？

结论：可以。丁从乙处获得了债权，根据担保物权的从属性，乙所享有的抵押权也转移给了丁，丁取得抵押权，不因为未办理登记而受到影响。

2.消灭上的从属性。也需要考生严格区分两个方面进行把握：

一是若债权全部消灭的，担保物权也随之消灭。

二是如债权仅仅是部分消灭的，担保物权并不消灭，只是在优先受偿的范围内相应地缩减，即剩余部分的债权仍然可以主张优先受偿。

考生可简单记忆为：债权全部消灭，担保物权消灭；债权部分消灭，担保物权缩减。

实例：甲欠乙100万元，并以其房屋进行抵押。到期之后，甲全额归还了对乙的欠款。此时，乙对甲享有的抵押权随着债权的消灭而消灭了。

（三）不可分性

不可分性，是指担保物权始终是一个整体，无论债权的变更还是担保物的变更都不影响担保物权的存在。需要考生理解和记忆如下几句话：

1.担保物部分灭失，以残存部分继续担保全部的债权；

2.担保物被分割，仍以全部的担保物担保全部的债权；

3.主债权部分消灭，仍以全部的担保物担保剩余的债权，但优先受偿的范围相应地缩减（这同时也是从属性的体现）；

4.主债权被分割，各债权人均可以就全部担保物实现其债权数额。

实例：甲对乙享有100万元的债权，乙将其个人所有的房屋抵押给甲以担保该笔债务。同时，由于甲不能按时偿还拖欠丙的10万元货款，于是与丙协商，将其对乙享有的债权转让10万元给丙，丙同意之后立即通知了乙。此时，甲对乙的房屋有抵押权吗？丙对乙的房屋有抵押权吗？

结论：甲、丙对乙的房屋均有抵押权。甲原先的债权总额为100万元，现剩余90万元，根据担保物权的不可分性，甲对乙的房屋仍然享有担保物权，只是优先受偿的数额缩减为90万元。丙获得了10万元，根据担保物权转移上的从属性以及不可分性，丙对乙的房屋也享有担保物权，其优先受偿的数额只有10万元。

（四）物上代位性

物上代位性，是指担保期间，担保财产毁损、灭失或者被征收等，担保物权人可以就获得的保险金、赔偿金或者补偿金等优先受偿。此种情况下，如果被担保的债权的履行期未届满的，债权人也可以要提存该保险金、赔偿金或者补偿金等。考生可以将物上代位性通俗地理解为"用后面的钱代替前面的物"。

实例：甲从乙处借款100万元，甲以其房屋进行抵押。债权到期后，乙还没有来得及就房屋进行拍卖，该房屋就被丙烧毁，丙依法赔偿了110万元。乙可否就该赔偿金主张优先受偿？

结论：可以。根据担保物权的物上代位性，乙可以就丙所赔偿的钱进行优先受偿。当然，乙的债权额是100万元，故其优先受偿的范围为100万元。

三、担保合同的效力认定

该部分为最高人民法院《担保制度解释》新增考点，需要考生分如下几点进行掌握。

（一）学校、幼儿园、医疗结构、养老机构提供担保的合同效力认定

1.以营利为目的的学校、幼儿园、医疗机构、养老机构等提供担保，担保合同有效。所谓以营利为目的，主要是指民办学校、幼儿园、医疗机构或养老机构，它们通常登记为营利法人。

2.以公益为目的的非营利性学校、幼儿园、医疗机构、养老机构等提供担保的，担保合同无效，但是有下列情形之一的除外：

（1）在购入或者以融资租赁方式承租教育设施、医疗卫生设施、养老服务设施和其他公益设施时，出卖人、出租人为担保价款或者租金实现而在该公益设施上保留所有权，这种情况下，融资租赁合同、保留所有权的合同会被认定为有效。

在《担保制度解释》里，将融资租赁、保留所有权也作为担保的方式来理解，这实际上扩大了担保的方式。对此，考生不必过多从理论上进行钻研，只需要记住上述规则即可。

实例： 甲公办小学从乙公司购买一批桌椅，总价值300万元。双方签订的买卖合同约定如下：甲小学支付100万元，剩余200万元一年内支付完毕；乙公司将桌椅交付给甲小学，但在甲小学付完全款前，乙公司保留桌椅的所有权。该合同是否有效？

结论： 该合同有效。甲小学、乙公司签订的是保留所有权的合同，根据《担保制度解释》的规定，这种情况下的合同会被认定为有效。

（2）以教育设施、医疗卫生设施、养老服务设施和其他公益设施以外的不动产、动产或者财产权利设立担保物权的，担保合同有效。考生可以简单记忆为：公益设施以外的财产，可以担保。

（二）公司法定代表人违反《公司法》关于公司对外担保决议程序的规定提供担保（越权担保）

这种情况下，考生应分两种情况分别判断：

1.相对人善意的，担保合同对公司发生效力（即相对人可请求公司承担担保责任）。由此给公司造成损失的，公司有权请求法定代表人承担赔偿责任。

2.相对人非善意的，担保合同对公司不发生效力。

四、担保人受让债权的处理

同一债务有两个以上第三人提供担保，担保人受让债权的，应当认定该行为系承担担保责任。受让债权的担保人作为债权人请求其他担保人承担担保责任的，不予支持；但该担保人有权依据连带共同担保人之间的追偿规则向其他担保人进行追偿。考生可以简单记忆为：不可要求其他担保人承担担保责任，但可以向其追偿。具体追偿规则，将在下文阐述。

实例： 甲从乙处借款100万元，丙、丁分别以房屋进行抵押，并约定为连带共同担保。后乙将其债权转让给了丙。丙就该债权，要求丁承担担保责任，可否获得法律支持？

结论： 不能获得支持。乙将债权转让给了丙，应认定为丙在承担担保责任，丙不能要求另一个担保人丁再承担担保责任。但是，由于丙、丁之间是连带关系，故丙可以向丁进行追偿。

五、共同担保人之间的追偿问题

请考生先比较如下常考的案例：

案例： 甲向乙借款100万元，丙、丁均以房屋作抵押，且约定为连带共同担保。甲到期无力还款。

问题1：乙对丙进行了执行。丙承担担保责任后，可否向丁追偿？如果可以，如何追偿？

问题2：如果将丁的担保方式改为保证，其他条件不变。则丙承担担保责任后，可否向丁追偿？如果可以，如何追偿？

问题3：如果将丙、丁的担保方式均改为保证，其他条件不变。则丙承担保证责任后，可否向丁追偿？如果可以，如何追偿？①

以上三个问题，在过去的法律里处理规则不一，不同法考书也有不同解释，给考生复习带来困惑。《担保制度解释》认为，既然都是连带担保关系，则没有必要再区分是物保还是保证，追偿规则完全统一。请考生掌握如下考点：

1.如果担保人之间关于内部追偿及各自承担份额有约定的，按照约定。

2.担保人之间约定为连带共同担保，或者约定相互追偿但是未约定分担份额的，则担保人承担了担保责任后，应先向债权人追偿；对于不能追偿的部分，则由各担保人按照人数比例分担各自份额，超过了自己份额的担保人，可以向其他担保人追偿。

3.担保人之间未对相互追偿作出约定且未约定承担连带共同担保，但是各担保人在同一份合同书上签字、盖章或者按指印，承担了担保责任的担保人，可以根据前述第2项规则进行追偿，即先向债务人追偿，不能追偿的，由各担保人按照人数比例分担各自份额，超过了自己份额的担保人，可以向其他担保人追偿。

考生可以简单记忆为：共同担保人能追偿的，包括三种情况：一是担保人之间约定为连带共同担保，二是担保人之间约定相互追偿但是未约定分担份额，三是担保人在同一份合同书上签字、盖章或按指印。

六、反担保

法考中，曾偶尔考查过反担保制度，故有必要进行阐述。考生需要注意的是，反担保并不是法考的重要考点，考生仅掌握其基本原理即可，无须过多花时间钻研。

（一）反担保的发生场合

反担保发生在如下场合：第三人为债权人提供了担保，第三人就可能会有如下担心：一旦债务人到期不还债，自己就必须要承担担保责任，承担担保责任后，其有权向债务人追偿，但如果追偿难以成功怎么办呢？于是第三人又要求债务人为自己的追偿权再提供一个担保，这样自己的追偿权就获得了保障。考生可以简单理解为：第三人为债权人提供担保，债务人再为第三人的追偿权提供担保。

实例：乙公司从丙银行借款1000万元，甲公司提供保证。乙公司将其享有的专利权质押给甲公司，以担保甲公司追偿权的实现。乙公司所提供的担保，就是反担保。

（二）反担保的基本规则

在法考中，就反担保，考生掌握如下基本规则即可：

1.由于反担保是为了担保第三人的追偿权，而第三人的追偿权，是以其承担了担保责任为前提。因此，如果第三人的担保责任不存在了，也就不会出现第三人的追偿权，那么反担保也就没有必要存在了。请考生牢记：反担保以原担保存在为前提，原担保消灭，反担保随之消灭。如在上述实例中，如果乙公司到期清偿了对丙银行的1000万元债

---

① 这三个问题的答案都是一样的，即丙均应先向债务人甲追偿；对于不能追偿的部分，可以再向另一担保人丁追偿，追偿的数额，由丙、丁按人数平均分担。例如，丙向甲追偿了40万元，则有60万元未能追偿，则就该60万元，丙、丁各分担30万元，故丙还可以再向丁追偿30万元。丙、丁由此所遭受的损失，继续再向债务人甲追偿。

务，则甲公司的保证责任消灭，甲公司对乙公司的反担保随之消灭。

2.反担保的基本原理和一般的担保没有本质区别。只不过一般的担保是为了担保债权人的债权，而反担保是为了担保第三人追偿权的实现。

既然反担保和一般的担保在基本原理上没有本质区别，因此，考生必须明确：提供反担保的人，可以是债务人，也可以是第三人；反担保的方式，可以是物保，也可以是人保。如在上述实例中，可以乙公司用自己的财产为甲公司提供反担保，也可以是第三人用其财产为甲公司提供反担保，也可以是第三人以保证的方式为甲公司提供反担保。此外，担保制度的其他原理也能适用于反担保。

因此，在法考中，考生只需要记住反担保会随着原担保的消灭而消灭即可，其他方面，都可以按照一般的担保制度予以处理。

归纳总结　担保物权概述

担保物权的特征	优先受偿性、从属性、不可分性、物上代位性
担保合同的效力认定	①学校、幼儿园、医疗机构、养老机构提供担保的合同效力，应根据其是营利性的还是公益性的分别认定，前者合同有效，后者原则上无效，例外情况下有效 ②公司法定代表人违反《公司法》关于公司对外担保决议程序的规定提供担保，应根据相对人是善意还是恶意分别认定，相对人善意的，担保合同对公司发生效力；相对人非善意的，担保合同对公司不发生效力
担保人受让债权的处理	担保人受让债权后，不能请求权其他担保人承担担保责任，但可以向其他担保人追偿
共同担保人之间的追偿问题	①共同担保人能追偿的，包括担保人之间约定为连带共同担保，或担保人之间约定相互追偿但是未约定分担份额，或担保人在同一份合同书上签字、盖章或按指印 ②追偿时，应先向债务人追偿；不能追偿的部分，由各担保人按照人数比例分担各自份额，超过了自己份额的担保人，可以向其他担保人追偿
反担保	反担保是对担保人（第三人）追偿权提供的担保，会随着原担保的消灭而消灭，除此之外，与一般的担保没有本质区别

第二节　抵押权

命题点拨

抵押权在担保物权中最为重要，每年必考，主要命题思路：一是对抵押权的设立进行考查，包括不动产抵押权的设立、动产抵押权的设立。二是对抵押权法律关系中当事人的权利进行命题。三是对最高额抵押权进行考查。此外，《担保制度解释》新增了不少考点，需要考生特别注意掌握。

一、抵押权的概念

抵押权是指为保障债权的实现，当事人设定的不转移占有的担保物权。

理解这一概念，考生可以从如下几方面入手：

1.抵押权的最本质特征是不转移标的物的占有，即设立抵押后，仍由抵押人占有标的物，不能将标的物交给抵押权人占有。

2.可用于设立抵押权的客体十分广泛，包括不动产、动产、权利，如建设用地使用权抵押。

3.提供抵押财产的人，称为抵押人，其可能是债务人自己，也可能是第三人。因此，抵押人可能与债务人重合，也可能与债务人不是同一个人，而是第三人。

二、抵押权的设立

（一）禁止抵押的财产

需要考生记住下列财产不得抵押：

1.土地所有权。

2.集体土地使用权。

有两种例外情况，需要考生注意：

（1）以招标、拍卖、公开协商等方式取得的"四荒地"的土地承包经营权可以抵押；

（2）乡（镇）、村企业厂房抵押的，其占有范围内的建设用地使用权一并抵押，但是该建设用地使用权不得单独抵押。

3.公益机构的公益设施，如学校、幼儿园、医疗机构等为公益目的成立的非营利法人的教育设施、医疗卫生设施和其他公益设施。

4.所有权、使用权不明或者有争议的财产。

5.依法被查封、扣押、监管的财产。

请考生特别注意：当事人以依法被查封、扣押、监管的财产抵押，抵押权人请求行使抵押权时，经审查查封、扣押、监管措施已经解除的，人民法院应予支持；抵押人以抵押权设立时财产被查封或者扣押为由主张抵押合同无效的，人民法院不予支持。考生可以简单记忆为：被查封、扣押、监管的财产，若用来抵押，抵押合同有效，但债权人不能行使抵押权；如果后来查封、扣押、监管措施解除的，债权人能行使抵押权。

（二）抵押权的设立模式

根据抵押的标的物不同，用不同的设立模式：

动产抵押：抵押合同生效＝取得抵押权。即适用意思主义。

不动产抵押：抵押合同生效＋完成抵押登记＝取得抵押权。即适用形式主义（权利抵押，也适用形式主义）。

提醒考生注意以下两点：

1.遇到抵押权的题，一定要先分清是动产抵押还是不动产抵押。

2.在动产抵押中，有一种特殊情况，就是动产浮动抵押，即企业、个体工商户、农业生产经营者可以将现有的以及将有的生产设备、原材料、半成品、产品抵押，该抵押包括未来将有的生产设备、原材料等，导致抵押物处于不确定的状态，所以称为浮动抵押。浮动抵押，就标的物来看，本质上仍然是动产抵押，因此，适用动产抵押的基本原理，如其在设立模式上，也采用意思主义。

（三）动产抵押的登记对抗问题

由于动产抵押实行意思主义，因此，在动产抵押中，登记不是为了取得抵押权，而是用于对抗善意第三人。即动产抵押中，抵押权经过登记的，就能对抗善意第三人，即在抵押权人和善意第三人之间，法律优先保护抵押权人；抵押权未经登记的，就不能对抗善意第三人，即在抵押权人和善意第三人之间，法律优先保护善意第三人。对此，本书专题七第二节在阐述意思主义时，有过详细阐述，请考生自行复习。

此处结合《担保制度解释》，进一步展开登记对抗的基本制度。请考生进一步掌握如下考点：

1.动产抵押未经登记不能对抗的具体表现。

分如下几种情况进行分析：

（1）动产抵押如果未经登记，则抵押人将抵押财产转让给善意第三人的，抵押权人不能向第三人主张抵押权；如果第三人是恶意的（即明知该财产已经抵押），则抵押人可以向第三人主张抵押权。考生可以简单记忆为：未登记不能对抗善意第三人，但能对抗恶意第三人。

（2）动产抵押如果未经登记，抵押人将抵押财产出租并转移给第三人占有的，不论第三人是善意还是恶意的，抵押权人均可以向第三人行使抵押权，但如果第三人是善意的，租赁关系可以继续维持（不能请求第三人走人）；如果第三人是恶意的（即明知该财产已经抵押），则租赁关系不可以继续维持。提醒考生注意的是，这一规定，适用于先抵押后出租的情况，与本书专题七第一节所阐述的先出租后抵押情况下的抵押不破租赁是两个不同的制度，考生不可混淆。因此，考生在遇到抵押与租赁关系的题目时，要分清该题目考查的是先抵押后出租，还是先出租后抵押。

（3）动产抵押如果未经登记，而抵押人的其他债权人又向法院申请保全抵押财产或者执行抵押财产的，且法院已经作出财产保全裁定或者采取执行措施，抵押权人不得主张就抵押财产优先受偿。考生可以简单记忆为：未登记，不能对抗保全或执行。

（4）动产抵押如果未经登记，当抵押人破产时，抵押权人不得主张就抵押财产优先受偿。考生可以简单记忆为：未登记，不能对抗破产。

2.特殊买受人的优先保护。

以动产抵押的，不论登记与否，均不得对抗正常经营活动中已经支付合理价款并取得抵押财产的买受人，即抵押权人不能追及到买受人处，请求就该动产优先受偿。此处的买受人，应同时符合三个条件：一是正常经营活动；二是已经支付了合理价款；三是已经取得了抵押财产。

实例： 甲企业从乙银行借款500万元，将其仓库里的生产设备、原材料、半成品、产品给乙银行设立了抵押，双方办理了抵押登记。后甲企业将仓库里的产品以市场价出卖给了丙，丙付完款后，即将这些产品全部运走了。后甲企业到期无法清偿乙银行的借款，乙银行主张自己的抵押权能够对抗第三人丙，要求就丙从甲企业购买的产品实现抵押权，可否获得法律支持？

结论： 不能获得支持。因为甲企业将其产品出卖给丙，属于正常经营活动；丙已经支付了合理的价款；丙已经取得了这些产品，因此，丙属于正常经营活动已经支付合理价款并取得抵押财产的买受人，故即使乙银行的抵押权已经登记，也不能对抗丙，即不能追到丙处行使抵押权。

就法考命题而言，此处最容易出题的是"正常经营活动"如何认定的问题。正常经营活动，是指出卖人的经营活动属于其营业执照明确记载的经营范围，且属于出卖人持续销售的同类商品。具体在做题时，重点是要求考生记住：在如下几种情况下，都是非正常经营活动，因此只要抵押权办理了登记的，抵押权人就可以对抗这几种情况下的买受人，即可以向买受人主张抵押权：

（1）购买商品的数量明显超过一般买受人；

（2）购买出卖人的生产设备；

（3）订立买卖合同的目的在于担保出卖人或者第三人履行债务；

（4）买受人与出卖人存在直接或者间接的控制关系；

（5）买受人应当查询抵押登记而未查询的其他情形。

（四）房地一体主义在抵押权中的适用

所谓房地一体主义在抵押权中的适用，是说房屋和其赖以存在的建设用地使用权必须一并抵押。现结合《担保制度解释》，展开为如下几方面的考点，请考生全面掌握：

1.抵押时已有建筑物。

（1）建设用地使用权抵押时，该土地之上的建筑物一并抵押。考生可简单记忆为：以土地抵押，房屋一并抵押。

（2）建筑物抵押时，该建筑物之下的建设用地使用权一并抵押。考生可简单记忆为：以建筑物抵押，土地一并抵押。

2.抵押之后新增建筑物。

（1）建设用地使用权抵押后，该土地上新增的建筑物不属于抵押财产，即抵押权人对新增建筑物不享有抵押权。

（2）抵押权人在对该建设用地使用权实现抵押权时，应当将该土地上新增的建筑物与建设用地使用权一并处分。但是，新增建筑物所得的价款，抵押权人无权优先受偿，即抵押权人只能就建设用地使用权的那部分价款优先受偿。

3.正在建造的建筑物的抵押。

当事人以正在建造的建筑物抵押，抵押权的效力范围仅限于已办理抵押登记的部分，抵押权人不能就续建部分、新增建筑物以及规划中尚未建造的建筑物主张抵押权。

4.房地分别抵押。

该问题较为疑难，现结合实例进行分析：

实例： 甲公司将其办公楼为乙银行设立了抵押，办理了抵押登记；其后又将该办公楼下的建设用地使用权为丙银行设立了抵押，办理了抵押登记。

问题1：乙银行可以就办公楼下的建设用地使用权主张优先受偿吗？

问题2：丙银行可以就该办公楼主张优先受偿吗？

问题3：乙、丙均主张就办公楼及其建设用地使用权主张优先受偿，谁优先？①

结论：抵押人将建设用地使用权、土地上的建筑物或者正在建造的建筑物分别抵押给不同债权人的，根据抵押登记的时间先后确定清偿顺序。

5.以违法的建筑物抵押。

当事人以违法的建筑物抵押的，抵押合同无效，但是一审法庭辩论终结前已经办理合法手续的，抵押合同应认定为有效。

（五）流押条款的效力

所谓流押条款，是指抵押权人（债权人）在债务履行期限届满前，与抵押人约定，如果债务人到期不履行债务，则抵押财产直接归抵押权人所有。该约定被称为流押条款。

就流押条款，考生须掌握如下具体考点：

1.流押条款应被认定为无效，债务人到期不能履行债务时，抵押权人不能基于流押条款主张对抵押物享有所有权。

2.流押条款无效，不影响抵押合同中其他条款的效力，即考生不能将整个抵押合同认定为无效，抵押合同中的其他条款还是有效的。

3.流押条款无效，不影响抵押权人行使抵押权，即债务人到期不能履行债务时，抵押权人仍然可以申请拍卖抵押物，并就拍卖所得价款优先受偿。

4.流押条款与让与担保、后让与担保的区别。由于流押条款意图让债权人直接取得抵押财产的所有权，而让与担保、后让与担保也涉及让债权人取得所有权的问题，此外，在合同编中，还将学到另外一种和债权人取得所有权有关的制度——以物抵债。以上四种制度法考均有涉及，现将区别标准总结如下，请考生务必掌握：

（1）流押条款：当事人之间签订的是抵押合同，在合同中约定了债务人到期不履行债务时抵押财产归债权人所有。

（2）让与担保：当事人之间签订的是担保合同，在合同中直接约定财产归债权人所有，并直接将标的物所有权转移给债权人，而不是约定债务人到期不履行债务时担保财产方归债权人所有。

（3）后让与担保：当事人之间签订的是担保合同或买卖合同，在合同中约定债务人到期不履行债务时担保财产归债权人所有。如果将后让与担保合同解释为抵押合同，则后让与担保的上述约定，就可以被进一步认定为流押条款。

（4）以物抵债：当事人之间并未签订任何的担保合同，而是在债务到期后，债务人和债权人约定将债务人的某项财产所有权转移给债权人，从而清偿债务。如甲欠乙款5

---

① 三个问题的结论：问题1：乙银行就办公楼下的建设用地使用权也可以主张优先受偿。因为以房屋作抵押的，建设用地使用权一并抵押，因此，乙银行对建设用地使用权也享有抵押权，故可以就此主张优先受偿。问题2：丙银行就办公楼也可以主张优先受偿。因为以建设用地使用权作抵押的，房屋也一并抵押，因此，丙银行对办公楼也享有抵押权，故可以就此主张优先受偿。问题3：乙、丙谁能优先，取决于谁先完成抵押权登记，登记在先的，效力优先。

万元到期未还，甲、乙商量，用甲的一部汽车来还债，估价5万元，汽车抵债后，视为甲已还债。甲依约将汽车交付给乙。考生可以简单记忆为："用物代替钱来还债"。

最后再提醒考生的是：以上四种情况下，前三种情况，债权人最终都不能取得标的物的所有权，即"通过担保物权不能获得所有权"；但在第四种情况下，债权人能基于相应的约定而主张直接取得标的物所有权，即通过以物抵债的约定，是能让债权人取得标的物的所有权的，当然，如果是动产，必须要交付，不动产则必须要过户到债权人名下。

三、抵押权的效力范围

（一）抵押权所担保的债权的范围

抵押权所担保的债权范围，即抵押权人在实现抵押权时，可以就多少债权主张优先受偿。按照法律规定，抵押权所担保的债权范围，包括主债权及利息、违约金、损害赔偿金和实现抵押权的费用。抵押合同另有约定的，从其约定。

实例： 甲从乙处借款100万元，约定一年后到期，到期后甲除偿还本金外，还需支付利息5万元。如果甲到期不还款，还需支付违约金10万元。甲以其房屋进行抵押。一年后，甲无力还款。乙申请法院拍卖甲的房屋，垫付拍卖费用3万元。房屋拍卖所得价款为130万元。乙可以在多少数额内主张优先受偿？

结论： 乙可以主张优先受偿的数额为118万元。乙作为抵押权人，可以主张优先受偿的范围，包括主债权100万元，利息5万元，违约金10万元以及实现抵押权的费用3万元，合计118万元。多余的12万元，退给乙即可。

（二）抵押权所包括的抵押物的范围

1.关于抵押物的从物。

如果以主物进行抵押，根据从随主的基本原理，抵押权人对从物也享有抵押权。

需要考生注意的是，如果抵押权设立后才出现从物的，抵押权人对从物不享有抵押权，但抵押权人实现抵押权时，可以将从物与主物一并处分，不过抵押权人对从物的价款不能优先受偿。

2.关于抵押物所生的孳息。

由于抵押物由抵押人占有，故抵押物所生的孳息应当由抵押人收取。但特殊情况下抵押权人也能收取孳息，考生应掌握如下两项规则：

（1）抵押权人在什么情况下收取孳息。对此，应同时满足两个条件：①债务人到期不履行债务；②抵押财产被法院依法扣押。满足这两个条件后，抵押物所生的孳息就由抵押权人收取。例外的是，如果孳息是由第三人支付的，但是抵押权人没有通知第三人，则抵押权人不能收取孳息。

（2）抵押权人收取孳息后如何处理。这要分两个方面掌握：

①抵押权人收取的孳息，其所有权并不直接归抵押权人所有，而是仍然归抵押人所有。这是因为，抵押物在设立抵押后，其所有权并没有发生转移，仍然归抵押人所有，因此，抵押物产生的孳息，当然也归抵押人所有。只不过抵押物目前已经被法院扣押，所以由抵押权人来收取孳息而已。

②抵押权人收取孳息，应先扣除收取孳息过程中产生的费用，剩余的部分再用来偿还利息，如果仍有剩余的，再用来偿还主债权。考生可以简单记忆为：收取的孳息，按"费用——利息——主债权"的顺序清偿债权。

3.关于抵押物出现添附时的处理规则。

抵押物和第三人的物之间出现添附的，添附后的新物可能归抵押人所有，也可能归第三人所有，还可能是抵押人和第三人共有，对此，考生也应记住如下三项规则：

（1）如果添附后的添附物归第三人所有，则第三人应当给予抵押人一定的补偿金，此时抵押权人可以主张就该补偿金优先受偿。

（2）如果添附后的添附物归抵押人所有，抵押权人可以就添附物主张抵押权，但添附物相比抵押物而言所增加的那部分财产价值，抵押权人不能主张优先受偿。

（3）如果添附后的抵押物归抵押人和第三人共有，抵押权人可以就抵押人对添附物所享有的份额，主张抵押权。

四、抵押权当事人的权利

（一）抵押人转让抵押物的权利

抵押人转让抵押物的具体规则是：

1.抵押期间，抵押人可以转让抵押财产。当事人另有约定的，按照其约定。因此，抵押人转让抵押物不需要经过抵押权人同意，仅须及时通知抵押权人即可。

2.抵押财产转让的，抵押权不受影响，即抵押权人可以追及到购买抵押物的第三人处，实现抵押权。理论上称为抵押权的追及效力。此处需要注意两个细节问题：

（1）此处的抵押权，必须是已经办理了登记的抵押权。因为就不动产抵押而言，如果未登记，抵押权根本不能成立，谈不上抵押权继续存在；就动产抵押而言，如果未登记，不能对抗善意第三人，所以就不能追及到第三人处，实现抵押权。

（2）在动产抵押中，抵押权人不得向正常经营活动中已经支付合理价款并取得抵押财产的买受人主张追及效力。如前所述，此类买受人在法律上能获得绝对优先保护。

3.抵押人转让抵押财产的，如果抵押权人能够证明抵押财产转让可能损害抵押权的，可以请求抵押人将转让所得的价款向抵押权人提前清偿债务或者提存。转让的价款超过债权数额的部分归抵押人所有，不足部分由债务人清偿。

实例：甲从乙处借款100万元，借期1年。甲以其房屋为乙设定了抵押，并办理了抵押登记。半年后，甲想将其房屋出售给丙。

问题1：甲出售房屋给丙，是否必须经过乙的同意？

结论：无须经过乙的同意，仅须及时通知乙即可。

问题2：房屋过户到丙名下后，如果甲到期不能偿还对乙的欠款，乙可否追到丙处，主张拍卖该房屋用于清偿甲之欠款？

结论：可以。因为抵押人转让抵押物，抵押权不受影响。

（二）抵押权人的权利

1.对抵押物进行保全的权利。

（1）停止侵害：抵押人的行为足以导致抵押物价值减损的，抵押权人有权请求停止该行为。如果已经出现抵押物价值实际减少的事实，则可以适用下一项规则。

（2）恢复原状或补充担保：抵押人的行为已经导致抵押物价值减损的，抵押权人有权请求其恢复原价值或者相应地补充担保。

（3）提前清偿：在上述情况下，无法恢复或补充的，抵押权人可以要求债务人提前清偿债务。

2.抵押权顺位的变更。

（1）抵押权的顺位确定规则。

抵押权的顺位，是说同一财产向两个以上债权人抵押的，各个债权人清偿的顺序如何排列的问题。对此，请考生牢记以登记为标准进行处理，具体规则如下：

①抵押权已经登记的，按照登记的时间先后确定清偿顺序；

②抵押权已经登记的先于未登记的受偿；

③抵押权均未登记的，按照债权比例清偿。

（2）抵押权顺位的变更。

抵押权顺位的变更，是说两个抵押权人之间可以协商变更各自的顺位，如第一顺位的抵押权人和第三顺位的抵押权人协商交换各自顺位，第一顺位的自愿退到第三顺位，第三顺位的愿意升到第一顺位。

针对抵押权人相互协商变更顺位，法考的命题思路是：要求考生会计算变更后各抵押权人就抵押物的价款，每人应当分得多少数额。对此，请考生结合实例，掌握如下计算规则：

第一步，计算出变更之前，各抵押权人的数额；

第二步，计算出变更之后，各抵押权人的应得数额；

第三步，比较其他抵押权人变更前后所得数额，如果变更后其他抵押权人的应得数额没有减少，则以变更后的顺序为准；如果变更后其他抵押权人应得数额减少，则以变更前的为准；

第四步，在变更顺位的抵押权人之间，一律以变更后的顺位为准。

实例：黄河公司以其房屋作抵押，先后向甲银行借款100万元，乙银行借款300万元，丙银行借款500万元，并依次办理了抵押登记。后丙银行与甲银行商定交换各自抵押权的顺位，并办理了变更登记，乙银行并不知情。因黄河公司无力偿还三家银行到期债务，银行拍卖其房屋，仅得价款600万元。此时，三家银行将怎样分配该笔价款？

分析：在该实例中，甲银行和丙银行协议变更抵押权的顺位。第一步，变更之前，甲银行能获得100万元，乙银行能获得300万元，丙银行能获得200万元；第二步，变更之后，丙银行位于第一顺序，获得500万元，乙银行能获得100万元，甲银行不能获得清偿；第三步，比较乙银行变更前后所得，经过比较，乙银行变更后应得数额减少（变更前是300万元，变更后是100万元），故以变更前的为准，即乙银行获得300万元；第四步，在甲银行、丙银行之间，以变更后的顺序为准，即丙先甲后，故丙银行获得300万元，甲银行不能获得清偿。综上，甲银行得不到清偿、乙银行获得300万元、丙银行获得300万元。

五、抵押权的实现

抵押权的实现，是说债务人到期不履行债务，抵押权人就抵押财产进行拍卖、变卖或者折价，以清偿其债权的行为。考生需要掌握如下考点：

（一）抵押权的期间

抵押权的期间，是说抵押权人应当在多长时间内行使抵押权。对此，请考生牢记：抵押权人应当在主债权诉讼时效期间内行使抵押权。此处容易与诉讼时效制度结合在一起命题。

（二）抵押权的实现方法

实现抵押的方法包括拍卖、变卖、折价。拍卖、变卖，就是抵押权人申请法院对抵押财产按拍卖程序进行拍卖或直接变卖，其中拍卖是最常见的实现方式。就法考而言，可能命题的是折价这种方式。

折价，是指债务人到期不履行债务后，抵押权人和抵押人协商，直接将抵押财产的所有权归抵押权人所有，然后双方再评估抵押物的价值，超过债权数额的，债权人将多余的部分退还给抵押人；不够债权数额，债务人再补充不足的部分（多退少补）。

实例：甲从乙处借款100万元，借款期限一年，甲以房屋进行抵押。一年后，甲无力还债，甲、乙经商量，决定采取折价的方法实现抵押权，其具体方案是：该房屋直接归乙所有；房屋评估价值为105万元，由乙退还给甲5万元。

关于折价，考生需要掌握以下几点：

1.只有经过抵押权人和抵押人协商一致，才能采取折价的方式。

2.折价不同于流押条款：流押条款出现在债务履行期届满前，是无效的；折价出现在债务履行期届满后，是有效的。

3.折价不同于以物抵债：以物抵债中，当事人之间根本没有任何的担保，仅仅是债务到期后，债务人用别的物代替金钱来还债；折价，以当事人已经设定过抵押为前提。

六、最高额抵押

（一）最高额抵押权的概念

最高额抵押权是指为担保债务的履行，债务人或者第三人对一定期间内将要连续发生的债权提供担保财产，在债务人不履行到期债务时，抵押权人有权在最高债权额限度内就该担保财产优先受偿。考生可以简单将其理解为"以抵押担保未来的债权"。

实例：甲于5月1日找到乙，和乙约定，其未来两个月要多次找乙借钱，所借的钱均以其一栋房屋进行抵押，最高担保额共400万元。这就是最高额抵押，该房屋用于担保未来两个月所发生的债权。

（二）最高额抵押权的特征

这是法考最主要的命题来源，需要考生特别掌握：

1.最高额抵押权在设立上具有特殊性：最高额抵押权担保的是未来的债权，即先有抵押权，再有债权。

此处有一重要的命题陷阱需要考生注意：经当事人同意，也可以将最高额抵押权设立前已经存在的债权，转入最高额抵押担保的债权范围。即最高额抵押权，本来是用于担保未来债权的，但对于过去已经发生的债权，也可以一并转入到最高额抵押权担保的范围。考生可以简单记忆为：过去的债权可以合并到未来的债权中。

2.最高额抵押权在转让上具有特殊性：最高额抵押担保的债权确定前，债权人转让其债权的，最高额抵押权不随之转让，但当事人另有约定的除外，即此种情况下抵押权没有遵守担保物权"从随主走"的基本原理。

此处有一重要的陷阱需要考生注意：如果是最高额抵押担保的债权已经确定的，则债权人转让其债权的，该抵押权将随之转让，即其恢复了担保物权的从属性。

实例：甲于5月1日找到乙，和乙约定，其未来两个月要多次找乙借钱，所借的钱均以其一栋房屋进行抵押，最高担保额共400万元。

问题1：假设6月1日，甲从乙处共借了100万元，乙在这一天将100万元转移给了丙。丙对甲的房屋是否享有抵押权？

问题2：假设至7月1日，甲从乙处共借了300万元，乙在这一天将300万元转移给了丙。丙对甲的房屋是否享有抵押权？

结论：

就问题1，丙对甲的房屋不享有抵押权。甲、乙之间约定的债权确定时间是两个月，在6月1日这个时间点，甲、乙之间的债权尚未最终确定是多少，此时乙将已经发生的100万元债权转让给丙，最高额抵押权不随之转让给丙，而是仍然掌握在乙的手中。原因是，在6月2日到7月1日的这段时间里，甲可能还要再向乙借钱，此时仍然以该房屋进行担保。

就问题2，丙对甲的房屋享有抵押权。因为7月1日是甲、乙约定的甲找乙借钱的最后一天，也就是在这一天，甲、乙的债权已经确定为300万元，后面不会再发生新的债权了，故此时抵押权恢复了"从随主走"的基本原理，将随着债权的转让而转让，故新的债权人丙对甲的房屋享有抵押权。

③最高额抵押权在消灭上具有独立性：主债权中的一部分债权消灭的，最高额抵押权并不受影响，仍然继续存在。

（三）最高额抵押权的债权确定时间

所谓债权确定，实际上就是债权人和债务人算账的意思，即双方在一起算一下，债务人从债权人处总共借了多少钱。因为最高额抵押权担保的是未来的债权，双方总有一天要在一起计算一下债务人总共从债权人处借款的数额。那么，到底什么情况下双方要在一起算账呢？请考生掌握如下几种情形：

1.债权人和债务人约定的债权确定期间届满。如在上述实例中，甲、乙约定的是甲未来两个月要多次找乙借钱，那么这两个月就是债权确定期间，两个月后甲、乙一起算账，计算出借款总额。

2.没有约定债权确定期间或者约定不明确，抵押权人或者抵押人自最高额抵押权设立之日起满2年后请求确定债权。所谓请求确定债权，就是任何一方可以请求对方一起算账，计算出借款总额。

3.新的债权不可能发生。例如，虽然债权人和债务人约定的债权确定期间没有届满，但双方经过协商将借款合同解除了，那么后面就不会再发生新的债权，此时双方就要在一起计算一下合同解除之前已经发生的债权总额。

4.抵押权人知道或者应当知道抵押财产被查封、扣押。

5.债务人、抵押人被宣告破产或者被撤销。

（四）最高额抵押权的实现

抵押权人实现最高额抵押权时，如果实际发生的债权额高于最高限额的，以最高限额为限，超过部分不具有优先受偿的效力，可作为普通债权受偿；如果实际发生的债权额低于最高限额的，以实际发生的债权额为限对抵押物优先受偿。考生可以简单记忆为：以实际发生的债权额与最高限额中较小者为准。

经典考题： 2013年2月1日，王某以一套房屋为张某设定了抵押，办理了抵押登记。同年3月1日，王某将该房屋无偿租给李某1年，以此抵王某欠李某的借款。房屋交付后，李某向王某出具了借款还清的收据。同年4月1日，李某得知房屋上设有抵押后，与王某修订租赁合同，把起租日改为2013年1月1日。张某实现抵押权时，要求李某搬离房屋。下列哪些表述是正确的？（2014年卷三第57题，多选）[①]

A.王某、李某的借款之债消灭　　　　B.李某的租赁权可对抗张某的抵押权

C.王某、李某修订租赁合同行为无效　　D.李某可向王某主张违约责任

归纳总结	抵押权

抵押权的设立	①当事人以依法被查封、扣押、监管的财产抵押，抵押权人请求行使抵押权时，经审查查封、扣押、监管措施已经解除的，人民法院应予支持；抵押人以抵押权设立时财产被查封或者扣押为由主张抵押合同无效的，人民法院不予支持 ②动产抵押实行意思主义，未经登记，不得对抗善意第三人；不动产抵押、权利抵押，实行形式主义

[①]【答案】ACD。本题考查抵押权。A选项，王某与李某约定，以房屋1年的使用权来冲抵借款，实际上是以物抵债的一种表现形式，只不过是以房屋的使用权来进行抵债，该约定合法有效。事后王某也将房屋交付给李某使用，符合以物抵债的要求，李某也向王某出具了借款还清的收据，故双方的债务消灭，A项正确。B选项，本案属于先抵押后租赁，房屋抵押为不动产抵押，已经办理了抵押登记，故该抵押权有效成立。因此，其可以破除后面的租赁合同，即抵押权的效力要优先于李某的租赁权，该选项错误。C选项，考生应首先回忆民事法律行为无效的原因，然后对照本案，有没有无效的原因出现。李某和王某修订合同，把起租日改为2013年1月1日，即想将租赁改到抵押前面，以便对抗抵押权，二人这种倒签合同的行为，显然属于恶意串通，故应认定为无效，该选项正确。D选项，由于本案中抵押权的效力优先于租赁权，故张某实现抵押权时，有权要求李某搬离房屋。由此，李某无法继续使用该房屋，这意味着王某违约了，李某有权向王某主张违约责任，该选项正确。本题如果出现失误，主要是知识点掌握得不够牢固：一是对恶意串通行为不够敏感，对于本案的恶意串通情节，没有给予准确地认定。二是对抵押和租赁的关系理解得不够透彻，在不动产抵押中，抵押权经过登记已经有效成立，其当然可以对抗后面的租赁权。三是对以物抵债知识点不够熟悉。当然，这一知识点本书前面只是偶有涉及，在合同编中还会详细阐述。综上，本题正确选项为ACD。

续 表

	③建设用地使用权及其上的建筑应当一并抵押 ④流押条款无效，但不影响抵押合同中其他条款的效力，也不影响抵押权人行使抵押权
抵押权的效力范围	①抵押权所担保的债权范围，包括主债权及利息、违约金、损害赔偿金和实现抵押权的费用 ②关于抵押物所生的孳息，原则上由抵押人收取，但债务人到期不履行债务，且抵押财产被法院依法扣押的，抵押物所生孳息由抵押权人收取。抵押权人收取孳息后，按"费用——利息——主债权"的顺序清偿债权
抵押权当事人的权利	①抵押期间，抵押人转让抵押物不需要经过抵押权人同意，仅须及时通知抵押权人即可。此种情况下，抵押权仍然继续存在 ②抵押权人对抵押物，享有停止侵害、恢复原状或补充担保、提前清偿等进行保全的权利 ③抵押的顺位确定，取决于登记与否：抵押权已经登记的，按照登记的时间先后确定清偿顺序；抵押权已经登记的先于未登记的受偿；抵押权均未登记的，按照债权比例清偿
抵押权的实现	①抵押权人应当在主债权诉讼时效期间内行使抵押权 ②实现抵押权的方法包括拍卖、变卖、折价。折价出现在债务履行期届满后，不同于流押条款出现在债务履行期届满前，是有效的
最高额抵押权	①最高额抵押权在设立上具有特殊性，先有抵押权，再有债权；在转让上具有特殊性，债权确定前，债权人转让其债权的，最高额抵押权不随之转让；在消灭上具有独立性，主债权中的一部分债权消灭的，最高额抵押权并不受影响 ②最高额抵押权的债权确定时间，包括债权确定期间届满；自最高额抵押权设立之日起满2年；新的债权不可能发生；抵押权人知道或者应当知道抵押财产被查封、扣押；债务人、抵押人被宣告破产或者被撤销

第三节 质 权

命题点拨

　　质权相对于抵押权，考点少一些，但也是近年来均有考查的担保物权，命题思路主要包括：一是对动产质权的设立进行考查，主要要求考生掌握好形式主义模式。二是对权利质权尤其是债权质权进行考查，该考点难度较大。三是偶尔对其他知识点，如质权中当事人的权利义务等进行考查。

一、质权的概念

　　质权是质押权的简称，是指为保障债权的实现，当事人设定的转移占有的担保物权。理解这一概念，考生可以从如下几方面入手：

1.质押权的最本质特征是转移标的物的占有，即设立质押后，不能由出质人继续占有质押物，而应当将标的物交给质权人占有。此点不同于抵押权。

2.可用于设立质押权的客体，只能是动产和某些特殊的权利，不动产不能质押。就权利质押而言，要么交付代表权利的某种凭证，要么办理质押登记。此点不同于抵押权。

3.提供质押财产的人，称为出质人，其可能是债务人自己，也可能是第三人。因此，出质人可能与债务人重合，也可能与债务人不是同一个人，而是第三人。此点与抵押权相同。

二、动产质权

（一）动产质权的设立

考生应掌握如下几点：

1.动产质权设立的基本模式：

质押合同生效+交付=取得质权，即适用形式主义。

2.流质条款无效规则：

流质条款，和流押条款的本质意思一样、最终法律后果一样，只不过其适用于质权的场合而已：

（1）流质条款，即质权人（债权人）在债务履行期限届满前，与出质人约定，如果债务人到期不履行债务，则质押物直接归质权人所有。该约定被称为流质条款。

（2）流质条款无效，质权人不能基于流质条款主张对质押物享有所有权。但流质条款无效，不影响质押合同中其他条款的效力，也不影响质权人行使质权。

（二）动产质权的效力范围

1.质权所担保的债权范围。

质权所担保的范围包括主债权及利息、违约金、损害赔偿金、质押物保管费用和实现质权的费用。质押合同另有约定的，从其约定。相对于抵押权所担保的债权范围而言，多了一项质押物的保管费用。因为，在质权中，质押物由质权人占有，这就区别于抵押权中抵押权人不能占有抵押物，由此质权人可能会支出质押物的保管费用，它也在质权所担保的范围内。

2.关于质押物所生的孳息。

由于质押物由质权人占有，故质押物的孳息一律由质权人收取，除非当事人另有约定。收取之后的处理方式与抵押权一样，即孳息并不归质权人所有，而是先扣除收取孳息过程中产生的费用，剩余的部分，再用来偿还利息，如果仍有剩余的，再用来偿还主债权。请考生与抵押权规则对比进行记忆：

	由谁收取	收取后如何处理
孳息的收取与处理	抵押权：原则上由抵押人收取抵押物的孳息，但债务人到期不履行债务且抵押物被法院依法扣押的，由抵押权人收取孳息 质押权：质押物的孳息一律由质权人收取（另有约定除外）	抵押权人或质权人收取孳息后的处理方式一样：均按"费用——利息——主债权"的顺序清偿债权

3.关于质押物出现添附时的处理规则。

此点与抵押权完全相同，请考生自行回忆抵押物出现添附时的处理规则。

（三）当事人的权利

1.出质人的权利。

近年来，法考在涉及质权关系中当事人的权利时，更侧重于考查出质人的权利，且重点考查如下三项，请考生注意记忆：

（1）质权人因保管不善致使质物毁损、灭失时，出质人有权要求质权人承担民事责任。质权人的行为可能使质押财产毁损、灭失的，出质人可以要求质权人将质押财产提存，或者要求提前清偿债务并返还质押财产。

（2）在质权存续期间，质权人未经出质人同意，擅自使用、处分质物，因此给出质人造成损失的，出质人有权要求质权人承担赔偿责任。

（3）出质人可以请求质权人在债务履行期届满后及时行使质权；质权人不行使的，出质人可以请求人民法院拍卖、变卖质押财产。出质人请求质权人及时行使质权，因质权人怠于行使权利造成损害的，由质权人承担赔偿责任。

2.质权人的权利。

（1）对质押物进行保全的权利。

保全质押物的方式，与抵押权略有不同，主要有补充担保、提前清偿或提存：

①因不可归责于质权人的事由可能使质押物毁损或者价值明显减少，足以危害质权人权利的，质权人有权要求出质人提供相应的担保。

②在上述情况下，如果出质人不提供的，质权人可以拍卖、变卖质押物，并与出质人协议将拍卖、变卖所得的价款提前清偿债务或者提存。

（2）关于转质问题。

转质，是指在质押期间，质权人将质物为第三人设立质权的行为。第三人取得的质权为转质权，第三人称为转质权人。

关于转质权，需要考生掌握以下四个方面的内容：

①设立转质权，必须经过出质人的同意。

请考生注意如下命题模式：如果转质未经出质人同意，且第三人也是善意的，则第三人符合善意取得的构成要件时，可以善意取得转质权。当然，转质在本质上也是一种质押，故有的人认为此种情况下称为"善意取得质权"更合适，考生无须理会这种学术争议，只需要知道这种情况下适用善意取得就可以了。

②转质权所担保的债权范围不超过原质权所担保的债权范围，超过部分不具有优先受偿的效力。

③转质权的效力优先于原质权。

④转质人（质权人）的责任：质权人应就转质向出质人承担责任。

三、权利质权

权利质权，是指以某些权利进行质押。因此，考生首先应记忆究竟哪些权利可以质押，然后再掌握每一种权利在质押时需要满足什么条件，最后再掌握近年来颇为流行的命题来源——债权质押。

（一）可质押的权利范围

主要包括：①汇票、支票、本票；②债券、存款单；③仓单、提单；④依法可以转让的基金份额与股权；⑤依法可以转让的知识产权中的财产性权利；⑥现有的以及将有的应收账款。

（二）权利质权的设立

权利质权的设立均实行形式主义，但有的要求是交付，有的要求是登记，考生需要分开记忆：

1.以前三大类权利质押，即以汇票、支票、本票、债券、存款单、仓单、提单质押的，质权自权利凭证交付质权人时设立；没有权利凭证的，质权自办理出质登记时设立。即原则上实行质押合同生效＋交付的模式，例外情况下实行质押合同生效＋登记的模式。

2.以后三大类权利质押，即基金份额、股权、知识产权、应收账款质押的，质权均自办理出质登记时设立，即一律实行质押合同生效＋登记的模式。

（三）债权质权

债权质权在现行法律中并未有系统的规定，但法考中已经屡次设计，且较为疑难，请考生认真体会并牢记如下考点：

1.概念理解。

债权质权是指以债权为标的设立的权利质权，通俗地理解，就是以一个债权担保另一个债权。

实例：甲向乙借款10万元，为担保乙的债权，丙以其对丁享有的12万元的债权为乙设立了质押权。

2.债权质权的设立。

（1）能够被质押的债权必须是可以转让的债权，即不得具有专属性。例如涉及身份关系的债权，如父亲对儿子享有的赡养费请求权，父亲不得在该债权上为他人设立质押。

（2）债权质权的设立需要有书面的质押合同，质押合同生效时，对方取得质权。这是意思主义思想的体现，故请考生牢记：债权质押，适用意思主义。

（3）债权质权的设立，可以准用债权让与的规则。请考生牢记：以债权为他人设立质押，相当于把债权转让给了他人。如在上述实例中，丙以其对丁享有的12万元的债权为乙设立了质押权，就相当于将12万元债权转让给了乙，故如果甲欠乙的10万元债务到期未履行，乙就可以要求丁偿还10万元。

3.债权质权对债务人的效力。

债权质权设立后，应当通知债务人，但通知债务人并不是债权质权的设立要件，而是债权质权对债务人是否发生法律效力的要件。这是因为，债权质权的设立，适用意思主义，其在质押合同生效时就已经设立了，因此，即使不通知债务人，债权质权也已经设立了。所谓对债务人发生法律效力，考生应按如下两个方面来掌握：

（1）通知债务人之后，对债务人具有法律效力，即债务人不得向债权人清偿，如果债务人清偿了，对质权人而言，相当于没有清偿，质权人仍然按照原先质押时的债权数额主张权利。

此处有一重要的命题陷阱：所谓"债务人不得向债权人清偿"，是指不得向债权人进行任何的清偿，哪怕只清偿一部分，对质权人而言，都是无效的，相当于没有清偿过。

（2）未通知债务人的，债权质权对债务人不发生效力，即债务人仍可向债权人清偿，清偿以后，该债权因清偿而消灭，在该债权之上设立的质权也因此而消灭。

实例： 甲对乙享有10万元的债权，甲将该债权向丙出质，借款5万元。乙在接到债权通知的事实之后，向甲清偿了3万元。该清偿行为对丙有法律效力吗？

结论： 乙的清偿行为对丙不发生清偿的效力，丙仍然享有10万元的债权质权担保额度。理由是，债权质权设立并通知债务人后，债权人受领债务人清偿的权限即被冻结，债务人对债权人履行债务（包括部分履行）的，对质权人不发生清偿的法律效果。

四、质权的实现

（一）质权实现的时间

质权的实现，是否也应当像抵押权那样，必须在主债权诉讼时效期间内？该问题过去未有规定，现在《担保制度解释》进行了规定，属于新增考点，考生要注意记忆：

1.对于动产质权，质权人实现质权不受主债权诉讼时效的约束，即使主债权诉讼时效期间届满，质权人仍然可以实现质权。

2.对于权利质权，要分两种情况分别判断：

（1）对于须通过登记方能取得质权的权利质权，必须在主债权诉讼时效期间内实现质权，超过这个期间，不能要求实现质权。

（2）对于通过交付权利凭证方式取得质权的权利质权，不受主债权诉讼时效期间的约束，即使主债权诉讼时效期间届满，质权人仍然可以实现质权。

（二）质权实现的方式

包括拍卖、变卖、折价，与抵押权没有区别。

经典考题： 乙欠甲货款，二人商定由乙将一块红木出质并签订质权合同。甲与丙签订委托合同授权丙代自己占有红木。乙将红木交付与丙。下列哪一说法是正确的？（2015年卷三第8题，单选）[①]

[①]【答案】C。本题考查质权的设立。A选项，合同的生效，取决于当事人是否有相应的行为能力、意思表示是否真实、内容是否合法，根据法考的命题惯例，对当事人没有特别说明的，都是完全行为能力；设立质押的意思表示也真实，内容也合法，又没有无效的事由出现，应当认定为有效。该选项错误。B选项，题目中说"甲与丙签订委托合同授权丙代自己占有红木"，这说明甲、丙之间成立代理关系，丙是甲的代理人，故乙将红木交给丙，法律后果由被代理人承担，即相当于交付给了甲，故不是丙取得质权，而是甲取得质权。该选项错误。C选项，根据前面的分析，债权人取得了债权，该选项正确。D选项，丙根据与甲之间的委托合同而占有红木，符合代理的基本原理，该选项说丙不能代理甲占有红木，又说甲没有取得质权，均是错误的。本题如果出现失误，主要原因是对代理的知识点掌握得不够牢固，这是在总则里所学习的知识点。通过本题，也要求考生慢慢熟悉一道题目同时考查民法各个领域知识点的命题模式，这种综合性的题目，需要考生尤其关注。综上，本题正确选项为C。

A.甲乙之间的担保合同无效

B.红木已交付，丙取得质权

C.丙经甲的授权而占有，甲取得质权

D.丙不能代理甲占有红木，因而甲未取得质权

归纳总结　质权

动产质权	①动产质权的设立适用形式主义，质押合同生效+交付=取得质权 ②流质条款无效，但不影响质押合同中其他条款的效力，也不影响质权人行使质权 ③质权所担保的范围包括主债权及利息、违约金、损害赔偿金、质押物保管费用和实现质权的费用 ④质押物所生的孳息，由质权人收取，但孳息并不归质权人所有，而是按"费用——利息——主债权"的顺序清偿债权 ⑤出质人在质权人对质押物保管不善或擅自使用、处分质押物时，有权要求质权人赔偿；也有权在债务履行期届满后请求质权人及时行使质权 ⑥质权人享有通过补充担保、提前清偿或提存等方式对质押物进行保全的权利；可以经出质人同意设立质押，如果未经出质人同意设立质押的，第三人可以善意取得
权利质权	①可质押的权利包括：汇票、支票、本票；债券、存款单；仓单、提单；依法可以转让的基金份额与股权；依法可以转让的知识产权中的财产性权利；现有的以及将有的应收账款。这些权利质权的设立均采用形式主义 ②以债权设立质押的，适用意思主义，对方在质押合同生效时就取得质押权；通知债务人并不是债权质权的设立要件，而是债权质权对债务人是否发生法律效力的要件，即通知债务人之后，债务人不得向债权人清偿，如果债务人清偿，对质权人无效
质权的实现	①质权实现的时间 动产质权不受主债权诉讼时效的约束；权利质权中通过登记取得的质权，受主债权诉讼时效的约束，通过交付凭证取得的质权，不受主债权诉讼时效的约束 ②质权实现的方式 拍卖、变卖、折价

第四节　留置权

命题点拨

留置权近年来考查频率有所增加，重点是对其成立条件进行考查，考生要作为重点进行复习。此外，《担保制度解释》还有新增考点出现，也需要考生一并掌握。

一、留置权的概念

留置权是指债权人已合法占有债务人的动产，当债务人不履行到期债务时，债权人

可以留置该动产的担保物权。

理解这一概念，考生可以从以下几方面入手：

1.留置权的标的只能是动产。

2.留置权属于法定担保物权，即留置权的成立，并不需要当事人之间进行约定，而只要符合法律规定的条件即可。

二、留置权的成立条件

（一）留置权成立的积极条件

1.须债权人合法占有债务人的动产，以非法方式取得占有的，不成立留置权。

2.须债务人不履行到期债务。

3.须债权人留置的动产与债权属于同一法律关系，但企业之间留置的除外。

这种留置权中最重要的考点，对此，需要考生掌握如下细节考点：

（1）所谓同一法律关系，是指债权人的债权必须是基于所留置的动产而产生的。考生可以将同一法律关系简单理解为"同一合同"，即跨越了两个合同的，就不能留置。

实例： 甲的自行车链条在一次剐蹭事件中被弄断后，就被送往其朋友乙处进行修理，同时约定修理费为150元。另外，甲在之前由于打出租车未带现金，向乙借了100元钱，但至今未还。后来，在乙替甲修理好自行车后的一段时间内，甲一直不支付乙修车费，于是乙向甲发出通知说，将要留置该辆自行车，用来担保修车费和之前的借款。

结论： 担保修车费的留置权发生法律效力，但是担保借款的留置权不成立。乙为甲修理自行车，在修理费未受偿之前，可留置该自行车，修车费与被修理的车出于同一个承揽合同关系；但甲另欠乙的借款，为甲乙之间的另一法律关系，即借款合同关系，其发生与自行车修理不属于同一法律关系，因此不得以借款未还而留置自行车。

（2）债务人不履行到期债务，债权人可以留置因同一法律关系而合法占有的第三人的动产

（3）企业之间的留置，又称商事留置，其不要求同一法律关系。

在所留置的动产与债权并非同一法律关系的情况下，有如下两个特殊规则：

①如果该债权不属于企业持续经营中发生的债权，则债权人不能留置。所谓"持续经营"，即属于企业营业执照上的经营范围，且企业一直经营这一项业务，而不是偶尔发生的业务。

②如果是第二人的财产，则债权人不能留置。如前所述，一般情况下，债权人是能够留置第三人的财产的，但在非同一法律关系的情况下，不能留置第三人的财产。

（二）留置成立的消极条件

1.对动产的占有如果是基于侵权行为而取得的，则不能留置。

2.对动产的留置如果违反公序良俗的，则不能留置。如留置他人的居民身份证、留置他人待用的殡葬物，都是违反公序良俗的。

三、留置权的效力

（一）留置权人的权利

1.留置并占有动产的权利。

（1）留置的财产为可分物的，留置财产的价值应当相当于债务的金额；

（2）留置的财产为不可分物的，留置权人可以就留置物的全部行使留置权。

2.收取孳息权。

留置物均由留置权人占有，故留置物的孳息均由留置权人收取。收取的孳息应当先抵充收取孳息的费用，再用于对主债务的利息以及主债务的清偿。此点与动产质押中的孳息收取与处理规则完全一样，请考生对比记忆。

（二）留置权人的义务

1.保管留置物。

留置权人负有妥善保管留置财产的义务；因保管不善致使留置财产毁损、灭失的，应当承担赔偿责任。

2.不得擅自使用、出租、处分留置物。

如果留置权人擅自使用、出租、处分留置物，因此给债务人造成损失的，应当承担赔偿责任。

四、留置权的实现

（一）留置权实现的条件

1.宽限期问题。

留置权产生之后，留置权人不能当即行使留置权，而应当给债务人设定清偿债务期。此宽限期的确定，有约定则按照约定；没有约定或者约定不明时，留置权人应当给债务人60日以上履行债务的期间，但鲜活易腐等不易保管的动产除外。

2.是否必须在主债权诉讼时效期间内实现留置权。

该问题也属于《担保制度解释》新增考点，请考生牢记：实现留置权，不受主债权诉讼时效的约束，即使主债权诉讼时效期间届满，留置权人仍然可以实现留置权。

（二）留置权实现的方式

包括拍卖、变卖、折价，与其他担保物权没有区别。

五、留置权的消灭

留置权的消灭主要有以下几种情形：

1.留置物被毁损、灭失且无代位物；

2.主债权消灭；

3.留置权已经被实现；

4.留置权人接受债务人另行提供的担保；

5.留置权人对留置的财产丧失占有。

注意：若留置权人被动丧失占有，例如留置物被他人盗窃时，该留置权人有权请求返还留置物，此时留置权并不丧失；若是留置权人自动放弃占有，则丧失留置权。

经典考题： 下列哪些情形下权利人可以行使留置权？（2015年卷三第55题，多选）[①]

A.张某为王某送货，约定货物送到后一周内支付运费。张某在货物运到后立刻要求王某支付运费被拒绝，张某可留置部分货物

B.刘某把房屋租给方某，方某退租搬离时尚有部分租金未付，刘某可留置方某部分家具

C.何某将丁某的行李存放在火车站小件寄存处，后丁某取行李时认为寄存费过高而拒绝支付，寄存处可留置该行李

D.甲公司加工乙公司的机器零件，约定先付费后加工。付费和加工均已完成，但乙公司尚欠甲公司借款，甲公司可留置机器零件

归纳总结 留置权

留置权的成立条件	①积极条件 合法占有、债权已届清偿期、同一法律关系（商事留置不需要这一条件） ②消极条件 非基于侵权行为而占有标的物；对动产的留置不违反公序良俗

[①] 【答案】CD。本题考查留置权的成立。A选项，留置权的成立条件中要求必须是债务已到履行期，该选项中，当事人约定"货物送到后一周内支付运费"，而张某在货物运到后立刻要求王某支付运费并进行留置，不符合留置权的这一条件，故该选项所涉及的案例中，债权人不能留置。B选项，留置权的成立条件中要求必须是同一法律关系。刘某与方某之间存在租赁合同，承租人方某的家具显然不是来自租赁合同，因为如果是来自于租赁合同，那就是出租人刘某提供的了，刘某享有所有权，不涉及留置问题。既然方某的家具不是来自租赁合同这一法律关系，那就应该是来自其他法律关系（如方某自己花钱买来的），故该选项所涉案例因不符合同一法律关系这一条件而不能留置。C选项，寄存处占有行李属于合法占有，债务人也应当支付寄存费，寄存费与对行李的占有都来自寄存关系（实质上是保管合同），故符合留置权的成立条件，可以留置。D选项，甲公司基于之前乙公司的欠款而留置后面由其加工的机器零件，欠款是基于借款合同，加工是基于承揽合同，显然不属于同一法律关系，但甲公司与乙公司均为企业，不要求同一法律关系，故甲公司可以留置。需要特别说明的是，按照最新的司法解释，该选项是不严谨的，因为按照最高人民法院《担保制度解释》的规定，企业之间留置时，在留置的动产与债权并非同一法律关系的情况下，如果该债权不属于企业持续经营中发生的债权，则债权人不能留置。本选项，并没有交代乙公司从甲公司处借款，是否属于甲公司持续经营中发生的债权。因为甲公司同时也为乙公司加工机器零件，其经营的业务很可能与借款没有关系，即甲公司给乙公司借款只是偶尔发生的，而不属于持续经营中。如果属于这种情况，甲公司就不能留置了。由于这是早期的真题，我们以现在的眼光看其情节有值得推敲之处，但考生无须钻牛角尖，只要明白背后的考点就可以了，姑且认为这一选项是对的。本题如果出现失误，主要原因是对留置权的成立条件把握得不够熟练。考生在遇到留置权的题目时，一定要严格按照留置权的成立条件如合法占有、债务到期、同一法律关系逐一进行分析，不符合任何一个条件的，均不能对标的物进行留置。综上，本题正确选项为CD（其中D选项有值得推敲之处）。

续　表

留置权的效力	①债权人可以留置并占有动产，且能够收取孳息 ②留置权人应妥善保管留置物，且不得擅自使用、出租、处分留置物
留置权的实现	①实现留置权原则上应当给债务人60日以上的宽限期，但留置权的实现不受主债权诉讼时效的约束 ②实现留置权的方式包括拍卖、变卖、折价
留置权的消灭	①留置物被毁损、灭失且无代位物；②主债权消灭；③留置权已经被实现； ④留置权人接受债务人另行提供担保；⑤留置权人对留置的财产自动丧失占有

第五节　担保物权的竞合、并存与混合担保

命题点拨

本节内容属于法考历年来的命题重点，也是民法中著名的难点所在。命题思路就是分别围绕标题中所涉及的三个知识点，即对担保物权的竞合、并存以及混合担保的具体法律规则进行命题，请考生将本节的全部知识均作为重点进行掌握。

一、担保物权的竞合

担保物权的竞合，是指在同一标的物上设定了数个不同种类的担保物权，此时哪一个担保物权效力更加优先的问题。

（一）抵押权与质权竞合

即同一财产既设立了抵押权又设立了质权，其具体规则是：按照登记、交付的时间先后确定清偿顺序。据此，请考生牢记这几句话：登记在前的，则登记优先，亦即抵押优先；交付在前的，则交付优先，亦即质押优先。

实例：甲5月1日将汽车抵押给乙，5月5日将该汽车质押并交付给丙。5月6日，甲、乙依法完成乙的抵押权登记。乙的抵押权与丙的质押权，谁的效力优先？

结论：丙优先于乙。本案中，质押交付的时间是5月5日，抵押登记的时间是5月6日，交付先于登记，故质押权优先，即丙优先于乙。

（二）抵押权与留置权的竞合或者质押权与留置权的竞合

即同一财产之上先设立了抵押权，后该财产又被留置；或者同一财产之上先设立了质押权，后该财产又被留置。请考生牢记：这两种情况下，留置权人均优先。

实例：甲5月1日将其汽车抵押给乙，5月6日办理了抵押登记。6月1日，甲将汽车弄坏，交给丙修理，因未支付修理费，电脑被丙留置。乙的抵押权与丙的留置权，谁的效力优先？

结论：丙优先于乙。因为丙是留置权，留置权的效力优先于抵押权。

此处还需要考生注意一种极端现象：如果在标的物上先成立留置权，后被设立抵押权或质权的，则按如下规则处理：若是留置物的所有权人设立的抵押权、质权，则留置

权优先；如果是留置权人以自己的名义设立抵押权或者质权的，则抵押权或者质权优先于留置权。之所以称为极端现象，是因为该现象在现实中很难出现，事实上法考也从未涉及，但作为一个知识点，考生还是要掌握一下。

（三）抵押权、质押权、留置权的竞合

即同一财产之上先后设立了抵押权、质押权，后该财产又被留置的。根据前述两项规则，该问题就较容易解决了，请考生牢记：留置权最优先，剩下的抵押权与质押权之间，按照登记、交付的时间确定先后顺序。

（四）关于价款债权抵押权（动产购买价款抵押权）的超级优先权问题

《民法典》第416条参考国外立法，引入了价款债权抵押权制度，明确规定："动产抵押担保的主债权是抵押物的价款，标的物交付后十日内办理抵押登记的，该抵押权人优先于抵押物买受人的其他担保物权人受偿，但是留置权人除外。"由于此种情况下的抵押权获得了优先地位，民法理论上将其称为超级优先权现象。考生重点需要记忆的就是：标的物交付后十日内办理抵押登记的，抵押权优先。

实例：甲于5月5日从乙处购买一批设备，价值10万元，甲交款5万元，另5万元为赊购款，约定甲在6月5日付款。双方另签抵押合同，以该批设备担保余款5万元的支付。当天，乙向甲交付了这批设备。5月8日，甲又将其质押给了丙，并完成交付。5月10日，甲、乙依法为乙的抵押权办理了登记。乙的抵押权与丙的质押权，谁的效力优先？

结论：本案属于价款债权抵押权情况下的担保物权排序问题。由于乙在5月5日将设备交给甲，乙的抵押权登记发生在5月10日，属于"标的物交付后十日内办理抵押登记"，故乙的抵押权优先于丙的质押权。需要注意的是，本案中，丙的质押的交付时间是5月8日，早于5月10日乙的抵押权的登记时间，但本案属于价款债权抵押权现象，应按照其超级优先权规则排列乙、丙的顺序，而不能按照通常情况下抵押权、质权竞合的规则处理。

二、担保物权的并存

担保物权的并存，是指同一债权之上并存有两个以上的担保物权，此时债权人应当先执行哪一个担保物权的问题。鉴于法考在此问题上历来只考查同一债权之上存在两个以上的抵押权，故本书就围绕这一问题进行阐述。同一债权之上存在两个以上的抵押权，又称为共同抵押，此时应先执行哪个抵押权？请考生按如下规则区分情况分别处理：

（一）共同抵押的先后执行顺序

1.按份共同抵押

按份共同抵押指两个以上的抵押人在设立抵押权时，与债权人约定各自按照份额承担担保责任。此时，请考生牢记：债权人行使抵押权时，只能按照约定的份额分别行使抵押权，而不能就其中的某一抵押实现全部债权，同时也没有先执行哪一个抵押的问题，就是分别执行各自份额。

2.连带共同抵押

连带共同抵押指两个以上的抵押人在设立抵押时，与债权人约定对全部债权承担连带责任。此时，请考生牢记：债权人行使抵押权时，应先执行债务人提供的抵押，再执

行第三人提供的抵押；如果均是第三人提供的抵押，则无先后执行顺序。

（二）共同抵押人之间的追偿问题

1.按份共同抵押

抵押人承担了担保责任后只能向债务人追偿，不得向其他共同抵押人追偿。

2.连带共同抵押

在两个抵押都是第三人提供的情况下，适用本专题第一节所阐述的共同担保人之间的追偿规则，请考生自行复习该知识点。

三、混合担保

混合担保，是指同一债权之上既有物保，又有保证的，此时债权人是先执行物保还是先执行保证的问题。请考生掌握如下考点：

（一）债权实现规则

1.债务人物保与保证并存或第三人物保与保证并存时的处理

当事人有约定的，一律依约定。无约定时：

（1）若保证与债务人提供的物保并存，则先执行物保，后执行保证；

（2）若保证与另一第三人提供的物保并存，则既可以先执行物保，也可以先执行保证。

以上所阐述的混合担保的效力规则，其基本线索：取决于物保到底是谁提供的。

2.债务人物保、第三人物保、保证同时并存时的处理

债权人应先执行债务人提供的物保；第三人物保和第三人保证之间，则既可以先执行物保，也可以先执行保证。

（二）担保人之间的追偿问题

在第三人物保与保证并存的情况下，其相互之间的追偿问题，同样适用本专题第一节所阐述的共同担保人之间的追偿规则，不再赘述。

经典考题： 甲公司以其机器设备为乙公司设立了质权。10日后，丙公司向银行贷款100万元，甲公司将机器设备又抵押给银行，担保其中40万元贷款，但未办理抵押登记。同时，丙公司将自有房产抵押给银行，担保其余60万元贷款，办理了抵押登记。20日后，甲将机器设备再抵押给丁公司，办理了抵押登记。丙公司届期不能清偿银行贷款。下列哪一表述是正确的？（2013年卷三第8题，单选）[①]

[①]【答案】C。本题考查共同抵押、抵押与质押的竞合。A、B这两个选项，涉及共同抵押问题，这是第一条做题线索。通过审题发现，银行的债权之上存在两个抵押，一是甲公司以机器设备设立的抵押，二是丙公司以房产设立的抵押。对于共同抵押，解决的关键是这两个抵押是按份关系还是连带关系，由于甲公司的抵押担保40万元贷款，丙公司的抵押担保的是60万元贷款，故二者构成按份共同抵押，银行就这两个抵押，应当各自执行相应的担保数额，而不能就某一抵押实现全部债权。因此，这两个选项中关于银行能就其中某一抵押"主张全部债权"的表述，均是错误的。C、D这两个选项，涉及抵押与质押的竞合问题，是另一条做题线索。通过审题发现，甲公司的机器设备上，既有乙公司的质权，也有银行的抵押权，同时还有丁公司的抵押权。就乙公司的质权和银行的抵押权而言，取决于登记在先还是交付在先，根据题意，甲公司先将设备为（下转页）

A.如银行主张全部债权，应先拍卖房产实现抵押权[①]

B.如银行主张全部债权，可选择拍卖房产或者机器设备实现抵押权

C.乙公司的质权优先于银行对机器设备的抵押权

D.丁公司对机器设备的抵押权优先于乙公司的质权

归纳总结 担保物权的竞合、并存与混合担保

担保物权的竞合	①抵押权与质权竞合：按照登记、交付的时间先后确定清偿顺序 ②同一财产之上先设立了抵押权，后该财产又被留置；或者同一财产之上先设立了质权，后该财产又被留置：留置权人均优先 ③抵押权、质押权、留置权的竞合：留置权最优先，抵押权与质押权之间，按照登记、交付的时间确定先后顺序 ④价款债权抵押权中，如果抵押标的物交付后十日内办理登记的，则抵押权优先于其他担保物权，但如果遇到留置权，则留置权优先
担保物权的并存（共同抵押）	①先后执行顺序：在按份共同抵押中，债权人行使抵押权时，只能按照约定的份额分别行使抵押权，而不能就其中的某一抵押实现全部债权，同时也没有先执行哪一个抵押的问题，就是分别执行各自份额；在连带共同抵押中，先执行哪一个，执行多少，均由债权人自由决定 ②追偿问题：按份共同抵押中，抵押人只能向债务人追偿，抵押人相互之间不能追偿；连带共同抵押，抵押人之间的追偿，适用共同担保人之间的追偿规则
混合担保	①债权实现规则：若保证与债务人提供的物保并存，则先执行物保，后执行保证；若保证与另一第三人提供的物保并存，则既可以先执行物保，也可以先执行保证。在债务人、第三人物保、保证同时并存时，也应先执行债务人提供的物保；第三人物保和第三人保证之间，则既可以先执行物保，也可以先执行保证 ②追偿问题：适用共同担保人之间的追偿规则

（接上页）乙公司设立了质权，应当是交付给了乙公司的意思（当然，这是《民法典》颁布之前的真题，没有特别说明已经交付给了乙公司，现在看来这个情节当然不够严谨，但考生同样无须钻牛角尖，根据质押要求交付标的物的原理，姑且这么认为），而银行的抵押权根本没有办登记，因此，乙公司的质权优先于银行的抵押权，C选项正确。就乙公司的质权与丁公司的抵押权而言，虽然丁公司的抵押权办理了登记，但由于对乙公司交付设备早于丁公司的登记（如前所述，这是根据题意的推断，题目本身表述的情节现在来看不够严谨），故乙公司的质权优先，因此，D选项错误。此外，就本题而言，如果要求考生比较甲公司之上所存在的银行的抵押权与丁公司的抵押权谁优先，那么应该是丁公司的抵押权优先，因为丁公司的抵押权办理了登记，而银行的抵押权没有登记，登记的抵押权优先于未登记的。本题如果出现失误，主要原因是：一方面，审题思路不够清晰，没有找到本题涉及两条做题线索：一是针对银行的债权而言，其上有甲公司的抵押和丙公司的抵押；二是针对甲公司的机器设备而言，其上有乙公司的质押、银行的抵押以及丁公司的抵押。另一方面，对按份共同抵押不够熟悉，在按份共同抵押中，抵押权人实现抵押权时，只能就各抵押物担保的数额进行执行，而不能就某一抵押物执行全部债权。综上，本题正确选项为C（其中题目的情节有值得推敲之处）。

第三编　合同

专题十一　债与合同概述

第一节　债的概述

命题点拨

　　本节内容，在法考里有两种命题思路：一是要求考生对债务的不同类型进行判断，尤其是会区分主给付义务与从给付义务，并准确判断违反这些的法律后果。二是要求对债的不同类型进行判断。债的分类，在法律中并没有明确规定，学理性较强，但法考中已有数次涉及，需要考生结合实例认真体会。

一、债的内容

　　债的内容，从债权人一方观察，为债权；从债务人一方观察，为债务。

（一）债权

　　债权为财产权、请求权、相对权。这些内容，本书专题一第五节有详细的阐述，请考生自行复习。

（二）债务

　　债务是法考的重点，需要考生掌握如下内容：

　　1.主给付义务、从给付义务、附随义务

　　这是根据义务本身的性质以及在债的关系中的地位和作用所作的划分。

　　（1）主给付义务

　　主给付义务指债的关系所固有和必备的，并用以决定债的性质的基本义务。如甲从乙商场购买电脑，乙商场除了交付电脑外，还要交付电脑的产品说明书、合格证、发票等，其中，交付电脑就是主给付义务。

　　主给付义务，在法考中需要考生掌握两个具体考点：

　　①牢记主给付义务的主要表现，确保在遇到题目时能够迅速识别：交付财物、支付金钱、移转权利、提供劳务、提交成果、不作为等。前五种主给付义务均从字面上理解即可，至于不作为义务，是指要求债务人一方不要去做某种事情，如甲与乙公司签订一份保密协议，约定甲必须保守乙公司的商业秘密，此时甲应履行的义务就是不作为义务，即只要不泄露商业秘密即可。

　　②掌握违反主给付义务的法律后果：

　　A.对方当事人可以主张解除合同。

　　B.对方当事人可以要求违反主给付义务一方承担违约责任（可要求赔偿，也可要求强制执行，如要求对方交付财物，但提供劳务以及不作为义务不能强制执行）。

（2）从给付义务

从给付义务指在主给付义务之外，辅助主给付义务发挥功能的义务。如甲从乙商场购买电脑，乙商场需要交付电脑的产品说明书、合格证、发票等，就是从给付义务。

从给付义务，在法考中需要考生掌握两个具体考点：

①牢记从给付义务的主要表现，以便考试时准确识别：卖方向买方交付产品合格证、产品说明书、发票等有关单证资料。

②掌握违反从给付义务的法律后果：

A.对方当事人原则上不能主张解除合同，但如果从给付义务对合同目的的实现具有决定性意义的，则对方当事人可以主张解除合同。一般情况下，决定合同目的能否实现的是主给付义务，从给付不会对合同目的的实现有什么决定性意义，如果有的话，在题目当中会把相应案情透露给考生，只要考生做题时注意认真审查题目中的情节即可看出来。

B.对方当事人可以要求违反从给付义务一方承担违约责任（可要求赔偿，也可要求强制执行，如要求对方交付单证资料）。

（3）附随义务

附随义务指合同生效以后，当事人在履行合同的过程中，基于诚信原则而发生的、旨在更好地实现当事人利益的义务。

附随义务，在法考中也需要考生掌握两个具体考点：

①牢记附随义务的主要表现：如通知、协助、照顾、说明等。考生可以通俗理解为：与主给义务、从给付义务需要给对方某种东西不同，附随义务并不需要给对方什么东西，而是告诉对方、向对方进行解释等之类的义务。

②掌握违反附随义务的法律后果：

A.对方当事人不能主张解除合同。

B.对方当事人可以要求违反附随义务一方承担违约责任（特指因违反附随义务而给自己造成损失进行赔偿，但不能要求强制执行）。

上述三种义务，请考生对比记忆：一是每一种义务的外在表现不同；二是违反每一种义务的法律后果不同，主要表现在能否解除合同以及如何主张违约责任方面不同。

2.先合同义务与后合同义务

这是根据义务产生的时间不同所作的划分。

（1）先合同义务

先合同义务指当事人为缔结合同进行接触、准备或磋商之际，基于诚信原则而发生的各种义务。如甲与乙公司谈判购买乙公司的某技术设备，在谈判过程中甲知晓了乙公司的商业秘密，则即使双方尚未签订正式的合同，甲也应当保守乙公司的商业秘密，这就是先合同义务。

先合同义务，在法考中需要考生掌握三个具体考点：

①考生须会准确识别先合同义务，常见的先合同义务包括说明、告知、保密、保护等义务。

②考生须会区分先合同义务与附随义务的区别：先合同义务，是在合同尚未正式签

订，而只是接触、准备或磋商之际所产生的义务；而附随义务，则是在合同已经正式生效以后，为了配合主给付义务、从给付义务的履行而应承担的义务。

③考生须掌握违反先合同义务的法律后果：如果当事人违反先合同义务，导致合同不成立、无效、被撤销等，并给对方造成损失的，则应承担缔约过失责任。需要注意的是，此处一定要求必须给对方造成损失。

实例：甲欲购买乙商场的电脑，多次询问销售人员关于电脑的型号、质量、价格等问题，销售人员一直未理睬，甲转身离开了。此时乙商场并无缔约过失责任，因为并没有由此给甲造成任何的损失。

（2）后合同义务

后合同义务指合同关系消灭后，根据诚信原则，当事人应当负有某种作为或不作为义务，以维护给付效果，或协助相对人处理合同消灭后的善后事务。如甲与乙公司谈判购买乙公司的某技术设备，在谈判过程中甲知晓了乙公司的商业秘密，后来双方签订正式的合同并全部履行完毕，但甲在合同履行完毕以后仍然要保守乙公司的商业秘密，这就是后合同义务。

后合同义务，在法考中需要考生掌握两个具体考点：

①考生须会准确识别后合同义务，常见的后合同义务包括通知、协助、保密、旧物回收等义务。

②考生须掌握违反后合同义务的法律后果：该问题在学术上存在争论，但在法考中，如果当事人违反后合同义务，则应承担违约责任。

二、债的发生原因

债的发生原因，本书专题一第五节曾有提及，即包括合同、侵权、无因管理、不当得利、缔约过失、单方允诺。鉴于合同、侵权、无因管理、不当得利、缔约过失在后面还要全面学习，此处仅各举一例，以便于考生留下初步印象；单方允诺，在此处作为重点进行阐述，后文不再涉及。

（一）关于合同、侵权、无因管理、不当得利、缔约过失的实例

实例1：［合同之债］甲从乙处借款5万元，约定一年后归还。甲、乙之间成立合同之债，甲负有向乙还款的义务。

实例2：［侵权之债］甲驾车不慎将路人乙撞伤。甲、乙之间成立侵权之债，甲负有向乙赔偿的义务。

实例3：［无因管理之债］甲突然患病昏迷于途，乙见状当即将甲送至医院救治，垫付医药费2000元。甲、乙之间成立无因管理之债，甲负有向乙偿还医药费的义务。

实例4：［不当得利之债］乙向甲支付货款1万元，因点钞疏忽多支付了1000元。甲、乙之间成立不当得利之债，甲负有向乙返还1000元的义务。

实例5：［缔约过失之债］甲得知乙欲从丙处购买《民法辅导讲义》100本，在乙和丙谈判期间，甲向乙提出，愿意以比丙更为优惠的价格向其出售。因此，乙停止了与丙的谈判。在丙与他人签订合同后，甲向乙提出自己将不会和乙签订合同，由此造成了乙的损失。甲、乙之间成立缔约过失之债，甲负有向乙赔偿的义务。

（二）关于单方允诺

单方允诺，是指表意人向相对人作出的为自己设定某种义务，使相对人取得某种权利的意思表示。

实例：［单方允诺之债］某超市为促销，刊登了"假一赔十"的广告，顾客李某在该商场购物，购买到了一件假货。超市和李某之间成立单方允诺之债，超市负有向李某"假一赔十"的义务。

单方允诺，在法考中需要考生掌握两个具体考点：

1.单方允诺不同于合同行为：单方允诺是表意人单方的意思表示，无需相对人对其意思表示作出承诺即可成立；合同则需要双方当事人意思表示一致方可成立。

2.单方允诺既然不要求相对人作出意思表示，因此对相对人的行为能力也就没有要求，只要相对人符合单方允诺中所设定的条件，表意人就应当向其履行所允诺的义务。

3.悬赏广告，在法考中应作为单方允诺对待。虽然理论上关于悬赏广告一直存在争议，但在法考的背景下，则是作为单方允诺对待的。

实例：甲的手表丢失，甲在寻物启事中称捡到手表送还者，给500元作为报酬。9岁的乙捡到，还给了甲。甲以乙是9岁、属于未成年人为由，拒绝支付报酬，可否获得法律支持？

结论：不能获得支持。甲发布的寻物启事属于悬赏广告，在法律上属于单方允诺，对相对人的行为能力并没有要求。乙按照甲寻物启事里的要求交还了手表，甲应当向其履行承诺，支付报酬。

三、债的分类

（一）意定之债与法定之债

这是根据债的发生原因不同所作的划分。

意定之债：指依据当事人的意思表示而发生的债。包括合同之债、单方允诺之债。

法定之债：指依据法律规定而发生的债。包括侵权之债、无因管理之债、不当得利之债、缔约过失之债。

在法考中，这一分类的考试价值在于：

1.在遇到合同之债、单方允诺之债的相关题目时，考生一定要认真审题，尤其是合同之债，要搞清楚当事人在合同中究竟约定了哪些内容。

2.考生应特别注意掌握法定之债向意定之债的转化：法定之债发生以后，经当事人约定，就转化为意定之债。

实例：甲开车撞伤乙，双方经商量，签订了赔偿协议，甲自愿向乙赔偿3万元。甲、乙之间的债属于何种类型？

结论：甲、乙之间属于意定之债（合同之债）。甲开车撞伤乙，本来是法定之债（侵权之债），但后来双方经过了协商，由此则转变为了意定之债（合同之债）。

（二）劳务之债与财物之债

这是根据给付内容的不同所作的划分。

劳务之债：指债务人须提供一定劳务来履行债务的债。如演员甲与乙剧院签订演出合同，甲所给付的内容为提供劳务，则成立劳务之债。

财物之债：指债务人应给付一定财产来履行债务的债。如买卖合同、租赁合同、借款合同所产生的债务。

在法考中，这一分类的考试价值在于：劳务之债中，当事人违反约定，拒绝提供劳务的，对方不能请求法院对其强制执行，而只能主张其他的违约责任；财物之债中，当事人违反约定，拒绝交付财物的，对方可以请求法院对其强制执行。这是因为，在现代法治中，民事责任主要是一种财产性责任，不会约束对方的人身自由，如果强制对方必须做某种劳务，就必然会限制对方的人身自由。而对于财物之债，对方如果不履行，法院可以通过强制扣款、强制登记等方式进行执行，不会涉及人身自由问题。

（三）特定之债与种类之债

这是根据债的关系成立时，其标的物是特定物还是种类物所作的划分。

特定之债：给付的标的物为特定物的债。

种类之债：给付的标的物为种类物的债。

本书专题一第四节对特定物、种类物的划分及其在法考中的考试价值有详细阐述，请考生自行回忆，此处不再重复论述。

（四）单一之债与多数人之债

这是根据债的主体的数量所作的划分。

单一之债：债权人与债务人都是一个人的债。如甲从乙处借款，双方均只有一人。

多数人之债：债权人或债务人中至少有一方是两人以上的债。如甲、乙共同将丙打成重伤，债务人有甲、乙两人。

在法考中，这一分类的考试价值在于：

1.请考生注意培养这样一种思维：在遇到多数人之债时，要注意区分对内和对外双重关系：对内，各债务人之间如何划分责任；对外，各债务人承担的是按份责任还是连带责任。

2.该分类有一重要命题陷阱需要考生会识别：多数人之债是在同一个债中，当事人一方有两人以上的；如果不是同一个债，而是两个债，则即使人数上是多数人，也不是多数人之债。考生可以简单记忆为：多数人之债，以一个债为前提条件。

实例：甲从乙处借款，丙提供保证，是否属于多数人之债？

结论：不是多数人之债。这是因为，甲从乙处借款，成立一个债，即借款之债；丙提供保证，则又是另一个债，即保证之债。虽然保证的最终目的是为了确保借款之债获得履行，但二者毕竟属于两个债，债的当事人分别是甲——乙、丙——乙，故不属于多数人之债。

（五）按份之债与连带之债

这是根据债务人对外承担的是全部债务还是部分债务所作的划分。

按份之债：各债务人对外各自承担一定份额的债。

连带之债：各债务人对外均承担全部债务的债。

在法考中，这一分类的考试价值在于：

1.连带之债，经债权人与债务人约定，可以转化为按份之债；按份之债，经债权人与债务人约定，也可以转换为连带之债。

实例比较：

实例1： 甲、乙共同将丙打伤，给丙造成的各种损失计10万元。是按份之债还是连带之债？丙要求甲赔偿10万元，是否可以获得法律支持？

实例2： 甲、乙共同将丙打伤，给丙造成的各种损失计10万元。后甲、乙与丙达成如下协议：甲负责赔偿5万元，乙负责赔偿5万元。是按份之债还是连带之债？丙要求甲赔偿10万元，可否获得法律支持？

结论：

在实例1中，是连带之债；丙要求甲赔偿10万元，可以获得法律支持。甲、乙共同将丙打伤，属于共同加害行为，甲、乙对丙是连带之债。在连带之债中，债权人有权请求债务人中的任何一人负担全部债务，故丙可以要求甲赔偿10万元。

在实例2中，是按份之债；丙不能要求甲赔偿10万元，而只能要求甲赔偿5万元。甲、乙共同将丙打伤，本属于连带之债，但甲、乙与丙约定，每人赔偿5万元，这就将连带之债转化为了按份之债。在按份之债中，丙不能要求甲赔偿全部的10万元，而只能要求其根据约定赔偿5万元。

2.连带之债与按份之债的转化，以债权人和债务人之间有约定为前提条件。如果是债务人内部进行约定，则该约定只能在债务人内部产生法律效力，对债权人则是无效的。这是民法内外有别的思想，考生务必要掌握。

实例： 乙、丙、丁共同将甲打伤，花去医药费3万元。乙、丙、丁约定每人承担1万元，但未经过债权人甲的同意。该约定的效力如何认定？乙、丙、丁对甲，是连带之债还是按份之债？

结论： 该约定在乙、丙、丁内部有效，对甲无效；乙、丙、丁对甲，仍然是连带之债。乙、丙、丁约定每人承担1万元，在三人内部是有效的，但未经过债权人甲的同意，故对甲无效。在内部有效，即内部每人承担1万元，将来会影响到内部的追偿问题。同时，既然对甲是无效的，而乙、丙、丁当初对甲是共同侵权，那么，三人对甲的债务，就仍然是连带之债。

关于连带之债的具体履行问题，在本书专题十三"合同的履行"中将有详细阐述。

（六）简单之债与选择之债

这是根据债的履行标的有无选择性所作的划分。

简单之债（不可选择之债）：指债的标的是单一的，当事人不得就标的进行选择的债。如甲给乙2000元，约定购买乙的电视机，这就是简单之债，标的没有可选择性。

选择之债：指债的标的为两个或者两个以上，当事人可以从中选择其一来履行的债。如甲给乙2000元，约定购买乙的电视机或洗衣机，这就是选择之债，标的具有可选择性。

在法考中，这一分类的考试价值在于：

1.不能将简单之债与单一之债发生混淆：简单之债，是从债的标的角度而言的，即标的只有一种；单一之债，是从债的主体数量角度而言的，即债权人、债务人都只有一个人。

2.当债的标的只有一种，但在数量上存在差别时，依然为简单之债，而不是选择之债。

实例比较：

实例1： 甲到乙移动营业厅存话费。乙移动营业厅承诺：预存100元，赠送水杯一个；预存300元，赠送水杯五个。甲预存了300元话费。甲、乙之间是选择之债吗？

实例2： 甲到乙移动营业厅存话费。乙移动营业厅承诺：预存100元，可以在水杯、袜子中任选一个作为赠品。甲预存了100元话费。甲、乙之间是选择之债吗？

结论：

在实例1中，不是选择之债。这是因为，乙营业厅赠送的始终是水杯，只是随着预存话费的多少，而有所增减。虽然当事人预存多少话费可以自己自由选择，但始终只有杯子这一种赠品，故不是选择之债。

在实例2中，是选择之债。这是因为，乙营业厅赠送的财产中有水杯和袜子两类，然后由当事人进行选择，故为选择之债。

关于选择之债的具体履行问题，亦将在本书专题十三"合同的履行"中进行详细阐述。

经典考题： 2016年8月8日，玄武公司向朱雀公司订购了一辆小型客用汽车。2016年8月28日，玄武公司按照当地政策取得本市小客车更新指标，有效期至2017年2月28日。2016年底，朱雀公司依约向玄武公司交付了该小客车，但未同时交付机动车销售统一发票、合格证等有关单证资料，致使玄武公司无法办理车辆所有权登记和牌照。关于上述购车行为，下列哪些说法是正确的？（2017年卷三第57题，多选）①

A.玄武公司已取得该小客车的所有权

B.玄武公司有权要求朱雀公司交付有关单证资料

C.如朱雀公司一直拒绝交付有关单证资料，玄武公司可主张购车合同解除

D.朱雀公司未交付有关单证资料，属于从给付义务的违反，玄武公司可主张违约责任，但不得主张合同解除

---

① **【答案】** ABC。本题考查债务的种类。A选项，朱雀公司已经将小客车交付给了玄武公司，小客车属于动产，动产通过交付转移所有权，即玄武公司取得了该小客车的所有权，该选项正确。B选项，朱雀公司未交付有关单证资料，属于对从给付义务的违反，须承担违约责任，玄武公司有权要求其交付有关单证资料，该选项正确。C选项，如前分析，朱雀公司未交付有关单证资料应定性为对从给付义务的违反，对方当事人原则上不能主张解除合同，但如果从给付义务对合同目的的实现具有决定性意义的，则对方当事人可以主张解除合同。根据题意，由于朱雀公司未交付机动车销售统一发票、合格证等有关单证资料，致使玄武公司无法办理车辆所有权登记和牌照，而车辆没有牌照，则无法上路行驶，因此，朱雀公司违反从给付义务的这一行为，导致玄武公司合同目的不能实现，玄武公司可以主张解除合同，该选项正确。D选项，根据前面几个选项的分析，其对朱雀公司违反从给付义务的定性以及应承担违约责任的表述均是正确的，但关于玄武公司不能主张解除合同的表述则是错误的。本题如果出现失误，主要原因是对主给付义务、从给付义务的区分及其法律后果把握得不够到位。本案中，朱雀公司交付了小客车，履行了主给付义务，但没有交付机动车销售统一发票、合格证等有关单证资料，属于对从给付义务的违反。违反从给付义务，能否解除合同，取决于从给付义务对合同目的的实现是否有影响。综上，本题正确选项为ABC。

归纳总结　债的概述

债的内容	①债权为财产权、请求权、相对权 ②债务可以分为主给付义务、从给付义务、附随义务 A.主给付义务决定债务的性质；违反主给付义务，对方当事人可以主张解除合同，也可主张违约责任 B.从给付义务辅助主给付义务；违反从给付义务，原则上不能主张解除合同，但如果从给付义务对合同目的的实现具有决定性意义的，则可以主张解除合同，也可以主张违约责任 C.附随义务辅助主从给付义务；违反附随义务，对方当事人不能主张解除合同，但可以主张违约责任（不能要求强制执行） ③债务也可以分为先合同义务与后合同义务 A.先合同义务是在合同签订之前的义务；违反先合同义务，导致合同不成立、无效、被撤销等，并给对方造成损失的，应承担缔约过失责任 B.后合同义务是在合同关系消灭后的义务；违反后合同义务，应承担违约责任
债的发生原因	合同、侵权、无因管理、不当得利、缔约过失、单方允诺。其中，悬赏广告应定性为单方允诺
债的分类	根据不同标准，可以区分为意定之债与法定之债、劳务之债与财物之债、特定之债与种类之债、单一之债与多数人之债、按份之债与连带之债、简单之债与选择之债

第二节　合同概述

命题点拨

本节内容，在法考中的主要命题思路是：一是对无名合同进行考查，需要考生掌握无名合同的法律原理。二是对一些特殊的合同进行考查，如实践合同，需要考生记忆这些特殊的合同具体包括哪些，有什么特殊的原理。

一、合同的概念

我国《民法典》中的"合同"，是指平等主体的自然人、法人、非法人组织之间设立、变更、终止民事权利义务关系的协议。

在法考中，这一概念本身不会直接考查。但要求考生通过体会这一概念，掌握如下考点：

1.关于身份关系的协议如何调整的问题。身份关系的协议，主要指关于婚姻、收养、监护等方面的协议，如有监护资格的人之间签订的关于由其中某人担任监护人的协议。对此，请考生掌握如下规则：

（1）与身份有关的协议，现行法律中有对应规定的，就适用该规定。如《民法典》

在自然人一章中存在关于监护协议的规定，那就适用该规定。

（2）如果现行法律中没有规定的，可以根据其性质参照适用合同的相关规定。所谓"参照适用合同的相关规定"，在法考出题时，主要是要求考生会判断这样的协议是否有法律效力。对此，考生按照民事法律行为的有效要件进行判断即可，即只要当事人具有相应的民事行为能力、意思表示真实、内容合法，就可以认定其有效。

2.合同具有相对性，即合同中的权利义务原则上只约束合同双方当事人，这是债权相对性在合同领域的必然体现，本书专题一第五节也曾有所提及。具体而言，法考主要从如下角度命题：

（1）合同债权人只能请求合同债务人履行合同义务或承担违约责任，不能请求合同以外的第三人履行合同义务或承担违约责任。

实例：甲、乙双方约定，由丙每月代乙向甲偿还债务500元，期限2年。丙履行5个月后，以自己并不对甲负有债务为由拒绝继续履行。甲遂向法院起诉，要求乙、丙承担违约责任。法院是否支持甲的请求？

结论：不支持。此处为第三人代为履行，若第三人不履行，只能由合同相对人乙承担责任，所以法院只能判决乙承担违约责任。

（2）合同当事人之外的第三人无权请求合同债务人履行合同义务或承担违约责任。

实例：神牛公司在H省电视台主办的赈灾义演募捐现场举牌表示向S省红十字会捐款100万元，并指明此款专用于S省B中学的校舍重建。到期后，神牛公司不履行赠与义务，S省B中学是否有权要求神牛公司履行合同义务或承担违约责任？

结论：无权。S省B中学为该合同的受益人，不是合同相对人，S省B中学无权要求神牛公司履行合同义务或承担违约责任。神牛公司不履行赠与义务，只能由合同相对人S省红十字会要求神牛公司履行合同义务或承担违约责任。

（3）合同债务人因第三人违约的，仍应向合同债权人承担违约责任。

实例：甲、乙签订买卖电脑合同，约定甲于2021年4月1日交付。4月1日，甲送电脑的路上被丙开摩托车撞倒，电脑损坏，无法交付。乙要求甲承担违约责任，甲认为自己是被丙撞倒的，故应当由丙向乙承担违约责任。甲的主张是否有法律依据？

结论：没有依据。丙是甲、乙合同之外的第三人，因丙的原因导致甲违约的，仍然由甲向乙承担违约责任。甲承担责任后，再向丙主张责任。

至于特殊情况下对合同相对性的突破，都裹挟在一些疑难制度里，本书后面将逐渐涉及。在具体阐述时，将会提醒考生特别注意。

二、合同的分类

（一）有名合同与无名合同

这是根据法律是否作出规定并赋予特定名称为标准所作的划分。

有名合同，是指法律专门设有规范，并赋予一定名称的合同。如买卖、借款、承揽合同等。

无名合同，是指法律没有专门规范，也没有赋予一定名称的合同。如甲、乙双方达成协议，甲借用乙的电脑使用一周，这种借用合同，在法律上并不存在专门的规范，借用合同也只是日常生活用语，并不是法律所赋予的名称。

在法考中，这一分类的考试价值在于，考生必须掌握无名合同的处理规则，请考生牢记一句话：无名合同照样可以适用合同编通则的规定，并可以参照适用本编或者其他法律最相类似合同的规定。具体而言，可以分如下几方面掌握：

1.关于从来没有见过的合同的处理。在法考中，会经常出现某一种考生从来没有见过的合同，由于有名合同都是需要学习的，故这些没有见过的合同，考生就直接将其回答为是无名合同即可。

2.无名合同的效力认定。这是法考中最常见的命题模式。对于此类题目，考生按照民事法律行为的有效要件进行判断即可，即只要当事人具有相应的民事行为能力、意思表示真实、内容合法，就可以认定其有效。

3.现行《民法典》关于合同的履行、担保、保全等制度的规定，也都照样可以适用于无名合同。

（二）一时性合同与继续性合同

这是根据时间因素是否对合同给付义务及范围发生影响所作的划分。

一时性合同，是合同的目的因一次给付即可实现的合同。如买卖合同。

继续性合同，指合同内容并非一次给付可以完结，而是继续地给付才能实现合同目的的合同。合同总给付的多少取决于给付时间的长短。如租赁合同、物业服务合同、合伙合同等。

在法考中，这一分类的考试价值在于：

1.合同解除后的结果不一样。一时性合同被解除后，一般可发生恢复原状的义务，即恢复到合同签订之前的状态；而继续性合同被解除后，无法恢复到合同签订之前的状态，合同的解除仅向将来发生效力，解除前的合同关系不受影响。

实例比较：

实例1： 甲将其房屋出售给乙，双方签订了买卖合同，乙已经付款，在房屋尚未过户时，双方协商解除了该合同。解除合同后，甲是否需要把已经收到的房款返还给乙？

实例2： 甲将其房屋出租给乙，双方签订了租赁合同，约定租期五个月，租金按月支付。乙住了三个月之后，双方协商解除了该合同。解除合同后，甲是否需要把已经收到的三个月的租金返还给乙？

结论：

在实例1中，甲必须把房款返还给乙。买卖合同是一时性合同，合同解除后，应恢复到合同签订之前的状态，即相当于双方当事人没有签订过合同，故甲应把房款返还给乙。

在实例2中，甲无须把三个月的租金返还给乙。租赁合同是继续性合同，合同解除后，仅面向将来发生效力，剩余的租金，甲不能再要求乙支付租金，但对于乙已经住的这三个月所支付的租金，甲无须返还。如果让甲返还这三个月的租金，等于乙"白住"了三个月，会导致不当得利的出现。

2.合同期限届满后的结果不同。一次性合同的期限届满后，该合同的权利义务终止；而继续性合同的期限届满后，如果当事人均没有提出异议的，合同会继续有效下去，但期限就按照不定期予以认定。

如在租赁合同中，租赁期间届满，承租人继续使用租赁物，出租人没有提出异议的，原租赁合同继续有效，但租赁期限为不定期。物业服务合同、合伙合同中均存在这一原理的适用。在后面的内容中，将陆续学到不定期租赁合同、不定期物业服务合同以及不定期合伙合同。

（三）束己合同与涉他合同

这是根据合同是否涉及第三人所作的划分。

束己合同，是指订约当事人订立的合同是为自己确定权利义务的合同。束己，通俗地说，就是只约定当事人自己。

涉他合同，是指当事人在合同中为合同以外的第三人设定权利或义务的合同。涉他，通俗地说，就是涉及他人。

在法考中，这一分类的考试价值在于：

1.束己合同严格遵守合同相对性原则，不涉及第三人。

2.涉他合同，考生又要分两种情况掌握：

（1）由第三人履行的合同。指当事人在合同中为第三人约定义务，并由第三人向合同债权人履行义务。此类合同严格遵循合同的相对性，如果第三人不履行合同义务，仍由债务人向债权人承担违约责任。

（2）向第三人履行的合同。指当事人为第三人设定了合同权利，第三人可依约获得利益的合同。此类合同，我国《民法典》区分不同情况进行了处理：

第一种情况：如果当事人只是单纯地约定由债务人向第三人履行债务（此时第三人只能被动地接受债务人履行），则遵循合同的相对性，债务人未向第三人履行的，由债务人向债权人承担违约责任。

第二种情况：如果当事人约定第三人可以直接请求债务人向其履行债务（此时第三人可以主动地要求债务人履行），则可以突破合同的相对性，债务人未向第三人履行的，第三人可以请求债务人承担违约责任。需要考生注意的是，在此种情况下，法律只是允许第三人向债务人主张违约责任，并不是债权人就把债权转让给第三人了，第三人也不是扮演债权人的角色；如果是债权人直接把债权转让给第三人，则第三人就是新的债权人，既然是债权人了，当然可以向债务人主张违约责任。就这两种情况，考生可以简单记忆为：被动的第三人，维持合同相对性；主动的第三人，突破合同相对性。

实例比较：

甲、乙分别从丙处各借款8万元、10万元。丙与甲在合同中约定，由甲将上述借款归还至张三处。丙与乙在合同中约定，李四可以直接请求乙偿还上述借款。后甲、乙均未按照约定还款。

问题1：张三可否向甲主张违约责任？

问题2：李四可否向乙主张违约责任？

结论：

在问题1中，张三不能向甲主张违约责任。因为丙与甲的约定是"由甲将借款归还至张三处"，属于单纯地由债务人向第三人履行债务，故应维持合同的相对性。甲未按期还款，第三人张三不能向债务人甲主张违约责任，而仍然由债权人丙向甲主张违约责任。

在问题2中，李四可以向乙主张违约责任。因为丙与乙的约定是"李四可以直接请求乙偿还借款"，表明李四是较为主动的第三人，故可以突破合同的相对性。甲未按期还款，第三人李四可以向债务人乙主张违约责任。但需要考生注意的是，李四并不是债权人，相对于乙而言，其债权人仍然是丙。

（四）主合同与从合同

这是以某一合同是否以其他合同存在为前提为标准所作的划分。

主合同，是指不依赖于其他合同而单独存在的合同。如买卖、赠与。绝大部分合同都是主合同。

从合同，是指以其他合同的存在为前提方可存在的合同。比如，借款合同与保证借款债务履行的各种担保合同，前者为主合同，后者为从合同。

在法考中，这一分类的考试价值在于，和主物与从物的区分、主权利与从权利的区分原理相同，从合同对主合同具有从属性，或者说主影响从，从不影响主，考生应掌握如下具体表现：

1.主合同成立的，从合同方能成立；但是，如果从合同没有成立的，并不影响主合同的成立。

2.主合同的权利义务转移的，从合同中的权利义务一并转移；但是，从合同权利义务不能单独转移。

实例：甲与乙签订一份买卖合同，约定甲将房屋以300万元出卖给乙。之后双方又签订了一份定金合同，约定乙在三天之内支付定金20万元。乙一直未支付定金。

问题1：甲、乙的定金合同有没有成立？

问题2：甲、乙的买卖合同有没有成立？

结论：

就问题1，甲、乙的定金合同没有成立。这是因为，定金合同是实践性行为，以当事人交付标的物为成立的必要条件。由于乙一直未支付定金，所以定金合同不成立。

就问题2，甲、乙的买卖合同已经成立。买卖合同是主合同，定金合同虽然没有成立，但从不影响主，买卖合同仍然成立。

（五）双务合同与单务合同

这是以双方当事人是否互负对待给付义务所作的划分。

双务合同，是指双方当事人互负对待给付义务的合同。如买卖合同、租赁合同等。

单务合同，是指仅一方当事人负担给付义务的合同。如赠与合同。

在法考中，这一分类的考试价值在于：

1.考生须对附义务的赠与合同进行准确认定。赠与合同属于单务合同，附义务的赠与合同也仍然是单务合同而不是双务合同。这是因为，赠与人给受赠人所附的义务，与赠与人向受赠人赠与的财产之间不具有对待给付关系，即价值不对等，所以即便附了义务，也仍然是单务合同。

实例：甲与乙达成协议：甲向乙赠送一部汽车，乙必须在两年内通过法考。该合同仍然是单务合同，因为该赠与合同中甲赠送汽车给乙与乙通过法考之间不是对待给付关系，价值是不对等的。

2.考生须明确，在双务合同中，会发生履行抗辩权、风险负担问题，如同时履行抗辩权、先履行抗辩权、不安抗辩权以及标的物风险负担的转移，历来都是结合买卖合同进行命题；单务合同中则不存在这些问题。因此，法考中，双务合同的重要性要超过单务合同。

（六）有偿合同与无偿合同

这是根据当事人取得利益是否需要支付对价所作的划分。本分类来源于专题四民事法律行为中有偿行为与无偿行为的分类，请考生结合起来进行复习。

有偿合同，是指一方当事人取得利益时，需要向对方支付相应的对价。如买卖、租赁等合同。

无偿合同，是指一方当事人取得利益时，无须向对方支付相应的对价。如赠与、借用等合同。

在法考中，这一分类的考试价值在于：

1.无偿合同当事人承担责任原则上以有故意、重大过失为前提。具体原因，本书专题四中已有阐述。就法考而言，重点关注如下三种情形：

（1）赠与合同：赠与人仅在故意、重大过失致赠与财产损毁、灭失时方承担责任。

（2）保管合同：无偿保管合同的保管人仅在故意、重大过失致对方损害时方承担责任。

（3）委托合同：无偿委托合同的受托人仅在故意、重大过失致对方损害时才承担责任。

2.纯获利益的无偿合同，不要求获益当事人具有完全民事行为能力，而仅具有限制民事行为能力即可。当然，如果当事人是无民事行为能力，会导致合同无效。

3.无偿合同中，不存在善意取得问题。这是因为，"合理价格"是善意取得的必要条件。

4.有偿、无偿合同的区分，与双务、单务合同的区分既有相同点也有不同点。一般而言，单务合同也是无偿合同，双务合同也是有偿合同，但二者也并非完全对应关系。就法考而言，考生仅记住一种特殊情况即可：约定了利息的自然人之间的借款合同，是单务合同，但却是有偿合同。说其是单务合同，是因为一旦出借人将贷款交给借款人之后，出借人就不负担任何义务了，就只有借款人负担还款的义务，故是单务合同；说其是有偿合同，是因为当事人约定了利息，借款人不是无偿借这笔钱，故是有偿合同。

（七）诺成性合同与实践性合同

这是以合同是否以交付标的物为成立要件所作的划分。本分类来源于专题四民事法律行为中诺成性行为与实践性行为的分类，请考生结合起来进行复习。

诺成性合同，是指当事人意思表示一致即可使合同成立，如买卖、承揽、租赁等。大多数合同都是诺成性行为。

实践性合同，是指除了要求当事人意思表示一致外，还需要交付标的物才能使合同成立，如定金合同、保管合同、借用合同、自然人之间的借款合同等。

在法考中，这一分类的考试价值在于：

1.需要考生牢记上述著名的四种实践性合同。

2.需要考生明确：由于实践性合同只有交付标的物才能使合同成立，因此，如果当事人签订合同后未交付标的物的，表明<u>合同未成立</u>。既然未成立，也就不可能生效，故此时对方既不能要求当事人必须交付标的物，也不能要求当事人承担违约责任。如果有证据表明该当事人存在欺诈情节或有其他过错的，则可以向其主张缔约过失责任。

实例： 甲、乙签订借款合同，约定甲自愿借给乙10万元，三天后乙到甲处取款。三天后，甲拒绝借钱给乙。乙诉至法院，请求甲履行合同，必须将10万元交给乙，同时追究乙的违约责任，可否获得法律支持？

结论： 不可获得法律支持。这是因为，甲、乙之间属于自然人之间的借款合同，是实践性合同，甲在签订合同后未将钱交给乙，双方的借款合同一直未成立，所以也未生效，也就不存在履行合同义务的问题，也不会发生违约责任，故乙要求甲履行合同交付10万元并承担违约责任的请求不能获得支持。如果乙能证明甲对其构成欺诈或有其他过错，则可以请求甲承担缔约过失责任。

（八）要式合同与不要式合同

这是以合同是否必须依照一定的形式订立所作的划分。本分类来源于专题四民事法律行为中要式行为与不要式行为的分类，请考生结合起来进行复习。

要式合同，是指必须依照<u>法律规定或当事人约定的形式</u>订立的合同。如融资租赁合同、建设工程合同、金融机构借款合同、各种担保合同、居住权合同，均要求采用书面形式。

不要式合同是指对形式没有特别要求的合同。大多数合同都是不要式行为，如买卖、赠与等。

在法考中，这一分类的考试价值在于：

1.需要考生牢记上述著名的五种要式合同。

2.需要考生掌握现代民法中著名的思想：<u>履行治愈瑕疵规则</u>，其意思是指法律规定或者当事人约定必须采用书面形式订立合同，当事人未采用书面形式但一方已经履行合同主要义务，对方接受的，该合同成立，即通过实际的履行可以治愈合同形式上存在的瑕疵。考生也可见将其简单记忆为"<u>实质优于形式</u>"。

实例： 甲、乙达成口头协议：甲从乙处购买一批货物，价值10万元；乙送货上门；该合同须采用书面形式，三天后正式签订书面合同。三天后，乙直接将货物运至甲处，甲经检验后发现质量无问题，遂予以收货。此后双方一直未签订书面合同。半年后乙要求甲支付货款，甲此时认为该批货物利润较小，颇为后悔，遂提出双方一直未按照当初的约定签订书面合同，故双方的合同一直未成立，货物全部退回。应支持乙的主张还是甲的主张？

结论： 应支持乙的主张。甲、乙约定合同采用书面形式，后双方虽然一直未签订书面合同，但是乙已经履行了交付标的物的义务，且甲已经接受，依据履行治愈瑕疵规则，双方的合同已经成立。又因为双方都具有完全民事行为能力，意思表示真实，内容合法，故该合同成立时即生效，甲有履行合同的义务，故乙有权要求甲支付货款。

最后提示考生的是，请考生在学习合同的相关问题时，时刻注意复习、回忆民事法律行为的有关知识。因为合同是最重要的民事法律行为，民事法律行为中的相关考点，历来也都是结合合同进行命题的。如学到合同的分类时，注意用民事法律行为的分类予以指导；学到合同的效力时，注意用民事法律行为的效力予以指导。

归纳总结	合同概述
合同的概念	①与身份有关的协议，现行法律中有对应规定的，适用该规定；没有规定的，可以根据其性质参照适用合同的相关规定 ②合同具有相对性，即合同中的权利义务原则上只约束合同双方当事人
合同的分类	根据不同的标准，合同可以区分为有名合同与无名合同、一时性合同与继续性合同、束己合同与涉他合同、主合同与从合同、双务合同与单务合同、有偿合同与无偿合同、诺成性合同与实践性合同、要式合同与不要式合同

专题十二　合同的订立和效力

第一节　合同的订立

命题点拨

　　本节是合同订立的基础知识，在法考中具有十分重要的地位，有如下命题思路：一是对要约和承诺进行考查，且考点越来越细致，需要考生精准掌握。二是对格式条款进行考查，重点是格式条款的效力认定。三是对合同成立的特殊规则进行命题。四是考查缔约过失责任，重点是考查哪些情况下可以适用缔约过失责任。

一、合同订立的一般方式

　　订立合同，一般情况下采取要约、承诺方式。

（一）要约

1.要约的概念

　　要约，是希望与他人订立合同的意思表示。因此，如果当事人发出意思表示的目的不是为了和对方订立合同，则不是要约。

2.要约的构成条件

　　需要考生掌握如下两个条件：

　　（1）要约内容必须具体、确定。所谓具体，指要约的内容必须是合同订立所必需的条款，即合同的主要条款。所谓确定，指要约的内容必须明确，不能含糊不清，使受要约人难以确定要约的意思。

　　实例比较：

　　实例1：甲对乙说："本人愿意将东西卖给你。"是否构成要约？

　　实例2：甲对乙说："本人愿意将城区的那套房屋以300万元价格卖给你。"是否构成要约？

　　结论：

　　实例1不构成要约。这是因为，该实例中甲的表述是"本人愿意将东西卖给你"，这里的"东西"到底是什么，不具体，无法确定，故不是要约。

　　实例2构成要约。这是因为，该实例中甲的表述是"本人愿意将城区的那套房屋以300万元价格卖给你"，内容具体、确定：出卖的是房屋，价值是300万元，对方乙也很认定这些内容，故构成要约。

　　（2）要约应有缔结合同的目的。这说明要约本身要以缔结合同并接受合同约束为目的，此要件是要约区别于好意施惠行为和要约邀请的基本标准，在好意施惠、要约邀请中，当事人都不是以订立合同为目的。

在法考中，考生遇到要求判断是不是要约的题目时，基本做题方法是：第一步先看是否符合要约的概念，即有没有订立合同的意思，如果没有，肯定不是要约；如果有，再进入到第二步，即是否符合要约的构成条件。

3.要约的类型

要约可被分为向特定人的要约和向不特定人的要约。

向特定人的要约一般是指向某个或某些特定的人发出的要约。如甲向乙发出要约，乙就是特定的一个人。大部分的要约都是向特定人发出的，也是较易理解的。

向不特定人的要约则是向不特定的公众发出的要约。这是法考中较易出错的知识点，需要考生专门记忆日常生活常见的向不特定人的要约，以便准确应对题目：即自动售货机、公共汽车，自动售货机面向可能的购买者，公共汽车面向可能的乘客。

4.要约邀请

要约邀请（又称要约引诱），指希望他人向自己发出要约的意思表示。考生可以通俗地理解为：通过向对方发出要约邀请，目的是引诱对方向自己发出要约。

在法考中，考生区分要约与要约邀请的最简单方法，就是记住法律明确规定的要约邀请的类型，这样在考试时，一看到这些类型，就马上将其确定为要约邀请。具体而言，要约邀请包括拍卖公告、招标公告、招股说明书、债券募集办法、基金招募说明书、商业广告和宣传、寄送的价目表等。需要考生注意的是，如果商业广告和宣传的内容符合前述要约的构成条件的，可以直接认定为要约；不符合要约的构成条件，则按要约邀请对待。

5.要约的效力

（1）要约的生效时间。

要约既然是希望与他人订立合同的意思表示，其生效时间，就必然遵循意思表示生效时间的规定。请考生结合专题四第二节意思表示的分类中所阐述的意思表示的生效时间，掌握以下知识：

①以对话方式作出的要约，受要约人知道其内容时生效。

②以非对话方式作出的要约，自到达受要约人时生效。非对话方式中，如果是采用数据电文形式的要约，收件人指定特定系统接收数据电文的，该数据电文进入该特定系统时生效；未指定特定系统的，相对人知道或者应当知道该数据电文进入其系统时生效，当事人对此另有约定的，按照其约定。

提醒考生注意的是，法考历来考查的都是非对话方式的要约，考生要重点掌握。

（2）要约生效后的效力。

要约生效后，要约人即受到要约的拘束，须等待受要约人的承诺。一般不能撤销要约，只有符合特定条件，才能撤销（参见下文的论述）。

此处有一重要的命题陷阱需要考生注意：要约本身不能对受要约人直接设定义务，否则对受要约人没有任何效力。要约生效后，受要约人承诺与否，是受要约人的权利而非义务。

实例：甲向乙发出书面要约，愿意向乙出售一批货物。要约中注明：乙收到本要约后，可以思考一周时间，如果一周内没有回复，则视为乙已经承诺。乙收到后，没有任何回复。甲主张乙已经承诺，可否获得法律支持？

结论：不能获得法律支持。甲在要约中表述的内容"如果一周内没有回复，则视为乙已经承诺"是在为受要约人乙设定义务，对乙没有任何效力。

6.要约的撤回和撤销

（1）要约的撤回。

要约的撤回是指在要约生效之前，要约人阻止要约发生法律效力的行为。

就撤回，考生需要掌握如下考点：

①由于法考重点考查非对话方式的要约，而此类要约的生效时间以到达为标准，所以考生可以将撤回简单理解为：在要约到达之前，阻止要约生效。

②在撤回中，要约人需要给受要约人发出撤回要约的通知，其要求是：撤回要约的通知应与要约同时到达受要约人或者在此之前到达。

③要约撤回后，如果受要约人作出承诺的表示的，不能按承诺对待，而只能被认定为新要约。

（2）要约的撤销。

要约的撤销是指要约人在要约生效以后，要约人使要约的法律效力归于消灭的行为。

就撤销，考生需要掌握如下考点：

①考生也要重点围绕非对话方式的要约进行复习，基于此类要约的生效时间以到达为标准，所以可以将撤销简单理解为：在要约到达之后，消灭要约效力。

由此，考生在做题时请掌握如下方法：要约尚未到达的，要约人反悔，为撤回；要约已经到达的，要约人反悔，为撤销。区分要约撤回与撤销的关键是要约是否已经到达。

②在撤销中，要约人需要给受要约人发出撤销要约的通知，其要求是：撤销要约的通知应当在受要约人发出承诺通知之前到达受要约人。

③有下列情形之一，要约人不得撤销要约：A.要约人确定了承诺期限或以其他形式明示要约不可撤销；B.受要约人有理由认为要约是不可撤销的，并已经为履行合同作了合理准备工作。

（二）承诺

1.承诺的概念

承诺，是受要约人同意要约的意思表示。

2.承诺的内容要求

承诺的内容应当与要约的内容相一致。

就法考而言，此处设定的情节都是受要约人在返回承诺的同时，对要约的内容进行了变更。关于变更要约内容后如何认定，请考生掌握如下方法：

（1）如果作出的是实质性变更的，则不能按承诺对待，而应认定为新要约。所谓实质性变更，是指对标的、数量、质量、价款或者报酬、履行期限、履行地点和方式、违约责任和解决争议方法等的变更。考生可以简单记忆为：凡是对要约主要内容的修改，都是实质性变更。

（2）如果作出的是非实质性变更的，仍然应认定为承诺。所谓非实质性变更，就是不涉及要约主要内容的修改，如修改要约的格式。例外的是，以下两种情况下，即使是非实质性变更的，也应按照新要约对待：A.要约人对非实质性变更及时表示反对；B.要约中表明承诺不得对要约的内容作出任何变更。

实例： 2018年8月11日，甲公司接到乙公司出售某种设备的要约，有效期至9月1日。甲公司于8月12日电复："如能将每件设备价格降低50元，即可接受。"对此，乙公司没有答复。甲、乙之间的合同是否已经成立？

结论： 未成立。甲公司8月12日的回复，修改了要约中的价格条件，这是对要约主要内容的修改，属于实质性变更，应认定为新要约。对该新要约，乙公司没有承诺，故二者之间没有成立合同。

3.承诺的时间要求

承诺应当在要约确定的承诺期限内作出。

就法考而言，要命题的是承诺的时间出了问题，这就是承诺的迟到，即承诺在承诺期限届满后才到达要约人。需要考生把握如下考点：

（1）可预期的迟到，是指受要约人超过承诺期限发出承诺。这种情况下，应将此种承诺认定为新要约，但如果要约人及时通知受要约人该承诺有效的，那么则按照承诺对待。

（2）不可预期的迟到，是指受要约人在承诺期限内发出承诺，按通常情形能够及时到达要约人，但因其他原因，承诺到达要约人时超过承诺期限。这种情况下，该承诺有效，即仍然按正常的承诺对待，但如果要约人及时通知受要约人因承诺超过期限不接受该承诺的，那么则按照新要约对待。

上述两种情况的区别是：第一种情况下，原则上是新要约，例外是承诺；第二种情况下，原则上是承诺，例外是新要约。

4.承诺的效力

与法考中考查非对话方式的要约相同，法考中考查承诺时，也都是考查非对话方式。就非对话方式的承诺而言，其生效也以到达为标准，即承诺到达要约人时生效。

请考生注意，承诺一旦生效，当事人之间的合同就成立了。

实例： 甲商场向乙企业发出采购100台电冰箱的要约，要约中载明的承诺期限是5月15日前。乙企业于5月1日寄出承诺信件，5月8日信件寄至甲商场，时逢其总经理外出，5月9日总经理知悉了该信内容，遂于5月10日电传告知乙企业收到承诺。甲商场与乙企业的合同何时成立？

结论： 5月8日成立。乙企业发出的承诺于5月8日到达甲商场，表明承诺是5月8日生效的。承诺生效，合同成立。请考生注意，不要以承诺发出的时间或对方知道的时间作为承诺生效的时间。

5.承诺的撤回

承诺的撤回，是受要约人阻止承诺发生法律效力的行为。承诺的撤回，与要约的撤回基本原理一样，考生可以参照学习：

（1）承诺的撤回，考生也可以简单记忆为：在承诺到达之前，阻止承诺生效。

（2）在撤回中，受要约人需要给要约人发出撤回承诺的通知，其要求是：撤回承诺的通知应与承诺同时到达要约人或者在此之前到达。

此处有一重要的考试陷阱出现：要约有撤回和撤销之分，但承诺只有撤回。这是因为，撤销所针对的是已经生效的，而承诺生效后，合同就成立了，此时当事人如果想反悔，就可能引发违约责任或缔约过失责任，所以不可能再撤销了。

二、格式条款的订立与具体规则

（一）格式条款的概念

格式条款是当事人为了重复使用而预先拟定，并在订立合同时未与对方协商的条款。如果一个合同中的所有条款均为格式条款，则该合同也称为格式合同。

（二）格式条款的中的提示与说明义务

1.提示义务。

提示义务就是要提请对方注意合同上的免责与减责条款。提示义务应采取合理的方式履行，如用黑体字、大号字体、印在合同书上比较醒目的位置等方式，提示对方注意免责与减责条款；如果把免责与减责条款用很小的字体，印在合同书不显眼的地方，就违背了提示义务。

2.说明义务。

如果对方要求说明免责与减责条款的含义，那么提供格式条款的一方还要给予说明。

3.违反提示义务与说明义务的结果。

提供格式条款的一方未履行提示或者说明义务，致使对方没有注意或者理解与其有重大利害关系的条款的，对方可以主张该条款不成为合同的内容。

提示考生注意的是，此处的表述是"不成为合同的内容"，并不是直接将此类条款认定为无效。格式条款的无效，法律另有规定，参见下文。

（三）格式条款无效的情形

1.具有民事法律行为无效的一般情形的，如格式条款违背公序良俗，参见专题四第四节所阐述的内容。

2.提供格式条款一方不合理地免除或者减轻其责任、加重对方责任、限制对方主要权利。

3.格式条款一方排除对方主要权利。

（四）格式条款的解释规则

请考生掌握如下解释规则：

1.作不利于提供格式条款一方的解释规则。

格式条款有两种以上的埋解时，应当作出不利于提供格式条款一方的解释。

2.采用非格式条款规则。

当格式条款与非格式条款不一致时，应当采用非格式条款。所谓非格式条款，就是经双方当事人协商一致的条款。

三、合同的成立

（一）合同成立的判断标准

如前所述，原则上承诺生效时，合同成立。

法考在此处命题时，重点考查合同成立的特殊规则，考生需要理解并记忆：

1.行为推定规则。

当事人未以书面形式或者口头形式订立合同，但从双方从事的民事行为能够推定双方有订立合同意愿的，人民法院可以认定是以其他形式订立的合同，法律另有规定的除外。

2.单据推定规则。

（1）当事人之间没有书面合同，一方以送货单、收货单、结算单、发票等主张存在买卖合同关系的，人民法院应当结合当事人之间的交易方式、交易习惯以及其他相关证据，对买卖合同是否成立作出认定。

（2）对账确认函、债权确认书等函件、凭证没有记载债权人名称，买卖合同当事人一方以此证明存在买卖合同关系的，人民法院应予支持，但有相反证据足以推翻的除外。

3.履行治愈瑕疵规则。

该规则在专题十一第二节已有所阐述，此处再予以展开：

（1）法律规定或者当事人约定采用书面形式订立合同，当事人未采用书面形式但一方已经履行主要义务，对方接受的，该合同成立。

（2）采用合同书形式订立合同，在签字或者盖章之前，当事人一方已经履行主要义务，对方接受的，该合同成立。

4.电子合同的成立规则。

当事人一方通过互联网等信息网络发布的商品或者服务信息符合要约条件的，对方选择该商品或者服务并提交订单成功时合同成立，但是当事人另有约定的除外。

（二）合同成立的地点

原则上承诺生效的地点为合同成立的地点。

就法考而言，此处也是重点考查合同成立地点的特殊认定规则，考生需要记忆：

1.当事人采用合同书形式订立合同的，最后签名、盖章或者按指印的地点为合同成立的地点。

2.采用数据电文形式订立合同的，收件人的主营业地为合同成立的地点，没有主营业地的，其住所地为合同成立的地点。

3.当事人对合同地点有约定的，从约定。

四、缔约过失责任

（一）缔约过失责任的概念

缔约过失责任，是指在订立合同过程中，一方因违背其依据诚信原则所应尽的义务而致另一方信赖利益的损失，依法应承担的民事责任。

（二）缔约过失责任的适用

这是法考最主要的命题来源，需要考生准确记忆：

1.必须发生在缔约阶段。

即要求当事人在订立合同过程中违反了诚信原则。如果合同已经订立完成，进入到履行阶段，那就不存在缔约过失责任，而是违约责任问题了。

2.必须有违反诚信原则的行为出现。

这些行为对做题非常有帮助，需要考生一看到这些行为，马上就联想到缔约过失责任：

（1）假借订立合同，恶意进行磋商。即非出于订立合同之目的而借订立合同之名与他人磋商。其真实目的，或阻止对方与他人订立合同，或使对方贻误商机，或仅为戏耍对方。考生可简单记忆为：恶意磋商。

（2）当事人故意隐瞒与订立合同有关的重要事实或者提供虚假情况。缔约当事人依诚信原则负有如实告知义务，如告知对方自己的财产状况与履约能力、标的物的性能和使用方法等。若违反此项义务（隐瞒或虚告），即构成欺诈，如因此致对方受损害，应负缔约过失责任。考生可简单记忆为：订约欺诈。

（3）泄露或者不正当使用合同对方当事人的商业秘密或其他应当保密的信息。当事人在订立合同过程中知悉的商业秘密或者其他应当保密的信息，应当尽保密义务和不得擅自使用义务；泄露、不正当地使用该商业秘密或者信息，造成对方损失的，应当承担赔偿责任。考生可简单记忆为：泄露商业秘密。

（4）有其他违背诚信原则的行为。这是开放式的兜底规定，考生在做题时，只要发现合同一方当事人在订立合同过程中有违背诚信原则的各种行为的，就有可能产生缔约过失责任。

（三）缔约过失责任的赔偿范围

缔约过失责任的形式是损害赔偿。缔约过失损害赔偿的范围，是相对人因缔约过失而遭受的信赖利益损失，包括直接损失和间接损失。具体而言，需要考生掌握如下细节：

1.直接损失，通常包括订立合同的费用（如差旅费、通讯费）、准备履行合同所支出的费用（如仓库预租费）以及上述费用的利息。

2.间接损失主要指对方因此丧失商机所造成的损失。

经典考题：德凯公司拟为新三板上市造势，在无真实交易意图的情况下，短期内以业务合作为由邀请多家公司来其主要办公地点洽谈。其中，真诚公司安排授权代表往返十余次，每次都准备了详尽可操作的合作方案，德凯公司佯装感兴趣并屡次表达将签署合同的意愿，但均在最后一刻推脱拒签。期间，德凯公司还将知悉的真诚公司的部分商业秘密不当泄露。对此，下列哪一说法是正确的？ （2017年卷三第12题，单选）①

A.未缔结合同，则德凯公司就磋商事宜无需承担责任

---

① 【答案】B。本题考查缔约过失责任。A选项，德凯公司是在无真实交易意图的情况下而邀请多家公司来其主要办公地点洽谈，构成恶意磋商，德凯公司应承担缔约过失责任，该选项错误。B选项，根据上述分析，德凯公司的行为属于恶意磋商，应赔偿损失，该选项正确。C选项，泄露或者不正当地使用该商业秘密给对方造成损失的，也应当承担责任。德凯公司不应当披露所知悉的真诚公司的部分商业秘密，该选项错误。D选项，因德凯公司自己的过错而导致付出的工作成本，应由该公司自行承担，不能要求对方真诚公司赔偿，故而在对方向其主张赔偿时，也就不能主张抵销，该选项错误。本题如果出现失误，主要原因是对缔约过失责任的适用情形不够熟悉，需要考生对恶意磋商、缔约欺诈、泄露商业秘密等行为保持高度熟悉，从而在做题时就会立刻找到感觉。综上，本题正确选项为B。

B.虽未缔结合同，但德凯公司构成恶意磋商，应赔偿损失

C.未缔结合同，则商业秘密属于真诚公司自愿披露，不应禁止外泄

D.德凯公司也付出了大量的工作成本，如被对方主张赔偿，则据此可主张抵销

归纳总结 合同的订立

合同订立的一般方式	①要约 A.要约是希望与他人订立合同的意思表示，其内容必须具体、确定 B.要约邀请是指希望他人向自己发出要约的意思表示，其本身并不是要约，而是引诱对方向自己发出要约 C.以非对话方式作出的要约，自到达受要约人时生效。要约生效后，要约人即受到要约的拘束，须等待受要约人的承诺 D.要约的撤回发生在要约生效之前；要约的撤销发生在要约生效以后 ②承诺 A.承诺是受要约人同意要约的意思表示，如果承诺对要约的内容进行实质性变更的，应认定为新要约 B.承诺应当在要约确定的承诺期限内作出。对于可预期的迟到，原则上是新要约，例外是承诺；对于不可预期的迟到，原则上是承诺，例外是新要约 C.承诺生效，当事人之间的合同成立 D.受要约人可以在承诺生效之前将其撤回，但承诺不存在撤销问题
格式条款的订立与具体规则	①格式条款是当事人为了重复使用而预先拟定，并在订立合同时未与对方协商的条款 ②格式条款一方应尽提示与说明义务，否则对方可以主张该条款不成为合同的内容 ③提供格式条款一方不合理地免除或者减轻其责任、加重对方责任、限制对方主要权利、排除对方主要权利的条款无效
合同的成立	①原则上承诺生效时，合同成立 ②特殊情况下适用行为推定规则、单据推定规则、履行治愈瑕疵规则 ③电子合同中，对方选择该商品或者服务并提交订单成功时合同成立
缔约过失责任	①必须发生在缔约阶段，且有恶意磋商、订约欺诈、泄露商业秘密或其他违背诚信原则的行为 ②赔偿范围包括直接损失和间接损失

第二节 合同的效力

命题点拨

本节内容有两种命题思路：一是考查合同的成立与合同生效的区分。二是考查合同效力的若干特殊规则。整体而言，本节内容不算疑难，且多数考点在本书前面的章节中

已经有所涉及，请考生注意回忆。

一、合同的生效

此处内容，实际上是本书专题四第三节民事法律行为的成立与生效在合同领域的具体运用，请考生先翻回到专题四第三节，自行复习民事法律行为的成立与生效的基本原理。

（一）合同生效的一般时间

一般情况下，依法成立的合同，自成立时生效，但是法律另有规定或者当事人另有约定的除外。这表明，通常情况下，合同的生效时间与合同的成立时间是一致的。不过，提醒考生注意，在逻辑思维上，实际上应当是先判断合同的成立，再判断合同的生效。

（二）合同生效的具体条件

此处完全比照民事法律行为的生效条件进行判断，即本书专题四第三节已经阐述过的三个条件：当事人有相应的民事行为能力、意思表示真实、内容合法。

（三）合同生效与合同成立的关系

如上所述，在逻辑关系上，应当先判断合同是否成立，再判断合同是否生效。具体而言，需要考生掌握如下知识点，以避免在思维上发生困惑，在做题时陷入错误：

1.在判断合同是否成立时，可以有两个判断角度：

一是按上一节所阐述的"要约——承诺"标准进行判断，即看当事人有没有完成要约——承诺这两个环节，如果完成了，则合同成立；如果未完成，则合同不成立。

二是按专题四第三节中所阐述的民事法律行为的成立条件继续判断，即有当事人、有意思表示、有行为内容，如果都具备，则合同成立；如果缺少其中一个条件，则合同不成立。

以上两个角度，从哪个角度进行判断都是可以的，看考生更愿意用哪个判断标准。

2.合同的成立，通常意味着合同也就生效了。但法律另有规定或当事人另有约定除外，法律另有规定，如下文要阐述的有的合同要办理审批手续后才会生效；当事人另有约定，如当事人在合同上附加了延缓条件。

二、合同效力的若干特殊规则

根据《民法典》的规定，合同效力还存在若干特殊规则。这些特殊规则包括未办理批准手续的合同、无权代理订立的合同、越权订立合同、超越经营范围订立的合同、免责条款、解决争议方法条款等，其中大部分规则均已在本书的前述内容中已有所阐述，此处进行简要的概括。

（一）未办理批准手续的合同

未办理批准手续的合同，其效力状态为已成立但尚未生效，属于《民法典》新增的合同效力类型，较为特殊。考生可从如下几方面掌握：

1.极少数合同需要向主管机关办理批准手续后才会生效。此类合同，主要是在商法、经济法等领域，民法中本身不存在这样的合同。如国有股权转让合同，应经国有资产监督管理机构批准。此类合同，当事人签订后即成立，但生效则需要履行批准手续。

2.合同中约定由一方当事人履行批准手续，该方当事人未办理手续的，该合同未生效。

3.应当办理申请批准等手续的当事人未履行义务的，虽然合同本身并不生效，但是该方当事人应承担违反报批义务的违约责任。考生要注意的是，此处并不是违反整个合同的违约责任，因为整个合同并未生效，而是承担违反报批义务的违约责任。考生可以理解为：当事人关于由谁履行批准手续的约定一经作出，即有法律效力，不履行批准手续的，应承担违约责任。

（二）无权代理情形下订立的合同

即行为人没有代理权、超越代理权或者代理权终止后，仍然实施代理行为所订立的合同。此种合同效力待定，未经被代理人追认的，对被代理人不发生效力。

（三）无权代表情形下订立的合同

即法人的法定代表人或者非法人组织的负责人超越权限订立的合同。此种合同，如果相对人是善意的，该合同有效，对法人或者非法人组织发生效力；如果相对人是恶意的，该合同无效，对法人或者非法人组织不发生效力。

（四）超越经营范围订立的合同

此类合同，应当依照合同生效条件的有关规定具体认定。如果符合合同的三大生效条件，即当事人具有相应的行为能力、意思表示真实、内容合法，仍然可以认定有效。考生在做题时需要注意，不能仅以超越经营范围为由，而直接确认此类合同无效。

（五）免责条款

合同中的下列免责条款无效：（1）造成对方人身损害的；（2）因故意或者重大过失造成对方财产损失的。

实例：甲商场将一台电扇卖给乙。双方在合同中约定：该电扇在使用过程中，如果造成乙重伤，甲商场不承担赔偿责任。该约定的效力如何认定？

结论：应认定为无效。该约定属于造成对方人身损害的免责条款，按照法律规定应认定为无效。

（六）解决争议方法条款

解决争议方法条款，即当事人约定，如果就合同发生争议，是采取调解、仲裁还是诉讼等方法解决纠纷。在合同不生效、无效、被撤销或者终止的情形下，不影响合同中有关解决争议方法的条款的效力，即解决争议方法的条款能够独立生效。考生可以理解为：当事人关于解决争议方法的约定一经作出，即有法律效力，后来当事人因为合同发生争议的，就可以适用该约定。

归纳总结　合同的效力

合同的生效	①合同生效的条件适用民事法律行为生效的条件，即当事人有相应的民事行为能力、意思表示真实、内容合法 ②在逻辑思维上，应是先判断合同是否成立，再判断合同是否生效 ③在具体时间上，合同的生效时间与合同的成立时间通常是一致的，但是法律另有规定或者当事人另有约定的除外

续 表

合同效力的 若干特殊规则	①当事人关于履行批准手续的约定具有独立性,一经作出即有法律效力。未履行批准手续的,合同未生效,但负有履行批准手续的当事人应承担违约责任 ②无权代理情形下订立的合同效力待定 ③无权代理情形下订立的合同,如果相对人是善意的,该合同有效,对法人或者非法人组织发生效力;如果相对人是恶意的,该合同无效,对法人或者非法人组织不发生效力 ④超越经营范围订立的合同,应根据当事人是否具有相应的行为能力、意思表示是否真实、内容是否合法进行具体认定 ⑤下列免责条款无效:A.造成对方人身损害的;B.因故意或者重大过失造成对方财产损失的 ⑥解决争议方法条款具有独立性,一经作出即有法律效力,后来当事人因为合同发生争议的,就可以适用该约定

专题十三　合同的履行

第一节　合同履行的规则

命题点拨

合同履行的规则，涉及《民法典》较多新增的内容，在未来法考中会越来越受到重视。具体而言，包括预约合同的履行、选择之债的履行、连带之债的履行、电子合同的履行、向第三人履行、第三人代为履行、提前履行与部分履行等。

一般情况下，当事人按照合同约定的时间、地点、方式等履行债务即可。这些一般情况下的合同履行，从过去的《合同法》到现在的《民法典》，虽然有所规定，但自司法考试时期到现在的法考时代，从来都没有考查过，考生无须在上面浪费时间。就复习策略而言，则是应重点关注《民法典》中关于特殊情况下的履行规则，它们均为《民法典》的新增考点，且分散在不同的条文中，本书特予以总结，以便考生作为重点进行复习。

一、预约合同的履行

预约合同，是指当事人约定在将来一定期限内订立合同的认购书、订购书、预订书等。其本质，是现在暂时不签订正式的合同，而是约定未来再签订正式的合同。这个约定，就是预约合同了。

在法考中，需要考生掌握如下具体考点：

（一）当事人有义务履行预约合同

预约合同符合民事法律行为的生效条件，即当事人具有相应的民事行为能力、意思表示真实、内容合法，故也是有效的，因此，当事人有义务履行预约合同。

所谓当事人履行预约合同，是指当事人按照预约合同的约定，相互之间签订一份正式的合同。

（二）当事人违反预约合同的法律后果

所谓当事人违反预约合同，是指当事人拒绝签订正式的合同。此种情形下，构成违约，应承担违约责任。

考生要特别注意两个细节考点：

1.此处所承担的违约责任，是违反预约合同的违约责任，而不是违反正式合同的违约责任。因为正式的合同，当事人最终并没有签订。

2.此处所承担的违约责任，不包括强制违约方签订正式的合同。即一方当事人违反预约合同，不签订正式的合同，对方不能请求法院强制履行（即强制签订合同），而应主张其他的违约责任，如赔偿损失、支付违约金等。

二、选择之债的履行

本书专题十一第一节曾阐述过选择之债，其是指债的标的为两个或者两个以上，当事人可以从中选择其一来履行的债。就选择之债的履行而言，其核心问题是两个方面：一是谁来选择，二是怎么选择。对此，请考生把握如下具体考点：

（一）选择权的归属

原则上由债务人享有选择权；但是，法律另有规定、当事人另有约定或者另有交易习惯的除外。

就法考命题而言，如果当事人之间另有约定或者另有交易习惯，会在题目中进行说明。所谓法律另有规定，是指选择权会发生转移，请考生掌握如下规则：享有选择权的当事人在约定期限内或者履行期限届满未作选择，经催告后在合理期限内仍未选择的，选择权转移至对方。需要注意的细节是，此处有"催告"的要求。

（二）选择权的行使方式

当事人行使选择权应当及时通知对方，通知到达对方时，标的确定。标的确定后不得变更，但是经对方同意的除外。

可选择的标的发生不能履行情形的，享有选择权的当事人不得选择不能履行的标的，但是该不能履行的情形是由对方造成的除外。

实例： 甲欠乙1000元，双方约定一个月后甲以自己的手机或桌子抵债。问题：

问题1：假如一个月后，甲将自己的手机交付给乙，乙可否拒绝，要求甲用桌子抵债？

结论： 不可以。因为选择权在债务人甲一方，甲可选择用手机或者桌子抵债。

问题2：假如一个月后，甲选择用手机抵债，但在交付前手机不慎被盗，甲主张不再履行任何义务，乙可否拒绝？

结论： 可以。因为此时手机已构成履行不能，甲不能选择用手机抵债，而应以桌子抵债。甲主张不再履行任何义务，乙有权予以拒绝。

问题3：假如一个月后，甲选择用桌子抵债，但在交付前，桌子被乙一把火付之一炬。甲主张桌子被乙烧毁，自己不再履行任何义务，乙可否拒绝？

结论： 不可以。此时桌子已经构成履行不能，但该履行不能是由对方当事人乙的原因造成的，故甲仍然可以选择以桌子抵债，但因为桌子已经灭失，甲的履行义务免除，无须再履行义务。

问题4：假如一个月后，甲一直未作选择。经乙催告，又过了3个多月，甲既没有交给乙手机，也没有交给乙桌子。此时，乙可否直接请求交付桌子抵债？

结论： 可以。因为甲在合理期限内没有行使选择权，经乙催告后在合理期限内仍未选择，选择权转移至债权人乙处。

三、连带之债的履行

本书专题十一第一节曾阐述过连带之债，各债务人对外均承担全部债务的债。就连带之债的履行而言，其核心问题是三个方面：一是债务人内部份额如何确定，二是债务人如何追偿，三是某一债务人身上发生的事情，对其他债务人是否也发生效力。对此，请考生把握如下具体考点：

（一）连带债务人的份额确定

连带债务人之间的份额难以确定的，视为份额相同。

实例：甲、乙、丙、丁四人一起从戊处借款4万元，借款合同中载明四人对戊承担连带责任。借款后，甲、乙、丙、丁四人对各自应当偿还的借款数额一直未进行约定。其后，戊从甲处购买两台电脑，价值4万元。现上述债权均已到期。问：甲、乙、丙、丁内部的份额分别是多少？

结论：内部每人为1万元。

提醒考生注意的是，解决连带之债的履行问题，首要的是必须先确定各债务人的内部份额，否则无法准确应对法考题目。

（二）连带债务人的追偿权

1.实际承担债务超过自己份额的连带债务人，有权就超出部分在其他连带债务人未履行的份额范围内向其追偿，并相应地享有债权人的权利，但是不得损害债权人的利益。

2.享有追偿权的债务人在向其他债务人追偿时，其他债务人对债权人的抗辩，可以向该债务人主张。

3.被追偿的连带债务人不能履行其应分担份额的，其他连带债务人应当在相应范围内按比例分担。

（三）连带债务的涉他效力

1.部分连带债务人履行、抵销债务或者提存标的物的，其他债务人对债权人的债务在相应范围内消灭；该债务人在履行、抵销或提存之后，可以向其他债务人追偿。考生可以简单记忆为：一人履行，全体履行（一人抵销、全体抵销；一人提存、全体提存）。

实例：在前述实例中，如果甲向戊抵销了4万元，戊要求乙还款时，乙可否拒绝？甲向乙、丙、丁追偿，可否获得法律支持？

结论：乙可以拒绝。甲有权向乙、丙、丁追偿。因为甲向戊抵销了4万元，就相当于全体债务人都向戊进行了抵销，戊的债权已经消灭，故其不能再要求乙还款；甲向戊抵销4万元，相当于甲一人承担了4万元债务，其有权向乙、丙、丁各追偿1万元。

2.部分连带债务人的债务被债权人免除的，在该连带债务人应当承担的份额范围内，其他债务人对债权人的债务消灭，即将被免除的债务人的份额扣除后，其他债务人就剩余的债务仍然继续承担连带责任。考生可以简单记忆为：一人被免，全体被免（但有额度限制）。

实例：在前述实例中，如果戊免除了丙的还款责任，戊要求丁还款时，丁主张只需偿还3万元，可否获得法律支持？

结论：可以。戊免除了丙的还款责任，在丙应当承担的份额范围内，其他债务人对债权人的债务消灭，即扣除丙的1万元份额，其他债务人在3万元的范围内承担连带的还款责任。

3.部分连带债务人的债务与债权人的债权同归于一人的，在扣除该债务人应当承担的份额后，债权人对其他债务人的债权继续存在。这一规则，与上述第2项规则的结论实质上是一样的，考生需要了解的是债务和债权为什么会同归于一人呢？这是因为，可能债权人将债权转让给第三人，后来第三人又将债权转让给了债务人；或者，如果债权人和债务人都是企业的话，他们可能合二为一，成为一个企业。

实例： 在前述实例中，如果戊将4万元债权转移给了张三，张三又将4万元债权转移给了李四，李四又将4万元债权转移给了甲。则甲如何向乙、丙、丁主张债权？

结论： 甲可以向乙、丙、丁主张承担3万元的连带责任。该债权经过多次转让后，目前归甲享有，甲原先为债务人，现在转变为债权人，应将甲的份额即1万元扣除，乙、丙、丁承担连带的3万元的还款责任。

4.债权人对部分连带债务人的给付受领迟延的，对其他连带债务人发生效力。考生可以简单记忆为：对一人迟延，对全体迟延。迟延以后的结果是，债权人不能主张迟延期间的利息。

实例： 在上述实例中，如果甲、乙、丙、丁和戊约定，8月1日还款。8月1日，甲还款，戊拒收。9月1日，戊才收取了甲还的钱。戊要求乙、丙、丁支付迟延的一个月的利息（8月2日至9月1日），可否获得法律支持？

结论： 不能获得支持。戊直到9月1日才收取甲还的钱，表明戊对甲迟延了，对某一债务人迟延，则意味着对全体债务人迟延，故戊既不能向甲，也不能向乙、丙、丁主张迟延之后的这一个月的利息。

四、电子合同的履行

当事人有约定的依约定，没有约定的，请考生牢记如下三种规则：

1.电子合同的标的为交付商品并采用快递物流方式交付的，收货人的签收时间为交付时间。

2.电子合同的标的物为采用在线传输方式交付的，合同标的物进入对方当事人指定的特定系统且能够检索识别的时间为交付时间。

3.电子合同的标的为提供服务的，生成的电子凭证或者实物凭证中载明的时间为提供服务时间；前述凭证没有载明时间或者载明时间与实际提供服务时间不一致的，以实际提供服务的时间为准。

上述知识点的基本记忆方法是：根据标的物的不同而采用不同的履行规则，即分为快递物流方式、在线传输方式以及提供服务三种情况。

五、向第三人履行

向第三人履行，本书专题十一在论述涉他合同时，已有详细阐述，请考生自行复习。此处再次总结如下：

根据第三人处于较为被动的地位还是处于较为主动的地位，适用不同的规则。

1.当事人约定由债务人向第三人履行债务，债务人未向第三人履行的，则应维持合同的相对性，由债务人向债权人承担违约责任，第三人不能向债务人主张违约责任。

2.如果当事人约定第三人可以直接请求债务人向其履行债务，债务人未向第三人履行的，则可以突破合同的相对性，第三人可以向债务人主张违约责任。

六、第三人代为履行

第三人代为履行，包括如下两种规则：

1.债务人不履行债务，第三人对履行该债务具有合法利益的，第三人有权向债权人代为履行；但是，根据债务性质、按照当事人约定或者依照法律规定只能由债务人履行的除外。此处所谓"具有合法利益"，就法考命题而言，将主要围绕财产利益进行命题，其中最为典型的是与物权有关的利益以及与债权有关的利益，前者如第三人对双方当事人所涉标的物具有所有权；后者如房屋之上有转租现象的，当承租人拖欠租金，导致租赁合同可能被解除，次承租人（第三人）的利益就因此可能受到影响，由此次承租人代替承租人向出租人支付租金。

2.债权人接受第三人履行后，其对债务人的债权转让给第三人，但是债务人和第三人另有约定的除外。

实例：甲之电脑借给乙使用，乙在使用过程中不慎损害，到丙处修理，修理费为600元，乙未支付。甲可否代乙支付该笔修理费？

结论：可以。修理费的债务发生在乙、丙之间，但所修理的电脑归甲所有，甲属于对履行该债务具有合法利益，故可以代替债务人乙支付该笔修理费。代替支付之后，丙的该笔修理费债权转让给了甲，甲可以向乙追偿。

七、提前履行与部分履行

提前履行与部分履行的规则相同，也包括两个方面：

1.债权人可以拒绝债务人的提前履行或部分履行，但是提前履行、部分履行不损害债权人利益的除外。由于通常情况下债权人提前履行、部分履行并不损害债权人利益，故实际上债权人原则上都是接受债务人提前履行或部分履行的。当然，如果债务人就只履行了一部分，剩余部分此后再也不履行了，则就剩余的部分，债务人应承担违约责任。

2.债务人提前履行或部分履行给债权人增加的费用，由债务人负担。

实例：张某向生产商李某购买一批货物，约定2017年2月14日交货。后来李某提前完成生产任务，于2017年2月4日将货物运送至张某处。张某为了储存这批货物，额外花费了2000元的场地租赁费。该费用应由谁承担？

结论：由李某承担。李某的行为属于提前履行，由此给债权人张某增加的费用，应当由李某承担。

归纳总结	合同履行的规则
预约合同的履行	预约合同具有法律效力。当事人违反预约合同中约定的义务的，应承担违反预约合同的违约责任

续 表

选择之债的履行	①选择权原则上归债务人，但债务人在约定期限内或者履行期限届满未作选择，经催告后在合理期限内仍未选择的，选择权转移至债权人 ②当事人选择后，应当及时通知对方，通知到达对方时，标的确定；可选择的标的发生不能履行情形的，享有选择权的当事人不得选择不能履行的标的，但是该不能履行的情形是由对方造成的除外
连带之债的履行	①内部份额确定：连带债务人之间的份额难以确定的，视为份额相同 ②追偿权：实际承担债务超过自己份额的连带债务人，有权就超出部分在其他连带债务人未履行的份额范围内向其追偿 ③涉他效力 A.某一债务人履行、抵销或提存，相当于全体债务人履行、抵销、提存 B.某一债务人债务被免除的，扣除该债务人的份额后，其他债务人继续连带 C.某一债务人与债权人的债权同归于一人的，扣除该债务人的份额后，其他债务人继续连带 D.债权人对某一债务人受领迟延的，相当于对全体债务人迟延
电子合同的履行	①交付商品并采用快递物流方式交付的，收货人的签收时间为交付时间 ②采用在线传输方式交付的，标的物进入对方当事人指定的特定系统且能够检索识别的时间为交付时间 ③提供服务的，电子凭证或者实物凭证中载明的时间为提供服务时间；凭证没有载明时间或者载明时间与实际提供服务时间不一致的，以实际提供服务的时间为准
向第三人履行	当事人约定由债务人向第三人履行债务，债务人未向第三人履行的，第三人不能向债务人主张违约责任；当事人约定第三人可以直接请求债务人向其履行债务，债务人未向第三人履行的，第三人可以向债务人主张违约责任
第三人代为履行	债务人不履行债务，第三人对履行该债务具有合法利益的，第三人有权向债权人代为履行，履行后，债权人对债务人所享有的债权转让给第三人
提前履行与部分履行	债权人原则上应当接受债务人的提前履行或部分履行，但因债务人提前履行或部分履行给债权人增加的费用，由债务人负担

第二节 双务合同履行抗辩权

命题点拨

　　本节是法考历来的命题重点，三大抗辩权均频繁考查，考查的重点包括两个方面：一是满足什么条件方能行使抗辩权，即三大抗辩权的构成条件。二是如何行使抗辩权，即三大抗辩权的法律效力。

一、双务合同履行抗辩权的基本思想

　　如果考生对双务合同履行抗辩权的基本思想缺少必要的把握，而仅仅记忆三大抗辩权自身的具体规则，在做到一些疑难问题时，就可能会发生错误。故本书特作总结，请考生理解并记忆如下思想：

1.行使抗辩权的前提条件，是必须在双务合同中，即在同一份合同中双方互负义务。如果当事人基于不同的合同而互负义务的，不能产生双务合同中的抗辩权。

2.行使抗辩权的基本结果，是拒绝履行。也就是说，当事人行使三大抗辩权，实质上都是在拒绝履行债务，而且这种拒绝，是法律授予的抗辩权，有法律依据。拒绝之后，如果行使抗辩权的条件不存在了，则应恢复履行。

3.行使履行抗辩权的基本定性，是不构成违约。因为这是法律授权的权利，故不能认为当事人通过行使抗辩权而拒绝履行的，构成违约。

4.行使履行抗辩权的基本思想，是双方的履行要呈现为对等状态。该思想在法考中最为重要，又包括两个方面：

一是所抗辩的债务范围要是对等的。即主要看对方违反的是主给付义务还是从给付义务，如果对方违反的是从给付义务，则不能以抗辩权为由拒绝履行主给付义务。

实例： 甲、乙之间签订买卖合同，约定甲先交货，乙后交款。后甲交付了货物，但没有交付产品说明书。

问题1：乙行使先履行抗辩权，拒绝支付货款，可否获得法律支持？

结论： 不能获得支持。这是因为，甲违反的是从给付义务，乙行使抗辩权，拒绝支付货款，这是主给付义务，违反了抗辩权中的对等思想，故此种抗辩权不能获得法律支持。

问题2：乙可否向甲主张违约责任？

结论： 可以。乙虽然不能拒绝支付货款，但甲违反从给付义务，构成违约，应承担违约责任。

二是所抗辩的履行范围要是对等的。即主要看对方是没有任何的履行还是履行了一部分，如果对方已经履行了一部分，则不能以抗辩权为由拒绝履行全部的义务。

实例： 甲、乙之间签订买卖合同，甲向乙出售一批设备，价值400万元。约定甲先交货，乙后交款。后甲到期仅交付了一半的货物，剩余货物一直未交付。

问题1：乙行使先履行抗辩权，拒绝支付所有货款，可否获得法律支持？

结论： 不可以。甲已经交付了一半的货物，乙有义务交付对应的价款，不能拒绝支付所有货款。

问题2：乙可否向甲主张违约责任？

结论： 可以。甲有一半的货物一直未交付，构成违约，应承担违约责任。

二、同时履行抗辩权

（一）同时履行抗辩权的概念

同时履行抗辩权，指未约定先后履行顺序的双务合同中，一方当事人在对方当事人未为给付前，可拒绝履行自己债务的权利。

（二）同时履行抗辩权的构成条件

1.须双方当事人互负债务；

2.须双方当事人就各自债务没有约定先后履行顺序；

3.须双方的债务均已到履行期；

4.对方对其自身债务未履行或虽履行但不符合约定。

就法考做题而言，要从第二个条件入手，其他条件考生仅作一般性了解即可，考生必须养成这样的做题习惯：只要题目中说明双方没有约定先后履行顺序的，要立刻联想到同时履行抗辩权。

（三）同时履行抗辩权的法律效力

1.双方均享有该抗辩权；

2.行使该抗辩权不构成违约；

3.他方全部未履行的，则自己也全部不履行；他方部分未履行的，则自己只能针对未履行的部分进行抗辩。

三、先履行抗辩权

（一）先履行抗辩权的概念

先履行抗辩权，也称顺序履行抗辩权，指约定了先后履行顺序的双务合同中，先履行方未履行债务或虽履行但不符合约定的，后履行方可以拒绝履行自己债务的权利。

（二）先履行抗辩权的构成条件

1.须双方当事人互负债务；

2.须双方当事人就各自债务约定了先后履行顺序；

3.须双方的债务均已到履行期；

4.先履行方未履行债务或虽履行但不符合约定。

就法考做题而言，也是要从第二个条件入手，考生必须养成这样的做题习惯：只要题目中说明双方约定了先后履行顺序的，就后履行一方而言，要立刻联想到先履行抗辩权。

（三）先履行抗辩权的法律效力

1.只有后履行方才享有先履行抗辩权；

2.行使该抗辩权不构成违约；

3.先履行方全部未履行的，则后履行方也全部不履行；先履行方部分未履行的，则后履行方只能针对未履行的部分进行抗辩。考生要特别注意的是：如果先履行方只履行一部分，则后履行方在行使抗辩权的同时，还有权请求先履行方承担违约责任。

四、不安抗辩权

（一）不安抗辩权的概念

不安抗辩权，指约定了先后履行顺序的双务合同中，先履行的一方有确切证据证明后履行方有难为履行的风险，先履行方可以拒绝履行自己债务的权利。

（二）不安抗辩权的构成条件

1.须双方当事人互负债务；

2.须双方当事人就各自债务约定了先后履行顺序；

3.须先履行方的债务均已到履行期；

4.后履行方有难为履行的风险。

　　所谓有难为履行的风险，在具体做题时，需要考生掌握如下具体表现：（1）经营状况严重恶化；（2）转移财产、抽逃资金，以逃避债务；（3）丧失商业信誉；（4）有丧失或可能丧失履行债务能力的其他情形，主要指破产。

　　就法考做题而言，也是要从第二个条件入手，考生必须养成这样的做题习惯：只要题目中说明双方约定了先后履行顺序的，就先履行一方而言，要立刻联想到不安履行抗辩权。

　　由此，考生可以发现，三大抗辩权的本质区别在于履行顺序：未约定履行顺序的，肯定是同时履行抗辩权；约定了履行顺序的，先履行方，肯定是不安抗辩权，后履行方，肯定是先履行抗辩权。

（三）不安抗辩权的法律效力

　　1.只有先履行方才享有不安抗辩权；

　　2.行使该抗辩权不构成违约；

　　3.先履行方基于不安抗辩权可以中止履行（注意不是终止履行），但如果后履行方恢复履行能力，或者提供适当担保的，则先履行方应恢复履行；

　　4.后履行方在合理期限内未恢复履行能力，也未提供适当担保的，先履行方可以解除合同；解除合同后，先履行方的履行义务消灭，不再需要履行该合同；

　　5.先履行方主张不安抗辩权若不能成立（如没有确切证据证明后履行方当事人存在上述难为履行的情形），则应承担违约责任。

　　经典考题：甲与乙公司签订的房屋买卖合同约定："乙公司收到首期房款后，向甲交付房屋和房屋使用说明书；收到二期房款后，将房屋过户给甲。"甲交纳首期房款后，乙公司交付房屋但未立即交付房屋使用说明书。甲以此为由行使先履行抗辩权而拒不支付二期房款。下列哪一表述是正确的？（2015年卷三第10题，单选）[1]

────────────────

[1]【答案】D。本题考查双务合同履行抗辩权。A选项，本题首先应搞清楚当事人的先后履行顺序：甲先支付首期房款，乙交付房屋和房屋使用说明书，甲支付二期房款，乙将房屋过户给甲。根据题意，甲已经交纳首期房款，则剩下的应该是乙交付房屋和房屋使用说明书，乙目前只交付了房屋但未交付房屋使用说明书，属于违反了从给付义务，此时甲拒绝支付二期房款，这属于以主给付义务抗辩对方的从给付义务，不符合双务合同履行抗辩权中双方应当对等的思想，因此，甲的做法不正确，该选项错误。B选项，根据上述分析，在乙交付房屋和房屋使用说明书与甲支付二期房款之间，乙履行顺序在先，甲履行顺序在后，因此，如果允许甲抗辩，其行使的也应当是先履行抗辩权，而不是不安抗辩权，该选项错误。C选项，乙公司未交付房屋使用说明书，违反的是从给付义务，从给付义务的违反，对方当事人不能解除合同，除非从给付义务影响到合同目的的实现。本案中，题目中未说明房屋使用说明书影响合同目的的实现，同时，按照正常生活经验，甲的主要目的是购买房屋而不是房屋使用说明书，即使没有使用说明书，一般人也能对房屋进行使用。因此，本案中，乙公司违反从给付义务，并不影响甲合同目的的实现，甲不能解除合同，该选项错误。D选项，甲的付款义务为主给付义务，乙公司交付使用说明书是从给付义务，二者没有对应给付关系，故甲不能主张先履行抗辩权，该选项正确。本题如果出现失误，主要原因是两个方面：一是对于不安抗辩权、先履行抗辩权的区别掌握不牢，考生应从履行顺序角度着手，只有先履行方才享有不安抗辩权，同时也只有后履行方才享有先履行抗辩权。二是审题不够严格，没有很好地区分甲和乙公司的履行顺序。考生在遇到这种履行顺序有交叉、重叠的情况时，一定要理清楚谁先谁后。综上，本题正确选项为D。

A.甲的做法正确，因乙公司未完全履行义务

B.甲不应行使先履行抗辩权，而应行使不安抗辩权，因乙公司有不能交付房屋使用
说明书的可能性

C.甲可主张解除合同，因乙公司未履行义务

D.甲不能行使先履行抗辩权，因甲的付款义务与乙公司交付房屋使用说明书不形成
主给付义务对应关系

归纳总结　双务合同履行抗辩权

基本思想	①行使抗辩权的前提条件，是同一份双务合同 ②行使抗辩权的基本结果，是拒绝履行 ③行使履行抗辩权的基本定性，是不构成违约 ④行使履行抗辩权的基本思想，是双方的履行要呈现为对等状态
同时履行抗辩权	同时履行抗辩权发生在双方债务无先后履行顺序之分，且双方均享有该抗辩权
先履行抗辩权	先履行抗辩权发生在双方债务有先后履行顺序之分，且只有后履行方才享有该抗辩权
不安抗辩权	①不安抗辩权发生在双方债务有先后履行顺序之分，且只有先履行方才享有该抗辩权 ②不安抗辩权的行使，要求后履行方有难为履行的风险，具体表现为四种情况：A.经营状况严重恶化；B.转移财产、抽逃资金，以逃避债务；C.丧失商业信誉；D.有丧失或可能丧失履行债务能力的其他情形（破产） ③后履行方在合理期限内未恢复履行能力，也未提供适当担保的，先履行方可以解除合同

专题十四　合同的保全和担保

第一节　合同的保全

命题点拨

合同的保全制度包括代位权和撤销权，是客观题中的常考知识点，由于这部分知识易与民事诉讼法结合在一起考查，近几年在主观题中也颇受重视，考生应作为复习的重点。这两种保全制度的命题思路，均是从成立条件、具体行使和法律效果三个方面来进行，需要考生把握好这几个方面的知识点。此外，还会出现将两者综合在一个题目中进行考查的命题模式，需要考生能够结合构成要件，准确识别哪个选项考查的是代位权，哪个选项考查的是撤销权。

一、债权人的代位权

（一）代位权的概念

代位权，指因债务人怠于行使对次债务人债权或者与该债权有关的从权利，影响债权人的债权实现的，债权人可以向人民法院请求以自己名义代位行使债务人对次债务的债权。

就该概念，在法考中有如下重要命题价值：

1.考生必须建立三方当事人的法律关系图，即债权人、债务人、债务人的相对人（次债务人、第三人），他们之间呈现为连环债权债务的关系，即次债务人欠债务人的钱，债务人欠债权人的钱，债务人一方面没有能力还所欠的债权人的钱，另一方面又不要求次债务人向其还钱，于是，债权人越过债务人，直接向次债务人主张债权。

实例：甲对乙享有10万元债权，到期后乙无力还款。乙对丙享有10万元债权，到期后乙一直未要求丙还款。甲可以向丙主张代位权。该例中，甲为债权人，乙为债务人，丙为次债务人。

考生可以将代位权通俗地理解为债权人代替债务人的地位，向次债务人主张债权。在做题时，考生要做到如下两点：一是凡遇到三方当事人的连环债权债务结构，要立刻联想到可能考查代位权；二是要准确分析出这三方当事人中，谁是债权人、谁是债务人、谁是次债务人。

2.代位权制度突破了债权的相对性。这是因为，次债务人和债权人之间本来没有债权债务关系，但是却允许债权人在符合代位权的成立条件时，向次债务人主张债权。由此，考生务必记住：当债权人向次债务人主张代位权时，次债务人不能以债权相对性进行抗辩。

3.代位权必须通过诉讼的方式行使，即债权人向次债务人主张债权，须将次债务人诉至法院，如果是私下里向次债务人主张债权，则不能获得法律支持。

在法考中，经常设置如下情节混淆考生，即债务人与次债务人之间存在仲裁协议，双方约定发生债权债务纠纷时，通过仲裁的方式进行解决。此时，债权人能否对次债务人主张代位权呢？结论是可以的。原因是，债务人与次债务人之间关于仲裁的约定，只能在债务人与次债务人之间发生法律效力，不能约束债权人。只要符合代位权的行使条件，债权人就可以突破债权的相对性，向次债务人主张代位权。

（二）代位权的成立条件

1.债权人对债务人享有合法、有效债权，且原则上应当已到履行期。

拥有合法、有效的债权是债权人主张代位权的必要条件。至于债权人的债权是否必须已到履行期，考生可以这样记忆：一般情况下要求必须到期，特殊情况下可以不到期。至于这个特殊情况，将在后文专门进行阐述。

提醒考生注意的是，根据法考命题惯例，只要题目中未特别说明，债权人对债务人的债权均是合法、有效的，考生审题时，重点关注的应当是该债权是否已到期。

2.债务人对次债务人的债权合法、有效、到期，且不具有专属性。

这一条件，需要展开分析如下：

（1）这一条件，是就债务人对次债务人的债权而言的；而前一条件，是就债权人对债务人的债权而言的，两者要求不同，不可混淆。

（2）债务人对次债务人的债权，必须合法、有效、到期。此处的到期，是必要条件，不存在例外情况。同样提醒考生注意的是，根据法考命题惯例，只要题目中未特别说明，债务人对次债务人的债权均是合法、有效的，考生审题时，同样应重点关注该债权是否已到期。

（3）债务人对次债务人的债权，不能具有专属性。就这一知识点，考生应采取反向记忆的方法，即把具有专属性的债权全部记住，这样的债权不能被代位，剩下的债权都可以被代位。具有专属性的债权包括：基于扶养关系、抚养关系、赡养关系、继承关系产生的给付请求权；劳动报酬、退休金、养老金、抚恤金、安置费、人寿保险、人身损害赔偿请求权等权利。此处要再次提醒考生注意，不具有专属性的要求，是就债务人对次债务人的债权而言的，至于债权人对债务人的债权，即使是专属性的债权，债权人照样也可以行使代位权。

实例比较：

实例1：甲对乙享有10万元债权，到期后乙无力还款。乙对丙享有10万元债权，到期后乙一直未要求丙还款。经查，甲对乙的债权，是乙当初从甲处借款10万元；乙对丙的债权，是由于乙被丙打成重伤，丙依法需要向乙赔偿10万元。甲可否向丙主张代位权？

实例2：甲对乙享有10万元债权，到期后乙无力还款。乙对丙享有10万元债权，到期后乙一直未要求丙还款。经查，甲对乙的债权，是由于甲被乙打成重伤，乙依法需要向甲赔偿10万元；乙对丙的债权，是丙当初从乙处借款10万元。甲可否向丙主张代位权？

结论：

在实例1中，甲不可以向丙主张代位权。在该案中，甲是债权人、乙是债务人、丙是次债务人，乙对丙的债权属于人身损害赔偿请求权，具有专属性，所以债权人甲不能向次债务人丙主张代位权。

在实例2中，甲可以向丙主张代位权。在该案中，甲是债权人、乙是债务人、丙是次债务人，甲对乙的债权虽然是人身损害赔偿请求权，但这属于债权人和债务人的关系，并不影响债权人甲向次债务人丙主张代位权。

3.债务人怠于行使对次债务人的债权，并因此影响债权人债权的实现。

这一条件最容易设置陷阱，需要考生掌握如下细节内容：

（1）"怠于行使"是指债务人没有通过诉讼或者仲裁方式向次债务人主张其享有的债权。因此，考生要特别注意的是，此处的"怠于行使"，并不是"不要钱"，而是不以诉讼或仲裁的方式要钱。题目中经常出现债务人通过电话、书信等方式向次债务人主张债权，这些情况下，仍然要认定为怠于行使债权。

（2）"影响债权人债权的实现"是指债务人本身没有清偿能力。因此，考生要特别注意的是，如果债务人本身有足够的清偿能力，即使其怠于行使对次债务人的债权，债权人也不能主张代位权。

实例：甲对乙享有10万元债权，到期后乙未还款。乙对丙享有10万元债权，到期后乙一直未要求丙还款。经查，乙的银行账户上有15万元存款，但乙一直拒绝还款。甲可否向丙主张代位权？

结论：甲不可以向丙主张代位权。这是因为，虽然乙一直未邀请丙还款，属于怠于行使债权，但乙的银行账户上有15万元存款，已经足够偿还所欠甲的债务，因此，乙怠于行使并没有影响到甲的债权的实现，故甲不可以向丙主张代位权。甲直接请求乙还款即可。

（三）代位权的具体行使

债权人行使代位权应当以自己的名义提起诉讼。具体而言，考生需要掌握以下具体考点：

1.当事人的诉讼地位。

债权人为原告，次债务人为被告，债务人为诉讼中的第三人。

2.管辖法院。

代位权诉讼中，由被告住所地法院管辖。

3.债权额度。

债权人主张代位权的具体债权额度，以债权人对债务人的债权、债务人对次债务人的债权，两者中额度较小者为准。因此，考生在处理具体题目时，需要将这两个债权的额度进行比较，以较小的那个额度作为债权人能够主张债权的具体额度。

（四）行使代位权的法律效果

1.次债务人的债务履行。

债权人行使代位权胜诉的，由次债务人直接向债权人履行，次债务人对债务人的债务、债务人对债权人的债务，均在该履行的额度范围内消灭。考生可以通俗地理解为：次债务人履行债务，不经过债务人的手。

实例：甲对乙享有10万元债权，到期后乙无力还款。乙对丙享有6万元债权，到期后乙一直未要求丙还款。甲行使代位权，可以主张的代位权额度是多少？丙应当向谁履行？丙履行之后，发生什么法律效果？

结论： 甲可以主张6万元的债权额度；丙应当向甲履行；甲履行之后，甲对乙的债权仅剩下4万元；乙对丙的债权消灭。这两个债权中，以较小的额度即6万元作为债权人甲行使代位权的额度。次债务人丙应当向债权人甲履行。甲对乙的债权为10万元，甲获得6万元履行之后，仍剩下4万元；乙对丙的债权为6万元，丙履行之后，乙、丙的债权债务归于消灭。

2.次债务人的抗辩权援引。

在债权人的代位权诉讼中，次债务人可以向债权人主张如下抗辩权：

（1）次债务人可以主张债务人对债权人的抗辩权。也就是说，债务人对债权人的抗辩权，次债务人也可以用于对抗债权人。

（2）次债务人可以主张次债务人对债务人的抗辩权。也就是说，次债务人对债务人的抗辩权，次债务人也可以用于对抗债权人。

（3）次债务人可以主张代位权本身就存在的抗辩权。也就是说，债权人行使代位权可能不符合其成立条件或具体行使规则，此时次债务人也可以予以抗辩。例如，债务人已经通过诉讼的方式向次债务人主张债权了，债权人又对次债务人提起诉讼，向其主张代位权，这种情况下，次债务人就可以提出抗辩，主张债权人提起代位权诉讼不符合代位权的成立条件。

3.诉讼时效的中断。

债权人提起代位权诉讼后，导致债权人与债务人之间的债权、债务人与次债务人之间的债权均发生诉讼时效中断的效力。对此，本书专题六第二节已经有过阐述，并要求考生将其简单记为"一次起诉，两个中断"。

4.费用承担问题。

关于费用承担，考生需要区分两种情况分别处理：

（1）债权人行使代位权的必要费用，在债权人胜诉的情况下，由债务人承担。此处的必要费用，主要指行使代位权过程中花费的差旅费、律师代理费；不包括诉讼费。

（2）就诉讼费问题，根据民事诉讼法"谁败诉、谁承担诉讼费"的基本规则，在债权人胜诉的情况下，由次债务人承担。因为，在代位权诉讼中，次债务人为被告，债权人胜诉，就意味着次债务人败诉了。在具体操作时，该诉讼费从实现的债权中优先支付，所谓优先支付，是说当次债务人向债权人履行债务时，首先从其履行的钱款中扣下诉讼费，剩余的再用于偿还债务。

（五）关于代位权的提前行使

如前所述，债权人行使代位权，原则上要求债权必须已到履行期，但在例外情况下，即使债权尚未到履行期，也允许债权人行使代位权，这被称为代位权的提前行使。需要考生掌握如下考点：

1.允许债权人提前行使代位权的情形。

共包括两种情形：

（1）债务人对次债务人的债权或者与该债权有关的从权利的诉讼时效即将届满。

（2）次债务人破产，债务人没有及时申报破产债权。

2.债权人提前行使代位权的方式。

根据允许债权人提前行使代位权的两种不同情形，债权人行使代位权的具体方式也有所不同：

（1）在债务人对次债务人的债权或者与该债权有关的从权利的诉讼时效即将届满的情形下，债权人行使代位权时，可以请求次债务人向债务人履行债务。需要考生注意的是，一般情况下债权人行使代位权时，是由次债务人直接向债权人履行债务，但在这种特殊的代位权提前行使的情形下，不是由次债务人直接向债权人履行债务，而是<u>由次债务人向债务人履行</u>债务。

（2）在次债务人破产、债务人没有及时申报破产债权的情形下，债权人行使代位权时，可以直接向破产管理人申报债权。

需要提醒考生的是，只有上述情形下允许债权人在债权尚未到期时行使代位权，其他情况下，均要求债权人在债权到期后才能行使代位权。

二、债权人的撤销权

考生在学习撤销权的过程中，要注意与代位权进行比较。

（一）撤销权的概念

债权人撤销权，指债务人实施减少其财产的行为影响债权人的债权实现的，债权人可以请求人民法院撤销该行为。

就该概念，在法考中有如下重要命题价值：

1.考生也必须建立<u>三方当事人</u>的法律关系图，即债权人、债务人、债务人的相对人（次债务人、第三人）。他们之间也可以呈现为连环债权债务的关系，即次债务人欠债务人的钱，债务人欠债权人的钱，债务人一方面没有能力还所欠的债权人的钱，另一方面又放弃了对次债务人的债权，于是，债权人主张撤销债务人的这一放弃行为。

<u>实例：</u>甲对乙享有10万元债权，到期后乙无力还款。乙对丙享有10万元债权，到期后乙放弃了对丙的债权。甲可以主张撤销乙的放弃行为。该例中，甲为债权人，乙为债务人，丙为次债务人。

考生可以将撤销权通俗地理解为债务人做了某件"坏事"，影响债权人的债权实现的，债权人将其予以撤销。至于这些"坏事"到底包括哪些，将在撤销权的成立条件里一一进行列举。

2.撤销权制度<u>突破了债权的相对性</u>。债权人将债务人与次债务人之间的某种行为予以撤销，表明债权人介入到了债务人与次债务人的关系，这也体现了对债权相对性的突破。

3.撤销权必须通过<u>诉讼</u>的方式行使，即债权人主张撤销权，须将债务人诉至法院，以撤销债务人的行为，如果是私下里向债务人主张撤销，则不能获得法律支持。

（二）撤销权的成立条件

1.债权人对债务人的债权合法、有效。

考生要注意的是，债权人主张撤销权时，并<u>不要求债权已经到期</u>，只要债权已经成立即可。当然，对于债权成立之前的行为，债务人是不能主张撤销的。

2.债务人实施了减少其财产的行为。

（1）具体行为表现：

债务人到底实施了哪些减少财产的行为呢？这些行为的具体表现，需要考生牢固记住，要求考生在处理题目时，一旦遇到这些行为，必须马上联想到可能考查撤销权：

①放弃债权，即债务人放弃对次债务人的债权，包括放弃到期债权以及未到期的债权。

②放弃债权担保，即债务人对次债务人的债权之上存在担保，但债务人放弃了这一担保。

③恶意延长到期债权的履行期，即债务人对次债务人的债权已经到期，但债务人却故意将履行期往后延长。

④无偿转让财产，包括赠与和遗赠两种行为，即债务人将其财产通过赠与合同赠与第三人，或通过遗嘱遗赠给第三人。

⑤以明显不合理低价向第三人出售财产，所谓明显不合理低价，是指转让价格低于交易时交易地的指导价或者市场交易价70%。

⑥以明显不合理高价从第三人处收购财产，所谓明显不合理高价，是指转让价格高于当地指导价或者市场交易价30%。

⑦为第三人的债务提供担保。如果债务人是为自己的债务提供担保，债权人不能撤销。

除上述七种行为外，债务人实施的其他行为，如放弃继承、拒绝接受他人所给予的赠与等行为，债权人不能予以撤销。

（2）债务人的主观要求：

需要考生特别注意的是，在债务人以明显不合理低价向第三人出售财产、以明显不合理高价从第三人处收购财产以及为第三人的债务提供担保这三种场合下，还需要第三人存在恶意，债权人才能撤销这三种行为。对此，有如下几点需要考生掌握：

①此所谓恶意，即第三人明知债务人的这三种行为会影响到债权人债权的实现，但第三人仍然与债务人实施这些行为。从反面来说，如果第三人是善意的，即不知道债务人的这些行为会影响到债权人债权实现的，则即使价格不合理，债权人也不能予以撤销。

②此所谓恶意，并不是指第三人和债务人之间出现恶意串通。如果第三人和债务人之间出现恶意串通的情形，则两人的行为会被直接认定为无效，那也就不存在撤销的问题了。

③在债权人可以撤销的上述七种行为中，只有这三种情形下要求第三人是恶意的，其他四种情形下无此要求，即在其他四种情形下，不论第三人是善意还是恶意的，债权人均可予以撤销。

3.债务人所实施的减少其财产的行为影响债权人的债权实现。

此处所谓"影响债权人债权的实现"，与代位权中"影响债权人债权的实现"是同样的意思，是指债务人本身没有清偿能力。因此，考生要特别注意的是，如果债务人本身有足够的清偿能力，即使其实施了上述七种行为，债权人也不能主张撤销。

（三）撤销权的具体行使

债权人行使撤销权应当以自己的名义提起诉讼。具体而言，考生需要掌握以下具体考点：

1.当事人的诉讼地位。

债权人为原告，债务人为被告，次债务人为诉讼中的第三人。注意此处与代位权存在差异。

2.管辖法院。

撤销权诉讼中，由被告住所地法院管辖。

3.债权额度。

债权人主张撤销权的具体债权额度，以债权人对债务人的债权、债务人对次债务人的债权，两者中额度较小者为准。

4.除斥期间。

与代位权不同的是，法律对撤销权规定了双重除斥期间：

（1）自债权人知道或者应当知道撤销事由之日起1年。

（2）自债务人的行为发生之日起5年。

在具体做题时，如果题目中明确债权人知道了撤销事由（即债务人的七种行为），即按照1年处理；如果债权人不知道撤销事由，则按照5年处理。

实例： 甲欠乙5万元，乙多次催促，甲拖延不还。后甲将家中仅有的一部汽车（市场价8万元）以1万元价格卖给知情的丙，被乙发现。如乙发现之日为2020年5月1日，则其行使撤销权的时间为2020年5月2日至2021年5月1日。自2021年5月2日起，乙不再享有撤销权。

（四）行使撤销权的法律效果

1.被撤销的行为的效力。

债务人所实施的七种行为被债权人撤销的，这些行为自始无效。如债务人向次债务人赠与财产，该赠与行为被撤销后，归于无效，即相当于债务人没有赠与过。

2.财产的处理。

债务人所实施的七种行为被债权人撤销的，如果债务人尚未将财产交付给第三人的，则无须再交付；如果已经交付给第三人的，则第三人应当返还给债务人，注意不是直接交给债权人。此点与代位权不同，考生可以通俗地理解为：次债务人（第三人）履行债务，必须经过债务人的手。由于必须经过债务人的手，说明其已经全部归入债务人财产的组成部分中，故债权人对此没有优先受偿权。

实例： 甲向乙借款300万元，用于开设工厂。后甲经营不善，濒临破产。甲眼看工厂恢复生产无望，灰心丧气，将工厂剩余部分产品以五折优惠销售给知情的朋友丁。乙可请求撤销甲将产品销售给丁的行为，丁所返还的利益应成为甲的财产，而不能直接用于清偿乙的债权。

3.费用承担问题。

关于费用承担，考生也需要区分两种情况分别处理：

（1）债权人行使撤销权的必要费用，在债权人胜诉的情况下，由债务人承担；次债务人有过错的，应适当分得。此处的必要费用，与代位权中的必要费用是同样的意思，即包括差旅费、律师代理费，但不包括诉讼费。

（2）就诉讼费问题，在债权人胜诉的情况下，由债务人承担。因为，在撤销权诉讼中，债务人为被告，债权人胜诉，就意味着债务人败诉了，故由其承担诉讼费。考生需要注意的是，由债务人承担诉讼费，并不是因为诉讼费属于必要费用，而是因为债务人败诉了。

经典考题： 甲欠乙30万元到期后，乙多次催要未果。甲与丙结婚数日后即办理离婚手续，在《离婚协议书》中约定将甲婚前的一处住房赠与知悉甲欠乙债务的丙，并办理了所有权变更登记。乙认为甲侵害了自己的权益，聘请律师向法院起诉，请求撤销甲的赠与行为，为此向律师支付代理费2万元。下列哪些选项是正确的？（2017年卷三第58题，多选）①

A.《离婚协议书》因恶意串通损害第三人利益而无效

B.如甲证明自己有稳定工资收入及汽车等财产可供还债，法院应驳回乙的诉讼请求

C.如乙仅以甲为被告，法院应追加丙为被告

D.如法院认定乙的撤销权成立，应一并支持乙提出的由甲承担律师代理费的请求

归纳总结　合同的保全

代位权	①代位权的行使需要出现三方当事人，债权人、债务人、债务人的相对人（次债务人、第三人），且必须通过诉讼的方式行使 ②债权人行使代位权，要求债权人对债务人享有合法、有效债权，且原则上应当已到履行期；债务人对次债务人的债权合法、有效、到期，且不具有专属性；债务人怠于行使对次债务人的债权，并因此影响债权人债权的实现 ③债权人行使代位权，应由债权人为原告，次债务人为被告，债务人为诉讼中的第三人；由被告住所地法院管辖

① 【答案】BD。本题考查撤销权、恶意串通。A选项，甲与丙在签订《离婚协议书》时，丙知悉甲欠乙债务，只能表明丙是恶意的，但恶意不等于恶意串通，题干中并未说明双方有串通的过程，故该选项错误。B选项，行使撤销权，以债务人的行为影响债权人债权的实现为条件，因此，如果甲能证明自己有稳定工资收入及汽车等财产可供还债，即表明其有充足的还债能力，故其向丙赠与住房并不影响乙的债权的实现，此时乙行使撤销权不能获得法律支持，该选项正确。C选项，在撤销权中，债务人为被告，债务人的相对人（次债务人）为诉讼中的第三人，不存在共同被告的问题。因此，如乙仅以甲为被告，法院不可能将丙追加为被告，该选项错误。D选项，如果法院认定乙的撤销权成立，则必要费用由债务人承担。因律师代理费属于必要费用，故应一并支持乙提出的由甲承担律师代理费的请求，该选项正确。本题如果出现失误，主要原因是知识点掌握得不够扎实：一是对撤销权的行使条件、具体行使规则掌握得不牢固，只有债务人的行为影响到债权人的债权实现的，债权人才有可能行使撤销权；在撤销权中，只有债务人是被告。二是对恶意串通的知识点掌握得不牢固，考生要时刻记住恶意不等于恶意串通。综上，本题正确选项为BD。

续　表

	④债权人行使代位权胜诉后，由次债务人直接向债权人履行；次债务人可以主张债务人对债权人的抗辩权、次债务人对债务人的抗辩权以及代位权本身存在的抗辩权；必要费用由债务人负担，诉讼费用由败诉的次债务人负担 ⑤债权人提起代位权诉讼后，债权人与债务人之间的债权、债务人与次债务人之间的债权均发生诉讼时效中断的效力 ⑥债权人的债权到期前，债务人对次债务人的债权或者与该债权有关的从权利的诉讼时效即将届满，或者次债务人破产而债务人没有及时申报破产债权，允许债权人行使代位权
撤销权	①撤销权的行使需要出现三方当事人，债权人、债务人、债务人的相对人（次债务人、第三人），且必须通过诉讼的方式行使 ②债权人行使撤销权，要求债权人对债务人的债权合法、有效；债务人实施了减少其财产的行为；债务人所实施的减少其财产的行为影响债权人的债权实现 ③债权人行使撤销权，应由债权人为原告，债务人为被告，次债务人为诉讼中的第三人；由被告住所地法院管辖；且受1年、5年双重除斥期间的限制 ④债权人行使代位权胜诉后，被撤销的行为自始无效；次债务人应将财产返还给债务人；必要费用由债务人承担，次债务人有过错的，应适当分得；败诉的债务人还应承担诉讼费

第二节　合同的担保

命题点拨

保证制度是每年均考查的内容，最高人民法院在《担保制度解释》又新增了一些考点，尤其需要考生注意。保证制度，主要从保证的类型、保证的设立、保证期间、保证债务诉讼时效、保证人的抗辩权、主债权变更对保证的影响等角度进行命题，因此需要考生全面掌握保证制度。定金制度，近年来一般与其他知识点融合在一起进行考查，其内容本身并不复杂，考生也应全面掌握。

合同的担保，包括抵押权、质押权、留置权、保证和定金共五种方式。其中，抵押权、质押权、留置权在本书物权部分已经进行了详细的阐述。此处主要阐述保证和定金。

一、保证

（一）保证的概念

保证，是指独立于债务人之外的第三人和债权人约定，当债务人不履行债务或不能履行债务时，保证人按照约定或法律规定承担保证责任的担保方式。

理解该概念，应注意掌握如下两点：

1.保证一定是由第三人提供的，不存在债务人自己提供保证的情况。

2.所谓保证人承担保证责任，是指保证人替债务人履行债务。保证人履行债务之后，可以向债务人追偿。

（二）保证的分类

1.一般保证。

（1）一般保证的概念。

一般保证，指双方当事人在保证合同中约定，在债务人不能履行债务时，保证人才开始承担保证责任的保证。也就是说，应当是债务人先承担履行债务的责任，对于债务人不能履行的部分，才轮到一般保证人承担责任。

具体而言，考生应掌握如下判断规则：

①当事人在保证合同中约定了保证人在债务人不能履行债务或者无力偿还债务时才承担保证责任等类似内容，应当将其认定为一般保证。

②当事人在保证合同中约定了保证人在债务人不履行债务或者未偿还债务时即承担保证责任、无条件承担保证责任等类似内容，应当将其认定为连带责任保证。

③当事人对保证方式没有约定或约定不明，一律认定为一般保证。

据此，考生要特别注意"债务人不能履行债务""债务人无力偿还债务""债务人不履行债务""债务人未偿还债务""无条件承担保证责任"等语言表述。

（2）一般保证人的先诉抗辩权。

①先诉抗辩权的内涵理解。

所谓先诉抗辩权，是指在主合同纠纷未经审判、仲裁，并就债务人财产依法强制执行仍不能履行债务前，债权人要求保证人承担责任的，保证人有权拒绝承担责任。这就意味着，债权人在债务到期之后，没有就债务人财产强制执行，而是直接要求保证人承担保证责任，此时保证人可以拒绝，保证人的此种权利称为先诉抗辩权。

实例：周某欠陈某80万元，杜某提供保证，约定杜某在周某不能履行债务时由杜某承担保证责任。债务到期后，周某拒绝还款。陈某直接找到杜某，要求其承担保证责任，杜某可否拒绝？

结论：可以拒绝。本案中，杜某的保证为一般保证，在陈某就周某的财产强制执行前，杜某有权拒绝承担保证责任。

②先诉抗辩权的例外。

所谓先诉抗辩权的例外，是说当债权人要求保证人承担保证责任时，保证人不能拒绝。具体而言，在下列四种情形下，一般保证人不能主张先诉抗辩权：

A.债务人下落不明，且无财产可供执行；

B.人民法院已经受理债务人破产案件；

C.债权人有证据证明债务人的财产不足以履行全部债务或丧失履行债务能力；

D.保证人书面表示放弃先诉抗辩权。

（3）一般保证人在诉讼中的地位。

一般保证的债权人可以将债务人和保证人一并起诉，法院可以将债务人和保证人列为共同被告。但法院应当在判决书主文中明确，保证人仅对债务人财产依法强制执行后仍不能履行的部分承担保证责任。

据此，债权人可以只起诉债务人，也可以同时起诉债务人和一般保证人，但不可以只起诉一般保证人，若债权人未就主合同纠纷提起诉讼或者申请仲裁，仅起诉一般保证人的，人民法院应当驳回起诉。

2.连带保证（连带责任保证）。

（1）连带保证的概念。

连带保证，指一旦主债务人到期不偿还债务的，债权人可请求债务人履行债务，也可要求保证人承担保证责任，也可一并要求债务人、保证人承担连带责任。连带保证人无先诉抗辩权。

如前所述，当事人在保证合同中约定了保证人在债务人不履行债务或者未偿还债务时即承担保证责任、无条件承担保证责任等类似内容，应当将其认定为连带责任保证。

（2）连带保证人在诉讼中的地位。

在连带责任保证中，债权人可以单独起诉债务人，也可以单独起诉保证人，也可以将债务人和保证人作为共同被告提起诉讼。

3.共同保证。

共同保证是指保证人为两人或两人以上。共同保证要解决的问题是：不同的保证人之间如何承担责任？对此，有可能承担按份责任，也有可能承担连带责任。据此，共同保证又可以分为按份共同保证和连带共同保证。分述如下：

（1）按份共同保证。

①内涵理解。

按份共同保证，是指各保证人与债权人订立合同时约定了各自的保证份额。此处需要注意的是，必须是各保证人与债权人进行约定，如果是保证人内部约定，则只能在保证人内部发生效力，对债权人无效，这是民法"内外有别"思想的运用，考生应予以充分注意。

实例：张某向李某借款100万元，王某和陈某作为保证人，他们均未与李某约定各自担保的数额。事后，王某和陈某约定每人担保50万元。该约定的效力如何？

结论：该约定在王某、陈某之间有效，但对李某无效。由于王某和陈某均未与李某约定各自担保的数额，故应认定两人担保的都是全额。两人在内部分担责任的时候，按照他们的约定，每人担保50万元。

②按份共同保证的效力。

A.在按份共同保证中，保证人按照确定的份额对债权人承担保证责任。

B.保证人承担保证责任后，只能向债务人追偿，无权向其他保证人追偿。

（2）连带共同保证。

①内涵理解。

连带共同保证，是指当事人在保证合同中约定，债务人不能清偿到期债务时，各保证人承担连带责任。

②连带共同保证的效力。

A.债权人可以要求债务人或者其中任何一个保证人承担任何份额的责任（包括全部）；

B.当一个连带共同保证人承担全部责任之后，应当首先向债务人追偿；

C.向债务人不能追偿的部分，由各连带保证人按其内部约定的比例分担，没有约定的，平均分担。保证人就超过其份额的部分，可以向其他保证人追偿。

4.最高额保证。

（1）最高额保证的概念与特征。

最高额保证，是指保证人和债权人之间，就一定期间内将要连续发生的债权，在最高债权额度内设立的保证。考生在理解这一概念时，可以与最高额抵押结合起来理解，二者的内涵是相通的，仅仅是担保的方式不一样，一个是保证，一个是抵押。

最高额保证，相对于一般的保证而言，具有两个明显的特征：一是保证合同成立在前、主合同成立在后；二是保证的主债权具有不特定性。

实例： 2019年9月1日，甲企业向乙银行借款，甲、乙商定：今后3个月内，乙每个月向甲提供不超过100万元人民币的借款，共计金额不超过300万元人民币。古董商丙为保证人，与乙签订一份保证合同，约定甲将来不能清偿借款时，丙承担保证责任。则此时乙、丙的合同便为最高额保证合同。

（2）最高额保证的特别规则。

①未约定保证期间的最高额保证，保证人可随时单方书面通知债权人终止保证合同（即这种情况下保证人有任意解除权），保证人仅对通知到达债权人前已发生的债权承担保证责任。

②最高额保证合同对保证期间的计算方式、起算时间等没有约定或者约定不明，被担保债权的履行期限均已届满的，保证期间自债权确定之日起开始计算；被担保债权的履行期限尚未届满的，保证期间自最后到期债权的履行期限届满之日起开始计算。

（三）保证的设立

1.不可以作为保证人的民事主体：

（1）机关法人不得为保证人，但是经国务院批准为使用外国政府或者国际经济组织贷款进行转贷的除外。

（2）以公益为目的的非营利法人、非法人组织不得为保证人。

2.保证合同的特征：

（1）保证合同是要式合同，订立保证合同必须采用书面形式；

（2）保证合同为单务、无偿及诺成合同；

（3）保证合同由保证人与债权人签订，以确保债权人债权的顺利实现为目的，在性质上从属于债务人与债权人之间的债权合同，即债权合同为主合同，保证合同为从合同；

（4）保证人责任的无限性：保证人承担责任的范围不以保证人的个别财产为限，而是以保证人的所有财产来对债务人的债务承担责任。

3.保证合同的存在形式：

（1）债权人和保证人签订单独的书面保证合同；

（2）在主合同上有保证条款；

（3）在主合同上没有保证条款，但第三人以保证人身份签字；

（4）第三人单方以书面形式向债权人出具担保书，债权人接收且未提出异议。

实例： 方某、李某、刘某和张某签订借款合同，约定："方某向李某借款100万元，刘某提供房屋抵押，张某提供保证。"除李某外，其他人都签了字。事后李某向方某提供了100万元借款。张某是否承担保证责任？

结论： 张某应承担保证责任。虽然借款合同没有李某的签字，但存在保证条款，且张某签字，故张某应承担保证责任。

（四）保证期间

1.保证期间的性质。

（1）保证期间是债权人向债务人主张保证责任的期间，即债权人应当在多长时间内请求保证人承担责任。

（2）保证期间为除斥期间，不适用中止、中断的规定。

2.保证期间的长短。

（1）债权人与保证人可自由约定保证期间。

考生应特别注意：如果约定的保证期间早于主债务履行期限或者与主债务履行期限同时届满，或者约定保证人承担保证责任直至主债务本息还清时为止等类似内容的，保证期间均认定为6个月。

（2）若当事人没有约定或者约定不明确的，保证期间一律为6个月。

3.保证期间的起算点。

自主债务履行期届满之日起算。但考生要注意如下细节考点：

（1）债权人与债务人对主债务履行期限作了变动，未经保证人书面同意的，保证期间不受影响。考生可以简单记忆为：保证期间不会随着主债务履行期间的变化而变化。

（2）主合同对主债务履行期限没有约定或约定不明的，保证期间自债权人请求债务人履行义务的宽限期届满之日起计算。实际计算时，应当从第二天开始计算。

实例： 甲于2015年3月5日向乙借款10万元，由丙作为一般保证人。甲、乙约定：甲应于2016年3月5日之前偿还该借款。丙、乙约定：保证期间至2016年2月11日。则丙的保证期间如何认定？从何时起算？

结论： 丙的保证期间应为6个月，自2016年3月6日开始起算。本案中，债权人乙与保证人丙约定的保证期间早于主债务履行期限，故应按照6个月予以认定。其起算点为主债务履行期间届满之日，即2016年3月6日。

（五）保证债务诉讼时效

如前所述，保证期间是债权人请求保证人承担的时间，其在性质上是除斥期间，那么，债权人与保证人之间有没有诉讼时效呢？这就是保证债务诉讼时效问题。

1.保证债务诉讼时效的起算。

（1）一般保证。

债权人在保证期间届满前对债务人提起诉讼或者申请仲裁的，从保证人拒绝承担保证责任的权利消灭之日起，开始计算保证债务的诉讼时效。

此处所谓"保证人拒绝承担保证责任的权利消灭"，考生可以将其理解为就是指先诉抗辩权的消灭。根据前述先诉抗辩权概念的阐述，所谓先诉抗辩权的消灭，也就是债权人对债务人的财产进行了强制执行。一旦债务人的财产被强制执行了，保证人就无法再主张先诉抗辩权了，即其先诉抗辩权消灭。

因此，考生要记住：在一般保证里，要想开始计算债权人和保证人之间的诉讼时效，要满足如下两个条件：一是债权人在保证期间届满前对债务人提起诉讼或者申请仲裁。

如果在保证期间届满前债权人未对债务人提起诉讼或申请仲裁，就不会起算保证债务的诉讼时效。二是在债权人对债务人提起诉讼或申请仲裁后，就一直等到将来债务人财产被强制执行，强制执行后的次日，保证债务的诉讼时效开始起算。

需要注意的是，一般保证的债权人在保证期间内对债务人提起诉讼或者申请仲裁后，又撤回起诉或者仲裁申请，债权人在保证期间届满前未再行提起诉讼或者申请仲裁，不会起算保证债务的诉讼时效。

（2）连带保证。

债权人在保证期间届满前请求保证人承担保证责任的，从债权人请求保证人承担保证责任之日起，开始计算保证债务的诉讼时效。

在连带保证里，要想开始计算债权人和保证人之间的诉讼时效，只需要满足一个条件，即债权人在保证期间届满前请求保证人承担保证责任，考生可以将其通俗地理解为债权人找保证人要账，只要债权人一找保证人要账，则从第二天开始，保证债务诉讼时效就会开始计算。反过来，如果债权人在保证期间届满前没有找保证人要账的，就不会起算保证债务的诉讼时效。

需要注意的是，连带责任保证的债权人在保证期间内对保证人提起诉讼或者申请仲裁后，又撤回起诉或者仲裁申请，但只要起诉状副本或者仲裁申请书副本已经送达保证人的，就会起算保证债务的诉讼时效。

实例： 甲欠乙10万元，约定2018年10月1日前偿还，丙为一般保证人。如果乙在2019年3月5日起诉甲，后来胜诉，至2019年7月5日，甲的财产全部被执行完毕。乙对丙主张保证债务的权利的诉讼时效何时开始计算？

结论： 自2019年7月6日开始计算保证债务诉讼时效。由于甲的财产在2019年7月5日被全部执行完毕，表明一般保证人丙的先诉抗辩权消灭，故自2019年7月6日开始，乙对丙主张保证债务的权利的诉讼时效开始计算。

2.保证债务诉讼时效与保证期间的关系。

（1）只有在保证期间之内，符合上述条件，即一般保证中，债权人对债务人提起诉讼或者申请仲裁，连带保证中，债权人请求保证人承担保证责任，才有可能开始起算保证债务的诉讼时效。

（2）一旦开始计算保证债务的诉讼时效，保证期间制度就不再适用。此时，处理债权人和保证人之间的关系时，就按照保证债务的诉讼时效处理，而不按照保证期间处理。

（六）保证人的抗辩权

1.保证人自己对债权人享有的抗辩权。

（1）一般保证人享有先诉抗辩权。

（2）若保证债务的诉讼时效期间届满，一般保证人和连带责任保证人均享有诉讼时效届满的抗辩权。

2.保证人可以援用的债务人的抗辩权。

（1）保证人可援用债务人的抗辩权，包括主债务诉讼时效期间经过的抗辩权、同时履行抗辩权、顺序履行抗辩权和不安抗辩权等。

（2）债务人放弃对债权人的抗辩权的，保证人仍可援用债务人对债权人的抗辩权。

3.保证人的抗辩权与保证人的追偿权。

（1）若债务人对债权人主张了抗辩权，则保证人必须援用债务人的抗辩权，如果保证人未援用债务人的抗辩权并进而承担保证责任的，保证人对债务人无追偿权。

（2）若债务人放弃对债权人的抗辩权，保证人仍可援用债务人放弃的抗辩权；如果保证人未援用债务人放弃的抗辩权并进而承担保证责任的，保证人对债务人的追偿权不受影响。

（3）若债务人对债权人不享有抗辩权或者债务人放弃对债权人的抗辩权，保证人放弃自己对债权人的抗辩权并进而承担保证责任的，保证人对债务人的追偿权不受影响。

（七）主债权变更对保证的影响

1.债权让与对保证的影响。

债权人转让全部或者部分债权，未通知保证人的，该转让对保证人不发生效力。

注意：保证人与债权人约定禁止债权转让，债权人未经保证人书面同意转让债权的，保证人对受让人不再承担保证责任。

实例：甲欠乙10万元，约定2010年10月1日前偿还，丙为保证人。3月1日，乙与丁达成协议，将债权转让给丁，并通知了甲和丙。丙是否应对丁承担保证责任？

结论：应承担保证责任。因为乙将债权转让给丁，通知了丙，故该债权转让对保证人发生效力。

2.债务承担对保证的影响。

债权人未经保证人书面同意，允许债务人转移全部或者部分债务，保证人对未经其同意转移的债务不再承担保证责任，但是债权人和保证人另有约定的除外。

注意：第三人加入债务的，保证人的保证责任不受影响。

3.主合同内容变更与保证责任。

（1）主合同主要条款进行了变动，如果未经保证人书面同意，要分两种情况处理：

①内容的变更减轻了债务人的责任，保证人仍然要对变更后的债务承担保证责任。

②内容的变更加重了债务人的责任，保证人对于加重的部分不再承担保证责任，但对原来的债务仍然要承担保证责任。

实例：甲借款给乙2万元，丙为乙的保证人。此后乙与甲协商变更借款数额为2.5万元，对此丙不知情。合同到期时，乙无力偿还该借款。丙的责任范围是多少？

结论：丙应承担2万元的保证债务。本案属于加重债务人的债务，保证人仍然就原债务承担责任。

（2）如果债权人与债务人达成了变更合同内容的协议，但没有实际履行的，保证人仍然要承担保证责任。

（3）新贷偿还旧贷。主合同当事人协议以新贷偿还旧贷，债权人请求旧贷的担保人对新贷承担担保责任的，不予支持；债权人请求新贷的担保人承担担保责任的，按照下列情形处理：

①新贷与旧贷的担保人相同的，应予支持；

②新贷与旧贷的担保人不同，或者旧贷无担保新贷有担保的，人民法院不予支持，但是债权人有证据证明新贷的担保人提供担保时对以新贷偿还旧贷的事实知道或者应当

知道的除外。

（八）保证责任的免除

1.一般保证的保证人在主债务履行期限届满后，向债权人提供债务人可供执行财产的真实情况，债权人放弃或者怠于行使权利致使该财产不能被执行的，保证人在其提供可供执行财产的价值范围内不再承担保证责任。

2.债务人对债权人享有抵销权或撤销权的，保证人可以在抵销或能撤销的范围内拒绝承担保证责任。

二、定金

（一）定金的概念

定金，指合同当事人为了确保合同的履行，由当事人一方在合同订立时或者订立后履行前，预先给付对方当事人的金钱或其替代物。

（二）定金合同的特征

1.要式合同。即定金合同必须以书面形式订立。

2.实践合同。实践性主要表现在定金合同从实际交付定金之日起成立，如果约定的数额和实际交付的不一致的，以实际交付为准（但实际交付的也不能超过主合同标的额的20%）。

3.从合同。定金合同具有从属性，其成立和生效以主合同的成立和生效为前提，当主合同消灭时，定金合同也消灭。

4.限额性。定金数额由当事人自由约定，但上限不得超过主合同标的额的20%。若超过20%，则超过的部分无效。

那么，对于超过20%的部分的效力应当如何认定呢？这关键取决于双方当事人的态度，如果双方都有预付款或者意向金的意思，则可以认定为预付款或者意向金。如果对于超出定金的部分不能达成协议，则应当返还给支付定金的一方，请求返还的根据是不当得利。

5.定金具有双重担保性。交付定金的一方不履行义务的，丧失定金；收受定金的一方不履行义务的，双倍返还定金。

需要考生注意的是：如果当事人在订立合同时约定了订金、预付款、保证金等内容的，均不得认定为定金，而是按当事人的约定来处理。

（三）定金的种类

1.订约定金。

订约定金，是指在订立主合同之前，当事人一方交付定金作为订立主合同的担保，给付定金的一方拒绝订立主合同的，无权要求返还定金；收受定金的一方拒绝订立主合同的，应当双倍返还定金。

实例：2015年3月1日，甲乙预定将在5月1日订立房屋买卖合同，并约定甲向乙支付定金10万元，以确保买卖合同的订立。约定达成后，甲向乙支付了10万元。此时，如果因甲的原因不能订立合同，则甲不能请求乙返还定金；如果因乙的原因不能订立合同，乙应当双倍返还定金。

2.成约定金。

成约定金，是指以定金交付作为主合同成立或生效要件，不交付定金，主合同即不成立（或不生效），但主合同已经履行或已经履行主要部分的，不影响主合同的成立或生效。

实例： 甲公司与乙公司约定，甲从乙公司购买东北大米5吨，并约定了价款、履行期限、履行地点等必要事宜，同时还约定，甲向乙公司支付定金2万元，买卖合同在支付定金时成立。后来甲没有向乙公司支付定金，此时，甲乙的合同不成立。但需要考生注意的是，如果甲乙之间已经实际履行买卖合同，此时，买卖合同依然可以成立并生效。

3.解约定金。

解约定金，是指定金交付后，一方解除主合同时，须以承担定金罚则为代价。其中，交付定金一方解除合同的，不能主张返还定金；收受定金一方解除合同的，应双倍返还定金。

实例： 甲乙签订书面租赁合同，约定甲将自己的房屋一套租与乙，租期3年。同时，还约定，乙向甲支付解约定金3000元，约定达成后，乙向甲交付了定金。此时，如果乙方在租赁期届满前解除合同，则不能要求甲返还定金；甲如果在租赁期届满前解除合同，则应当双倍返还定金。

4.违约定金。

违约定金，是指一方当事人违约，致使对方不能实现合同目的时，应承担定金罚则。其中，交付定金一方违约的，不能主张返还定金；收受定金一方违约的，应双倍返还定金。

实例： 甲乙双方签订买卖合同，标的额为10万元，依照约定甲向乙支付了2万元定金。此时，如果甲违约，乙无须返还定金；如果乙违约，应双倍返还定金。

（四）定金的效力（定金罚则）

定金罚则，体现的是定金的惩罚功能，包括两层含义（可参照上述实例理解）：

1.交付方违约的，定金丧失。

2.收受方违约的，应双倍返还定金。

经典考题： 2012年4月，甲公司、丙公司与丁公司签订了《协议二》，约定甲公司欠丁公司的5000万元债务由丙公司承担，且甲公司法定代表人张某为该笔债务提供保证，但未约定保证方式和期间。同年5月，丁公司债权到期。关于《协议二》中张某的保证期间和保证债务诉讼时效，下列表述正确的是？（2013年卷三第88题，不定项）①

---

① 【答案】A。本题考查保证期间、保证债务的诉讼时效。A、B两个选项涉及保证期间问题。本案中，当事人在提供保证时，未约定保证期间，故保证期间应认定为6个月。因此，A选项正确，B选项错误。C、D两个选项涉及保证债务诉讼时效。本案中，当事人在提供保证时，未约定保证方式，故张某的保证应认定为一般保证。在一般保证中，保证债务诉讼时效的起算，应符合的条件是债权人在保证期间届满前对债务人提起诉讼或申请仲裁。本案中，未提到债权人丁公司对保证人张某提起诉讼或申请仲裁这样的情节，因此，保证债务诉讼时效不会起算，故C、D两个选项均是错误的。本题如果出现失误，最可能的原因是没有掌握好起算保证债务诉讼时效的条件。在一般保证中，必须是债权人在保证期间届满前对债务人提起诉讼或申请仲裁；在连带保证中，必须是债权人在保证期间届满前要求保证人承担保证责任。不符合这些条件的，债权人和保证人之间不会起算保证债务的诉讼时效。综上，本题正确选项为A。

A.保证期间为2012年5月起6个月

B.保证期间为2012年5月起2年

C.保证债务诉讼时效从2012年5月起算

D.保证债务诉讼时效从2012年11月起算

归纳总结　合同的担保

保证	①当事人在保证合同中约定了保证人在债务人不能履行债务或者无力偿还债务时才承担保证责任，或者当事人对保证方式没有约定或约定不明，应认定为一般保证。一般保证中，保证人享有先诉抗辩权 ②当事人在保证合同中约定了保证人在债务人不履行债务或者未偿还债务时即承担保证责任、无条件承担保证责任，应认定为连带保证。连带保证中，保证人没有先诉抗辩权 ③保证合同的存在形式包括：债权人和保证人签订单独的书面保证合同；在主合同上有保证条款；在主合同上没有保证条款，但第三人以保证人身份签字；第三人单方以书面形式向债权人出具担保书，债权人接收且未提出异议 ④债权人与保证人没有约定保证期间，或者约定的保证期间早于主债务履行期限或者与主债务履行期限同时届满，或者约定保证人承担保证责任直至主债务本息还清时为止等类似内容的，保证期间均认定为6个月 ⑤一般保证中，保证债务诉讼时效的起算条件是债权人在保证期间届满前对债务人提起诉讼或者申请仲裁；连带保证中，保证债务诉讼时效的起算条件是债权人在保证期间届满前请求保证人承担保证责任 ⑥一般保证人享有先诉抗辩权；同时保证人还可援用债务人的抗辩权，即使债务人放弃抗辩权的，保证人仍可援用 ⑦债权人转让全部或者部分债权，未通知保证人的，该转让对保证人不发生效力；债权人未经保证人书面同意，允许债务人转移全部或者部分债务，保证人对未经其同意转移的债务不再承担保证责任，但是债权人和保证人另有约定的除外；内容的变更减轻了债务人的责任，保证人仍然要对变更后的债务承担保证责任；内容的变更加重了债务人的责任，保证人对于加重的部分不再承担保证责任，但对原来的债务仍然要承担保证责任 ⑧主合同当事人串通骗保，或债权人欺诈、胁迫保证人的，保证人免责；债务人对债权人享有抵销权或撤销权的，保证人可以在抵销或能撤销的范围内拒绝承担保证责任
定金	①定金合同是要式合同、实践合同、从合同，同时具有限额性、双重担保性 ②定金分为订约定金、成约定金、解约定金、违约定金 ③交付方违约的，定金丧失；收受方违约的，双倍返还定金

专题十五　合同的变更、转让和终止

第一节　合同的变更和转让

命题点拨

合同的变更，在法考中有两种命题思路：一种是考查经当事人约定的合同变更，另一种是考查情势变更。其中，情势变更重点是把握好其适用条件。合同的转让，包括债权转让（债权让与）和债务转让（债务承担），法考均是从构成要件和法律后果两方面进行考查，此外还要注意掌握债务承担的分类。近年来，为了增加考生难度，债务承担有时还会与其他知识点，如双务合同中的履行抗辩权、债权人代位权等一并考查，需要考生注意前后知识点的协调、贯通。

一、合同的变更

合同的变更，包括两种情况，一种是当事人自愿协商变更合同，称为约定变更；另一种是客观原因导致的变更，称为情势变更。考生要分别掌握这两种变更方式。

（一）约定变更

1.内涵理解。

约定变更，指在合同成立以后，尚未履行或尚未完全履行以前，当事人就合同的内容达成修改或补充的协议。

理解这一概念，可以从以下两方面进行：

（1）约定变更须经当事人双方协商一致。这体现了民法的意思自治原则。

（2）约定变更后，会增加新的内容或改变合同的某些内容，当事人之间应按新的合同内容履行债权债务。

2.约定变更的主要表现。

通过学习约定变更的主要表现，目的是要求考生在处理题目时，一遇到这些情节，马上要联想到可能考查约定变更：

具体而言，主要有以下变更的表现：

（1）合同标的物数量、质量、规格等条件的变更；

（2）合同履行条件的变更，例如履行期限、履行地点、履行方式以及结算方式的变化等；

（3）合同价款的变更，即合同价款或酬金的增减以及利息的变化等；

（4）合同所附条件或期限的变更等。

3.合同变更的效力。

（1）合同变更仅对合同未履行部分发生效力，对已履行部分没有溯及力，但法律另有规定或当事人另有约定的除外。

（2）在有担保的合同中，合同变更增加债务人的负担时，非经保证人书面同意，保证人只在原保证范围内承担保证责任，对增加的部分不承担保证责任。

（3）合同的变更，不影响当事人要求对方承担违约责任的权利。对此，考生可以按如下思路处理题目：在约定变更中，如果双方均不存在违约的话，则按照变更之后的合同履行，此时不存在主张违约责任的问题；如果变更前有一方已经违约的，则合同变更后，非违约方有权向违约方主张违约责任。考生可以简单记忆为：同意变更，不意味着免除对方的违约责任。

（二）情势变更

1.内涵理解。

情势变更，是指合同成立后，合同的基础条件发生了当事人在订立合同时无法预见的、不属于商业风险的重大变化，继续履行合同对于当事人一方明显不公平的，受不利影响的当事人可以与对方重新协商；在合理期限内协商不成的，当事人可以请求人民法院或者仲裁机构变更或者解除合同。

2.情势变更的适用条件。

（1）合同成立时赖以存在的客观情况发生了重大变化。法考中主要考查国家政策的调整，考生要对国家政策调整保持高度敏感。具体而言，有如下几点需要考生注意：

①国家政策的调整是否属于情势变更，一要看其是否属于当事人在订立合同时无法预见的情形；二要看国家政策的调整是否造成明显不公平的结果。如某地政府开始限制、整顿高尔夫球场，虽然暂时没有出台具体政策，但当地媒体均已就该动向进行报道，这期间仍有当事人签订合作开发高尔夫球场的合同，合同签订后，当地政府正式出台新的政策，确定不再审批新的高尔夫球场建设项目。此种情况下，就不允许当事人主张适用情势变更，这是因为，双方当事人在签订合同时已经知道当地政府有限制、整顿高尔夫球场的政策导向，但仍然签订合作开发合同，这属于当事人应当可以预见的事项，故不符合情势变更的适用条件。

②商业风险不属于国家政策的范围，不适用情势变更。典型的商业风险，是原材料价格的上涨。在市场经济条件下，原材料价格的上涨，是商业经营中的常见事项，故其属于当事人在签订合同时就应合理预见的商业风险，而不是情势变更。

③宏观经济形势变化导致的价格波动不属于国家政策的范围，不适用情势变更。由于宏观经济形势发生变化，一般均有一个逐步演变的过程。在演变过程中，市场主体应当对于市场风险存在一定程度的预见和判断，故其不属于当事人在缔约时无法预见的风险，不应纳入情势变更的范畴。

（2）客观情况的变化发生在合同成立之后，履行完毕之前。这是时间上的要求，考生审题时务必注意。

（3）客观情况变化后，如果继续按照原来的约定履行对于一方当事人明显不公平，甚至还可能进一步导致不能实现合同目的。

实例1： 甲公司向乙公司购买小轿车，约定价款为50万元。乙公司于2018年5月30日发函称因原材料价格上涨，需提高小轿车价格。甲公司于10月1日拒绝。乙公司以情势变更为由请求法院解除合同，该请求法院是否支持？

结论：不支持。此处为原材料价格正常波动，属于正常商业风险，不属于情势变更，乙公司不可据此解除合同。

实例2：2014年2月12日，甲、乙达成协议，将其房屋作价100万元出卖于乙，明确约定乙支付首付20万元，其余80万元向银行申请贷款。乙支付首付20万元后，恰逢国家出台房地产贷款调控政策，乙不再具备贷款资格。双方当事人由此引发争议，甲要求乙继续履行购买该房屋的义务。针对甲的这一主张，乙可主张什么权利？为什么？

结论：乙可主张解除合同。甲、乙的买卖合同签订后，因国家出台调控政策，乙不具备购房资格，构成情势变更，且导致合同目的不能实现。依情势变更的相关规定，乙有权起诉请求法院判决解除合同。

3.情势变更的法律效力。

考生可分两个方面掌握：

（1）如果题目中明确应情势变更导致不公平的，则当事人可以主张变更合同，即将不公平变更为公平。

（2）如果题目中明确情势变更导致合同目的不能实现的，则当事人可以主张解除合同。

最后再提醒考生的是，以情势变更为由主张变更或解除合同的，必须通过人民法院或仲裁机构。

二、债权让与

债权让与，是指债权人将其债权转让给第三人的行为。此时，债权人也称为让与人，第三人也称为受让人、新债权人。就法考而言，考生应重点掌握债权让与的构成要件与法律后果。

（一）债权让与的构成要件

1.须存在有效的债权。

如果债权根本不存在，就不存在债权让与问题。

提醒考生注意的是：诉讼时效届满后的债权也可以转让。这是因为该类债权虽不具有诉求国家强制力保护的效力，但仍存在债务人履行的可能，债权人也可有效受领并保有该受领结果，故该类债权仍有财产价值。

2.让与人与受让人达成债权转让的合意。

让与人与受让人达成债权转让的合意后，应当通知债务人。对此，考生应从如下两方面把握：

（1）通知债务人不是受让人取得债权的条件。让与人与受让人之间达成债权让与的协议后，债权让与即在让与人和受让人之间生效，受让人即可获得债权。

（2）通知债务人是对债务人生效的条件。即通知债务人之后，债务人不能再向让与人履行债务，而应当向受让人履行债务。

提醒考生注意的是：债权让与在让与人和受让人之间生效，与债权让与对债务人生效，这是两个不同的生效问题，前者取决于债权让与协议是何时签订的，后者取决于是何时通知债务人的，考试时不可混淆。

实例： 甲对乙享有10万元债权，后甲欲将该10万元中的5万元转让给丙。甲丙之间的权利转让只需双方意思表示一致，无特别形式要求，且甲丙之间的权利转让无需乙的同意，仅需通知乙即可。不通知乙，不对乙产生效力。

3.转让的债权应具有可让与性。

三种债权不具有可让与性，即不能让与给他人：

（1）根据债权性质不得让与的债权。

具体又包括：

①根据个人信任关系而发生的债权。例如，委托人对受托人的债权。

②以特定债权人为基础发生的债权。例如，以某明星的演出活动为基础签订的演出合同。

③出于保障债权人生活的目的而使之享有的债权。例如，退休金债权不得让与。

④属于从权利的债权原则上不得让与。从权利应随主权利的移转而移转，若与主权利分离而转让，则与其性质相违背。

⑤不作为债权不得让与。这是因为不作为债权只是为特定债权人利益而设立，如果允许债权人让与债权，等于为债务人新设了义务，故不作为债权原则上不得让与，如请求债务人竞业禁止的权利。

（2）法律禁止转让的债权。

如赡养费请求权、抚养费请求权，因与身份有关，法律不允许进行转让。

（3）当事人约定不得让与的债权。

对于债权人和债务人相互约定债权不得让与的，原则上债权人应遵守该约定。但是，法考必然是从反面进行命题，即当事人约定不得让与的债权，债权人偏偏转让给了第三人，那么第三人能向债务人主张债权吗？这是较为疑难的知识点，考生要从如下方面把握：

①如果该债权为金钱债权的，该约定不得对抗第三人。这就意味着，债权人将其债权转让给任意第三人，该转让均有法律效力，第三人（受让人）均有权请求债务人履行债务。债务人履行后，在内部可追究债权人的违约责任。

②如果该债权为非金钱债权的，该约定不得对抗善意第三人。这就意味着，债权人将其债权转让给善意第三人的，该转让具有法律效力，善意第三人有权请求债务人履行债务（债务人同样在内部可以追究债权人的违约责任）；债权人将其债权转让给恶意第三人的，该转让不具有法律效力，恶意第三人不能请求债务人履行债务。

（二）债权让与的法律后果

1.对内效力。

对内效力，指债权转让在转让双方即让与人和受让人之间发生的法律效力。该效力具体表现为：

（1）债权由让与人转让给受让人。

（2）从属于主权利的从权利也将随主权利的转让而转让。

2.对外效力。

对外效力，指债权转让对债务人所具有的法律效力。该效力具体表现为：

（1）在债务人收到让与通知之前，债务人向让与人履行债务的，该履行有效，受让人不得以债权让与为由，要求债务人再履行债务，而只能要求债权人返还所受领的债务人的履行。

（2）债务人收到让与通知后，就只能向受让人履行债务了。债务人向让与人履行债务的，对受让人不发生法律效力，受让人有权要求债务人再向其履行债务。债务人向让与人的履行，债务人有权要求返还。

（3）债务人所享有的对抗让与人（原债权人）的抗辩权，可以继续向受让人（新债权人）主张。考生可以简单记忆为：债务人的抗辩权不减少。

实例：甲对乙享有10万元债权，于2017年2月5日到期。甲将其对乙的10万元债权转让给丙。如果乙对甲的10万元债务享有抗辩权，那么在甲丙的债权转让协议通知乙以后，乙可以将对甲所享有的抗辩权继续向丙主张。

（4）债务人接到债权转让通知时，债务人对让与人享有债权，并且债务人的债权先于转让的债权到期或同时到期的，债务人可以向受让人主张抵销。

这是较为疑难的考点，需要考生牢记：债务人向受让人主张抵销需满足以下两个条件：①债务人接到让与通知时对让与人享有债权；②债务人的债权先于让与的债权到期或同时到期。

实例：甲对乙享有10万元债权，于2017年2月5日到期。乙对甲享有2万元债权，于2017年2月4日到期。甲将其对乙的10万元债权转让给丙。在乙接到债权转让通知后，乙可否向丙主张抵销2万元？

结论：可以。这是因为，乙对甲的债权是2017年2月4日到期，而甲对乙的债权是2017年2月5日到期，这表明，债务人乙对甲的债权先于让与的债权（即甲对乙的债权）到期，因此，乙可以向受让人丙主张抵销。

（5）诉讼时效会发生中断的效果。债权转让的，诉讼时效从债权转让的通知到达债务人之日起中断。

实例：甲对乙享有10万元债权，于2017年2月5日到期。甲将其对乙的10万元债权转让给丙。诉讼时效从债权转让通知到达乙之日起中断。

最后提醒考生注意的是：债权让与和向第三人履行存在差异，考试时不可混淆。债权让与意味着债权人一方发生了变化，而向第三人履行，债权人与债务人没有发生变化，此时，债权人和第三人之间并没有转让债权的协议。因此，二者区别的关键，是看当事人之间所签协议的内容，如果是债权人和第三人约定转让债权，则为债权让与；如果是债权人和债务人约定由债务人向第三人履行其所承担的义务，则为向第三人履行。

实例：甲对乙、丙各享有10万元债权。甲与丁约定：甲将其对乙的债权转让给丁，并通知了乙；甲与丙约定：丙将10万元债权归还到戊处。则甲对乙的债权转让给了丁，丁成为乙的债权人，甲从债权债务关系中退出；甲对丙的债权并没有转让给戊，甲仍然是丙的债权人，戊只是接受债务人丙的履行的第三人。

三、债务承担

债务承担，是指债务人将其债务转让给第三人的行为。此时，债务人也称为让与人，第三人也称为受让人、新债务人。就法考而言，考生应重点掌握债务承担的分类、构成要件与法律后果。

（一）债务承担的分类

债务承担，以承担后原债务人是否免责为标准，区分为免责的债务承担和并存的债务承担。

1.免责的债务承担。

免责的债务承担是指债务人将其债务转让给第三人承担，就转让给第三人的债务，原债务人免除责任。其效力表现为，原债务人不再对所转让的债务承担责任（免责），第三人成为新的债务人，对所承担的债务负责。此种情况下，应经过债权人的同意。

2.并存的债务承担。

并存的债务承担是指原债务人并不免除债务，第三人加入债的关系，与原债务人一起对债权人承担连带清偿责任。这里需要注意的是，在并存的债务承担中，由于原债务人没有脱离债的关系，对债权人的债权实现并不会产生不利影响，因此此类债务承担，原则上无需债权人的同意。

（二）债务承担的构成要件

1.须存在合法有效的债务。

2.被转移的债务具有可移转性。

前文所述的不可让与的债权，其所对应的债务，也不可移转给他人。考生可以将二者结合起来进行记忆。

3.须当事人之间达成债务移转的合意。

4.须经过债权人同意。

这是针对免责的债务承担而言的，对于并存的债务承担，无需债权人的同意。

（三）债务承担的法律后果

1.债务全部转移的，新债务人将代替原债务人而成为当事人，原债务人将退出债权债务关系。但是，在并存的债务承担中，债务人不退出债权债务关系，而是与第三人承担连带清偿责任。

2.债务转移后，让与人（原债务人）对债权人的抗辩权，受让人（新债务人）可以继续主张。

3.诉讼时效会发生中断的后果。债务承担情形下，诉讼时效从债务承担意思表示到达债权人之日起中断。

实例：张某从宋某处购得一二手房，尚有20万元的房款未支付，该债权的诉讼时效期间只剩半年，此时，张某将该债务转让给高某，并将该债务承担协议于6月8日邮寄给宋某，宋某于6月20日收到该债务承担协议，6月23日宋某通知张某，不同意该债务承担。该债务承担虽未取得宋某的同意，但依然发生中断的效力，从6月21日起重新计算宋某对张某债权的诉讼时效。

最后提醒考生注意的是：债务承担和由第三人履行存在区别，考试时不可混淆。债务承担的协议一旦达成并经过债权人的同意，此法律关系中的债务人就发生了变化。而由第三人履行（又称为第三人代为履行或第三人代为清偿）中，债务人并没有发生变化，当第三人不履行时，依然由原来的债务人承担违约责任。因此，二者区别的关键，是看当事人之间所签协议的内容，如果是债务人与第三人约定转让债务，则为债务承担；如果是债权人和债务人约定由第三人向债权人履行，则为由第三人履行。

实例比较：

实例1： 张某欠李某5000元，双方约定由王某每月代张某向李某偿还债务1000元，期限5个月。后王某反悔，拒绝向李某继续履行。此处为由第三人履行，王某不履行义务，只能由张某承担违约责任。

实例2： 张某欠李某5000元，张某和李某约定由陈某偿还该笔债务，并经过了陈某同意。此处为免责的债务承担，债务由陈某偿还，张某免责。

四、债的概括承受

债的概括承受，指由原债权债务的当事人一方将其债权债务一并转移给第三人，由第三人概括承受这些债权债务，从而成为债权债务的当事人。考生可以简单理解为：在双方当事人互相享有债权、互相承担债务的情况下，一方当事人将其债权债务全部转移给第三人。

债的概括承受，因与其他制度密切相关，所以法考较少对其单独进行命题，考生掌握如下内容即可：

（一）意定概括承受

意定概括承受，指债的一方当事人和第三人签订合同，将其债权债务一并转让给第三人，又称为合同承受。

合同承受必须经对方当事人的同意才能生效。因为合同承受不仅包括债权的让与，还包括债务的承担，所以必须经过对方的同意。

实例： 甲从乙处购买一批电脑，价值10万元。双方签订了买卖合同。甲在该合同中享有的债权是有权请求乙交付电脑，甲的义务是应付价款10万元。后甲与丙签订协议，将其债权债务一并转移给丙，则丙享有请求乙交付电脑的权利，同时承担付款10万元的义务。

（二）法定概括承受

法定概括承受，指依照法律的规定，在发生法定情形时，债的一方当事人的债权债务自动转移给第三人。具体包括：

1.企业的合并与分立。

企业合并的，合并前各企业的债权债务由合并后的企业享有和承担；企业分立的，分立前企业的债权债务由分立后的各企业享有和承担，而且承担的是连带责任。

2.租赁物所有权变动。

租赁物在租赁期间所有权发生变动的，新所有权人承受了原所有权人（出租人）的法律地位，享有出租人的权利，承担出租人的义务。

经典考题： 甲经乙公司股东丙介绍购买乙公司矿粉，甲依约预付了100万元货款，乙公司仅交付部分矿粉，经结算欠甲50万元货款。乙公司与丙商议，由乙公司和丙以欠款人的身份向甲出具欠条。其后，乙公司未按期支付。关于丙在欠条上签名的行为，下

列哪一选项是正确的？（2017年卷三第9题，单选）[①]

A.构成第三人代为清偿　　　　　B.构成免责的债务承担

C.构成并存的债务承担　　　　　D.构成无因管理

归纳总结　合同的变更和转让

合同的变更	①约定变更，核心思想是当事人自愿修改合同内容或签订补充协议。合同变更后，当事人的债权债务以变更后的合同为准；如果变更前一方违约的，则变更后，非违约方有权向违约方主张违约责任 ②适用情势变更，必须符合以下条件：合同成立时赖以存在的客观情况发生了重大变化；客观情况的变化发生在合同成立之后，履行完毕之前；客观情况变化后，如果继续按照原来的约定履行对于一方当事人明显不公或不能实现合同目的
债权让与	①债权让与，应满足如下条件：须存在有效的债权；让与人与受让人达成债权转让的合意、转让的债权应具有可让与性 ②债权让与，对内，债权由让与人转让给受让人，从权利也一并转让；对外，债务人收到让与通知后，只能向受让人履行债务；债务人的抗辩权不减少；诉讼时效从债权转让的通知到达债务人之日起中断
债务承担	①债务承担分为免责的债务承担和并存的债务承担，前者，债务人从债的关系中退出；后者，债务人不退出，第三人加入债的关系，和债务人一起承担连带责任 ②债务承担，应满足如下条件：须存在合法有效的债务；被转移的债务具有可移转性；须当事人之间达成债务移转的合意；须经过债权人同意（该条件仅针对免责的债务承担） ③债务承担，原债务人对债权人的抗辩权，新债务人可以继续主张；诉讼时效从债务承担意思表示到达债权人之日起中断
债的概括承受	①债的概括承受是指债权债务一并转移给第三人，是债权让与、债务承担的合体 ②债的概括承受包括意定概括承受和法定概括承受，前者通过签订合同将债权债务一并转移给第三人，后者按照法律规定将债权债务一并转移给第三人

[①]【答案】C。本题考查债务承担、第三人代为清偿、无因管理。A选项，本案的核心情节是乙公司欠甲50万元货款，"乙公司与丙商议，由乙公司和丙以欠款人的身份向甲出具欠条"，既然丙是以欠款人的身份出具欠条，表明丙的法律地位是债务人，因此，这就不是第三人代为清偿了。因为第三人代为清偿中，第三人并不是债的当事人。同时，债务人乙公司自己并没有退出，即债务人由原先的乙公司变成了乙公司和丙两个债务人，因此是并存的债务承担。该选项错误。B、C选项，如上分析，本案应属于并存的债务承担而不是免责的债务承担，B选项错误，C选项正确。D选项，既然丙自愿加入债务，成为新的债务人，其就有义务履行其债务，因此就不是无因管理了。因为，无因管理，是当事人无义务而管理他人事务。本题如果出现失误，主要原因是对基本概念把握得不够牢固。第三人代为清偿中，第三人并不成为债的当事人；债务承担中，第三人将成为债的当事人，其中免责的债务承担，债务人要退出，并存的债务承担，债务人并不退出，而是第三人加入进来，和其一起承担责任。综上，本题正确选项为C。

第二节　合同的终止

命题点拨

　　合同终止的具体原因，属于常考知识点，其中重点考查的是解除和清偿，考生要作为重点把握。抵销、提存这两项制度，近年来不再单独命题，而通常与其他制度结合在一起考查，考生将其基本原理掌握即可。"免除"和"混同"近十来年还未曾考查，仅简要了解即可。

一、解除

（一）内涵理解

　　合同的解除，是指消灭当事人在合同中的权利和义务。

　　理解这一概念，可以从如下几方面进行：

　　1.既然合同解除的目的是为了消灭当事人在合同中的权利和义务，那么合同解除以后，就不存在双方当事人继续履行合同的问题了。如甲、乙约定，将电脑出售给乙，乙支付价款1万元。后该合同被双方协商解除，则甲无须将电脑交付给乙，乙无须再支付价款。

　　2.考试需要特别注意的是，解除只是消灭了基于合同而产生的各种权利义务，但并不是消灭当事人的一切权利和义务。如果因一方的违约而导致对方当事人解除合同的，则解除以后，还可以向违约方主张违约责任。

　　3.当事人签订合同后，就产生了法律效力，这就意味着不能随便解除合同。那么，解除合同究竟需要什么条件呢？这构成了法考命题的重点，也是接下来重点阐述的问题。

（二）解除的事由

　　1.协议解除。

　　即合同签订后，双方当事人经过共同协商，又将该合同予以解除。这体现了民法的意思自治原则。

　　2.单方解除。

　　即合同签订后，由一方当事人将合同解除。此种情形下，必须符合约定或法定的解除条件。而一旦符合这些解除条件，由一方当事人即可解除合同，无须与对方协商。因此，考生务必记住：合同单方解除权属于形成权。

　　当事人究竟在什么条件下可以单方解除合同？这就需要考生反复记忆如下解除的条件：

　　（1）约定单方解除。

　　即当事人约定了解除合同的事由，事由出现时一方即可解除合同。如甲、乙约定，乙在签订合同后三天内支付30万元，否则甲可以解除合同。后乙在三天内只支付了20万元，则甲就可以解除双方之间的合同了。

　　（2）法定单方解除。

　　即符合法律规定的特定情形，一方当事人即可解除合同。需要考生掌握的特定情形主要包括：

①因不可抗力导致合同目的不能实现。如买卖合同中双方交易的标的物因地震灭失了，则任何一方均可单方决定解除合同。

②因当事人的违约行为导致合同目的不能实现。这是法考中最常考的解除事由。如买卖合同中，卖方出现一物二卖，其将标的物的所有权转移给了其中一个买方，那么其对另一个买方就会构成违约，另一个买方就可以卖方的违约行为导致其合同目的不能实现而主张解除合同。

③在某些特定场合之下，法律允许当事人在毫无理由的情况下就可以单方解除合同，这种情况称之为任意解除权。这些特定场合主要有：

A.在继续性合同中，如果其内容是不定期的，则当事人可以随时解除合同。常考的类型包括不定期租赁合同、不定期物业合同、不定期合伙合同。对此，本书专题十一第二节已有所阐述，后面章节中也会学到这些合同。

B.承揽合同中，承揽人完成工作前，定作人可以随时解除合同。

C.货运合同中，承运人将货物交付收货人之前，托运人可以随时解除合同。

D.保管合同中，寄存人可以随时解除合同；如果保管期间没有约定或者约定不明确的，保管人也可以随时解除合同。

E.委托合同中，双方当事人均可以随时解除合同。

（三）解除权的行使期限

自解除权人知道或者应当知道解除事由之日起1年内不行使，或者经对方催告后在合理期限内不行使的，解除权消灭，即不能再主张解除合同。

（四）解除的程序

考生需要掌握如下两种情形：

1.以通知方式解除合同的，合同自通知到达对方时解除；通知中载明债务人在一定期限内不履行债务则合同自动解除，债务人在该期限内未履行债务的，合同自通知载明的期限届满时解除。

2.以提起诉讼或者申请仲裁的方式解除的，人民法院或者仲裁机构确认当事人的解除主张，合同自起诉状副本或者仲裁申请书副本送达对方时解除。

提醒考生注意的是：当事人行使单方解除权，对方可提出异议，异议期间依当事人约定，无约定的，为解除合同通知到达之日起90日内。异议是否成立，由法院审查。

（五）解除的效力

1.合同解除后，尚未履行的，终止履行；已经履行的，根据履行情况和合同性质，当事人可以请求恢复原状或者采取其他补救措施，并有权请求赔偿损失。

2.合同因对方的违约解除的，解除权人在解除合同的同时，还可以请求违约方承担违约责任，但是当事人另有约定的除外。这就意味着，因一方的违约行为，对方会获得两个权利：一是解除合同；二是主张违约责任。请考生记住：解除合同与请求对方承担违约责任是可以并用的。

3.主合同解除后，担保人对债务人应当承担的民事责任仍应当承担担保责任，但是担保合同另有约定的除外。这就意味着，主合同虽然解除了，但担保人应当承担的担保责任并不必然会消灭，如果债务人有债务尚未履行的，担保人根据当初担保合同的约定，该承担担保责任的，仍然要承担担保责任。

二、清偿

（一）内涵理解

清偿，指依债务本旨而履行债务的行为。考生可以将其通俗地将其理解为"还债"。近年来，法考重点关注几种特殊的清偿制度，下文逐一阐述。

（二）代为清偿

1.概念。

代为清偿，又称第三人代为清偿，是指第三人代替债务人向债权人进行清偿。

实例： 张某欠李某5000元，双方约定由王某代张某向李某偿还债务5000元。王某还款后，张某与李某之间的债务消灭。

2.法律后果。

（1）第三人代为清偿后，债权人与债务人之间的债权债务关系因第三人的清偿而消灭。

（2）第三人在法律地位上只是代替债务人履行债务，而不是新的债务人，因此，其和债权人之间并不存在债权债务关系。因此，代为清偿制度十分特殊，一方面，第三人并不是债权债务的当事人，另一方面，其履行能导致债权归于消灭。这是因为，就债权人而言，不论谁向其清偿，其债权均获得了实现，债权实现后，债权便应该归于消灭。

（3）第三人可否向债务人追偿，则应视具体情况而定：

①若第三人基于赠与合同代为清偿的，则第三人对债务人不享有追偿权。所谓"基于赠与合同"，是说第三人代为清偿的目的，是为了将履行的利益赠与债务人，既然有赠与债务人的目的，就不能向债务人追偿了。

②若第三人基于委托合同代为清偿的，则第三人可以基于委托合同向债务人追偿。

③若第三人基于其他原因代为清偿的，则第三人可以基于不当得利或无因管理向债务人追偿。

（三）代物清偿

1.概念。

代物清偿，也称以物抵债，指债务人以他种给付代替其所负担的给付，从而使债消灭。考生可以通俗地理解为：用一个物代替另一个物来清偿。其中最常见的，就是用物代替钱来还债。对此，本书专题十第二节曾有提及。

实例： 甲欠乙10万元，到期后，甲和乙商量，用自己的一部汽车来还债，乙同意，甲将汽车交付给乙。这就是代物清偿，即以汽车代替钱来还债。

2.代物清偿的构成要件：

（1）须有合法债务存在；

（2）须以他种给付替代原来的给付；

（3）须取得债权人同意；

（4）须完成他种给付的履行行为。

以上诸条件中，在法考中最为重要的是第四个条件，请考生牢记：只有完成了履行行为，才能发生代物清偿的法律效果。所谓完成履行行为，对动产而言是交付；对不动产而言是登记。

3.代物清偿的法律效果：

（1）在债务人完成他种给付之后，以原定给付为内容的债务因代物清偿而消灭。

（2）在债务人完成他种给付之前，其可以向债权人提出仍然按原定给付履行债务。这是因为，在债务人未完成他种给付之前，以原定给付为内容的债务并未消灭，故债务人可以在完成他种给付之前反悔，而提出继续按原定给付履行债务。

（3）若代物清偿协议被解除、被撤销或无效，则不能发生代物清偿的效果，即原债务不消灭。

（4）如果用于代物清偿的他种给付的标的物具有瑕疵时，则适用瑕疵担保责任的规定。具体而言，应分两种情况处理：

①如果原债务中，债权人曾向债务人付出对价，则代物清偿的标的物出现瑕疵时，债务人应承担瑕疵担保责任，即债权人可以就标的物的瑕疵向债务人主张违约责任。

②如果原债务中，债权人并未向债务人付出对价，则代物清偿的标的物出现瑕疵时，债务人无须承担瑕疵担保责任，即债权人不能就标的物的瑕疵向债务人主张违约责任。例外的是，如果债务人故意不告知瑕疵或保证无瑕疵的，则标的物出现瑕疵时，债务人仍然应承担瑕疵担保责任。

请考生通过比较以下实例进行理解：

实例1：甲从乙处借款10万元，到期后，甲和乙商量，用自己的一部汽车来还债，乙同意，甲将汽车交付给乙。后乙发现该汽车质量存在问题，则乙可以请求甲承担违约责任。这是因为，甲、乙之间是借款合同，乙曾借10万元给甲，甲的代物清偿出现瑕疵，将损害乙的利益，故乙可以就此向甲主张违约责任。

实例2：甲、乙达成赠与合同，甲自愿在一个月后赠与乙10万元。到期后，甲和乙商量，用其一部汽车代替钱来进行赠与，乙同意，甲将汽车交付给乙。后乙发现该汽车质量存在问题，则乙不可以请求甲承担违约责任。这是因为，甲、乙之间是赠与合同，乙作为受赠人，并未因赠与支付对价，甲的代物清偿即使出现瑕疵，乙也没有遭受损害，故乙不能就此向甲主张违约责任。

（四）清偿抵充

1.概念。

清偿抵充，是指债务人对同一债权人负担的数项债务种类相同，债务人的给付不足以清偿全部债务的，应优先清偿哪一笔债务的问题。

2.清偿抵充的具体规则。

在清偿抵充的情况下，应优先清偿哪一笔债务，按如下规则确定：

（1）由债务人在清偿时 指定 其履行的债务。

（2）债务人未作指定的，应当优先清偿 已经到期 的债务。

（3）债务均到期的，优先清偿对债权人缺乏担保或者担保最少的债务。

（4）均无担保或者担保相等的，优先清偿债务人负担较重的债务。

（5）负担相同的，按照债务到期的先后顺序清偿。

（6）到期时间相同的，按照债务比例清偿。

实例： 胡某于2016年3月10日向李某借款100万元，期限3年。2019年3月30日，双方商议再借100万元，期限3年。两笔借款均先后由王某保证，未约定保证方式和保证期间。李某未向胡某和王某催讨。胡某仅于2020年2月归还借款100万元，胡某未指定清偿哪一笔。胡某归还的100万元应为哪笔借款？

结论： 应为2016年的借款，因为其先到期，而2019年的借款，在胡某2020年归还时，尚未到期。

三、抵销

（一）内涵理解

抵销，指双方当事人互负债务，可以其债务与对方的债务按对等数额使其相互消灭的意思表示。抵销人的债权，称为主动债权（自动债权、能动债权或抵销债权）。被抵销的债权，称为被动债权（受动债权）。考生可以通俗地理解为：双方互相欠钱，可以相互抵销。

当事人主张抵销时，一种是按照法律规定进行抵销，简称法定抵销；一种是当事人自愿约定互相抵销，称为合意抵销。以下分别阐述。

（二）法定抵销

1.法定抵销的要件。

（1）须二人互负债务。

（2）双方债务的给付种类、品质相同。

（3）须主动债权已届清偿期。至于被动债权，则没有已经到期的要求。

（4）双方的债务都不属于不能抵销的债务。不能抵销的债务包括：

①依照法律规定不得抵销。例如，保留给被执行人及其所扶养家属的生活必需品，相对人不得对之主张抵销。

②依债务的性质不能抵销。包括：

A.因侵权行为所负的债务，债务人不得以其债权为抵销。

B.超过诉讼时效期间的债权，不得作为主动债权而主张抵销，但是可以作为被动债权被抵销。

③依约定不能抵销。即当事人约定互相之间不抵销。

2.法定抵销权行使的方法。

当事人主张抵销的，应当通知对方，通知自到达对方时生效。法定抵销权是形成权，抵销权人抵销时，无须对方当事人的同意。

实例： 甲装修公司欠乙商场货款5万元，乙商场需付甲公司装修费2万元。双方债权均已到期。甲公司欲以装修费充抵货款。甲公司主张抵销，通知乙商场即可，无须经乙商场同意。

3.法定抵销权行使的法律效果。

双方的债权债务在抵销数额内消灭。

（三）合意抵销

当事人互负债务，即使标的物种类、品质不同，或未到清偿期，但经双方协商一致也可以抵销，这便是合意抵销，即由债权人与债务人达成抵销合意（缔结抵销合同）而消灭相互债务。这是民法意思自治原则的体现。

四、提存

（一）内涵理解

提存，是指债务人由于债权人的原因而无法向其交付标的物时，债务人将该标的物交给提存部门而消灭债的制度。提存部门，是指公证机关。

（二）提存的事由

有下列情形之一，难以履行债务的，债务人可以将标的物提存：

1.债权人无正当理由拒绝受领。

2.债权人下落不明。

3.债权人死亡未确定继承人、遗产管理人，或者丧失民事行为能力未确定监护人。

（三）提存的法律后果

考生可以按照债权人、债务人、提存部门三方关系的角度来理解。

1.债务人与债权人之间：

（1）提存成立的，视为债务人在其提存范围内已经交付标的物。

（2）提存物在提存期间产生的孳息，归债权人所有。

（3）提存费用由债权人承担。

（4）标的物毁损、灭失的风险也转移，由债权人负担，但因提存机关过错造成提存物毁损、灭失的，提存机关承担赔偿责任。

2.债务人与提存部门之间：

（1）债务人和提存部门之间可以适用保管合同的规定。

（2）债务人可以凭人民法院的生效裁判或者提存之债已经履行的公证证明取回提存物。

3.债权人与提存部门之间：

（1）债权人可以随时领取提存物。例外的是：债权人对债务人负有到期债务的，在债权人未履行或提供担保前，提存部门根据债务人的要求应当拒绝其领取提存物。

（2）债权人领取提存物的权利，自提存之日起5年内不行使而消灭，提存物扣除提存费用后归国家所有。但是，债权人未履行对债务人的到期债务，或者债权人向提存部门书面表示放弃领取提存物权利的，债务人负担提存费用后有权取回提存物。

实例： 乙在甲提存机构办好提存手续并通知债权人丙后，将2台专业相机、2台天文望远镜交甲提存。后乙另行向丙履行了提存之债，要求取回提存物。但甲机构工作人员在检修自来水管道时因操作不当引起大水，致乙交存的物品严重毁损。该损失如何赔偿？

结论： 由乙向甲主张损害赔偿。理由：

①乙向甲提存机构提存后，甲提存机构有保管义务，因其工作人员失导致提存物严

重损毁误，甲提存机构应承担违约责任，赔偿损失。

②乙提存之后，相当于已经交付，丙可领取提存物。但本案中，乙另行向丙履行了提存之债，乙丙之间的债权债务消灭，故乙有权取回提存物。现提存物毁损，乙有权主张赔偿。

五、免除

免除，是指债权人免除债务人的债务。此种情况下，债权债务归于消灭。

免除，由债权人依自己的意思单方决定，故是单方法律行为。

实例： 张某欠赵某5万元，到期后张某未还。某日赵某买彩票中了10万元，张某在一旁大拍马屁，赵某十分高兴，当着两个朋友的面口头免除了张某的债务。次日，赵某发现彩票遗失，无法兑奖，便后悔免除张某债务，随即找张某要钱，可否获得法律支持？

结论： 不能获得法律支持。赵某免除张某债务的行为为单方法律行为，一经作出便有效，张某的债务已经被免除，不再需要履行该债务。

六、混同

混同，是指债权和债务同归于一人。此种情况下，债权债务归于消灭。

混同最常见的原因，就是企业合并。如甲企业欠乙企业1000万元债务，后甲企业与乙企业合并，则该1000万元债务因混同而消灭。

经典考题： 甲公司与乙公司签订并购协议："甲公司以1亿元收购乙公司在丙公司中51%的股权。若股权过户后，甲公司未支付收购款，则乙公司有权解除并购协议。"后乙公司依约履行，甲公司却分文未付。乙公司向甲公司发送一份经过公证的《通知》："鉴于你公司严重违约，建议双方终止协议，贵方向我方支付违约金；或者由贵方提出解决方案。"3日后，乙公司又向甲公司发送《通报》："鉴于你公司严重违约，我方现终止协议，要求你方依约支付违约金。"下列哪一选项是正确的？（2011年卷三13题，单选）①

A.《通知》送达后，并购协议解除

B.《通报》送达后，并购协议解除

---

① 【答案】B。本题考查合同的解除。A、B两个选项，通过审题发现，《通知》和《通报》的内容存在差异，《通知》的关键词是"建议""或者"，这是以商量的口吻在与对方协商如何处理问题，而《通报》的关键词是"我方现终止协议"，这是直接告知对方如何处理。合同的单方解除权属于形成权，依单方意思表示即可发生法律效力，无须与对方协商，因此，《通知》并不是解除合同的意思表示，《通报》才是为了解除合同，故A选项错误，B选项正确。C选项，一方当事人行使合同解除权，对方可提出异议，异议期间依当事人约定，无约定的，为解除合同通知到达之日起90日内。该选项错误。D选项，本案中解除合同的原因是甲公司未按照约定支付收购款，即是因为甲公司的违约而导致解除合同的，故乙公司在解除合同的同时，可以要求甲公司按照约定支付违约金，该选项错误。本题如果出现失误，主要原因是对合同单方解除权的性质掌握得不够牢固。合同单方解除权属于形成权，依一方意思即可解除。因此，凡是和对方商量的口吻，均不是合同的单方解除。综上，本题正确选项为B。

C.甲公司对乙公司解除并购协议的权利不得提出异议

D.乙公司不能既要求终止协议，又要求甲公司支付违约金

归纳总结 合同的终止

解除	①协议解除：经双方当事人协商而解除合同 ②单方解除 A.单方解除权属于形成权 B.约定单方解除：当事人约定了解除合同的事由，事由出现时一方即可解除合同 C.法定单方解除：发生在因不可抗力导致合同目的不能实现、因当事人的违约行为导致合同目的不能实现以及任意解除权等场合 ③解除合同时，既可以采取通知的方式，也可以通过诉讼或仲裁的方式 ④合同解除后，尚未履行的，终止履行；已经履行的，根据履行情况和合同性质，当事人可以请求恢复原状或者采取其他补救措施，并有权请求赔偿损失；合同因对方的违约解除的，解除合同和违约责任可以并用；主合同解除后，担保人对债务人应当承担的民事责任仍应当承担担保责任，但是担保合同另有约定的除外
清偿	①代为清偿：由第三人代替债务人向债权人进行清偿的行为 ②代物清偿：由债务人用一个物代替另一个物来清偿；在代物清偿中，须完成他种给付的履行行为，债务方消灭 ③清偿抵充：由债务人在清偿时指定其履行的债务；债务人未作指定的，应当优先履行已经到期的债务；债务均到期的，优先履行对债权人缺乏担保或者担保最少的债务；均无担保或者担保相等的，优先履行债务人负担较重的债务；负担相同的，按照债务到期的先后顺序履行；到期时间相同的，按照债务比例履行
抵销	①法定抵销中，须满足二人互负债务、双方债务的给付种类与品质相同、主动债权已届清偿期、双方的债务都不属于不能抵销的债务等条件；法定抵销权为形成权 ②合意抵销中，经双方协商一致即可抵销
提存	①提存事由：A.债权人无正当理由拒绝受领；B.债权人下落不明；C.债权人死亡未确定继承人、遗产管理人，或者丧失民事行为能力未确定监护人 ②提存后，在债务人与债权人之间，视为债务人已经交付标的物；提存物的孳息归债权人所有，提存费用由债权人承担；债务人和提存部门之间可以适用保管合同的规定，债务人可以凭人民法院的生效裁判或者提存之债已经履行的公证证明取回提存物；债权人领取提存物的权利，自提存之日起5年内不行使而消灭，提存物扣除提存费用后原则上归国家所有，例外由债务人取回
免除	债权人免除债务人的债务
混同	债权和债务同归于一人

专题十六　违约行为与违约责任

第一节　违约行为

命题点拨

违约行为及由此引发的违约责任，每年均有考查。因此，本节内容，在法考中极为重要，考生必须掌握好各种违约行为的判断标准，以便判断当事人是否构成违约。无法认定当事人是否构成违约，则无法处理违约责任的题目。

一、违约行为的概念

违约行为，指违反合同义务的行为，这里的合同义务包括当事人在合同中约定的义务，也包括法律直接规定的义务。法考在命题时，主要考查违反了当事人在合同中约定的义务。考生可以简单理解为：违约行为中的"约"，就是指合同。

二、违约行为的具体判断标准

考生必须树立这样的做题思路：只有出现了违约行为，才会承担违约责任。因此，凡是涉及违约责任的题，考生的第一反应应当是先判断该题中当事人是否构成违约，如果构成违约，再进一步解决如何承担违约责任的问题。

1.履行不能

履行不能指债务人在客观上已经没有履行能力。如在提供劳务的合同中，债务人丧失了劳动能力。此种违约形态，法考很少涉及，考生应重点掌握下文所述的违约行为。

2.预期违约

预期违约也称先期违约，是指合同履行期限到来之前，一方明确表示其在履行期到来后将不履行合同，或者其行为表明其在履行期到来后将不履行合同。前者称为明示预期违约，当事人有明确的违约的表示；后者称为默示预期违约，是通过当事人的某种行为来判断的，法考中最常见的命题模式是：买卖合同中，出卖人在合同履行期届至前，又将标的物的所有权转移给第三人（一物二卖），此时，出卖人对买受人实质上构成了预期违约。

3.迟延履行

迟延履行指合同履行期限已经届满，债务人仍未履行债务。其实质，是债务人向后拖延。

4.瑕疵履行

瑕疵履行指债务人虽然履行了债务，但其履行不符合合同的约定。常考的瑕疵履行包括：交付的标的物数量不完全、质量不合格、未履行从给付义务等。

5.加害履行（加害给付）

加害履行指因瑕疵履行，又进一步造成对方其他人身权益或财产权益遭受损失。如出售不合格产品发生爆炸，又进一步导致买受人人身损害。

三、违约行为与根本违约的关系

法考中，不少题目用到"根本违约"的表述。根本违约，是指当事人的违约行为十分严重，严重到致使合同目的不能实现。所谓合同目的不能实现，就是得不到符合合同要求的标的物。反之，如果当事人违约了，但违约的后果不算严重，并没有导致合同目的不能实现，那就是非根本违约。如甲将电脑出卖给乙，甲交付的电脑质量存在问题，无法使用，这就是根本违约；如果甲交付的电脑质量没有任何问题，只是外包装有轻微的磨损，并不影响使用，这就是非根本违约。根本违约与违约行为的关系是什么呢？

对此，考生可以按如下方法区分：违约行为，是对合同当事人是否构成违约的判断标准，即用来判断一个人是不是违约了；根本违约，是对合同当事人违约后是否影响合同目的的判断标准，即用来判断一个人违约是不是很严重。所以，这里的基本思路是：先判断一个人是否构成违约，再判断一个人违约是否严重。如果未构成违约行为，肯定不构成根本违约；如果构成违约行为，也未必就是根本违约，因为也有可能违约不是很严重。

经典考题： 张某与李某共有一台机器，各占50%份额。双方共同将机器转卖获得10万元，约定张某和李某分别享有6万元和4万元。同时约定该10万元暂存李某账户，由其在3个月后返还给张某6万元。后该账户全部款项均被李某债权人王某申请法院查封并执行，致李某不能按期返还张某款项。下列哪一表述是正确的？（2014年卷三第6题，单选）①

A.李某构成违约，张某可请求李某返还5万元

B.李某构成违约，张某可请求李某返还6万元

C.李某构成侵权，张某可请求李某返还5万元

D.李某构成侵权，张某可请求李某返还6万元

---

① 【答案】B。本题考查违约责任。A选项，根据题意，张某和李某达成协议，就机器所得10万元，"约定张某和李某分别享有6万元和4万元"，该10万元暂存李某账户，由李某在3个月后交给张某6万元。现李某的账户因其债权人王某申请法院查封并执行而导致李某不能按期返还张某6万元，李某构成迟延履行，属于违约。李某的违约是由于王某的行为引起的，但根据合同的相对性，仍然应由李某承担违约责任。根据当事人的约定，张某可请求李某返还6万元，故该选项错误。B选项，根据上述分析，该选项正确。C、D选项，均将李某的行为认定为构成侵权，然而，李某并没有对张某实施任何的侵权行为，其只是违反了与张某的约定而已，故只是构成违约，不构成侵权。这两个选项均是错误的。本题如果出现失误，主要原因是对合同的相对性把握得不够牢固。本案中，李某的违约是由于第三人的原因引起的，但在承担违约责任时，仍然要维持合同的相对性，由李某向张某承担违约责任。综上，本题正确选项为B。

归纳总结	违约行为

违约行为的 判断标准	①履行不能：债务人在客观上已经没有履行能力 ②预期违约：合同履行期限到来之前，一方明确表示或通过其行为表明其在履行期到来后将不履行合同 ③迟延履行：合同履行期限已经届满，债务人仍未履行债务 ④瑕疵履行：债务人虽然履行了债务，但其履行不符合合同约定 ⑤加害履行：因瑕疵履行，又进一步造成对方其他人身权益或财产权益遭受损失
违约行为与根本 违约的关系	违约行为，是用来判断合同当事人是否构成违约；根本违约，是在合同当事人已经违约后，用来判断其违约后果是否影响合同目的

第二节　违约责任

命题点拨

违约责任在法考中的命题思路是：一种是直接命题，包括客观题、主观题中均会命题；另一种是在考查其他知识点时有时涉及。考生应掌握各种违约责任的具体适用规则，其中重点要掌握继续履行和违约金的适用。此外，违约责任与精神损害赔偿、债权人拒绝受领和受领迟延，属于《民法典》中新增的考点，考生也要特别重视。

一、违约责任的产生

违约责任的产生，必须符合两个基本条件：一是有违约行为；二是合同本身是有效的。关于违约行为的判断，本专题上一节已有阐述。此处重点阐释合同本身有效的问题。

考生应当明确：合同是否有效，是区别违约责任和缔约过失责任的关键。以下以实例进行说明：

实例： 甲以质量不合格的电脑冒充合格的电脑卖给乙。乙事后方知实情。

问题1：如果乙撤销了该合同，乙欲向甲主张责任，则应主张哪种责任？

问题2：如果乙不撤销该合同，乙欲向甲主张责任，则应主张哪种责任？

结论：

就问题1，乙应主张缔约过失责任。这是因为，合同已经被乙撤销了，合同撤销之后，处于无效状态，而甲在缔约过程中有过错（欺诈），故应承担缔约过失责任。

就问题2，乙应主张违约责任。这是因为，乙不撤销该合同，则意味着合同仍然有效，但甲交付的电脑质量是不合格的，构成违约（瑕疵履行），故应承担违约责任。

请考生掌握如下做题方法：违约责任以合同关系有效为前提，以当事人违约为发生的原因；缔约过失责任以合同不成立、无效或被撤销为前提，以当事人存在恶意磋商、订约欺诈或其他违背诚信原则的行为为发生的原因。

二、违约责任的具体承担

（一）继续履行

1.内涵理解

继续履行，又称强制履行，指违约方不履行合同时，由法院强制违约方继续履行合同中所约定的义务。

理解这一概念，考生需要注意的是：在一方当事人违约的情况下，如果守约方不请求违约方继续履行，而是直接将合同解除，则解除合同后不能再主张继续履行。这是因为，合同一旦被解除，基于合同产生的权利义务就会消灭，故就不存在继续履行的问题了。此种情形下，守约方就只能主张继续履行之外的其他形式的违约责任。

2.不能主张继续履行的情形

下列情形守约方不能请求违约方继续履行（强制履行）：

（1）履行不能。

考生应从两个方面进行掌握：

①法律上履行不能，是基于法律的规定而不能履行，如本来可以流通的标的物后来被法律禁止流通。此种情形，法考中最常见的命题模型是：在一物二卖中，如果已经将标的物的转移给其中一个买受人，则另一个买受人就不能再请求卖方继续履行，因为卖方已经丧失标的物的所有权。

②事实上履行不能，是基于客观事实而不能履行，如在特定物的买卖中，标的物已经灭失。

考生需要注意的细节是：金钱债务不存在履行不能问题。考生可以通俗地理解为：虽然债务人暂时没有足够的金钱还债，但其仍可以通过继续努力工作来挣钱还债。

实例：甲欠乙10万元，到期无力清偿。乙向法院起诉要求甲继续还款，甲主张自己身无分文，事实上不能履行，故拒绝乙的请求。甲的理由可否成立？

结论：不成立。金钱之债不存在履行不能的问题，乙仍可要求甲继续履行。

（2）债务标的不适于强制履行或履行费用过高。

①债务标的不适于强制履行，主要是指与劳务有关的债务。

实例：甲乙签订合同，约定甲向乙提供家政服务，乙向甲支付了1000元。合同签订后，甲拒绝提供家政服务。乙可否主张继续履行？

结论：不可以。家政服务为专属于人身的债务，不适于强制履行。

考生需要注意的细节是：根据债务的性质不得强制履行的，对方可以请求其负担由第三人替代履行的费用。如在上述实例中，如果乙后来找丙提供了家政服务，并支付报酬1100元，则乙有权向甲追偿该笔钱款。

②履行费用过高，是指标的要强制履行，代价太大。例如，为完成加工合同专门进口设备，花的代价远超合同的收益。

（3）在合理期限内未要求履行。

如果守约方在合理期限内未请求违约方继续履行的，超过合理期限后，就不能再要求其继续履行了。

（二）违约金

1.内涵理解

违约金，是由当事人约定的、在一方违约时需要向另一方当事人支付的金钱。考生可以理解为：因为当事人违约了，所以要支付违约金。

2.违约金的调整规则

（1）约定的违约金低于违约造成的损失的，当事人可以请求人民法院或者仲裁机构予以增加。

（2）约定的违约金过分高于违约造成的损失的，当事人可以请求人民法院或者仲裁机构予以减少。所谓"过分高于造成的损失"，指当事人约定的违约金超过造成损失的30%。

考生须注意如下细节考点：

①上述违约金的调整规则，必须由当事人提出，人民法院或仲裁机构不能主动予以调整。

②当事人约定的违约金超过造成损失的30%，并不意味着超过的30%的部分就是无效的，而是仍然有效，但当事人可以请求人民法院或仲裁机构予以减少。

③如果题目中未提到因违约到底给对方造成多大损失，则考生在处理此类题目时，可以参照合同标的额进行测算，即超过合同标的额30%的，视为过高。

3.违约金的具体适用

（1）违约金与定金。

当事人既约定违约金，又约定定金的，一方违约时，守约方只能选择适用违约金或者定金条款，即二选一。结合定金罚则，考生应明确如下细节：

①交付定金方违约的，收受定金方要么主张保留定金，要么主张其支付违约金，而不能既主张保留定金，也要求其支付违约金。

②收受定金方违约时，交付定金方有如下保护措施供选择：A.要求收受定金方双倍返还定金，或者支付违约金；B.要求收受定金方单倍返还定金（即原数返还），同时支付违约金。在后一种情形下，要求收受定金方单倍返还定金，意味着并没有适用定金条款（因为定金罚则是收受定金方双倍返还定金），故可以同时要求其支付违约金。

（2）违约金与损害赔偿金。

两者不可以并用，即守约方也只能二选一。

需要考生注意的是：定金与损害赔偿金是可以并用的。

实例： 甲公司与乙公司签订了一份买卖合同，约定：甲公司供给乙公司某种设备，总价值200万元，乙公司支付定金20万元，任何一方违约应向对方支付合同总价款30%的违约金。甲公司未按约定期间交货。乙公司可否请求甲公司既双倍返还定金，同时也支付违约金？

结论： 不可以。本案中，当事人既约定违约金，又约定定金的，一方违约时，对方可以选择适用违约金或者定金条款，故乙公司在请求甲公司双倍返还定金或者支付违约金中只能选择其一。

（3）违约金与继续履行。

违约金与继续履行可以并用，但仅限于债务人构成迟延履行的情形下。因此，如果债务人是其他违约行为，则债权人不能主张同时适用违约金和继续履行。

（三）赔偿损失

1.赔偿损失的范围

包括实际损失和可得利益的损失两部分，均可以请求违约方予以赔偿。

（1）实际损失，指因违约行为遭受的各种直接的损失。

（2）可得利益的损失，主要指利润的损失，即如果合同能正常履行，可以获得的利益。

2.赔偿损失的限制

所谓赔偿损失的限制，是指在符合特定的条件时，违约方不用就全部损失进行赔偿，而可以少赔偿一些。这些特定条件是：

（1）可预见规则。

可预见规则指赔偿损失时，不得超过违约一方订立合同时预见到或者应当预见到的因违约可能造成的损失。

（2）与有过失规则。

与有过失规则又称过失相抵规则，指就损害的发生或扩大，对方也有过失的，可以减轻或免除违约方的赔偿责任。

（3）减轻损失规则。

减轻损失规则指当事人一方违约后，对方应当采取适当措施防止损失的扩大；没有采取适当措施致使损失扩大的，不得就扩大的损失要求赔偿。当事人因防止损失扩大而支出的合理费用，由违约方承担。

（4）损益相抵规则。

损益相抵规则指守约方基于对方的违约，获得了某种利益，则在赔偿损失时，应将这部分利益扣除。

需要说明的是，以上这些规则，整体上较为抽象，在法考中不会直接让考生计算到底赔偿多少钱，而是要求考生掌握什么情况下可以主张少赔一点，这时，就要用到上述规则。

3.关于惩罚性损害赔偿

惩罚性损害赔偿，是指在违约方已经就损失赔偿之后，另行再要求赔偿一次。合同法中的惩罚性赔偿，主要规定在原《商品房买卖合同解释》第8、9、14条。《民法典》出台后，最高人民法院在对该司法解释进行修订时，将上述关于惩罚性赔偿的规定全部予以删除，即不再具有法律效力。因此，法考关于违约责任的题目，不会再考查惩罚性赔偿问题了。

《民法典》中涉及惩罚性赔偿的，还有侵权责任中的惩罚性赔偿，对此，本书将在专题二十四进行阐述。在《民法典》之外，其他法律中还存在惩罚性赔偿的规定，请考生注意掌握：

一是《消费者权益保护法》第55条的规定：（1）经营者提供商品或者服务有欺诈行为的，应当按照消费者的要求增加赔偿其受到的损失，增加赔偿的金额为消费者购买商品的价款或者接受服务的费用的三倍；增加赔偿的金额不足五百元的，为五百元；（2）经营者明知商品或者服务存在缺陷，仍然向消费者提供，造成消费者或者其他受害人死亡或者健康严重损害的，受害人有权要求经营者依法就其损失进行赔偿，并有权要求所受损失二倍以下的惩罚性赔偿。

二是《食品安全法》第148条第2款的规定：生产不符合食品安全标准的食品或者经营明知是不符合食品安全标准的食品，消费者除要求赔偿损失外，还可以向生产者或者经营者要求支付价款十倍或者损失三倍的赔偿金；增加赔偿的金额不足一千元的，为一千元。但是，如果是食品的标签、说明书存在瑕疵，但这种瑕疵不影响食品安全且不会对消费者造成误导的，消费者不能基于此瑕疵主张惩罚性赔偿。

（四）采取补救措施

采取补救措施，指采取措施消除履行中存在的瑕疵，具体包括请求违约方修理、重作、更换、退货、减少价款或报酬等。如卖方交付的标的物不符合原质量要求，但仍可以使用的，买方决定接受该标的物，则其在接受该标的物的同时，可以主张减少价款。

三、违约责任的减免事由

（一）不可抗力

当事人一方因不可抗力不能履行合同的，不承担违约责任，但是法律另有规定的除外。因不可抗力不能履行合同的，应当及时通知对方，以减轻可能给对方造成的损失。

所谓法律另有规定，主要是指当事人先有迟延履行的违约行为，而后发生不可抗力导致标的物灭失的，当事人仍然应承担违约责任，而不能以不可抗力主张免责。

（二）免责条款

当事人可以通过事先约定免责条款来免除一方或者双方的责任。这种约定因为符合民法的意思自治理念，故一般情况下是有效的。但以下两种情况下免责条款无效：（1）造成对方人身损害的；（2）因故意或者重大过失造成对方财产损失的。对此，本书专题十二第二节已有阐述。

四、违约责任与侵权责任的竞合

在加害履行的情况下，一方面当事人有违约行为，另一方面又同时造成对方人身权益或财产权益遭受损失，前者产生违约责任，后者产生侵权责任。对此，受损害方有权选择请求其承担违约责任或者侵权责任。需要考生注意的是只能"二选一"，而不能同时主张。

实例：王某买票乘坐某运输公司的长途车，开车司机为钱某。长途车行驶中与朱某驾驶的车辆相撞，致使王某受伤。经交警认定，钱某对交通事故负全部责任。王某如何主张责任？

结论：王某可以向运输公司主张违约责任，或主张侵权责任。一方面，运输公司没有将王某安全运到目的地，构成违约；另一方面，又造成王某受伤，构成侵权。王某可以在违约责任与侵权责任中选择其一。

五、违约责任与精神损害赔偿

按照《民法典》的规定，在特定情况下，当事人主张违约责任时，也可以主张精神损害赔偿。而在《民法典》之前，主张违约责任，是不可以主张精神损害赔偿的。《民法典》的这一重大变化，需要考生特别掌握。

具体而言，主张违约责任时，主张精神损害赔偿的条件是：（1）违约行为损害了对方的人格权；（2）违约行为造成严重精神损害。

实例：甲在某商场购买电视机一台。后电视机因质量问题发生爆炸，致使甲受到重伤，甲住院数月，精神极度恐慌。

问题1：甲可以向商场主张侵权责任吗？主张侵权责任时，可以主张精神损害赔偿吗？

问题2：甲可以向商场主张违约责任吗？主张违约责任时，可以主张精神损害赔偿吗？

结论：

就问题1，甲可以主张侵权责任，并主张精神损害赔偿。本案中，商场构成加害履行，甲可以选择主张侵权责任。同时，因为甲遭受严重精神损害，故可以主张精神损害赔偿。

就问题2，甲可以主张违约责任，并主张精神损害赔偿。如上分析，商场构成加害履行，故甲可以选择违约责任。同时，甲的人格权（健康权）遭受侵害，并遭受严重精神损害，故在违约责任的同时，也可以主张精神损害赔偿。

六、债权人拒绝受领和受领迟延

债权人拒绝受领，将产生对债务人赔偿的结果；债权人受领迟延，将产生对债权人自身不利的结果。

（一）债权人拒绝受领的后果

债务人按照约定履行债务，债权人无正当理由拒绝受领的，债务人可以请求债权人赔偿增加的费用。注意此处的赔偿范围为"增加"的费用。

（二）债权人受领迟延的后果

在债权人受领迟延期间，债权人不能请求债务人支付迟延期间的利息。

经典考题：甲公司未取得商铺预售许可证，便与李某签订了《商铺认购书》，约定李某支付认购金即可取得商铺优先认购权，商铺正式认购时甲公司应优先通知李某选购。双方还约定了认购面积和房价，但对楼号、房型未作约定。李某依约支付了认购金。甲公司取得预售许可后，未通知李某前来认购，将商铺售罄。关于《商铺认购书》，下列哪一表述是正确的？（2012年卷三10题，单选）[①]

[①]【答案】C。本题考查违约责任、预约合同。A选项，甲公司与李某签订的《商铺认购书》，是对未来购房的约定，属于预约合同。甲公司在未取得商铺预售许可证的情况下即对外销售，本来应当将该预约合同认定为无效，但是，在起诉前取得商品房预售许可证明的，根据民事法律行为无效的补正思想，可以将该合同认定为有效。本案中，甲公司后来取得了预售许可证，故应认定为有效。该选项错误。B选项，如上分析，甲公司与李某签订的《商铺认购书》，属于预约合同，该合同成立且有效，该选项错误。C选项，通过审题发现，根据甲公司、李某签订的《商铺认购书》，甲公司有义务优先通知李某选购其商铺。现甲公司未通知李某前来认购，即将商铺售罄，致使李某无法再购买该商铺，这意味着李某的合同目的不能实现，故甲公司构成根本违约，该选项正确。D选项，由于甲公司已经将商铺全部售罄，甲公司已经没有商铺可以出售，其构成法律上履行不能，故李某不能主张甲公司承担继续履行的违约责任。该选项错误。本题如果出现失误，主要原因是相关知识点没有掌握扎实：一是没有认定出本案中出现了预约合同，且本质上是对未来签订正式合同的约定。二是对根本违约的概念不够熟悉，其是指因当事人的违约行为致使合同目的不能实现。三是对何种情形下不能适用继续履行的违约责任没有全面掌握，本案中甲公司属于法律上履行不能，不适用继续履行这一违约责任。综上，本题正确选项为C。

A. 无效，因甲公司未取得预售许可证即对外销售

B. 不成立，因合同内容不完整

C. 甲公司未履行通知义务，构成根本违约

D. 甲公司须承担继续履行的违约责任

归纳总结　违约责任

违约责任的产生	违约行为 + 合同本身有效
违约责任的具体承担	①继续履行：即请求违约方继续履行合同中所约定的义务。下列情形不适用继续履行：A. 法律上或事实上履行不能；债务标的不适于强制履行或履行费用过高；在合理期限内未要求履行 ②违约金：违约金低于违约造成的损失，或高于违约造成的损失的30%，当事人可以请求人民法院或者仲裁机构予以调整；违约金与定金条款只能二选一；违约金与损害赔偿金只能二选一；违约金与继续履行可以并用，但仅限于债务人构成迟延履行的情形下 ③赔偿损失：损失包括实际损失和可得利益的损失两部分，但受可预见规则、与有过失规则、减轻损失规则、损益相抵规则的限制 ④采取补救措施：请求违约方修理、重作、更换、退货、减少价款或报酬等
违约责任的减免事由	①当事人一方因不可抗力不能履行合同的，不承担违约责任；但当事人迟延履行后发生不可抗力的，仍然应承担违约责任 ②以下两种情况下免责条款无效：A. 造成对方人身损害的；B. 因故意或者重大过失造成对方财产损失的
违约责任与侵权责任的竞合	在加害履行的情况下，会出现违约责任与侵权责任的竞合，此时，受损害方只能选择其一
违约责任与精神损害赔偿	主张违约责任时，符合如下条件可以主张精神损害赔偿：A. 违约行为损害了对方的人格权；B. 违约行为造成严重精神损害
债权人拒绝受领和受领迟延	①债权人无正当理由拒绝受领，应赔偿债务人因此增加的费用 ②债权人受领迟延，不能请求债务人支付迟延期间的利息

专题十七　转移财产所有权的合同

第一节　买卖合同

命题点拨

买卖合同属于每年必考内容，客观题和主观题均会有所涉及。其中，一物多卖、风险负担、保留所有权买卖、分期付款买卖、商品房买卖等问题均是法考中重要的命题来源，要作为重点掌握。

一、买卖合同的概念

买卖合同，是指出卖人转移标的物的所有权于买受人，买受人支付价款的合同。

买卖合同是双务、有偿、诺成、不要式合同。

二、买卖合同中双方当事人的主要义务

（一）出卖人的义务

1.交付标的物的义务

买卖合同中，出卖人应将买卖合同的标的物交付买受人。民法上交付标的物可分为现实交付、观念交付和拟制交付，各种交付的具体含义请参见本书专题七第四节，此不赘述。

2.一物多卖（多重买卖）的处理

（1）不动产的一物多卖。

不动产出现一物多卖，谁最优先获得所有权，以谁最先完成过户登记为准。

（2）动产的一物多卖。

在所有合同均有效的情况下，谁最优先获得所有权，按如下规则处理：

①普通动产：

A.先行受领交付者最优先；

B.均未受领交付，先行支付价款者优先；

C.均未受领交付，也未支付价款，合同成立在先者优先。

②特殊动产：

A.先行受领交付者最优先；

B.均未受领交付，先登记者优先；

C.均未受领交付，也未登记，合同成立在先者优先。

提醒考生注意的是：以上A、B、C的顺序不能记颠倒。

3.瑕疵担保义务

出卖人的瑕疵担保义务分为物的瑕疵担保义务和权利的瑕疵担保义务。

（1）物的瑕疵担保义务。

物的瑕疵担保义务指出卖人交付的标的物应符合合同中关于质量的约定。

如果交付的标的物质量有瑕疵，则构成瑕疵履行，出卖人应承担违约责任。

（2）权利瑕疵担保义务。

权利瑕疵担保义务指出卖人就交付的标的物，要确保其权利没有瑕疵，即出卖人应确保第三人不得向买受人主张任何权利的义务。标的物的权利瑕疵，主要表现是出卖人未告知标的物系无权处分，这样一旦买受人不符合善意取得的条件，该标的物就会被真正权利人主张返还。

标的物存在权利瑕疵时，买受人可以请求出卖人除去该瑕疵，并可请求出卖人承担违约责任。

就出卖人的瑕疵担保义务，需要考生注意的两个细节考点：

①当事人约定减轻或者免除出卖人对标的物瑕疵承担的责任，因出卖人故意或者重大过失不告知买受人标的物瑕疵的，出卖人无权主张减轻或者免除责任。

②在买卖合同订立时，买受人知道或者应当知道第三人对买卖的标的物享有权利的，出卖人不负担权利瑕疵担保义务。

4.交付有关单证和资料的义务

出卖人还应当按照约定或者交易习惯向买受人交付提取标的物单证以外的有关单证和资料。该项义务系出卖人在买卖合同中所负担的从给付义务，出卖人违反的，也应承担违约责任。

（二）买受人的义务

1.支付价款的义务

这是买受人最主要的义务。但该义务过于简单，法考不会进行特别的考查。

2.检验标的物的义务

（1）买受人收到标的物时，有及时检验的义务。

当事人约定检验期限的，买受人应当在约定期限内将标的物的数量或质量不符合约定的情形通知出卖人。买受人怠于通知的，视为标的物的数量或质量符合约定。这就意味着，这种情况下，买受人不能就标的物的数量或质量向出卖人主张违约责任，但如果出卖人知道或者应当知道提供的标的物不符合约定的，不影响买受人主张违约责任。

（2）当事人没有约定期限的，买受人应当在发现或者应当发现标的物数量或质量不符合约定的合理期限内通知出卖人。买受人在合理期限内未通知或者自标的物收到之日起2年内未通知出卖人的，视为标的物数量或质量符合约定。这就意味着，这种情况下，买受人不能就标的物的数量或质量向出卖人主张违约责任，但如果出卖人知道或者应当知道提供的标的物不符合约定的，不影响买受人主张违约责任。

例外：对标的物有质量保证期的，适用质量保证期，不适用上述2年的规定。

实例：2017年3月13日，甲公司与丙公司签订一份买卖合同，甲公司将从乙公司处购买的正在运输途中的1000台A型微波炉出售于丙公司，约定货物质量检验期为货到后

10天内。3月20日，货到丙公司。4月15日，丙公司以部分货物质量不符合约定为由拒付货款，并要求退货。丙公司的主张是否成立？

结论：不成立。本案中，双方当事人在合同中约定了质量检验期限，即到货后10天之内，而丙公司在此期限内并未提出异议，故视为标的物的质量符合要求，丙公司无权要求退货并拒付货款。

（3）出卖人依照买受人的指示向第三人交付标的物，出卖人和买受人约定的检验标准与买受人和第三人约定的检验标准不一致的，以出卖人和买受人约定的检验标准为准。

三、标的物的风险负担

（一）内涵理解

标的物的风险负担，也称标的物风险责任负担，指在买卖合同履行过程中，因不可归责于当事人的事由，致使标的物毁损、灭失的，应由哪一方当事人承担损失的问题。

理解这一概念，考生应把握以下几点：

1.标的物风险负担的问题只存在于买卖合同中，并不适用其他的合同。

2.标的物的毁损、灭失的事由须不可归责于当事人，主要指不可抗力、意外事件（法考中常考泥石流、山洪暴发），若当事人对标的物的毁损、灭失有过错的，则应按照违约或者侵权处理。

3.由当事人承担标的物的风险，并不是在追究其违约责任。因为风险的发生原因是不可归责于当事人，即不可抗力、意外事件；而违约责任的发生原因，则是当事人出现了违约行为。

（二）标的物风险负担的一般规则

标的物毁损、灭失的风险，在标的物交付之前由出卖人承担，交付之后由买受人承担，但是法律另有规定或者当事人另有约定的除外。可见风险负担的移转采用交付主义。

对此，考生需要注意以下内容：

1.这里的交付是指标的物占有的移转，包括现实交付及观念交付。特别要注意的是，观念交付也是交付的表现形式，故买卖双方发生了观念交付，风险也会转移。

2.标的物交付后，风险移转给买方，但如果出卖人交付的标的物质量有瑕疵，出卖人应承担违约责任。这体现了风险负担和违约责任是两种不同的法律制度。考生要牢记：风险由谁承担，取决于有没有交付；违约责任由谁承担，取决于有没有出现违约行为。

3.标的物的风险移转与标的物所有权移转是两个不同的法律制度，考生不可混淆。如不动产买卖，所有权转移需要办理登记，但风险的转移，仍然取决于交付；保留所有权的买卖中，所有权由卖方保留，但标的物已经交付给买方，故风险也已经转移给买方。考生要牢记：风险是风险，所有权是所有权。

实例：房地产开发企业甲急欲销售其开发的某住宅区的最后1套别墅，遂打电话向乙发出售房要约，并声明该要约的有效期为1个月。要约发出后的第21日，甲与乙签订买卖合同并办理了所有权变更登记，但并未交付。第26日，该别墅被地震摧毁。该风险应由谁承担？

结论：该风险应由甲承担。甲乙虽办理了所有权变更登记，别墅归乙所有，但是并未发生交付，故风险仍由甲承担。

（三）标的物风险负担的特殊规则

1.在途货物买卖的风险负担

出卖人出卖交由承运人运输的在途货物，除当事人另有约定外，毁损、灭失的风险自买卖合同成立时起由买受人承担。

需要考生注意的细节是：出卖人出卖交由承运人运输的在途标的物，在合同成立时已经知道或者应当知道标的物已经毁损、灭失却未告知买受人，则风险由出卖人承担。

2.货交承运人的风险负担

出卖人按照约定将标的物运送至买受人指定地点并交付给承运人后，标的物毁损、灭失的风险由买受人承担。此种规则，被称为货交承运人规则，适用于当事人对标的物交付地点有明确约定的场合。

考生需要注意的细节是：对于当事人没有约定交付地点或者约定不明确且标的物需要运输的，则出卖人将标的物交付给第一承运人后，标的物毁损、灭失的风险由买受人承担。

3.未交付单证的风险负担

出卖人按照约定未交付有关标的物的单证和资料的，不影响标的物毁损、灭失风险的转移。即出卖人未按照约定交付提取标的物的单证和资料，但只要交付了标的物，仍发生风险负担的转移，由买受人承担风险。

4.买受人受领迟延的风险负担

因买受人的原因致使标的物未按照约定的期限交付的，买受人应当自违反约定时起承担标的物毁损、灭失的风险。

5.买受人迟延提货的风险负担

出卖人按照约定或者法律的规定将标的物置于交付地点，买受人违反约定没有收取的，标的物毁损、灭失的风险自违反约定时起由买受人承担。

6.出卖人根本违约的风险负担

因标的物不符合质量要求，致使不能实现合同目的的，买受人可以拒绝接受标的物或者解除合同。买受人拒绝接受标的物或者解除合同的，标的物毁损、灭失的风险由出卖人承担。

四、标的物所生孳息的归属

标的物于合同订立后所生孳息的归属问题，也采取交付主义，即标的物在交付前产生的孳息，归出卖人所有；标的物交付后产生的孳息，归买受人所有。合同另有约定的，依其约定。

五、特种买卖合同

（一）保留所有权买卖

1.内涵理解

保留所有权买卖，指当事人约定出卖人先行交付标的物，买受人未支付完全部价款前，标的物的所有权仍归出卖人所有。保留所有权的买卖中，标的物自买受人支付完全部价款时，所有权才发生转移，而不是自交付时转移。

实例： 商场出售一批价格比较高的豆浆机，为了促销，商场决定可以分期支付，付款10%以后，可以将豆浆机现实交付给消费者进行使用。同时商场又与消费者约定，在剩余价款没有付清之前，豆浆机的所有权仍归商场所有。此买卖为保留所有权买卖，虽然已经交付但所有权并未发生转移。

2.主要考点

（1）适用范围。

所有权保留买卖只适用于动产，不适用于不动产。

（2）出卖人的取回权及例外：

当事人约定所有权保留，在标的物所有权移转前，买受人具有下列情形之一，对出卖人造成损害的，出卖人可以取回标的物：

①未按约定支付价款，经催告后在合理期限内仍未支付；

②未按约定完成特定条件；

③将标的物出卖、出质或者作出其他不当处分。

需要考生注意的细节是，以下两种情况下，出卖人不能主张取回权：

①买受人已经支付标的物总价款的75%以上的，出卖人不得取回标的物。

②如果买受人将标的物出卖给第三人，且第三人已经善意取得的情况下，出卖人也不得主张取回标的物。

（3）买受人的赎回权。

出卖人根据上述规定取回标的物后，买受人在双方约定或者出卖人指定的合理赎回期间内，消除出卖人取回标的物的事由，则可以主张赎回标的物。

（4）所有权保留的登记对抗问题。

出卖人对标的物保留的所有权，未经登记，不得对抗善意第三人。对该规定，应作如下理解：如果买受人将标的物出卖给善意第三人，出卖人可否向第三人主张返还，取决于其对标的物保留的所有权是否经过登记：如果未经登记，不得对抗善意第三人，即不得向第三人主张返还；如果经过了登记，则可以对抗善意第三人，即能够向第三人主张返还（此时第三人不能主张适用善意取得）。

（二）分期付款买卖

1.内涵理解

分期付款买卖，指买受人将其应付的总价款按照一定期限分批向出卖人支付的买卖合同。所谓分批，在数量上至少为三次，如果买受人分两次支付价款，则不属于分期付款买卖，而按照一般的买卖合同处理。

2.主要考点

（1）出卖人要求买受人支付全款或解除合同的权利。

在分期付款买卖中，买受人未支付到期价款的金额达到总价款1/5的，经催告后在合理期限内仍未支付到期价款的，出卖人可以要求买受人支付全部价款或者解除合同。

请考生注意以下细节：

①此处的1/5，是根据未支付的到期价款达到标的物总价款的比例计算出来的，必须是"到期"。

②达到1/5之后，出卖人要先进行催告，不能马上要求支付全部价款或解除合同。

③达到1/5且经出卖人催告后，买受人仍不支付价款，出卖人可以在要求支付全款或解除合同中继续选择，即二选一。

④如果出卖人选择解除合同，则可以请求买受人支付标的物的使用费。但如果出卖人选择支付全款，则不能请求买受人支付标的物的使用费。

（2）分期付款买卖与所有权保留买卖的交叉考查。

这是近年来非常重要的命题模式，考生务必深入理解。

在分期付款买卖合同中，如果双方当事人约定先交付标的物，但在买方支付全部价款前，出卖人仍保留标的物所有权，待买方支付完全部价款后，再将所有权转移给买受人，此时就是既考查分期付款买卖，也考查所有权保留买卖。

对此，考生要理解好如下几点：

①根据关键词区分所考查的知识点是保留所有权买卖还是分期付款买卖。例如：出现了"取回"的字样，则在考查保留所有权买卖；出现了"解除合同"的字样，则在考查分期付款买卖。

②如果买受人已经向出卖人支付了75%以上的价款，同时买受人未支付的到期价款也达到了总价款的20%以上，此时应当分别处理：就"保留所有权买卖合同"而言，因买受人已经支付了75%以上的价款，出卖人对于买受人不享有基于"保留所有权买卖"的"取回权"；就"分期付款买卖"而言，因为买受人未支付的到期价款达到了总价款的1/5，出卖人对买受人享有基于"分期付款买卖"的"解除合同权"，出卖人经催告后，有权通知买受人解除买卖合同。

（三）试用买卖

1. 内涵理解

试用买卖，指当事人双方约定，于合同成立时，出卖人将标的物交付买受人试用，待买受人在试用期内对标的物认可时，买卖合同方生效。

2. 主要考点

（1）试用买卖合同在当事人意思表示一致时已经成立，但尚未生效，须待买受人同意购买时方生效。

（2）试用期通常由当事人约定，没有约定或约定不明确的，可以协议补充；不能达成补充协议的，按照合同有关条款或者交易习惯确定；如仍不能确定，由出卖人确定。

（3）以下几种情况下视为买受人同意购买标的物：

①试用期限届满，买受人对是否购买标的物未作表示的，视为同意购买。

②买受人在试用期内已经支付一部分价款的，视为同意购买。

③买受人在试用期内对标的物实施了出卖、出租、设定担保物权等非试用行为的，视为同意购买。

（4）标的物在试用期内毁损、灭失的风险由出卖人承担。

（5）当事人对试用期间使用费没有约定或约定不明的，一律视为没有使用费。注意此种情况下的使用费规则与前述分期付款买卖中的使用费规则不同。

实例： 某商场在促销活动期间贴出醒目告示："本商场家电一律试用20天，满意者付款。"王某从该商场搬回冰箱一台，试用期满后退回，商场要求其支付使用费100元。商场的要求能否获得支持？

结论： 不能。本案属于试用买卖合同，王某对该冰箱试用以后退回，即不予购买，是王某的权利。而商场与王某并未约定使用费问题，故商场无权要求王某支付任何使用费。

（四）商品房买卖

1.内涵理解

商品房买卖，即买卖合同交易的标的物为商品房。这是法考中非常重要的命题来源。

2.主要考点

（1）商品房销售广告和宣传资料的性质。

一般视为要约邀请，但是，若是对于房屋及其相关设施的说明和允诺具体确定，并对于订立合同和房屋价格有重大影响的，视为要约。

（2）商品房预售许可证对合同的影响。

①未取得预售许可证订立预售合同的，无效。起诉前获得的，可认定有效。这是民事法律行为无效的补正的思想的体现。

②商品房预售合同未按法律、法规办理登记备案者，不因此认定合同无效。当事人约定以办理登记备案手续为商品房预售合同生效条件的，该约定有效，未办理登记备案手续的，该合同不生效，但如果当事人一方已经履行主要义务，对方接受的，该合同生效。这是履行治愈瑕疵规则的体现。

（3）商品房买卖合同的解除。

①因房屋主体结构质量不合格不能交付使用，或者房屋交付使用后，房屋主体结构质量经核验确属不合格，买受人请求解除合同和赔偿损失的，应予支持。

②因房屋质量问题严重影响正常居住使用，买受人请求解除合同和赔偿损失的，应予支持。

③商品房买卖合同约定或法定的办理房屋所有权过户登记的期限届满后超过1年，由于出卖人的原因，导致买受人无法办理登记的，买受人请求解除合同和赔偿损失的，应予支持。

④出卖人迟延交付房屋，经催告后在3个月内仍未履行，买受人也可以解除合同，但当事人另有约定的除外。

（4）关于商品房买卖中的惩罚性赔偿责任。

《商品房买卖合同解释》曾经规定了惩罚性赔偿制度，但《民法典》出台后，最高人民法院在对该司法解释进行修订时，将上述关于惩罚性赔偿的规定全部予以了删除。因此，在商品房买卖中，将不再有惩罚性赔偿制度的适用，相关真题的答案将会发生变化。

（五）样品买卖

1.内涵理解

样品买卖，指当事人双方约定出卖人交付的标的物应与样品具有相同品质的买卖。所谓样品，又称货样，是指当事人选定的用以决定标的物品质的货物。

2.主要考点

样品买卖至今尚未直接命题考查，考生仅须掌握如下考点：

（1）出卖人交付的标的物应当与样品及其说明的质量相同。

（2）买受人不知道样品有隐蔽瑕疵的，即使交付的标的物与样品相同，出卖人交付的标的物的质量仍然应当符合同种物的通常标准。即此种情形下，虽然出卖人交付的标的物与样品相同，但如果不符合市场上同种物的通常标准的，出卖人仍然要承担违约责任。

经典考题： 甲公司借用乙公司的一套设备，在使用过程中不慎损坏一关键部件，于是甲公司提出买下该套设备，乙公司同意出售。双方还口头约定在甲公司支付价款前，乙公司保留该套设备的所有权。不料在支付价款前，甲公司生产车间失火，造成包括该套设备在内的车间所有财物被烧毁。对此，下列哪些选项是正确的？（2016年卷三第57题，多选）[1]

A.乙公司已经履行了交付义务，风险责任应由甲公司负担

B.在设备被烧毁时，所有权属于乙公司，风险责任应由乙公司承担

C.设备虽然已经被烧毁，但甲公司仍然需要支付原定价款

D.双方关于该套设备所有权保留的约定应采用书面形式

归纳总结　买卖合同

双方当事人的主要义务	①出卖人负有交付标的物、瑕疵担保、交付有关单证和资料的义务 ②买受人负有支付价款、检验标的物的义务
标的物风险负担	①标的物风险负担，与违约责任、所有权转移，均是不同的制度 ②一般情况下，以交付转移风险 ③在途货物买卖，买卖合同成立时风险转移给买受人；当事人对标的物交付地点有明确约定的，货交承运人时风险转移给买受人；买受人受领迟延或迟延提货时，风险均转移给买受人；出卖人根本违约的，出卖人承担风险；出卖人未交付单证的，不影响风险转移

---

[1]【答案】AC。本题考查买卖合同。A选项，通过审题可以发现，甲公司先借用乙公司的设备，后提出购买，属于先借后买，这属于简易交付，在买卖合同生效时视为交付。交付就意味着标的物的风险转移给了买方甲公司。现该设备因失火导致意外被烧毁，故风险应由甲公司负担，该选项正确。B选项，混淆了所有权转移和风险转移这两个制度。本案属于保留所有权的买卖，卖方乙公司虽然保留了所有权，但标的物已经通过简易交付完成了交付，故风险责任应由买方甲公司承担。该选项错误。C选项，由于甲公司应当承担标的物风险，故甲公司不能拒绝支付价款，而是应该仍然按照约定向乙公司支付原定价款，该选项正确。D选项，买卖合同是不要式合同，并不要求当事人必须通过书面形式签订，该选项错误。本题如果出现失误，主要原因包括两方面：一是做题方法方面，没有将物权知识与合同知识联系在一起。买卖合同涉及交付，而交付属于物权中所学的知识，考生要注意这种带有综合性思维的题目。二是对标的物风险负担规则掌握不牢，将所有权转移问题等同于风险转移问题，在处理题目时，一定要将二者区分，风险的转移，取决于是否交付，而不是取决于所有权是否转移。综上，本题正确选项为AC。

续 表

标的物所生孳息的归属	适用交付主义：标的物在交付前产生的孳息，归出卖人所有；标的物交付后产生的孳息，归买受人所有。合同另有约定的，依其约定
特种买卖合同	①保留所有权买卖 买受人具有下列情形之一，出卖人可以取回标的物：未按约定支付价款，经催告后在合理期限内仍未支付；未按约定完成特定条件；将标的物出卖、出质或者作出其他不当处分。但如果买受人已经支付标的物总价款的75%以上的，或标的物已经被第三人善意取得的，出卖人不得取回标的物 ②分期付款买卖 买受人未支付到期价款的金额达到总价款1/5的，经催告后在合理期限内仍未支付到期价款的，出卖人可以要求买受人支付全部价款或者解除合同 ③试用买卖 A.以下几种情况下视为买受人同意购买标的物：试用期限届满，买受人对是否购买标的物未作表示；B.买受人在试用期内已经支付一部分价款；买受人在试用期内对标的物实施了出卖、出租、设定担保物权等非试用行为 B.标的物在试用期内毁损、灭失的风险由出卖人承担 ④商品房买卖 A.商品房销售广告和宣传资料，一般视为要约邀请，但是，若是对于房屋及其相关设施的说明和允诺具体确定，并对于订立合同和房屋价格有重大影响的，视为要约 B.未取得预售许可证订立预售合同的，无效；起诉前获得的，可认定有效 ⑤样品买卖 如果买受人不知道样品有隐蔽瑕疵的，即使交付的标的物与样品相同，出卖人交付的标的物的质量仍然应当符合同种物的通常标准

第二节　赠与合同

命题点拨

赠与合同属于常考知识点，在法考中重点围绕赠与合同的撤销权进行命题，是考生复习的重点。此外，偶尔也会对赠与合同的基本属性进行考查。

一、赠与合同的概念

赠与合同，是赠与人将自己的财产无偿给予受赠人，受赠人表示接受赠与的合同。

理解这一概念，考生要注意如下几点：

1.赠与合同是双方民事法律行为，其成立，须双方当事人意思表示一致，即赠与人愿意赠与、受赠人愿意接受赠与。

2.赠与合同是诺成性合同。赠与合同自当事人意思表示一致时成立，而不是交付赠与物时成立。

3.赠与合同是单务合同。赠与人承担将赠与物无偿地交付给受赠人的义务，而受赠人只享有接受赠与物的权利。需要考生注意的是，即使赠与合同给受赠人附加了义务（附义务的赠与），其也是单务合同。这是因为，此处所附义务，和赠与人交付赠与物的义务不构成等价关系，如果双方是等价交换，就不是赠与合同，而是买卖合同了。

4.考生要注意区分附义务的赠与和附条件的赠与。所谓义务，是指当事人必须为之，其在语言表述方面通常是"受赠人必须如何如何"；所谓条件，是指未来有可能发生的事实，而不是要求受赠人必须完成，其在语言表述方面通常是"如果受赠人如何如何"。请考生注意从汉语角度体会"必须""如果"的区别。

实例比较：

实例1： 甲向乙赠送一台电脑，双方在赠与合同中约定：乙必须在一个月内看完民法辅导资料一本。这是附义务的赠与还是附条件的赠与？

实例2： 甲向乙赠送一台电脑，双方在赠与合同中约定：如果乙在一个月内看不完民法辅导资料一本，则乙应返还电脑。这是附义务的赠与还是附条件的赠与？

结论：

就实例1，是附义务的赠与。当事人的表述是"乙必须在一个月内看完民法辅导资料一本"，这对乙而言构成一种义务，如果乙看不完，就属于违约了。甲是否追究乙的违约责任，由甲自己决定。

就实例2，是附条件的赠与。当事人的表述是"乙在一个月内看不完民法辅导资料一本，则乙应返还电脑"，并未要求乙必须在一个月内看完民法辅导资料，乙可以看完，也可以不看完，都不存在违约的问题。但由于双方的约定属于附解除条件的赠与，一旦乙在一个月内看不完民法辅导资料，双方的赠与合同效力解除，乙就必须返还电脑了。但这并不是在追究乙的违约责任，而是因为条件成就，赠与合同效力解除所发生的结果。

二、赠与人的瑕疵担保义务

赠与合同中，一般不要求赠与人承担瑕疵担保义务。这是因为，受赠人并没有付出对价，故即使赠与人交付的赠与人质量存在瑕疵，受赠人也没有什么损失。

但在以下情况下，赠与人需要承担瑕疵担保义务，这是考生应重点掌握的：

1.在附义务赠与中，赠与的财产有瑕疵的，赠与人在附义务的限度内承担与出卖人相同的违约责任。

2.赠与人故意不告知瑕疵或保证无瑕疵，造成受赠人损失的，应当承担损害赔偿责任。

三、赠与合同的撤销

（一）赠与人的任意撤销权

在赠与财产的权利移转之前，赠与人享有任意撤销赠与合同的权利。

需要考生掌握如下几点：

1.所谓任意撤销，就是不需要任何理由，赠与人想撤销就可以撤销。当然，在时间上，必须是赠与财产的权利转移之前。

2.赠与人行使任意撤销权后，赠与人不再负有赠与的义务，受赠人不得要求赠与人交付赠与物。

3.在具有救灾、扶贫、助残等公益、道德义务性质的赠与合同和经过公证的赠与合同中，赠与人不享有任意撤销权。需要注意的是，在这些合同中，如果赠与人是为逃避对债权人的义务而为赠与，则其债权人可以依法撤销，这是合同保全中债权人撤销权的体现，请考生自行回忆专题十四第一节合同的保全制度予以深入理解。

4.此处的法律用语是"撤销"，而不是"解除"。解除合同，需要法律规定的理由或当事人约定的理由，如对方当事人违约；而此处的任意撤销权，是不需要任何理由的。

（二）法定撤销权

法定撤销权，是指在具备法定事由时，赠与人或其继承人、法定代理人可以依法撤销赠与合同。

1.赠与人的法定撤销权。

（1）适用阶段：

在赠与财产的权利转移之前或之后均可主张。

（2）适用情形：

①受赠人严重侵害赠与人或者赠与人近亲属的合法权益；

②受赠人对赠与人有扶养义务而不履行；

③受赠人不履行赠与合同约定的义务。

实例： 甲曾表示将赠与乙5000元，且已实际交付乙2000元，后乙在与甲之子丙的一次纠纷中，将丙殴成重伤。甲可否撤销赠与合同？撤销的数额如何确定？

结论： 可以撤销。撤销之后，无须赠与剩余的3000元，已实际交付的2000元也可要求乙返还。本案中，乙作为受赠人，将赠与人甲的近亲属丙殴成重伤，故甲可以撤销该赠与合同。撤销之后，合同归于无效，甲不仅可以不履行剩余的3000元赠与合同的义务，还有权要求乙返还该2000元。

（3）行使规则：

赠与人的撤销权，自知道或者应当知道撤销事由之日起1年内行使。该期间为除斥期间，超过这一期间，赠与人丧失撤销权。

2.赠与人的继承人或法定代理人的法定撤销。

（1）适用阶段：

在赠与财产的权利转移之前或之后均可主张。

（2）适用情形：

适用于因受赠人的违法行为致使赠与人死亡或者丧失民事行为能力。致赠与人死亡的，赠与人的继承人可以撤销；致赠与人丧失民事行为能力的，赠与人的法定代理人可以撤销。

（3）行使规则：

赠与人的继承人或者法定代理人的撤销权，自知道或者应当知道撤销原因之日起6个月内行使。这一期间同样也是除斥期间。

3.行使法定撤销权的后果。

撤销权人撤销赠与后，自撤销的通知到达受赠人时发生撤销的效力，赠与合同自始无效。撤销权人有权请求受赠人返还赠与的财产，未赠与的财产无须再赠与。

四、赠与人的穷困抗辩权

穷困抗辩权，是指赠与人的经济状况显著恶化，严重影响其生产经营或者家庭生活的，可以不再履行赠与义务。考生可以通俗地理解为：赠与人实在太贫困了，所以无法赠与。

对于穷困抗辩权，考生应重点掌握两个方面：

1.穷困抗辩权的效力仅面向未来，即对于尚未赠与的财产，可以不再赠与。但已经赠与的财产，不能请求受赠人返还。

2.穷困抗辩权适用于一切赠与合同，即使是具有救灾、扶贫、助残等公益、道德义务性质的赠与合同和经过公证的赠与合同，只要符合穷困抗辩权的条件，亦可主张穷困抗辩权。

实例： 甲公司与乙福利院签订合同约定，由甲公司向该福利院捐赠现金100万元用于改善宿舍和儿童的生活水平。但在合同签订后，甲公司经济状况恶化，不能正常生产经营。此处甲公司是否可以决定不再履行合同？

结论： 可以。本案为公益性的赠与合同，一般情况下虽然不可撤销，但是此时赠与人符合行使穷困抗辩权的条件，甲公司行使的是穷困抗辩权，而不是合同撤销权。

经典考题： 甲公司员工魏某在公司年会抽奖活动中中奖，依据活动规则，公司资助中奖员工子女次年的教育费用，如员工离职，则资助失效。下列哪些表述是正确的？（2014年卷三第61题，多选）[①]

A.甲公司与魏某成立附条件赠与

B.甲公司与魏某成立附义务赠与

C.如魏某次年离职，甲公司无给付义务

D.如魏某次年未离职，甲公司在给付前可撤销资助

[①] 【答案】AC。本题考查赠与合同。解决本题的关键是A、B这两个选项。附义务的赠与和附条件的赠与的区别是：所谓义务，是指当事人必须为之，其在语言表述方面通常是"受赠人必须如何如何"；所谓条件，是指未来有可能发生的事实，而不是要求受赠人必须完成，其在语言表述方面通常是"如果受赠人如何如何"。本案中，当事人的约定是"如员工离职，则资助失效"，并未要求员工履行不得离职的义务，员工可以离职，也可以不离职。但如果员工离职，赠与合同将失效，则不再资助了。本案属于附条件的赠与，而非附义务的赠与。并且，本案属于附解除条件的赠与。因此，A选项正确，B选项错误。C选项，附解除条件的赠与，自条件成就时效力终止。如果魏某次年离职，则条件成就，故赠与合同效力终止，甲公司无须再继续资助，即无给付义务，该选项正确。D选项，本案所涉资助，是用于员工子女的教育经费，因此具有公益的性质，只要该合同没有因条件成就而终止，就会一直有效，公司就应当履行资助的义务。此类合同中，赠与人没有任意撤销权，因此，该选项错误。本题如果出现失误，主要原因是基础知识掌握得不够牢固，即混淆了"义务""条件"这些最基本的民法概念。义务，是当事人必须履行的；条件，是未来有可能发生的，而不是当事人必须要去做的。随着民法学习的深入，一些基本的概念不仅不能忘记，还要不断加深理解。综上，本题正确选项为AC。

归纳总结　赠与合同

赠与合同的 基本属性	赠与合同是双方民事法律行为、诺成性合同、单务合同
赠与人的瑕疵 担保义务	一般情况下，赠与人不承担瑕疵担保义务，但在附义务赠与中，赠与的财产有瑕疵的，赠与人在附义务的限度内承担与出卖人相同的违约责任；赠与人故意不告知瑕疵或保证无瑕疵，造成受赠人损失的，应当承担损害赔偿责任
赠与合同 的撤销	①赠与人的任意撤销权 A.适用于赠与财产的权利移转之前 B.赠与人撤销赠与无须任何理由 C.在具有救灾、扶贫、助残等公益、道德义务性质的赠与合同和经过公证的赠与合同中，赠与人不享有任意撤销权 ②法定撤销权 A.赠与人的法定撤销权：在赠与财产的权利转移之前或之后均可主张。须满足如下情形之一：受赠人严重侵害赠与人或者赠与人近亲属的合法权益；受赠人对赠与人有扶养义务而不履行；受赠人不履行赠与合同约定的义务。适用1年的除斥期间 B.赠与人的继承人或法定代理人的法定撤销：在赠与财产的权利转移之前或之后均可主张；适用于因受赠人的违法行为致使赠与人死亡或者丧失民事行为能力；适用6个月的除斥期间
赠与人的穷困 抗辩权	①赠与人的经济状况显著恶化，严重影响其生产经营或者家庭生活的，可以不再履行赠与义务 ②行使穷困抗辩权，对于尚未赠与的财产，可以不再赠与；但已经赠与的财产，不能请求受赠人返还 ③穷困抗辩权适用于一切赠与合同

第三节　借款合同

命题点拨

　　借款合同在法考中经常考查，但考查的思路基本均是通过借款合同引出担保制度的考点，就借款合同本身的知识点考查较少。考生应掌握金融机构借款合同、民间借贷合同的基本知识点，主要以记忆为主。

一、借款合同的概念

　　借款合同，指借款人向贷款人借款，到期返还借款并支付利息的合同。其中向对方借款的一方称为借款人，出借钱款的一方称为贷款人（出借人）。

　　借款合同分为金融机构借款合同和民间借贷合同。前者是向金融机构借款，后者是普通的民事主体，即自然人、法人、非法人组织之间的借款。

二、金融机构借款合同

此类合同的主要考点是：

1.合同的属性。

金融机构借款合同具有有偿性、要式性、诺成性。所谓有偿，是借款人必须支付利息；所谓要式，是必须采用书面形式。

2.金融机构的保密义务。

金融机构对于其在合同订立和履行阶段所掌握的借款人的各项商业秘密有保密义务，不得泄密或进行不正当使用。

3.借款人按照约定用途使用借款的义务。

借款人应当按照约定的借款用途使用借款，借款人未按照约定的借款用途使用借款的，贷款人可以停止发放借款、提前收回借款或者解除合同。

三、民间借贷合同

（一）合同的特征

民间借贷合同原则上是诺成性，但自然人之间的借款合同为实践性合同，自出借人提供借款时成立。

（二）合同的效力

具有下列情形之一的，民间借贷合同无效：

1.套取金融机构贷款转贷的。

2.以向其他营利法人借贷、向本单位职工集资，或者以向公众非法吸收存款等方式取得的资金转贷的。

3.未依法取得放贷资格的出借人，以营利为目的向社会不特定对象提供借款的。

4.出借人事先知道或者应当知道借款人借款用于违法犯罪活动仍然提供借款的。

5.违反法律、行政法规强制性规定的。

6.违背公序良俗的。

后两项理由与一般的民事法律行为无效的原因没有区别，考生应重点记忆前四项。

（三）合同的担保

1.他人在借据、收据、欠条等债权凭证或者借款合同上签名或者盖章，但是未表明其保证人身份或者承担保证责任，或者通过其他事实不能推定其为保证人，出借人不能请求其承担保证责任。

2.网络贷款平台提供者的担保责任。

（1）借贷双方通过网络贷款平台形成借贷关系，网络贷款平台的提供者仅提供媒介服务的，不承担担保责任。

（2）网络贷款平台的提供者通过网页、广告或者其他媒介明示或者有其他证据证明其为借贷提供担保，应承担担保责任。

（四）合同的利息

1.关于没有约定利息和对利息约定不明的处理。

（1）借贷双方<u>没有约定利息</u>的，出借人一律不得主张支付借期内利息。

（2）借贷双方对<u>利息约定不明</u>的，若为自然人之间的借款合同，出借人不得主张支付利息；在其他的民间借贷合同中，借贷双方对利息约定不明的，出借人可以主张利息，具体利息标准人民法院应当结合民间借贷合同的内容，并根据当地或者当事人的交易方式、交易习惯、市场报价利率等因素确定。

2.关于利率的规定。

出借人请求借款人按照合同约定利率支付利息的，人民法院应予支持，但是双方约定的利率超过合同成立时<u>一年期贷款市场报价利率（LPR）4倍</u>的除外。

所谓"一年期贷款市场报价利率"，是指中国人民银行授权全国银行间同业拆借中心每月发布的一年期贷款市场报价利率。

3.关于逾期利率的问题。

借贷双方对逾期利率有约定的，从其约定，但是以不超过合同成立时一年期贷款市场报价利率4倍为限。

未约定逾期利率或者约定不明的，区分不同情况处理：

（1）既未约定借期内利率，也未约定逾期利率，出借人可以主张借款人自逾期还款之日起参照当时一年期贷款市场报价利率标准计算的利息承担逾期还款违约责任。

（2）约定了借期内利率但是未约定逾期利率，出借人可以主张借款人自逾期还款之日起按照借期内利率支付资金占用期间的利息。

需要考生注意的是：出借人与借款人既约定了逾期利率，又约定了违约金或者其他费用，出借人可以选择主张逾期利息、违约金或者其他费用，也可以一并主张，但是总计不得超过合同成立时一年期贷款市场报价利率的4倍。

归纳总结　借款合同

金融机构借款合同	①金融机构借款合同具有有偿性、要式性、诺成性 ②金融机构对于其在合同订立和履行阶段所掌握的借款人的各项商业秘密有保密义务 ③借款人未按照约定的借款用途使用借款的，贷款人可以停止发放借款、提前收回借款或者解除合同
民间借贷合同	①自然人之间的借款合同为实践性合同，自出借人提供借款时成立 ②以下借款合同无效：套取金融机构贷款转贷；以向其他营利法人借贷、向本单位职工集资，或者以向公众非法吸收存款等方式取得的资金转贷；未依法取得放贷资格的出借人，以营利为目的向社会不特定对象提供借款；出借人事先知道或者应当知道借款人借款用于违法犯罪活动仍然提供借款 ③他人在借据、收据、欠条等债权凭证或者借款合同上签名或者盖章，但是未表明其保证人身份或者承担保证责任，或者通过其他事实不能推定其为保证人，不承担保证责任 ④网络贷款平台提供者原则上不承担担保责任，但其通过网页、广告或者其他媒介明示或者有其他证据证明其为借贷提供担保的，应承担担保责任 ⑤民间借贷合同，法律保护的利率上限是合同成立时一年期贷款市场报价利率的4倍

专题十八　转移财产使用权的合同

第一节　租赁合同

命题点拨

　　租赁合同考点丰富，每年均会进行考查，客观题与主观题均会涉及。从命题看，不定期租赁、租赁合同的无效、承租人的义务、承租人的权利等都是经常考查的内容，其他考点也偶有考查，考生要全面掌握租赁合同的考点。

一、租赁合同的概念与种类

（一）租赁合同的概念

　　租赁合同，指出租人将租赁物交付承租人使用、收益，承租人支付租金的合同。其中，交付租赁物供对方使用、收益的一方称为出租人，使用租赁物并支付租金的一方称为承租人。

　　理解这一概念，考生要注意如下两点：

　　1.租赁合同是有偿合同、双务合同、诺成合同、继续性合同。

　　2.租赁有最长租期的限制，即租赁期限不得超过20年，超过20年的，超过部分无效。租赁期间届满，当事人可以续订租赁合同，但约定的租赁期限自续订之日起也不得超过20年。

（二）租赁合同的种类

　　租赁合同根据其是否确定期限，分为定期租赁合同和不定期租赁合同。

　　不定期租赁合同包括三种情形：（1）未约定租赁期限且当事人未协议补充的；（2）租赁期间届满，承租人继续使用租赁物，出租人没有提出异议；（3）租赁期限6个月以上，未采用书面形式，无法确定租赁期限的，视为不定期租赁。

　　不定期租赁合同的双方当事人可随时解除合同，但应在合理期限之前通知对方。

　　实例： 甲将其房屋出租给丙，双方口头约定租期2年，租金每月1千元，按月支付。

　　结论： 此租赁合同为不定期租赁合同。租期6个月以上且未采取书面形式，应认定为不定期租赁，此时双方均享有任意解除权。

二、租赁合同的特别无效事由及其后果

（一）租赁合同的特别无效事由

　　需要考生掌握如下几点：

　　1.出租人就未取得工程规划许可证或者未按照建设工程规划的规定建设的房

屋，与承租人订立的租赁合同无效，但一审辩论终结前，取得建设工程规划许可证或者经主管部门批准建设的，有效。

2.出租人就未经批准或者未按照批准内容建设的临时建筑，与承租人订立的租赁合同无效，但一审辩论终结前，经主管部门批准建设的，有效。

3.租赁期限超过临时建筑的使用期限，超过部分无效，但一审辩论终结前，经主管部门批准延长使用期限的，有效。

考生需要注意的是：租赁合同没有办理登记备案不影响合同的效力，但是，当事人约定以办理登记备案手续为房屋租赁合同生效条件的，该约定有效，未办理登记备案手续，租赁合同不生效，但如果当事人一方已经履行主要义务，对方接受的，则租赁合同有效。这是履行治愈瑕疵规则的体现。

（二）租赁合同无效的法律后果

租赁合同无效，房屋已交付使用的，出租人有权请求承租人返还房屋，并请求承租人参照合同约定的租金标准支付房屋占有使用费。考生需要注意的是，此处的表述是"支付房屋占有使用费"，不是"支付租金"。

三、出租人的义务

（一）交付租赁物并保证承租人正常使用、收益的义务

1.如果租赁物有使承租人不能正常使用、收益的瑕疵，出租人应承担违约责任。

2.出租人在租赁关系存续期间应保持租赁物符合约定使用、收益的状态。

3.出租人应担保不因第三人对租赁物主张权利而使承租人不能依约使用、收益租赁物。如因第三人主张权利，致使承租人不能对租赁物使用、收益的，承租人可以要求减少租金或者不支付租金。

（二）维修租赁物的义务

1.除合同另有约定外，出租人对租赁物有维修的义务。但因承租人的过错使租赁物需要维修的，出租人不承担维修义务，此时应由承租人自行负责维修。

2.出租人未履行维修义务的，承租人可以自行维修，维修费用由出租人负担；出租人因维修租赁物影响承租人使用、收益的，应当相应减少租金或者延长租期。

3.承租人未交付租金，出租人可拒绝履行维修义务。

四、承租人的义务

（一）依约定方法或根据租赁物的性质使用租赁物的义务

承租人未按约定方法或者未根据租赁物的性质使用租赁物，致使租赁物受到损失的，出租人可以解除合同并请求赔偿损失。

（二）不得随意对租赁物进行改善或在租赁物上增设他物的义务（不得擅自装饰装修的义务）

1.承租人只有在经过出租人同意的前提下，方可对租赁物进行改善或者增设他物。由此产生的费用，除当事人另有约定以外，均由承租人自行承担。

2.承租人未经出租人同意，即对租赁物进行改善或者增设他物的，出租人可以请求

承租人恢复原状或者赔偿损失。

3.装饰装修物的具体处理规则。

（1）承租人未经出租人同意装修。

①事前达成协议：按协议处理。

②事后不能达成协议：出租人有权请求承租人恢复原状或赔偿损失。

（2）承租人经出租人同意装修。

①合同无效时。

A.未形成附合的装饰装修物：

出租人同意继续利用的，折价归出租人；若不同意，承租人拆除。因拆除造成房屋毁损的，承租人应当恢复原状。

B.形成附合的装饰装修物：

出租人同意利用的，可折价归出租人所有；不同意利用的，由双方各自按照导致合同无效的过错分担现值损失。

②合同解除时。

A.未形成附合的装饰装修物：

当事人有约定的按约定，没有约定的，可由承租人拆除。因拆除造成房屋毁损的，承租人应当恢复原状。

B.形成附合的装饰装修物：

当事人有约定的按约定，双方没有约定的，按照下列情形分别处理：

a.因出租人违约导致合同解除，承租人请求出租人赔偿剩余租赁期内装饰装修残值损失的，应予支持；

b.因承租人违约导致合同解除，承租人请求出租人赔偿剩余租赁期内装饰装修残值损失的，不予支持。但出租人同意利用的，应在利用价值范围内予以适当补偿；

c.因双方违约导致合同解除，剩余租赁期内的装饰装修残值损失，由双方根据各自的过错承担相应的责任；

d.因不可归责于双方的事由导致合同解除的，剩余租赁期内的装饰装修残值损失，由双方按照公平原则分担。法律另有规定的，适用其规定。

（三）不得擅自对租赁物进行扩建的义务

1.承租人经出租人同意进行扩建的，如果办理了合法建设手续的，费用由出租人承担；如果未办理合法建设手续的，费用由双方按照过错程度分担。

2.承租人未经出租人同意进行扩建的，费用由承租人负担；出租人可以请求承租人恢复原状或者赔偿损失的。

（四）不得擅自转租的义务

转租，指承租人将租赁物出租给次承租人使用、收益。承租人不得擅自转租。

1.承租人经出租人同意，可以将租赁物转租给第三人。

此种情形下，主要有如下考点：

（1）转租期限不能超过承租人剩余租赁期限，超过部分的约定对出租人不具有法律约束力。

（2）承租人拖欠租金，次承租人可以代承租人支付欠付的租金和违约金。次承租人代为支付的租金和违约金，可以充抵次承租人应当向承租人支付的租金；超出其应付的租金数额，可以向承租人追偿。

（3）次承租人将租赁物损毁，如何保护出租人？这是法考最常见的命题来源之一。对此，考生可分如下方面把握：

①基于合同的相对性，出租人不能对次承租人主张违约责任，但能主张侵权责任。因为出租人对租赁物享有所有权，次承租人损毁租赁物，侵犯了出租人的所有权。

②出租人可以向承租人主张违约责任，但不能主张侵权责任。承租人承担责任后，可以向次承租人追偿。

2.承租人未经出租人同意转租的，出租人可以解除其与承租人之间的合同。但承租人与次承租人之间的租赁合同，仍属于有效合同，承租人对次承租人负违约责任。

请考生注意如下细节考点：出租人知道或者应当知道承租人转租，但在6个月内未提出异议，视为出租人同意转租。

（五）支付租金的义务

承租人无正当理由未支付或者迟延支付租金，经出租人催告后在合理期间内仍未支付的，出租人可以解除合同。

五、承租人的权利

（一）优先购买权

承租人优先购买权，是指当出租人出卖房屋时，承租人在同等条件下，享有优先于其他人购买房屋的权利。

1.优先购买权的行使。

（1）承租人的优先购买权发生于出租人转让房屋所有权时，这是承租人享有优先购买权的前提和基础。

需要考生掌握的细节是：

①此处所谓出租人转让房屋所有权，包括出租人将房屋进行出卖、拍卖、以房抵债情形，但不包括继承、赠与情形。

②当房屋之上存在抵押权时，如果出租人与抵押权人协议折价、变卖租赁房屋偿还债务，应当在合理期限内通知承租人。此种情形下，承租人也可以主张优先购买权。

（2）出租人出卖租赁房屋，应负担通知义务。这是承租人得以行使优先购买权的必要前提。对于出租人应于何时履行通知义务，我国《民法典》没有规定明确的期限，仅规定为"在出卖之前的合理期限内"。

（3）承租人仅在同等条件下可享有优先购买权。此处的同等条件，主要是指出价条件，包括价格、交付房价期限、付款方式等。

2.优先购买权的例外。

具有下列情形之一的，承租人不能主张优先购买权：

（1）房屋共有人行使优先购买权的。

（2）出租人将房屋出卖给近亲属的，包括配偶、父母、子女、兄弟姐妹、祖父母、外祖父母、孙子女、外孙子女。

（3）出租人履行通知义务后，承租人在15日内未明确表示购买的。

（4）第三人善意购买租赁房屋并已经办理登记手续的。

需要考生注意的细节是：上述第4点中的善意第三人，是指不知道有租赁关系存在的第三人，但其并不是善意取得。出租人对房屋享有所有权，其将房屋出卖给第三人并办理登记手续，是有权处分。

3.侵犯优先购买权的救济。

出租人出卖租赁房屋时，未在合理期限内通知承租人或者存在其他侵害承租人行使优先购买权情形的，承租人可以请求出租人承担赔偿责任，但是，出租人与第三人订立的房屋买卖合同的效力不受影响。

实例： 甲与乙订立房屋租赁合同，约定租期5年。半年后，甲将该出租房屋出售给丙，但未通知乙。问题：

（1）乙可以其房屋优先购买权受侵害为由，请求法院判决甲丙之间的房屋买卖合同无效吗？

（2）丙有权根据善意取得规则取得房屋所有权吗？

（3）甲出售房屋必须征得乙的同意吗？

结论：

（1）不可以。出租人出卖租赁房屋的行为侵害了承租人优先购买权，承租人丙可请求出租人甲承担赔偿责任的，但不可主张甲丙之间签订的房屋买卖合同无效。

（2）丙取得房屋所有权不是善意取得，此处甲为有权处分。

（3）无需征得乙的同意。甲出售房屋为有权处分，无需征得乙的同意，但如果不通知乙，会侵害乙的优先购买权。

4.次承租人的优先购买权。

次承租人也享有优先购买权。通常认为，次承租人的优先购买权优先于承租人的优先购买权，但这两个优先购买权，都要落后于共有人的优先购买权。

请考生记住如下结论：共有人的优先购买权最优先，次承租人的优先购买权次之，承租人的优先购买权最后。

（二）优先承租权

租赁期限届满，房屋承租人享有以同等条件优先承租的权利。

六、租赁合同的法定承受

在房屋租赁合同的存续期间，承租人死亡的，与其生前共同居住的人或者共同经营人可以按照原租赁合同租赁该房屋。

实例： 王某、李某、张某三人签订合伙协议，约定王某和李某各出资20万元，张某以其租赁的办公室出资，共同经营劳务派遣业务。张某与刘某签订书面房屋租赁合同，约定："张某租赁刘某的房屋一套，租期为自2006年3月1日起12年，年租金7万元。"2011年3月1日，张某因病死亡。张某死亡后，刘某是否可请求王某和李某搬离该房屋？

结论： 不可以，张某死亡后，王某、李某法定承受该房屋租赁合同，原租赁合同仍然有效，王某、李某为新承租人。

七、"一房数租"时的处理规则

出租人就同一房屋订立数份租赁合同，在合同均有效的情况下，承租人均主张履行合同的，按照下列顺序确定承租人：

1.已经合法占有租赁房屋的。

2.已经办理登记备案手续的。

3.合同成立在先的。

需要考生注意的是：不能取得租赁房屋的承租人可以依法请求解除合同、赔偿损失。

经典考题：居民甲将房屋出租给乙，乙经甲同意对承租房进行了装修并转租给丙。丙擅自更改房屋承重结构，导致房屋受损。对此，下列哪些选项是正确的？（2016年卷三第60题，多选）①

A.无论有无约定，乙均有权于租赁期满时请求甲补偿装修费用

B.甲可请求丙承担违约责任

C.甲可请求丙承担侵权责任

D.甲可请求乙承担违约责任

归纳总结　租赁合同

不定期租赁	①不定期租赁合同包括三种情形：A.未约定租赁期限且当事人未协议补充的；B.租赁期间届满，承租人继续使用租赁物，出租人没有提出异议；C.租赁期限6个月以上，未采用书面形式，无法确定租赁期限的，视为不定期租赁 ②不定期租赁合同中，双方当事人可随时解除合同，但应在合理期限之前通知对方
租赁合同的特别无效事由及其后果	①租赁合同的特别无效事由：出租未取得工程规划许可证或者未按照建设工程规划许可证的规定建设的房屋；出租未经批准或者未按照批准内容建设的临时建筑；租赁期限超过临时建筑的使用期限，超过部分无效 ②租赁合同无效的法律后果：出租人有权请求承租人返还房屋，并请求承租人参照合同约定的租金标准支付房屋占有使用费

---

① 【答案】CD。本题考查承租人的义务（装修、转租）。A选项，承租人乙经甲同意装修房屋，在当事人没有约定的情况下，装修费用应由承租人承担，即由乙承担，乙不能请求甲补偿装修费用，该选项错误。B选项，出租人甲和次承租人丙之间不存在合同关系，按照合同的相对性，甲不能向丙主张违约责任，该选项错误。C选项，丙导致房屋受损，损害了出租人甲对房屋的所有权，所以甲可以向丙主张侵权责任，该选项正确。D选项，甲、乙之间存在租赁合同关系，现房屋受损，甲可以向乙主张违约责任。该选项正确。当然，乙承担违约责任后，可以向丙追偿。本题如果出现失误，主要原因可能是没有掌握好合同的相对性原理。出租人和次承租人之间不存在合同关系，法律也没有规定可以突破合同的相对性，故两人之间不会发生违约责任。综上，本题正确选项为CD。

续 表

出租人的义务	①交付租赁物并保证承租人正常使用、收益 ②维修租赁物，但因承租人的过错使租赁物需要维修的，由承租人自行负责维修。出租人未履行维修义务的，承租人可以自行维修，维修费用由出租人负担；出租人因维修租赁物影响承租人使用、收益的，相应减少租金或者延长租期
承租人的义务	①依约定方法或根据租赁物的性质使用租赁物 ②不得随意对租赁物进行改善或在租赁物上增设他物：经出租人同意可以对租赁物进行改善或者增设他物，由此产生的费用，除当事人另有约定以外，均由承租人自行承担 ③不得擅自对租赁物进行扩建：经出租人同意进行扩建的，如果办理了合法建设手续的，费用由出租人承担；如果未办理合法建设手续的，费用由双方按照过错程度分担 ④不得擅自转租：经出租人同意转租，出租人不能对次承租人主张违约责任，但能主张侵权责任；出租人可以向承租人主张违约责任 ⑤支付租金
承租人的权利	①优先购买权 A.当出租人出卖房屋时，承租人在同等条件下，享有优先购买权 B.下列情形下不能主张优先购买权：房屋共有人行使优先购买权；出租人将房屋出卖给近亲属；出租人履行通知义务后，承租人在15日内未明确表示购买；第三人善意购买租赁房屋并已经办理登记手续 C.承租人优先购买权受侵害，可以请求出租人承担赔偿责任，但出租人与第三人订立的房屋买卖合同的效力不受影响 D.共有人的优先购买权最优先，次承租人的优先购买权次之，承租人的优先购买权最后 ②优先承租权 租赁期限届满，房屋承租人享有以同等条件优先承租的权利
租赁合同的法定承受	在房屋租赁合同的存续期间，承租人死亡的，与其生前共同居住的人或者共同经营人可以按照原租赁合同租赁该房屋
"一房数租"时的处理规则	在租赁合同均有效的情况下，按下列顺序确定承租人：①已经合法占有租赁房屋的；②已经办理登记备案手续的；③合同成立在先的

第二节　融资租赁合同

命题点拨

　　融资租赁合同的内容偶尔会进行考查，主要考点是当事人的权利义务。由于《民法典》强化了融资租赁合同的担保功能，《担保制度解释》对融资租赁合同又有所关注，所以该合同在未来法考中的地位将会得到更多重视，考生应全面复习。

一、融资租赁合同的概念

融资租赁合同，指出租人根据承租人对出卖人、租赁物的选择，向出卖人购买租赁物，提供给承租人使用，承租人支付租金的合同。

理解这一概念，请考生注意以下几点：

1.融资租赁合同涉及三方当事人，即出租人、承租人、出卖人。特殊情况下，出卖人和承租人还可以合二为一，其既扮演出卖人的角色，又扮演承租人的角色，即：一方面，承租人将其自有物出卖给出租人，另一方面，再通过融资租赁合同将租赁物从出租人处租回。

2.融资租赁合同为诺成性合同、要式合同（书面形式）、有偿合同、继续性合同。

实例： 甲公司、乙公司、丙公司签订融资租赁合同，由甲公司向乙公司支付价款，购买一套精密机床交付给丙公司使用，丙公司向甲公司支付租金。此合同为融资租赁合同，乙公司为出卖人，甲公司为出租人，丙公司为承租人。

二、融资租赁合同中的权利义务

（一）出卖人与出租人之间

出租人应向出卖人支付标的物的价款。如在上述实例中，应由甲向乙支付机床的价款。

（二）出卖人与承租人之间

1.出卖人负有按照约定向承租人（而非出租人）直接交付标的物的义务。

如在上述实例中，应由出卖人乙直接将机床交付给承租人丙。

2.当出卖人交付的标的物质量有瑕疵时，由承租人行使索赔的权利。承租人行使索赔权利的，出租人应当协助。

如在上述实例中，若机床有瑕疵，由承租人丙请求出卖人乙承担责任。

（三）出租人与承租人之间

1.出租人可享有以下特殊的法律利益：

（1）租赁物不符合约定或者不符合使用目的的，出租人不承担违约责任。这也就意味着，即使租赁物本身质量有瑕疵，出租人也无须减免租金，承租人由此遭受的损失，应向出卖人主张。例外的是，如果承租人是依赖出租人的技能选择的租赁物，或者出租人干预选择租赁物的，出租人应承担违约责任。

（2）在承租人占有租赁物期间，租赁物造成第三人损害的，作为租赁物所有权人的出租人不承担责任，而是由承租人承担侵权责任。

2.承租人在占有租赁物期间承担维修租赁物的义务。

在融资租赁合同中，由承租人而不是由出租人履行租赁物期间的维修义务。

（四）租赁物的所有权

融资租赁合同存续期间，出租人对租赁物享有所有权。该所有权未经登记，不得对抗善意第三人。对该规定，应作如下理解：如果承租人将标的物出卖给善意第三人，出租人可否向第三人主张返还，取决于其对租赁物的所有权是否经过登记：如果未经登记，不得对抗善意第三人，即不得向第三人主张返还；如果经过了登记，则可以对抗善意第三人，即能够向第三人主张返还（此时第三人不能主张适用善意取得）。

关于融资租赁租赁物的所有权问题，还需要注意如下考点：

1.当事人约定租赁期限届满租赁物归出租人所有，因租赁物毁损、灭失或者附合、混合于他物致使承租人不能返还的，出租人有权请求承租人给予合理补偿。

2.当事人约定租赁期限届满租赁物归承租人所有，承租人已经支付大部分租金，但是无力支付剩余租金，出租人因此解除合同收回租赁物，收回的租赁物的价值超过承租人欠付的租金以及其他费用的，承租人可以请求相应返还。

3.融资租赁合同无效，当事人就该情形下租赁物的归属有约定的，按照其约定；没有约定或者约定不明确的，租赁物应当返还出租人。但是，因承租人原因致使合同无效，出租人不请求返还或者返还后会显著降低租赁物效用的，租赁物的所有权归承租人，由承租人给予出租人合理补偿。

三、融资租赁合同的终止

（一）因租赁期限届满而终止时租赁物的归属

1.在融资租赁期间，出租人对租赁物享有所有权，承租人破产的，租赁物不属于破产财产。

2.在租赁期限届满时，出租人和承租人可以约定租赁期限届满租赁物的归属。对租赁物的归属没有约定或者约定不明确，租赁物的所有权归出租人。

3.当事人约定租赁期限届满，承租人仅需向出租人支付象征性价款的，视为约定的租金义务履行完毕后租赁物的所有权归承租人。考生可以通俗地理解：承租人向出租人象征性给一点钱，则租赁物的所有权就归承租人。

（二）融资租赁合同的解除

1.因出卖人的原因致使融资租赁合同的目的不能实现，出租人或者承租人均可以解除融资租赁合同。

2.有下列情形之一，出租人可以解除融资租赁合同：

（1）承租人未经出租人同意，将租赁物擅自处分，如擅自转让、抵押、质押、投资入股等。

（2）承租人未按照合同约定的期限和数额支付租金，已经达到合同约定的解除条件的，经出租人催告后在合理期限内仍不支付的。

（3）当事人对合同解除的条件未约定，但承租人欠付租金达到两期以上，或者数额达到全部租金15%以上，经出租人催告后在合理期限内仍不支付的。

（4）承租人违反合同约定，致使合同目的不能实现的其他情形。

3.因出租人的原因致使承租人无法占有、使用租赁物的，承租人可以解除融资租赁合同。

经典考题：甲融资租赁公司与乙公司签订融资租赁合同，约定乙公司向甲公司转让一套生产设备，转让价为评估机构评估的市场价200万元，再租给乙公司使用2年，乙公司向甲公司支付租金300万元。合同履行过程中，因乙公司拖欠租金，甲公司诉至法院。

下列哪些选项是正确的？（2017年卷三61题，多选）①

  A.甲公司与乙公司之间为资金拆借关系

  B.甲公司与乙公司之间为融资租赁合同关系

  C.甲公司与乙公司约定的年利率超过24%的部分无效

  D.甲公司已取得生产设备的所有权

归纳总结　融资租赁合同

概念理解	①融资租赁合同涉及三方当事人，即出租人、承租人、出卖人。特殊情况下，出卖人和承租人还可以合二为一 ②融资租赁合同为诺成性合同、要式合同（书面形式）、有偿合同、继续性合同
权利义务	①出卖人与出租人之间：出租人应向出卖人支付标的物的价款 ②出卖人与承租人之间：出卖人负有向承租人直接交付标的物的义务；当出卖人交付的标的物质量有瑕疵时，由承租人行使索赔的权利 ③出租人与承租人之间：租赁物出现瑕疵，出租人不承担违约责任，但承租人依赖出租人的技能确定租赁物或者出租人干预选择租赁物的除外；租赁物造成第三人损害的，由承租人承担侵权责任；承租人在占有租赁物期间承担维修租赁物的义务 ④出租人对租赁物享有所有权，该所有权未经登记，不得对抗善意第三人

---

① 【答案】BCD。本题考查融资租赁合同。A、B两个选项涉及本案合同的认定，通过审题发现，甲公司与乙公司签订的本身就是融资租赁合同，在该合同中，甲公司既是出卖人，也是承租人，这并不违反融资租赁合同的认定，因此，两者之间的合同应认定为融资租赁合同关系，而不是资金拆借关系，A选项错误，B选项正确。C选项，该选项的命题思路令人困惑。甲公司与乙公司之间既然是融资租赁合同，而不是借款关系，因此就不应存在利率问题，该选项显然存在不严谨之处。考生在做真题时，要注意做题的目的是为了巩固知识点，不是为了寻找题目本身的漏洞。根据该选项的描述，命题者的思路可能是想考查学生对借款合同利率的掌握程度。因此我们可以按此思路分析，暂不作过多争论。如果按此思路，过去的司法解释曾经规定借款合同年利率24%、36%等不同标准，但现在这些标准都被废除了。现在民间借款合同的利率是不超过合同成立时一年期贷款市场报价利率的4倍，超过的部分无效。一年期贷款市场报价利率，近年来基本均维持在4%左右，其4倍，也就是16%左右。因此，年利率达到24%的，肯定超过了一年期贷款市场报价利率的4倍，故超过的部分应认定为无效。据此分析，该选项是正确的。但这是按照命题者隐含的思路来分析的，这样分析的目的，是希望考生掌握一年期贷款市场报价利率4倍这个考点，至于该题目本身的不严谨之处，就没有必要钻牛角尖了。D选项，甲公司为融资租赁合同的出租人，故享有标的物的所有权，该选项正确。本题如果出现失误，主要原因是对融资租赁合同的基本考点不够熟悉。融资租赁合同在考生的日常生活中较少见到，很多考生会觉得缺少感性认识。认定融资租赁合同，基本的标准是看是否存在三方当事人，即出租人、承租人、出卖人，而出卖人和承租人可以是同一个人。综上，本题正确选项为BCD（C选项有不严谨之处）。

融资租赁合同的终止	①租赁期限届满，当事人未约定的，租赁物所有权归出租人；但当事人约定租赁期限届满，承租人仅需向出租人支付象征性价款的，视为约定的租金义务履行完毕后租赁物的所有权归承租人 ②出租人或者承租人均可以单方解除融资租赁合同的情形：因出卖人的原因致使融资租赁合同的目的不能实现 ③出租人可以单方解除融资租赁合同的情形包括：承租人未经出租人同意，擅自处分租赁物；承租人未按照合同约定的期限和数额支付租金，经出租人催告后在合理期限内仍不支付；承租人欠付租金达到两期以上，或数额达到全部租金15%以上，经出租人催告后在合理期限内仍不支付；承租人违反合同约定，致使合同目的不能实现的其他情形 ④承租人可以单方解除融资租赁合同的情形是：因出租人的原因致使承租人无法占有、使用租赁物

专题十九　其他各种合同

第一节　交付工作成果的合同

命题点拨

本节包括承揽合同和建设工程合同。其中，建设工程合同是法考的重点，近年来频繁考查，重点是建设施工合同无效的情形与后果、建设工程合同承包人的优先受偿权等。承揽合同近年来较少考查，即使偶有涉及，也是和其他知识点合并在一起考查，考点较少。

一、承揽合同

（一）概念

承揽合同，是承揽人按照定作人的要求完成工作，交付工作成果，定作人给付报酬的合同。其中，完成工作并将工作成果交付给对方的一方当事人为承揽人，接受工作成果并向对方给付报酬的一方当事人为定作人。

理解这一概念，可以从如下几点进行：

1.承揽合同的内容，包括加工、定作、修理、复制、测试、检验等内容。如制作家具、修理电脑等，均为承揽合同，其在社会生活中广泛存在。

2.承揽合同为诺成、有偿、双务、非要式合同。

3.承揽合同以完成一定工作并交付工作成果为目的，这使其与劳务合同相区分：承揽合同的目的是完成工作并交付工作成果，劳务合同的目的则是仅仅向对方提供劳务。考生可以通俗地理解为：承揽合同中，必须要交出成果；劳务合同中，就是给别人干活。本专题第二节，将专门学习劳务合同。

（二）承揽合同的主要考点

1.承揽人应亲自完成主要工作。

承揽人如将其主要工作交由其他人完成，属于义务不适当履行，应负违约责任。

2.定作人有支付价款、协助的义务。

（1）定作人支付价款的义务。

定作人应当按照约定的期限支付报酬。定作人拒不支付报酬的，承揽人对工作成果可以行使留置权或者拒绝交付工作成果。

（2）定作人的协助义务。

定作人应及时、合理提供材料、设计图纸、技术要求、技术资料或样品。

3.定作物（工作成果）的所有权归属。

《民法典》未作规定，根据民法理论，定作物的归属分以下几种情况：

（1）定作人提供原材料：定作物完成时，定作人取得所有权。

（2）承揽人提供原材料：定作人提供工作基底的，定作物完成后，定作人取得所有权；定作人未提供工作基底的，定作物完成后，承揽人取得所有权。

提醒考生注意的是：按照法考命题惯例，凡是题目中未特别说明的，均认定为是承揽人提供原材料且提供工作基底。

实例： 甲为送丙生日礼物，特向乙定作一件玉器。订货单上，甲指示乙将玉器交给丙，并将订货情况告知丙。玉器制好后，乙委托丁将玉器交给丙，丁不慎将玉器碰坏。当事人如何主张责任？

结论： 乙可以向丁主张违约责任或者侵权责任；甲可以向乙主张违约责任。在该实例中，甲与乙之间构成承揽合同关系，甲是定作人，乙是承揽人，标的物为动产，实例中没有提及由谁提供原材料，即默认由承揽人自己提供原材料及工作基底。因此，在定作物交付定作人之前，由承揽人乙享有所有权，丁碰坏该玉器，应对乙承担侵权责任；同时，乙委托丁代为交付，即在乙与丁之间形成委托合同关系，丁未完成交付义务，应对乙承担违约责任。既然甲、乙之间存在承揽合同关系，现定作物无法交付，则甲可以向乙主张违约责任。此外，丁与甲、丙之间无合同关系，不产生违约责任；丙与乙之间无合同关系，不产生违约责任。

4.承揽合同的解除。

（1）定作人的解除权。

考生应掌握两个方面：

①定作人的任意解除权。

定作人在承揽人完成工作前可以随时解除承揽合同，由此给承揽人造成损失的，定作人应当承担赔偿责任。

②定作人的法定解除权。

承揽人未经定作人同意将承揽合同的主要工作转由第三人完成的，定作人可以解除合同。由此给定作人造成损失的，承揽人应承担赔偿责任。

（2）承揽人的解除权。

对于定作人不履行协助义务的，承揽人可催告其在合理期限内履行，定作人逾期仍不履行的，承揽人有权解除合同。

二、建设工程合同

（一）建设工程合同的概念

建设工程合同，指承包人按照发包方的要求完成工作，交付建设工程，并由发包方支付价款的合同。

理解这一概念，可以从如下几点进行：

1.订立建设工程合同有两种方式：一是发包方与承包方可以就整个建设工程从勘察、设计到施工签订合同，这就是所谓的总承包，即只有一个承包方，由该承包方对整个建设工程负责；二是发包方分别与勘察人、设计人、施工人签订勘察、设计、施工合同，这就是所谓平行发包，即有三个承包方，他们分别负责勘察、设计、施工。

2.在建设工程合同中，承包人承包工程后，可以经发包人同意，将工程的非主体结构再交给第三人，该第三人称为分包人。但承包人应自行完成工程的主体结构。

3.承包人不能将工程全部交给第三人，全部交给第三人的，称为转包，这是法律禁止的。

4.分包人不能再将工程交由第三人，分包人把工程交给第三人的，称为再分包，这也是法律禁止的。

5.建设工程合同是诺成、有偿、双务、要式合同（书面形式）。

（二）建设工程合同的主要考点

1.建设工程合同无效及其法律后果。

（1）建设工程合同无效的认定标准。

以下情形，相应的合同无效：

①承包人、分包人未取得资质或超越资质等级的，所签订的建设工程合同或分包合同无效。其中，在因超越资质等级而导致无效的情形下，如果承包人、分包人在建设工程竣工前取得相应资质等级，合同应认定为有效。这是民事法律行为无效的补正思想的体现。

需要考生注意的细节是：在因未取得资质而导致无效的情形下，不存在补正的问题，而是确定无效。

②发包人未取得建设工程规划许可证等规划审批手续的，合同无效，但发包人在起诉前取得建设工程规划许可证等规划审批手续的，合同应认定为有效。这是民事法律行为无效的补正思想的体现。

需要考生注意的细节是：如果发包人能够办理审批手续而未办理，则发包人不得以未办理审批手续为由请求确认建设工程合同无效；此种情况下，承包人仍然可以主张合同无效。

③转包合同、再分包合同均无效。

④缺乏资质的单位或者个人借用有资质的建筑施工企业名义签订的建设工程合同无效。

⑤建设工程必须进行招标而未招标或者中标无效的，所签订的建设工程合同无效。

（2）建设工程合同无效的法律后果。

此处的命题模式是：建设工程合同无效，承包人可否要求发包人付钱？对此，考生应分如下情况处理：

①建设工程合同无效，但是建设工程经验收合格的，可以参照合同关于工程价款的约定折价补偿承包人。注意此处的表述是"折价补偿"，而不是"支付工程款"，因为合同毕竟是无效的，支付工程款的表述是在合同有效的前提下使用的。

②建设工程经验收不合格的，又应分两种情况处理：

A.修复后的建设工程经验收合格的，发包人可以请求承包人承担修复费用；

B.修复后的建设工程经验收不合格的，承包人无权请求参照合同关于工程价款的约定折价补偿。

2.承包人与第三人的连带责任。

建设工程质量不合格，第三人应就其完成的工作成果与承包人向发包人承担连带责任。此处的第三人，包括分包人、再分包人、转包人等承包人之外的所有当事人，而不论合同是否有效。这种连带责任的规定，实际上突破了合同的相对性。

3.承包人的建设工程优先受偿权。

（1）优先受偿的实现条件。

建设工程竣工交付验收后，发包人未按约定支付价款，承包人可对发包人进行催告，发包人在合理期限届满后仍不支付的，承包方可以请求人民法院将该工程依法拍卖，并就拍卖的价款优先受偿。

（2）优先受偿权的享有主体。

只有承包人才享有优先受偿权，分包人、转包人等均无此权。

需要考生注意的细节是：承包人主张优先受偿权的前提，是工程质量合格，至于建设工程合同本身是否有效，对承包人主张优先受偿权没有影响。

（3）优先受偿权的行使期限。

承包人行使优先受偿权的期限为18个月，自发包人应当给付建设工程价款之日起算。

（4）优先受偿权的范围。

仅限于承包人为建设工程应当支付的工作人员报酬、材料等实际费用的支出，不包括承包人因发包人违约造成的损失、发包人逾期支付建设工程价款的利息、违约金、损害赔偿金。需要考生注意的是：因发包人违约造成的损失、发包人逾期支付建设工程价款的利息、违约金、损害赔偿金等，承包人仍然可以向发包人主张权利，只是不能从建设工程价款中优先受偿而已。

（5）优先受偿权的效力。

承包人的优先受偿权，优先于建设工程之上的抵押权，但落后于已支付全部或大部分价款的买受人，即此处的买受人最优先，承包人的优先受偿权次之，抵押权人最后。

4.垫资问题的处理。

所谓垫资，是说建设工程施工过程中的费用，由承包方垫付。那么，由承包方垫付的资金，其如何主张权利呢？对此，考生应从如下方面把握：

（1）当事人对垫资和垫资利息有约定，承包人有权请求按照约定返还垫资及其利息，但是约定的利息计算标准高于垫资时的同类贷款利率或者同期贷款市场报价利率的部分除外。

（2）当事人对垫资没有约定的，按照工程欠款处理，即相当于发包方欠承包方的钱款，故发包方负有还款的义务。

（3）当事人对垫资利息没有约定，承包人不能要求发包方支付利息。

5.其他考点。

（1）建设工程合同与中标合同不一致的处理。

招标人和中标人另行签订的建设工程合同约定的工程范围、建设工期、工程质量、工程价款等实质性内容，与中标合同不一致，则应以中标合同为准。

（2）出借方与借用方的连带责任。

缺乏资质的单位或者个人借用有资质的建筑施工企业名义签订建设工程施工合同，出借方与借用方应承担连带赔偿责任。

（3）工程质量保证金的返还问题。

有下列情形之一，承包人有权请求发包人返还工程质量保证金：

①当事人约定的工程质量保证金返还期限届满。

②当事人未约定工程质量保证金返还期限的，自建设工程通过竣工验收之日起满2年。

③因发包人原因建设工程未按约定期限进行竣工验收的，自承包人提交工程竣工验收报告90日后当事人约定的工程质量保证金返还期限届满；当事人未约定工程质量保证金返还期限的，自承包人提交工程竣工验收报告90日后起满2年。

考生应注意的细节考点是：发包人返还工程质量保证金后，不影响承包人根据合同约定或者法律规定履行工程保修义务。

（4）建设工程价款的结算依据。

①当事人签订的建设工程合同与招标文件、投标文件、中标通知书载明的工程范围、建设工期、工程质量、工程价款不一致，以招标文件、投标文件、中标通知书作为结算工程价款的依据。

②当事人就同一建设工程订立的数份建设工程合同均无效，但建设工程质量合格，应参照实际履行的合同折价补偿承包人；实际履行的合同难以确定，以最后签订的合同为准。

经典考题： 甲房地产开发公司开发一个较大的花园公寓项目，作为发包人，甲公司将该项目的主体工程发包给了乙企业，签署了建设工程施工合同。乙企业一直未取得建筑施工企业资质。现该项目主体工程已封顶完工。就相关合同效力及工程价款，下列哪些说法是正确的？（2017年卷三第62题，多选）①

A.该建设工程施工合同无效

B.因该项目主体工程已封顶完工，故该建设工程施工合同不应认定为无效

C.该项目主体工程经竣工验收合格，则乙企业可参照合同约定请求甲公司支付工程价款

D.该项目主体工程经竣工验收不合格，经修复后仍不合格的，乙企业不能主张工程价款

---

① 【答案】A。本题考查建设工程合同。A选项，承包人未取得建筑施工企业资质的，建设工程合同应认定为无效，该选项正确。B选项，根据上述分析，该建设工程合同按无效进行认定，该选项错误。C选项，如果该项目主体工程经竣工验收合格，则可以参照合同关于工程价款的约定折价补偿承包人。该选项所使用的"支付工程价款"的表述，是过去的法律里采用的，《民法典》第793条已经将其修改为"折价补偿"，因为支付工程价款应以建设工程合同有效为前提，而本案中建设工程合同是无效的。故按照最新的司法解释，该选项错误。D选项，该项目主体工程经竣工验收不合格，经修复后仍不合格的，承包人无权请求参照合同关于工程价款的约定折价补偿。该选项中所使用的"工程价款"的表述，同样是过去法律里采用的，按照《民法典》的规定，应认为该选项表述错误。本题如果出现失误，主要原因是没有掌握最新的司法解释规定。在建设工程合同无效的情况下，承包人能否要到钱款，其准确的表述应当是"折价补偿"，而不是"支付工程价款"。综上，本题正确选项为A（原公布答案为ACD，C、D因不符合《民法典》的规定而不再当选）。

归纳总结	交付工作成果的合同
承揽合同	①承揽人应亲自完成主要工作，如果承揽人将其主要工作交由第三人，应负违约责任 ②定作人拒不支付报酬的，承揽人对工作成果可以行使留置权或者拒绝交付工作成果 ③定作物的所有权归属，应根据原材料是定作人提供的还是承揽人提供的，而分别判断 ④定作人在承揽人完成工作前可以随时解除承揽合同，由此给承揽人造成损失的，定作人应当承担赔偿责任
建设工程合同	①建设工程合同无效的情形，包括未取得资质或超越资质等级、未取得建设工程规划许可证等规划审批手续、转包或再分包、借用他人资质、必须进行招标而未招标或者中标无效。建设工程合同无效后，应根据建设工程是否合格决定应否对承包方折价补偿 ②建设工程质量不合格，第三人应就其完成的工作成果与承包人向发包人承担连带责任 ③只有承包人才享有优先受偿权；行使优先受偿权的期限为18个月，自发包人应当给付建设工程价款之日起算；优先受偿权的范围仅限于承包人为建设工程应当支付的工作人员报酬、材料等实际费用；优先受偿权优先于建设工程之上的抵押权，但落后于已支付全部或大部分价款的买受人 ④对于垫资，如果当事人对垫资和垫资利息有约定，从其约定；没有约定的，垫资按照工程欠款处理，同时不能主张利息

第二节　提供劳务的合同

命题点拨

本节内容庞杂，包括保理合同、物业服务合同、运输合同、保管合同、仓储合同、委托合同、行纪合同、中介合同，不过这些合同在法考中均不是常考知识点。其中，保理合同、物业服务合同为《民法典》新增合同，要作为重点复习；运输合同、委托合同考查的概率相对高一些；其他合同，只是很偶然地进行考查。

一、保理合同

（一）保理合同的概念

保理合同，是应收账款债权人将现有的或者将有的应收账款转让给保理人，保理人提供资金融通、应收账款管理或者催收、应收账款债务人付款担保等服务的合同。

上述概念来自《民法典》，十分抽象，考生无须记忆，可结合下面实例进行理解：

实例： 甲公司与乙公司签订一份《买卖合同》，约定甲公司将一批水泥出售给乙公司，乙公司支付2000万元价款。甲公司如约交货，乙公司交付货款的时间为2020年11

月1日。后甲公司因资金需要，与丙保理公司签订一份《保理合同》，主要条款为：（1）丙保理公司向甲公司提供1500万元保理融资款，受让甲公司对乙公司的2000万元债权。（2）丙保理公司向甲公司提供的保理融资款到期日为2020年12月1日。（3）保理融资款到期后，如果丙保理公司未收到乙公司支付的2000万元账款，丙保理公司同时享有如下两项权利：其一，要求乙公司继续支付账款；其二，要求甲公司以保理融资款本金和相应的利息，以及丙保理公司实现债权的费用之和，回购丙保理公司所受让的应收账款。

在上述实例中，甲公司与丙保理公司所签订的合同为保理合同，甲公司、乙公司之间的买卖合同，称为保理合同的基础合同；甲公司、乙公司之间的债权称为应收账款，甲公司为债权人，乙公司为债务人。

理解保理合同，可以从如下几点进行：

1.保理合同是要式合同。

当事人订立保理合同，应当采用书面形式。

2.保理合同的本质是债权转让。

在保理合同中，应收账款债权人将其债权转让给了保理人，保理人由此向其支付保理融资款作为对价。基于上述原因，请考生牢记：保理合同可以准用债权转让的有关规定。

（二）保理合同的主要考点

1.基础合同对保理合同的影响。

（1）虚构应收账款的法律后果。

应收账款债权人与债务人虚构应收账款作为转让标的，与保理人订立保理合同的，应收账款债务人不得以应收账款不存在为由对抗保理人，但是保理人明知虚构的除外。

（2）变更和终止基础交易合同的法律后果。

应收账款债务人接到应收账款转让通知后，应收账款债权人与债务人无正当理由协商变更或者终止基础交易合同，对保理人产生不利影响的，对保理人不发生效力。

2.保理合同的分类。

（1）有追索权保理。

所谓有追索权保理，通俗地说，就是保理人保留对应收账款债权人的追索权利，即保理人一方面可以向债务人主张还款，另一方面也可以向债权人主张返还保理融资款本息或者回购应收账款债权。本节前述实例，即为有追索权保理。

其法律规则是：保理人向应收账款债务人主张应收账款债权，在扣除保理融资款本息和相关费用后有剩余的，剩余部分应当返还给应收账款债权人。

（2）无追索权保理。

所谓无追索权保理，通俗地说，就是保理人对应收账款债权人不享有追索权利，即保理人只能向债务人主张债权，而不能要求债权人返还保理融资款本息或者回购应收账款债权。

其法律规则是：保理人取得超过保理融资款本息和相关费用的部分，无需向应收账款债权人返还。

3.多重保理的顺位规则。

应收账款债权人就同一应收账款订立多个保理合同，致使多个保理人主张权利的，处理顺序如下：

（1）已经登记的先于未登记的取得应收账款。

（2）均已经登记的，按照登记时间的先后顺序取得应收账款。

（3）均未登记的，由最先到达应收账款债务人的转让通知中载明的保理人取得应收账款。

（4）既未登记也未通知的，按照保理融资款或者服务报酬的比例取得应收账款。

二、物业服务合同

（一）物业服务合同的概念

物业服务合同，是物业服务人在物业服务区域内，为业主提供建筑物及其附属设施的维修养护、环境卫生和相关秩序的管理维护等物业服务，业主支付物业费的合同。

物业服务合同是要式合同，当事人订立物业服务合同，应当采用书面形式。

（二）物业服务合同的主要考点

1.服务服务合同的订立。

（1）物业服务人公开作出的有利于业主的服务承诺，为物业服务合同的组成部分。

（2）建设单位依法与物业服务人订立的前期物业服务合同，以及业主委员会与业主大会依法选聘的物业服务人订立的物业服务合同，对业主具有法律约束力。

考生应注意的细节考点是：前期物业服务合同约定的服务期限届满前，业主委员会或者业主与新物业服务人订立的物业服务合同生效的，前期物业服务合同终止。

（3）物业服务的转委托：

①物业服务人将物业服务区域内的部分专项服务事项委托给专业性服务组织或者其他第三人的，应当就该部分专项服务事项向业主负责。

②物业服务人不得将其应当提供的全部物业服务转委托给第三人，或者将全部物业服务支解后分别转委托给第三人。

2.物业服务合同的效力。

（1）物业服务人的主要义务。

①信息公开义务。

物业服务人应当定期将服务的事项、负责人员、质量要求、收费项目、收费标准、履行情况，以及维修资金使用情况、业主共有部分的经营与收益情况等以合理方式向业主公开并向业主大会、业主委员会报告。

②退出义务。

物业服务合同终止的，原物业服务人应当在约定期限或者合理期限内退出物业服务区域。原物业服务人违反该义务的，不得请求业主支付物业服务合同终止后的物业费；造成业主损失的，应当赔偿损失。

③后合同义务。

物业服务合同终止后，在业主或者业主大会选聘的新物业服务人或者决定自行管理的业主接管之前，原物业服务人应当继续处理物业服务事项，并可以请求业主支付该期间的物业费。

提醒考生注意的是：此处的后合同义务，适用于业主尚未选聘新的物业服务人，也没有决定自行管理。一旦业主选聘了新的物业服务人或决定自行管理，原物业服务人就应当按照约定退出物业服务区域，此时适用上述退出义务的相应规则。

（2）业主的主要义务。

①支付物业费的义务。

业主应当按照约定向物业服务人支付物业费。物业服务人已经按照约定和有关规定提供服务的，业主不得以未接受或者无需接受相关物业服务为由拒绝支付物业费。

业主违反约定逾期不支付物业费的，物业服务人可以催告其在合理期限内支付，但物业服务人不得采取停止供电、供水、供热、供燃气等方式催交物业费。

②业主的告知、协助义务。

业主装饰装修房屋、转让房屋、出租房屋、设立居住权或者依法改变共有部分用途的，应当及时将相关情况告知物业服务人。

（3）业主的任意解除权。

业主依照法定程序共同决定解聘物业服务人的，可以解除物业服务合同。决定解聘的，应当提前60日书面通知物业服务人，但是合同对通知期限另有约定的除外。

注意：按上述方式解除合同造成物业服务人损失的，除不可归责于业主的事由外，业主应当赔偿损失。

3.不定期物业服务合同。

物业服务期限届满后，业主没有依法作出续聘或者另聘物业服务人的决定，物业服务人继续提供物业服务的，原物业服务合同继续有效，但是服务期限为不定期。

业主和物业公司可以随时解除不定期物业服务合同，但是应当提前60日书面通知对方。

三、运输合同

（一）运输合同的概念

运输合同，又称运送合同，指承运人将旅客或者货物从起运地点运输到约定地点，旅客、托运人或者收货人支付票款或者运输费用的合同。

运输合同包括客运合同和货运合同，前者运送旅客，后者运送货物。

（二）运输合同的主要考点

1.客运合同。

（1）承运人的义务。

①承运人的告知义务。

承运人迟延运输或者有其他不能正常运输情形的，应当及时告知和提醒旅客，采取必要的安置措施，并根据旅客的要求安排改乘其他班次或者退票；由此造成旅客损失的，承运人应当承担赔偿责任，但是不可归责于承运人的除外。

②承运人的救助义务。

承运人在运输过程中，应当尽力救助患有急病、分娩、遇险的旅客。如果承运人对患有急病、分娩、遇险的旅客不予救助，应承担民事责任。

③承运人的安全运送义务。

A.对旅客在运输过程中的伤亡，承运人应承担赔偿责任，但伤亡是旅客自身健康原因造成的，或者承运人证明伤亡是旅客故意、重大过失造成的除外。

关于此考点，考生应掌握如下细节：

a.承运人对旅客的伤亡，承担的是无过错责任，即承运人承担责任，不以其过错为条件。

b.承运人对旅客伤亡所承担的责任，不仅适用于正常购票乘车的旅客，也适用于按照规定免票、持优待票或者经承运人许可搭乘的无票旅客。对于无票乘车又未经承运人许可的人员的伤亡，因没有合法有效的合同关系存在，承运人不承担违约的赔偿责任，但承运人存在侵权行为的，应承担侵权责任。

B.对旅客自带物品的毁损、灭失，承担过错责任，即承运人只在有过错的情况下方承担责任；对旅客托运物品的毁损、灭失，承担无过错责任，即承运人承担责任，不以其过错为条件。

（2）客运合同的变更和解除。

①因旅客自身原因导致的变更或解除。

客运合同成立后，旅客因自己的原因不能按照客票记载的时间乘坐的，应当在约定的时间内办理退票或者变更手续。逾期未办理的，承运人可以不退票款，并不再承担运输义务。

②因承运人的原因导致的变更或解除。

在客运合同订立后，承运人擅自降低服务标准的，旅客有权要求退票或者减收票款；提高服务标准的，无权向旅客加收票款。

2.货运合同。

（1）承运人的义务。

①承运人的安全运输义务。

运输过程中，货物毁损、灭失的，承运人应承担赔偿责任（也是无过错责任）。如果承运人证明货物的毁损、灭失是因不可抗力、货物本身的自然性质或者合理损耗以及托运人、收货人的过错造成的，不承担赔偿责任。

②承运人的通知义务。

货物运输到达后，承运人负有及时通知收货人的义务。

（2）货运合同的任意变更或解除。

在承运人将货物交付收货人之前，托运人可以要求承运人中止运输、返还货物、变更到达地或者将货物交给其他收货人，但是造成承运人损失的，应当予以赔偿。

四、保管合同

（一）保管合同的概念

保管合同，又称寄托合同、寄存合同，是指双方当事人约定一方当事人保管另一方当事人交付的物品，并返还该物的合同。其中保管物品的一方为保管人，或称受寄托人，其所保管的物品为保管物；交付保管物品的一方为寄存人，或称寄托人。

理解这一概念，可以从如下几方面进行：

1.寄存人到保管人处从事购物、就餐、住宿等活动，将物品存放在指定场所的，视为保管，但是当事人另有约定或者另有交易习惯的除外。

2.保管合同为实践性合同，自当事人交付标的物时成立，但当事人另有约定除外。

（二）保管合同的主要考点

1.保管合同与仓储合同的区别。

仓储合同，又称仓储保管合同，指当事人双方约定由保管人（又称仓库营业人）为存货人保管、储存货物，存货人为此支付报酬的合同。在仓储合同中，保管人必须是有仓储设备并专门从事仓储保管业务的主体；存货方主张货物已交付或行使返还请求权以仓单为凭证。

仓储合同与保管合同的区别主要有：

（1）保管合同可以是有偿的，也可以是无偿的；仓储合同是有偿的。

（2）保管合同为实践性合同；仓储合同为诺成性合同。

（3）不论保管期限有无约定，保管合同中的寄存人均有权随时领取保管物（任意解除权）；仓储合同中，存货人只有在储存期限没有约定或约定不明确时，才有权随时领取保管物（任意解除权）。

（4）因保管不善，造成保管物毁损、灭失的，保管合同中，无偿保管人只有在存在故意或重大过失的情形下，才承担赔偿责任；仓储合同中，保管人均要承担赔偿责任。

2.保管合同中的任意解除权。

（1）不论保管期限有无约定，寄存人均享有任意解除权，可以随时领取保管物。

（2）保管期限没有约定或者约定不明确的，保管人享有任意解除权，可以随时请求寄存人领取保管物。

3.寄存人支付保管费和偿还必要费用的义务。

当事人约定有偿保管的，寄存人应按照约定支付报酬和必要费用。寄存人不支付的，保管人可留置保管物。

4.寄存人的声明义务。

当寄存人寄存的物品为货币、有价证券或者其他贵重物品时，应向保管人履行声明义务，并经由保管人验收或封存。寄存人未尽声明义务的，该物品毁损、灭失之后，保管人可以按照一般物品的价值予以赔偿。

五、委托合同

（一）委托合同的概念

委托合同，是指委托人与受托人约定，由受托人处理委托人事务的合同。

理解这一概念，可以从如下几方面进行：

1.受托人所处理的事务，既包括法律事务（如受托与第三人签订买卖合同），又包括事实事务（如受托喂养宠物）。

需要考生注意的细节是：如果受托人是受委托与第三人实施民事法律行为的，则受托人和委托人之间将进一步产生代理关系，受托人为代理人，委托人为被代理人。

2.委托合同是诺成、不要式合同。

（二）委托合同的主要考点

1.受托人的主要义务。

（1）受托人依委托人的指示处理委托事务的义务。

①受托人原则上应按照委托人的指示处理委托事务，只有在情况紧急时才可以变更委托人的指示，妥善处理委托事务。

②受托人在变更指示后负有及时报告义务。如果因受托人怠于报告而给委托人造成损失的，受托人应负赔偿责任。

（2）受托人的损害赔偿义务。

需要考生掌握如下两种情形：

①有偿的委托合同，因受托人的过错给委托人造成损失的，委托人可以请求赔偿损失；

②无偿的委托合同，因受托人的故意或者重大过失给委托人造成损失的，委托人可以请求赔偿损失。

2.委托人的主要义务。

（1）委托人支付报酬的义务。

受托人完成委托事务的，委托人应当按照约定向其支付报酬。如果受托人全部完成的，委托人应支付全部报酬；如果是部分完成的，委托人应支付部分报酬。

（2）赔偿受托人损失的义务。

受托人处理委托事务时，因不可归责于自己的事由受到损失的，可以向委托人请求赔偿损失。

3.委托合同中的任意解除权。

（1）双方均享有任意解除权。

在委托合同中，合同的当事人双方均享有任意解除权，可随时解除合同。

（2）损失赔偿问题。

因行使任意解除权给对方造成损失的，按如下规则处理赔偿问题：

①无偿委托合同中，解除方应当赔偿因解除时间不当造成的直接损失。

②有偿委托合同中，解除方应当赔偿对方的直接损失和合同履行后可以获得的利益。

六、行纪合同

（一）行纪合同的概念

行纪合同，指一方根据他方的委托，以自己的名义为他方从事贸易活动，并收取报酬的合同。其中以自己名义为他方办理业务的，为行纪人；由行纪人为之办理业务，并支付报酬的，为委托人。

理解这一概念，可以从如下几方面进行：

1.行纪合同中，行纪人具有限定性，其只能是经批准经营行纪业务的自然人、法人或非法人组织。在法考中，一般表述为商行、寄售行。这是行纪合同与委托合同的典型区别。如甲委托好友乙出售其钻戒一枚，这是委托合同；甲委托丙寄售行出售其钻戒一枚，这就是行纪合同。

2.行纪合同中，行纪人以自己的名义与第三人签订合同，并直接享有相应的权利和义务。如果第三人欲主张责任，则只能向行纪人主张，而不能直接向委托人主张。这也是行纪合同与委托合同的重要区别。在委托合同中，受托人（代理人）是以委托人（被代理人）的名义与第三人签订合同，法律后果也是由委托人承担的，第三人欲主张责任，应向委托人主张。

3.行纪合同是双务、有偿、诺成、不要式合同。

（二）行纪合同的主要考点

1.行纪人的主要义务。

（1）负担行纪费用的义务。

行纪人处理委托事务支出的费用，由行纪人负担，但是当事人另有约定的除外。

（2）依委托人的指示处理事务的义务。

对于委托人所指定的委托物的卖出价格或买入价格，行纪人有遵从指示的义务。该项义务可分解为以下两种情况来具体考查：

①行纪人以低于指定价格卖出或者高于指定价格买入的，应当经委托人同意；未经委托人同意，行纪人补偿其差额的，该买卖对委托人发生效力。

②行纪人以高于指定价格卖出或低于指定价格买入委托物的，可以按照约定增加报酬；没有约定或者约定不明确，该利益属于委托人。

2.委托人的主要义务。

（1）支付报酬的义务。

行纪人全部完成或部分完成委托事务，委托人应当支付报酬却逾期不支付的，行纪人可以留置委托物。

（2）受领或取回标的物的义务。

具体包括如下两个考点：

①行纪人为委托人买入委托物的，委托人应当及时受领，经行纪人催告，委托人无正当理由拒绝受领的，行纪人可以依法提存委托物。

②委托物不能卖出或者委托人撤回出卖，委托人应当及时取回，经行纪人催告，委托人不取回的，行纪人可以依法提存委托物。

3.行纪人的介入权。

（1）介入权的发生。

行纪人接受委托买卖有市场定价的证券或其他商品时，除委托人有相反的意思表示的以外，行纪人自己可以作为出卖人或买受人，这被称为行纪人的介入权，或称行纪人的自约权。

（2）行使介入权的结果。

行纪人行使介入权之后，仍有报酬请求权，委托人应按合同约定付给行纪人报酬。

七、中介合同

（一）中介合同的概念

中介合同，是中介人向委托人报告订立合同的机会或者提供订立合同的媒介服务，委托人支付报酬的合同。其中提供中介服务的，为中介人；由中介人为之办理业务的，为委托人。

理解这一概念，可以从如下几方面进行：

1.中介合同中，中介人就是现实生活中从事中介业务的各类自然人、法人或非法人组织，如房产中介、职业中介。这是中介合同与委托合同、行纪合同的典型区别。

2.中介合同的本质，是中介人促成委托人和第三人签订合同，但中介人既不会以委托人的名义与第三人签订合同，也不会以自己的名义与第三人签订合同。这也是中介合同与委托合同、行纪合同的主要区别。

3.中介合同为双务、有偿、诺成、不要式合同。

（二）中介合同的主要考点

1.中介人的主要义务。

（1）报告订立合同的机会或提供订立合同的媒介服务的义务。

（2）忠实义务。

中介人应将所知道的有关订约的情况或商业信息如实告知给委托人，中介人故意隐瞒与订立合同有关的重要事实或者提供虚假情况，损害委托人利益的，不得请求支付报酬并应当承担赔偿责任。

2.委托人的主要义务。

（1）中介人促成合同成立的，委托人应当按照约定支付报酬，但中介费用由中介人自行负担。

需要考生注意的细节是：委托人在接受中介人的服务后，利用中介人提供的交易机会或者媒介服务，绕开中介人直接订立合同的，应当向中介人支付报酬。这种情形，在生活中俗称"跳单"，即绕开中介。

（2）中介人未促成合同成立的，委托人无须支付报酬，但中介人可以按照约定请求委托人支付必要费用。

经典考题：某律师事务所指派吴律师担任某案件的一、二审委托代理人。第一次开庭后，吴律师感觉案件复杂，本人和该事务所均难以胜任，建议不再继续代理。但该事务所坚持代理。一审判决委托人败诉。下列哪些表述是正确的？（2013年卷三60题，多选）①

---

① **【答案】** AC。本题考查委托合同。A选项，某律师事务所和任某之间是委托合同关系，双方当事人均有任意解除权，但行使任意解除权给对方造成损害的，应承担赔偿责任。故律师事务所有权单方解除委托合同，但须承担赔偿责任，该选项正确。B选项，由于律师事务所有权单方解除合同，故该选项关于律师事务所在委托人一审败诉后不能单方解除合同的表述就是错误的。C选项，根据上述分析，即使一审胜诉，作为受托人的律师事务所也可解除委托合同，但须承担赔偿责任，该选项正确。D选项，律师事务所和任某之间的委托合同显然应当是有偿的，在有偿的委托合同中，因受托人的过错给委托人造成损失的，受托人就应承担赔偿责任。因此，如果该律师事务所对败诉有过错，就应当承担赔偿责任，该选项说"只有存在故意或者重大过失时，该律师事务所才对败诉承担赔偿责任"，是错误的。需要考生注意的是，不是律师事务所败诉，就必须给其委托人赔偿，而是在有过错的情况下才承担赔偿责任。本题如果出现失误，主要原因是对委托合同中的任意解除权这个知识点掌握得不牢，同时可能受生活常识的影响。一方面，没有精致记忆委托合同中双方当事人均有任意解除权，另一方面，从常识出发，认为律师事务所既然接受了当事人的委托，就不能随便解除合同。因此，考生始终要注意知识点的把握，避免因生活常识而影响做题。综上，本题正确选项为AC。

A.律师事务所有权单方解除委托合同，但须承担赔偿责任

B.律师事务所在委托人一审败诉后不能单方解除合同

C.即使一审胜诉，委托人也可解除委托合同，但须承担赔偿责任

D.只有存在故意或者重大过失时，该律师事务所才对败诉承担赔偿责任

归纳总结 提供劳务的合同

保理合同	①基础合同对保理合同的影响：虚构应收账款的，债务人不得以应收账款不存在为由对抗保理人，但是保理人明知虚构的除外；变更和终止基础交易合同的，不得对保理人产生不利影响 ②保理合同可分为有追索权保理和无追索权保理，前者就是保理人可向债权人主张返还保理融资款本息或者回购债权，后者则无此权利 ③多重保理，最新登记的优先；没有登记的，最先通知的优先
物业服务合同	①物业服务人公开作出的有利于业主的服务承诺，为物业服务合同的组成部分 ②建设单位、业主委员会所签订的物业服务合同，对业主具有法律约束力 ③物业服务人应承担信息公开义务、退出义务、后合同义务 ④业主应承担支付物业费的义务、告知和协助义务 ⑤不定期物业服务合同中，当事人均有任意解除权
运输合同	①客运合同中，承运人承担告知义务、救助义务、安全运送义务 ②货运合同中，承运人承担安全运输义务、通知义务
保管合同	①保管合同与仓储合同在是否有偿、是否为实践性合同、如何行使任意解除权、如何赔偿方面，均有区别 ②保管合同中，不论保管期限有无约定，寄存人均享有任意解除权；保管期限没有约定或者约定不明确的，保管人享有任意解除权
委托合同	①受托人的损害赔偿义务应分两种情形处理：A.有偿的委托合同，因受托人的过错给委托人造成损失的，委托人可以请求赔偿损失；B.无偿的委托合同，因受托人的故意或者重大过失给委托人造成损失的，委托人可以请求赔偿损失 ②委托合同中，双方均享有任意解除权；因行使任意解除权给对方造成损失的，应承担赔偿责任
行纪合同	①行纪人只能是经批准经营行纪业务的民事主体；行纪人以自己的名义与第三人订立合同，并就该合同直接享有权利、承担义务 ②行纪合同中，行纪人有承担行纪费用的义务、依委托人的指示处理事务的义务 ③行纪合同中，委托人有支付报酬的义务、受领或取回标的物的义务 ④行纪人享有介入权，行纪人自己可以作为出卖人或买受人
中介合同	①中介合同的本质，是中介人促成委托人和第三人签订合同，中介人不会与第三人直接签订合同 ②委托人"跳单"的，仍然应当向中介人支付报酬

第三节　合伙合同

命题点拨

合伙合同是《民法典》新增的合同类型，考生要作为重点，全面复习。

一、合伙合同的概念

合伙合同，是两个以上合伙人为了共同的事业目的，订立的共享利益、共担风险的协议。

理解这一概念，考生需要重点关注合伙合同与合伙企业的区分：如果合伙人在合伙合同的基础上进一步办理了合伙企业登记的，则围绕合伙企业的相关问题，应适用《合伙企业法》的规定；如果仅仅是签订了合伙合同但并没有办理合伙企业登记的，则应适用《民法典》关于合伙合同的规定。

考生切不可将在商法中学习的合伙企业法的相关知识与民法中的合伙合同发生混淆；在考试时，也要特别注意题目考查的是合伙企业问题还是合伙合同问题。之前的一些真题，在此方面没有压根区分，在《民法典》背景下，是不严谨的。

二、合伙财产

1.合伙人的出资、因合伙事务依法取得的收益和其他财产，属于合伙财产。

2.合伙合同终止前，合伙人不得请求分割合伙财产。

三、合伙合同中的权利义务

（一）合伙事务的决定与执行

1.决定。

合伙人就合伙事务作出决定的，除合伙合同另有约定外，应当经全体合伙人一致同意。

2.执行。

（1）合伙事务由全体合伙人共同执行。按照合伙合同的约定或者全体合伙人的决定，可以委托一个或者数个合伙人执行合伙事务；其他合伙人不再执行合伙事务，但是有权监督执行情况。

（2）合伙人分别执行合伙事务的，执行事务合伙人可以对其他合伙人执行的事务提出异议；提出异议后，其他合伙人应当暂停该项事务的执行。

（3）合伙人不得因执行合伙事务而请求支付报酬，但是合伙合同另有约定的除外。

（二）合伙的利润分配与亏损分担

合伙的利润分配和亏损分担，按照合伙合同的约定办理；合伙合同没有约定或者约定不明确的，由合伙人协商决定；协商不成的，由合伙人按照实缴出资比例分配、分担；无法确定出资比例的，由合伙人平均分配、分担。

（三）合伙人的连带责任及追偿权

合伙人对合伙债务承担连带责任。清偿合伙债务超过自己应当承担份额的合伙人，有权向其他合伙人追偿。

（四）合伙人转让财产份额

除合伙合同另有约定外，合伙人向合伙人以外的人转让其全部或者部分财产份额的，须经其他合伙人一致同意。

考生需要注意的细节是：合伙人相互之间转让合伙份额，无须经其他合伙人同意。

（五）代位行使合伙人权利的限制

合伙人的债权人不得代位行使合伙人在合伙中享有的权利，但是合伙人享有的利益分配请求权，可以被合伙人的债权人代位行使。

（六）不定期合伙

1.不定期合伙的类型。

（1）合伙人对合伙期限没有约定或者约定不明确，又没有达成协议补充，且按照合同相关条款或者交易习惯仍不能确定，视为不定期合伙。

（2）合伙期限届满，合伙人继续执行合伙事务，其他合伙人没有提出异议的，原合伙合同继续有效，但是合伙期限为不定期。

2.不定期合伙中的任意解除权。

合伙人可以随时解除不定期合伙合同，但是应当在合理期限之前通知其他合伙人。

归纳总结 合伙合同

概念理解	合伙合同是当事人订立的共享利益、共担风险的协议，与合伙企业不同，前者属于合同的一种，适用《民法典》的规定；后者属于企业的一种，适用《合伙企业法》的规定
合伙财产	合伙人的出资、因合伙事务依法取得的收益和其他财产，属于合伙财产；合伙合同终止前，合伙人不得请求分割合伙财产
合伙合同中的权利义务	①合伙事务的决定与执行：由全体合伙人一致同意，方能决定；原则上由全体合伙人共同执行，也可以委托一个或者数个合伙人执行 ②合伙的利润分配与亏损分担：按照约定——合伙人协商——实缴出资比例——平均分配、分担的顺序进行确定 ③合伙人的连带责任及追偿权：合伙人对合伙债务承担连带责任，相互可以追偿 ④合伙人转让财产份额：向外人转让的，须经其他合伙人一致同意；内部转让的，无须经其他合伙人同意 ⑤代位行使合伙人权利的限制：一般情况下不得代位行使合伙人在合伙中享有的权利，但合伙人享有的利益分配请求权可以被代位 ⑥不定期合伙：包括合伙期限没有约定和合伙期限届满合伙人仍继续执行合伙事务两种情形；合伙人对不定期合伙有任意解除权

第四节　技术合同

命题点拨

技术合同，在司法考试时代曾有过单独命题，有时也会结合知识产权法的内容进行综合考查。进入到法考时代，技术问题未再受到充分重视，《民法典》对技术合同也没有重大修改，未来再全面考查的可能性不大，考生无须花过多时间学习，只要掌握其核心考点即可。其中，技术合同无效、技术开发合同的特殊规则、技术转让合同的特殊规则等，是较为重要的内容。

一、技术合同的概念

技术合同，指当事人之间就技术开发、技术转让、技术咨询或者服务所订立的确立相互之间权利和义务的合同的总称。包括技术开发合同、技术转让合同、技术咨询合同、技术服务合同等，其中，法考仅涉及技术开发合同、技术转让合同。

技术合同是双务、有偿、诺成、要式合同（须采取书面形式）。

二、技术合同无效的特别规定

除有民事法律行为无效的一般原因外，根据技术合同的特点，技术合同无效还包括两种情况：非法垄断技术、侵害他人技术成果的合同一律无效。

考生需要进一步掌握细节考点：

1.对于窃取他人技术秘密后而签订的转让合同，不管受让人是善意还是恶意，合同一律无效。

2.当事人是善意的，则可以在其取得时的范围内继续使用该技术秘密，但应当向权利人支付合理的使用费并承担保密义务。

3.当事人双方恶意串通或者一方知道或者应当知道另一方侵权仍与其订立或者履行合同的，属于共同侵权，侵权人承担连带赔偿责任和保密义务，同时不得继续使用该技术秘密。

三、技术开发合同

（一）技术开发合同的概念

技术开发合同，指当事人之间就新技术、新产品、新工艺或新材料及其系统的研究开发所订立的合同。包括委托开发合同和合作开发合同。

委托开发合同是指委托方委托开发方进行技术研究开发的合同。合作开发合同是指当事人各方就共同技术研究开发所达成的合同。

（二）技术开发合同的主要考点

1.专利申请权的归属。

（1）委托开发合同中专利申请权的归属。

①当事人有约定按约定。

②没有约定或者约定不明的，归研究开发人所有，但委托人可以依法实施该项专利。

③研究开发方转让专利申请权的，委托人享有同等条件下的优先受让权。

实例： 甲研究所与刘某签订了一份技术开发合同，约定由刘某为甲研究所开发一套软件。3个月后，刘某按约定交付了技术成果，甲研究所未按约定支付报酬。由于没有约定专利申请权的归属，双方发生争执。该如何处理？

结论： 专利申请权属于刘某，且刘某有权获得约定的报酬，但甲研究所可以实施该专利。如果刘某转让专利申请权，甲研究所享有以同等条件优先受让的权利。

（2）合作开发合同中专利申请权的归属。

①有约定按约定。

②没有约定或者约定不明的，由合作开发的当事人共有。

③当事人一方转让其共有的专利申请权的，其他各方享有同等条件下的优先受让权。

④一方声明放弃其共有的专利申请权的，可以由另一方单独申请或者其他各方共同申请，放弃申请的一方可以免费实施该专利。

⑤一方不同意申请专利的，另一方或其他各方不得申请专利。

实例： 甲乙丙三人合作开发一项技术，合同中未约定权利归属。该项技术开发完成后，甲、丙想要申请专利，而乙主张通过商业秘密来保护。该技术成果是否可申请专利呢？

结论： 不可，任何一方不同意，都不可申请专利。

2.技术秘密成果的归属。

（1）有约定按约定。

（2）没有约定或者约定不明的，在没有相同技术方案被授予专利权前，当事人均有使用和转让的权利；但委托开发的研究开发人在向委托人交付研究开发成果之前，不得将研究开发成果转让给第三人。

（3）在许可他人使用时，只能是普通许可，如果实施了排他许可和独占许可，未经对方当事人同意或者追认的，应当认定该许可行为无效。

实例： 甲公司与乙公司签订一份技术开发合同，未约定技术秘密成果的归属。甲公司按约支付研究开发经费和报酬后，乙公司交付了全部技术成果资料。后甲公司在未告知乙公司的情况下，以普通使用许可的方式许可丙公司使用该技术，乙公司在未告知甲公司的情况下，以独占使用许可的方式许可丁公司使用该技术。

问题：（1）该技术秘密成果的归属如何确定？（2）两个许可使用合同的效力如何？

结论：

（1）甲公司和乙公司均有该技术秘密成果的使用权和转让权。

（2）甲公司与丙公司签订的许可使用合同有效；乙公司与丁公司签订的许可使用合同无效。技术秘密在许可他人使用时，只能是普通许可，如果实施了排他许可和独占许可，必须经对方当事人同意或者追认，故乙丁之间的许可合同未经甲公司同意而无效。

四、技术转让合同

（一）技术转让合同的概念

技术转让合同，是指一方当事人将技术成果的所有权或者使用权等转让给另一方，另一方支付价款的合同。包括专利权转让合同、专利申请权转让合同、技术秘密转让合同。

（二）技术转让合同的主要考点

1.技术转让合同的生效时间。

技术转让合同的生效时间，与一般的民事法律行为生效时间并无不同，即原则上自签订之日起生效。

需要考生注意的细节是：在考试时需要将技术转让合同的生效时间与专利权、专利申请权转让的生效相区分，专利权、专利申请权的转让，向国务院专利行政主管部门登记之日起生效。

2.后续改进技术成果的权益分配。

（1）后续改进，指在技术转让合同的有效期内，一方或双方对作为合同标的的专利或技术秘密所作的革新和改良。

（2）对于后续改进的技术成果，当事人应在合同中明确约定；没有约定或者约定不明确的，一方后续改进的技术成果，其他各方无权分享。考生可以简单记忆为：谁改进，谁享有。

3.技术转让合同的解除。

（1）专利申请权转让合同当事人以专利申请被驳回或者被视为撤回为由请求解除合同，该事实发生在办理专利申请权转让登记之前的，可以支持；发生在转让登记之后的，不予支持，但当事人另有约定的除外。

（2）专利申请因专利申请权转让合同成立时即存在尚未公开的同样发明创造的在先专利申请而被驳回的，当事人请求解除合同，可以支持。

经典考题：甲公司向乙公司转让了一项技术秘密。技术转让合同履行完毕后，经查该技术秘密是甲公司通过不正当手段从丙公司获得的，但乙公司对此并不知情，且支付了合理对价。下列哪一表述是正确的？（2013年卷三16题，单选）[①]

A.技术转让合同有效，但甲公司应向丙公司承担侵权责任

B.技术转让合同无效，甲公司和乙公司应向丙公司承担连带责任

[①]【答案】C。本题考查技术合同的无效规则。A选项，本案中，甲公司所转让的技术秘密，是甲公司通过不正当手段从丙公司获得的，即侵害了他人的技术成果，故甲公司、乙公司之间的技术转让合同应认定为无效，该选项错误。B选项，技术合同无效的情形下，转让人和受让人承担连带责任的前提是受让人是恶意的。本案中，受让人乙公司是善意的，故无须和甲公司承担连带责任，该选项错误。C选项，如果受让人是善意的，其可在取得范围内继续使用，但要向权利人支付合理的使用费。本案中，乙公司是善意的，故可以继续使用，但应当支付使用费，该选项正确。D选项，根据无效民事法律行为的基本原理，合同无效的，当事人应当返还财产，有过错的一方应承担赔偿责任。本案中，甲公司与乙公司之间的转让合同被认定为无效，故甲公司应向乙公司返还其支付的对价，同时，本案合同无效是因为甲公司的过错导致的，故乙公司有权要求甲公司予以赔偿，该选项错误。本题如果出现失误，主要原因是对技术合同无效的法律规则掌握得不够熟练。在技术合同无效的情况下，受让人是继续使用该技术还是应承担连带责任，取决于其是善意的还是恶意的。综上，本题正确选项为C。

C.乙公司可在其取得时的范围内继续使用该技术秘密，但应向丙公司支付合理的使用费

D.乙公司有权要求甲公司返还其支付的对价，但不能要求甲公司赔偿其因此受到的损失

归纳总结　技术合同

技术合同的无效	①非法垄断技术、侵害他人技术成果的合同一律无效 ②如果受让人是善意的，其可在取得范围内继续使用，但要向权利人支付合理的使用费；如果受让人是恶意的，则和转让人承担连带赔偿责任
技术开发合同	①专利申请权的归属 A.委托开发合同中，当事人没有约定或者约定不明的，归研究开发人所有，但委托人可以依法实施该项专利；研究开发方转让专利申请权的，委托人享有同等条件下的优先受让权 B.合作开发合同中，当事人没有约定或者约定不明的，由合作开发的当事人共有；一方转让其共有的专利申请权的，其他各方享有同等条件下的优先受让权；一方声明放弃其共有的专利申请权的，可以由另一方单独申请或者其他各方共同申请，放弃申请的一方可以免费实施该专利；一方不同意申请专利的，另一方或其他各方不得申请专利 ②技术秘密成果的归属 当事人没有约定或者约定不明的，均有使用和转让的权利；但委托开发的研究开发人在向委托人交付研究开发成果之前，不得将研究开发成果转让给第三人；在许可他人使用时，只能是普通许可，如果实施了排他许可和独占许可，未经对方当事人同意或者追认的，应当认定该许可行为无效
技术转让合同	①技术转让合同自签订之日起生效；专利权、专利申请权的转让，向国务院专利行政主管部门登记之日起生效 ②后续改进技术成果，当事人没有约定或者约定不明确的，谁改进，谁享有 ③专利申请权转让合同当事人以专利申请被驳回或者被视为撤回为由请求解除合同，该事实发生在办理专利申请权转让登记之前的，可以支持；发生在转让登记之后的，不予支持

专题二十　准合同

第一节　无因管理

命题点拨

　　无因管理以及下一节要阐述的不当得利，在《民法典》中被称为准合同。大部分年份都会对无因管理进行命题，主要考查重点是无因管理的成立要件和法律后果，需要考生作为重点复习。

一、无因管理的概念

　　无因管理，指没有法定或者约定的义务，为避免他人利益受损失而管理他人事务。

二、无因管理的成立要件

（一）管理人管理了他人事务

　　此为无因管理的客观要件，考生在理解这一要件时，应把握如下几个方面：

　　1.对于事务进行了管理

　　（1）管理事务的性质

　　此处所管理的事务，可以是民事法律行为，也可以是事实行为。作为民事法律行为的管理，如甲长期在外打工，外出前曾将房屋钥匙交与其邻居乙保管，为了甲的利益乙将房屋出租。作为事实行为的管理，如甲见邻家失火，当即拿起自家灭火器前往救火。到目前为止，法考主要考查的都是事实行为的管理。

　　（2）管理人的民事行为能力对于是否构成无因管理的影响

　　如果管理人管理的是民事法律行为，则管理人必须具备相应的民事行为能力；如果管理人管理的是事实行为，不论管理人有无民事行为能力，均不影响无因管理的成立。

　　（3）管理行为实际效果对于是否构成无因管理的影响

　　在对于事务进行管理之后，是否达到了预期的效果，不是判断是否构成无因管理的必要条件。只要实施了管理行为，目的是否实现，在所不问。这一点在考试中出现的概率非常高，值得注意。

　　实例： 甲、乙为邻居，甲外出打工，时值夏季台风欲临，乙见甲的房屋年久失修，因此雇人进行了修缮，花去材料费、雇工费500元。然而暴风雨之后，甲的房屋仍然倒塌。乙的行为依然构成无因管理。

　　2.管理的对象一定是他人事务

　　如果管理人管理的是自己的事务，则不构成无因管理。

考生应注意的细节是：误将自己事务当成他人事务而管理，不构成无因管理。因为管理的本质上是自己的事务。

（二）管理人为他人利益而管理

此为无因管理的主观要件，亦是考试的重点内容。要理解这一要件，需要考生把握以下几个方面的内容：

1.如何判断为他人利益而管理

为他人利益而管理，指管理人认识到其所管理的事务属于他人事务，并欲使管理事务所生利益归属于他人（称为被管理人或本人或受益人）。

以下几种情况可以认定为"为他人利益而管理"：

（1）客观上是他人事务，主观上又是为他人管理。如为他人修缮房屋。

（2）管理过程中既有为他人利益的意思，同时兼顾自己利益时，也属于为他人利益而管理，也构成无因管理。如甲见邻家失火，恐怕殃及自己的房屋而奋力灭火。尽管甲顾及了自己的利益，但是，其中为他人管理事务的意思显而易见，依然构成无因管理。

以下几种情况不得被认定为"为他人利益而管理"，故不构成无因管理：

①误信管理。即管理人误信他人事务为自己事务。管理人既然将他人事务当成自己的事务，则主观上就只为自己的利益，故不构成无因管理。不过，管理结束之后，他人会从中受益，对他人而言，构成不当得利。

②不法管理。即管理人认识到系属他人事务，但欲使管理事务所生利益归于自己。这种情况下，管理人构成侵权，应承担侵权责任；同时，管理人所获之利益，也构成了不当得利。

2.管理人对被管理人认识错误是否影响无因管理的认定

即使管理人对被管理人认识错误，亦不妨碍对真实的被管理人成立无因管理。所谓真实的被管理人，也就是受益人。

实例：乙于风雪交加的郊野遇一昏迷的拾荒老人，误认为是同事甲的父亲而送往医院救治。本例中，乙对于甲或甲父不成立无因管理，但对于被救的老人，仍成立无因管理。

3.被管理人可为多人

无因管理中的被管理人可以为两人或两人以上。

实例：乙见邻居甲的房屋失火，当即持灭火器前往救助，火被及时扑灭，但乙身受重伤。经查，甲的房屋出租给丙居住，给丁设定了抵押权，在戊保险公司投保火灾险，甲已经与庚签订房屋买卖合同但尚未履行，则被管理人包括哪些？

结论：甲和丙。乙有为房屋所有权人甲救火的意思；丙为承租人，是现实的居住人，乙应当知道该房屋之上居住的是承租人丙，故乙也有为其管理事务的意思；至于抵押权人、保险公司、买受人，救火之人通常欠缺为其管理事务的意思，故不能被认定为被管理人。

（三）管理人管理事务不违反被管理人的意思

1.是否违背被管理人意思的判断

被管理人的意思包括两种：明示的和可得推知的。

所谓明示之意思，指本人客观上已表示的意思，如甲明确表示将抛弃其已损坏之电脑；所谓本人可得推知之意思，应依管理事务在客观上加以判断本人的意思，如甲在走路过程中突然晕倒，路人乙见状，当即将甲送往医院治疗，乙的行为显然符合本人可得推知之意思。

实例： 王先生驾车前往某酒店就餐，将轿车停在酒店停车场内。饭后驾车离去时，停车场工作人员称："已经给你洗了车，请付洗车费5元。"王先生表示"我并未让你们帮我洗车"，双方发生争执。本案是否构成无因管理？

结论： 不构成无因管理。王先生只是为了停车就餐，而无洗车的意思，停车场工作人员为其洗车，违反了其本人的意思，故不构成无因管理。同时，从本案的案情来看，停车场工作人员的洗车行为，也并不是为了王先生的利益，而是为了自己能够获得5元的洗车费，就此而言，也不符合无因管理中为他人管理事务的这一条件。

考生需要注意的细节是：无法律上的义务而为他人清偿债务的，是否构成无因管理？一般情况下，此种行为应认定为构成无因管理，因为为他人清偿债务，通常对他人（债务人）是有利的，也不违反其意思。但有两种例外：①该项债务已过诉讼时效的；②该项债务有其他抗辩权存在的。这两种情况下，债务人本可以进行抗辩，此时管理人为其清偿债务，有违其真实意思，故不构成无因管理。

2.特殊情况下违反被管理人意思仍然构成无因管理

受益人的真实意思违反法律或者违背公序良俗的，管理人的行为仍可构成无因管理。请考生结合以下实例理解何谓"违反法律或违背公序良俗"：

实例1：［违反法律］甲抛弃自己的婴儿，路人乙发现后将其送回。

实例2：［违反法律］甲欠税不缴纳，乙代为缴税。

实例3：［违反法律］甲施工单位未设置警示标志，路人乙代为设置。

实例4：［违背公序良俗］甲自杀，被路过的乙救回。

（四）无法定或约定义务

当事人履行法定或约定义务，均不属于无因管理。法定义务，如监护、赡养、财产代管、消防警察救火、履行先行行为而生的救助义务等；约定义务，如赠与、委托、遗赠扶养协议等。

实例1： 甲、乙为邻居，某天傍晚，乙带甲的6岁孩子到附近的江边玩耍，小孩落水，乙跳入汹涌江水之中将其救起。乙是否构成无因管理？

结论： 乙的行为不构成无因管理。因为乙是履行其先前行为而引起的法定救助义务。

实例2： 甲聘请乙负责照看小孩，丙聘请丁做家务。甲、丙为邻居，乙和丁为好友。一日，甲突生疾病昏迷不醒，乙联系不上甲的亲属，急将甲送往医院，并将甲的小孩委托给丁临时照看。则乙、丁的行为是否构成无因管理？

结论： 乙的行为构成无因管理，丁的行为不构成无因管理。乙受甲的聘请负责照看小孩，现乙在甲突生疾病时将其送往医院，对此乙本来是没有义务的，故成立无因管理。丁临时照看甲的孩子，属于接受乙的委托而为之，故丁照看小孩的行为是与乙之间约定而产生的义务，不成立无因管理。

提醒考生注意的细节是：在有些情形下，虽没有法定、约定义务，但仍不成立无因管理，这些情形主要有：

①履行道德性质的义务，如雷锋同志对于孤寡老人衣食住行之照料。

②履行<u>宗教</u>性质的义务，如佛教教徒自愿为佛庙添加香火之行为。

③履行<u>公益</u>性质的义务，如自愿为灾区捐款的行为。

三、无因管理的法律后果

（一）管理人的义务

1.注意义务

注意义务，指管理人以有利于被管理人的方法管理事务。未尽此项义务，致被管理人遭受损害时，应负无因管理之债不履行的<u>损害赔偿责任</u>。

实例：一周末，幼童甲随父母去八角游乐园游玩，由于人多拥挤，不慎走失。乙将其带回家收留并四处寻找其父母。期间，甲童患感冒，乙未及时带甲去医院诊疗而致甲转患肺炎。如何处理本案？

结论：

（1）乙的收留行为构成无因管理，就其收留行为可以请求所支出的必要费用。

（2）乙就其未尽管理人的注意义务，应负无因管理之债不履行的损害赔偿责任。

需要考生注意的细节是：因未尽到注意义务造成的损害赔偿责任，并不影响无因管理的成立，管理人仍可以向被管理人请求支付必要费用的权利。

2.通知义务

通知义务，指管理人管理他人事务，能够通知受益人的，应当及时通知被管理人。管理的事务不需要紧急处理的，应当等待被管理人的指示。

如果被管理人指示继续管理，视为对管理事务的承认，则适用委托合同的规定；若被管理人指示停止管理，而管理人仍为管理的，应认为违反了被管理人之意思，故不构成无因管理。

实例：甲的房屋年久失修，漏雨并可能倒塌，于是邻居乙在房顶盖了一层塑料布，打算几天后雇人进行修缮。当晚，乙打电话联系到了甲沟通此事。则此间法律关系可分两种情形：

情形1：甲表示对于乙的行为表示感谢，并愿意为此支付给乙300元的劳务费，乙在第二天便对房屋进行了修缮。

情形2：甲表示"既然都那样了，就不要再修了，等赚了钱回去盖新房，如果这次被暴风雨折腾倒了，正好省了拆房的功夫"。但乙不听，仍在第二天对房屋进行了修缮。

问题：对于这两种情形应如何认定？

结论：

情形1：电话沟通前，甲、乙之间为无因管理关系；电话沟通后，被管理人甲对无因管理予以承认，甲、乙之间按委托合同关系处理。

情形2：乙的行为不构成无因管理。此种情形下，乙的行为违反了被管理人的意思。

3.报告义务

报告义务，是指管理结束后，管理人应当向受益人报告管理事务的情况。

4.交付义务

交付义务，即管理人因处理事务所收取的利益，应当及时转交给被管理人。

考生应注意如下细节考点：

（1）管理人未履行或不适当履行上述义务，对被管理人造成损害的，应向被管理人承担债务不履行的责任，该责任的承担以管理人主观上有过错（故意或过失）为要件。但是，为本人生命、身体或财产上的急迫危险而进行管理的，如果对本人造成损害，管理人仅于具有故意或重大过失时，始负赔偿责任。

（2）管理人管理事务经被管理人事后追认的，从管理事务开始时起，适用委托合同的有关规定，但是管理人另有意思表示的除外。所谓管理人另有意思表示，是指其不同意按委托合同的规定处理。此种情况下，仍然按无因管理予以处理。

（二）管理人的权利

1.必要费用偿还请求权

管理人为管理事务支出必要费用，可以请求被管理人偿还，并可以请求自支出时起之利息。

2.清偿负担债务请求权

管理人因管理事务而对第三人负担之债务，可以请求被管理人代为清偿；本人拒绝的，管理人可对第三人自行偿付，然后再向被管理人追偿。

3.损害赔偿请求权

管理人因管理事务而受损害的，可以向被管理人请求予以适当补偿。

考生应注意的细节考点是：管理人无报酬请求权，但被管理人承诺支付报酬的除外。

经典考题：甲的房屋与乙的房屋相邻。乙把房屋出租给丙居住，并为该房屋在A公司买了火灾保险。某日甲见乙的房屋起火，唯恐大火蔓延自家受损，遂率家人救火，火势得到及时控制，但甲被烧伤住院治疗。下列哪一表述是正确的？（2014年卷三第20题，单选）①

A.甲主观上为避免自家房屋受损，不构成无因管理，应自行承担医疗费用

B.甲依据无因管理只能向乙主张医疗费赔偿，因乙是房屋所有人

C.甲依据无因管理只能向丙主张医疗费赔偿，因丙是房屋实际使用人

D.甲依据无因管理不能向A公司主张医疗费赔偿，因甲欠缺为A公司的利益实施管理的主观意思

---

① 【答案】D。本题考查无因管理。A选项，本案属于法考中最常见的"既为自己，也为他人"考虑的现象。在法考中，为了混淆考生，经常特别强调救火是"唯恐大火蔓延自家受损"，按照法考的做题惯例，此种情形下均按照既为自己也为他人而救火，故应认定为符合无因管理的条件，构成无因管理。该选项表述错误。B、C、D三个选项，甲救火本身，肯定有为房屋所有权人乙救火的意思，故对乙构成无因管理；丙为承租人，是现实的居住人，甲应当知道该房屋之上居住的是承租人丙，故甲也有为其管理事务的意思，故对丙也构成无因管理；A公司为保险公司，救火之人实施救火行为，一般不会为了保险公司的利益考虑，即欠缺为其管理事务的意思，故保险公司不能被认定为被管理人。因此，甲依据无因管理，可以向被管理人乙、丙主张无因管理的法律后果，即向乙、丙主张医疗费赔偿，但不能向A公司主张无因管理的后果，故B、C选项错误，D选项正确。本题如果出现失误，主要原因可能是对法考命题惯例不熟悉，在法考中，虽然题目中特别强调管理人是为了自己的利益，但其为他人救火，肯定是对他人有利的，故均可以认定为"既为自己，也为他人"。综上，本题正确选项为D。

无因管理的成立要件	①管理人管理了他人事务：所管理的事务，可以是民事法律行为，也可以是事实行为；在管理事实行为时，不要求管理人有民事行为能力；管理行为是否发生实际效果，不影响无因管理的成立 ②管理人为他人利益而管理：管理人既为他人，也为自己，可以构成无因管理；管理人对被管理人认识错误，不妨碍对真实的被管理人成立无因管理；误信管理、不法管理不构成无因管理 ③管理人管理事务不违反被管理人的意思：如果被管理人的真实意思违反法律或者违背公序良俗的，管理人的行为仍可构成无因管理 ④无法定或约定义务
无因管理的法律后果	①管理人应承担注意义务、通知义务、报告义务、交付义务。管理人未履行或不适当履行上述义务，对被管理人造成损害的，应向被管理人承担债务不履行的责任 ②管理人享有必要费用偿还请求权、清偿负担债务请求权、损害赔偿请求权，但无报酬请求权，除非被管理人承诺支付报酬

第二节 不当得利

命题点拨

不当得利也是绝大部分年份均会考查，考查重点是不当得利的主要类型、构成要件及法律后果，需要考生作为重点复习。

一、不当得利的概念

不当得利，指没有合法根据获得利益而使他人受损的事实。

二、不当得利的类型与构成要件

（一）给付型不当得利

1.构成要件
给付型不当得利的构成要件有四个：
（1）基于他人的给付而受有利益
（2）他人受到损害
（3）一方受利益与他方受损害之间存在因果关系
（4）无法律上的原因（或称无正当根据）

无法律上的原因，即欠缺给付目的。该表述较为抽象，同时也是法考的重点，考生从如下几方面进行把握：

①目的自始欠缺，指各种非债清偿的情形，包括：清偿已偿之债；出售A物，误交B物；错误替他人之债进行清偿等。但是，值得注意的是，清偿已过诉讼时效的债务不

属此类，此种情况下，他人不构成不当得利。

②目的不达，指附延缓条件的债务，当事人预期条件成就，故实施了履行行为，但后来条件并未成就，此时对方再保有相关利益，构成不当得利。

实例： 甲、乙约定，若乙能考上北京大学，甲赠与乙联想手提电脑一台。乙走出考场即对甲表示感觉良好，甲预期乙能考上，故而将电脑直接交付与乙。至发榜，乙的成绩只能上普通本科。此种情况下，乙构成不当得利。

③目的消灭，指附解除条件或终期的债务，当事人已经履行，但后来条件成就或期限届满，此时对方再保有相关利益，构成不当得利。

实例： 甲赠一套位于"鸟巢"附近的房屋给乙并转移所有权，约定若乙移民国外时，赠与合同失效。后乙移民国外，则给付目的嗣后消灭，乙构成不当得利，应返还房屋。

2.例外情形

有以下情形之一者，虽表面上符合不当得利的成立要件，但对方并不构成不当得利：

（1）履行道德义务的给付

典型的情形如：

①亲朋好友婚丧庆吊中的给付；

②因婚姻介绍而约定报酬并给付者。

实例： 甲、乙乃大学同学，甲于乙结婚时送礼500元，后甲结婚时，乙未送红包。本例中，甲不可以不当得利请乙返还500元。

（2）清偿未届期的债务

债务未到清偿期，债务人清偿的，由于此时债权人的债权已经存在了，故债权人受领不构成不当得利。

（3）明知无给付义务而进行的债务清偿

实例： 甲欠乙3万元，甲还完欠款后，又向乙的账户汇款2万元，并备注"还款"，则甲不能向乙主张不当得利返还。

（4）基于不法原因之给付

这种情形，指给付的内容具有不法性。所谓不法性，是指违反法律强制性规定或公序良俗。此时，有如下两种规则之适用：

规则一：原则上，不得请求返还。如甲男为与乙女结束同居关系，赠与房屋给乙；又如，对基于赌债而向对方的给付，理论上一般也归入不法原因之给付，一旦向对方给付，则不能以不当得利为由主张返还。对此，考生可以通俗地理解为：不法原因所产生之给付，本来可以不给；但如果给了，就要不回来了。之所以本来可以不给，是因为这种给付的产生原因具有违法性，法律不提供强制力保护，如向法院起诉要求对方偿还赌债，对方只要抗辩，法院就不会判决支持；之所以给了就要不回来了，是因为一旦给付，对方又不构成不当得利，故无法请求返还。

规则二：不法原因仅存在于受益人一方时，可依不当得利要求返还。

实例： 为回赎被绑架人向绑匪交付赎金、黑道兄弟向厂商收取保护费等，受损失一方可要求返还。但向公务人员行贿，行贿人与受贿人均有不法原因，不得请求返还，此种情况下当事人已经构成犯罪，应依法予以没收。

（二）非给付型不当得利

法考主要考查侵害他人权益而导致的不当得利（称为权益侵害型不当得利）。

1.权益侵害型不当得利的常见情形

（1）无权处分

实例： 甲寄存古画一幅于乙，乙擅自以市价卖给不知情的丙，乙将古画交付给丙，乙获款10万元。三人关系如何处理？

结论： 丙构成善意取得，系存在法律上的原因，丙取得古画的所有权，不成立不当得利。乙获钱款无法律上的原因，属侵害甲应得之利益，对甲构成不当得利。同时，乙出卖甲之古画，侵犯了甲的所有权，成立侵权责任。甲可以在向乙主张返还不当得利或侵权责任中选择其一。

（2）出租他人之物、出租共有物、非法转租

①出租他人之物

出租他人之物的情形，如甲、乙是邻居，甲外出房屋闲置，乙趁机出租给丙，获租金若干，成立不当得利。

②出租共有物

在共有的情形下，其他共有人可以请求擅自出租房屋的共有人返还其应得部分的利益。如甲、乙按1∶1的比例共有房屋一栋，乙擅自把该屋出租给丙，获得租金若干。此时，甲可以就相对应于甲所占份额的租金部分主张不当得利返还请求权。

③非法转租

承租人未经出租人同意擅自转租的，出租人享有法定解除权。出租人行使解除权之前，双方的合同有效，承租人擅自转租多获得的租金，不属于不当得利，但对出租人构成违约；出租人行使解除权后，双方的合同效力终止，承租人获得的租金属于不当得利。

（3）无权使用、消费他人之物

无正当权利而使用、消费他人之物，在无权使用人、消费人与权利人之间成立不当得利。如某摩托车厂未经张某同意，在张某家院墙上画了巨幅广告。

（4）侵害受让人的债权

侵害受让人债权，主要指在债权转让没有通知债务人的情形下，债务人又向原来的债权人履行，并且原债权人接受的情形。此时，原债权人对新的债权人构成不当得利，负有返还不当得利的义务。

（5）侵害占有

侵害占有指对于他人合法的占有进行了侵犯，并因此获得利益的情形。例如，甲承租丙地作停车场，乙擅自占用该地。则乙系侵害甲基于租赁关系而为占有的权利，甲、乙之间成立不当得利，乙应负返还合理的使用费的义务。

（6）侵害其他权利而产生不当得利

侵害知识产权、人格权等其他民事权利，亦可成立不当得利。

实例1： [侵害知识产权]少年作家甲发表历史散文多篇，在某网络社区颇有影响，乙出版公司未经甲同意，擅自选编出版散文集，获利10万元。则甲可依不当得利请求乙返还该10万元。

实例2： [侵害人格权] 甲为影视界当红女影星，乙杂志社擅自以甲的某张剧照作为封面，并擅自以著名导演丙的名义推荐该杂志，致该期杂志销量猛增，获得巨大利润。则甲、丙均可向乙杂志社主张不当得利。

（7）错误的强制执行

基于不存在的债权文书、错误判决而为强制执行完结的，被执行人得依不当得利请求执行请求权人返还因执行所得利益。

2.权益侵害型不当得利与侵权行为的关系

为了进一步应对一些疑难的法考题目，有必要就权益侵害型不当得利与侵权行为的关系进行详细阐述。

（1）权益侵害型不当得利类型与侵权行为存在着密切联系，但二者在构成要件、效力内容及功能上均有不同：

①构成要件：侵权行为一般以行为人主观上存在过错（故意、过失）为要件，但不当得利不以获利人存在过错为要件；

②效力内容：侵权行为以损害赔偿为主要内容，受害人所受损害包括财产和非财产损害；不当得利以返还所受财产性利益为内容；

③功能：侵权行为旨在填补损害；不当得利旨在去除所受利益。

（2）就侵权行为与权益侵害型不当得利的适用关系而言，可分为三种模式：

①成立不当得利，不成立侵权，如甲在他人院墙上刷广告，假如并未致使他人的墙壁损坏或不能利用（即没有发生损害后果），则不发生侵权，但甲受有利益，构成不当得利。此种情形下，按不当得利处理即可。

②成立不当得利，也成立侵权，如有偿的无权处分（买卖）。此种情形下，由受害人在主张不当得利和侵权责任中选择其一。

③成立侵权，不成立不当得利，如无偿的无权处分（赠与）。此种情形下，按侵权责任处理即可。

三、不当得利的法律后果

不当得利的法律后果，主要表现在得利人应将所获得的不当得利返还给受损失一方。具体而言，需要考生从如下几方面进行把握：

（一）返还客体

1.得利人应返还所受利益以及该利益所生的孳息；原物被损坏的情形下，应返还代位物。

2.关于利用不当得利所取得的其他利益。

利用不当得利取得的其他利益（如投资获得的利润），扣除劳务管理费用后，收缴归国家，不再返还给受损失一方。

（二）返还方法

1.以返还原物为原则。

2.以折价返还为例外：适用于原物不能返还的情形。如何折价返还？法律没有明确规定，通说认为，应当按照市场价进行折价返还；如果得利人将原物出卖并获得超过市场价的部分，扣除相关费用后收缴归国家所有。下面结合实例进行分析。

实例： 甲、乙两公司订有100袋大米的购销合同。后乙公司去甲公司处取货，由于甲公司工作人员疏忽，装了102袋大米，乙公司工作人员未察觉。甲公司后察觉多装了2袋大米，每袋大米市值100元。现2袋大米已由乙公司销售给消费者，分别得款130元和70元。对此应如何处理？

结论： 应折价偿还相应价款。

但是，应当返还多少价款呢？是以客观的市价为准，还是以乙的销售价格为准？通说认为，应以客观市价为准（客观说），原因在于若采乙的销售价格（主观说），在乙以70元出售时，仅返还70元，这样，出卖价金低于市价（即物之客观交易价值）的，恶意受领人的返还责任将因此而减轻。但是，若乙以130元出售时，依客观说仅返还100元，则怎样看待乙因此获利30元？对此，通说的解释是：受损失一方之受损害原系受领人受利益之结果，利益之所以超出损害，乃得利人具有特殊技能或设备以致之（如上例中乙的销售设施、销售网络及销售经验等），则此项利益应当不在返还范围之内。对于多出的30元，也不应当归得利人一方所有，而应扣除相关成本费用后，收缴归国家所有。

（三）返还范围

依得利人主观上为善意或恶意，民法上设有不同的返还义务范围。

1.得利人善意

所谓善意，指得利人不知道其获得不当得利无法律上的原因。

得利人为善意的，仅返还现存利益。倘若所受利益已不存在，免负返还原物或折价偿还责任；若有现存利益的，则得利人可在返还现存利益时主张因取得该利益所支出的必要费用（如运费、动物的饲养费等）。

2.得利人恶意

所谓恶意，指得利人知道其获得不当得利时无法律上的原因。

得利人恶意的，受损失一方不仅可以请求其返还其取得的利益，还可以向其依法主张赔偿损失。此处所谓利益，应作广义理解，包括受领时所得利益以及所得利益的附加利息。

实例： 甲、乙两公司订有100袋大米的购销合同。后乙公司派人去甲公司处取货，甲公司工作人员由于疏忽装了102袋，乙公司工作人员看到了但未予提示。

①乙公司工作人员拉货回去途中，遇到山洪暴发，102袋大米全被冲走。此时甲公司可否请求乙公司返还不当得利？

②2袋大米市价共200元，后由乙公司销售给消费者得款300元，3个月后甲公司察觉，遂请求乙公司返还，此时又应当如何返还？

结论：

①可以主张，并请求折价返还，因为乙公司是恶意的。需要注意的是，本案中的不当得利为2袋大米。

②返还200元，并加计3个月期间的利息。

3.第三人的返还义务

在得利人将自己获得的不当得利转让给第三人的情况下，第三人是否有返还义务？

对此问题，需要具体分析。

（1）有偿转让

如果是有偿转让，第三人向得利人支付了对价，此时，得利人应当向受损失一方返还其因转让不当得利之利益所获得的价款，而第三人不负返还义务。但是，法律有特别规定的情形，适用特别规定，此所谓特别规定，主要是就遗失物而言。若是遗失物被拾得人卖给第三人的，即使拾得人是有偿转让，如果原权利人请求第三人返还，第三人依然应当返还。

（2）无偿转让

得利人已经将取得的利益无偿转让给第三人的，则受损失一方可以直接请求第三人在相应范围内承担返还义务。

经典考题： 下列哪一情形产生了不当得利之债？（2013年卷三20题，单选）①

A. 甲欠乙款超过诉讼时效后，甲向乙还款

B. 甲欠乙款，提前支付全部利息后又在借期届满前提前还款

C. 甲向乙支付因前晚打麻将输掉的2000元现金

D. 甲在乙银行的存款账户因银行电脑故障多出1万元

归纳总结

不当得利的类型与构成要件	①给付型不当得利 构成要件：基于他人的给付而受有利益＋他人受到损害＋一方受利益与他方受损害之间存在因果关系＋无法律上的原因（或称无正当根据） ②非给付型不当得利 A.依发生事由，包括：因受益人本人行为而发生、因受损失一方自己行为而发生、因第三人行为而发生、因自然事件而发生 B.依请求权内容，主要是权益侵害型不当得利，包括：无权处分、出租他人之物、出租共有物、非法转租、无权使用或消费他人之物、侵害受让人的债权、侵害占有、侵害其他权利而产生不当得利、错误的强制执行

---

① 【答案】D。本题考查不当得利。A选项，乙的债权超过了诉讼时效，但乙的债权并不消灭，甲偿还欠款，乙受领仍然有正当根据，不构成不当得利。该选项不当选。B选项，提前偿还利息及借款，由于此时债权人的债权已经存在了，故债权人受领也是有正当根据的，不构成不当得利。该选项不当选。C选项，甲、乙之间属于赌博之债，在法律上也称为不法原因之给付。法律对此无明确规定，但理论上均认为一旦向对方给付，则不能以不当得利为由主张返还，法考也持此立场。故对于赌博之债，输钱一方本来可以不予支付，因为这种给付的产生原因具有违法性，法律不提供强制力保护，但一旦给付，对方又不构成不当得利。该选项不当选。D选项，甲在乙银行的存款账户因银行电脑故障多出1万元，甲获得利益，乙银行有损失，并且甲得利没有正当理由，虽然是基于受损失一方乙银行的原因导致的，但对甲而言仍然构成不当得利，该选项正确。本题如果出现失误，主要原因是对不当得利中获利"没有法律上的原因"（或称无正当根据）的理解不够全面。当事人获利时如果有权利为依据，就是有正当根据。同时，对于不法原因之给付，法考的立场是一旦向对方进行给付，对方受领不构成不当得利。综上，本题正确选项为D。

不当得利的 法律后果	①返还客体：得利人应返还所受利益以及该利益所生的孳息，原物被损坏的情形下，应返还代位物；利用不当得利所取得的其他利益，扣除劳务管理费用后，收缴归国家 ②返还方法：以返还原物为原则，如果原物不能返还，则按照市场价进行折价返还 ③返还范围 A.得利人善意：仅返还现存利益 B.得利人恶意：受损失一方可以请求其返还其取得的利益，并可以主张赔偿损失 C.第三人的返还义务：有偿转让的，得利人应当向受损失一方返还其因转让不当得利之利益所获得的价款，而第三人不负返还义务；无偿转让的，则受损失一方可以请求第三人在相应范围内返还

第四编　人格权

专题二十一　人格权

第一节　人格权概述

命题点拨

　　人格权编为《民法典》新增的一编，既对已有的人格权制度进行了修正，同时又创设了新的人格权制度，必然会受到法考的重视。本节考点，通常与其他内容结合起来考查，命题重点是人格权的保护。

一、人格权的概念

　　人格权，是法律赋予民事主体以人格利益为内容的，作为一个独立的法律人格所必须享有且与其人身不可分离的权利。如生命权、身体权、健康权、名誉权、隐私权等。

　　结合本书专题一关于民法调整对象以及民事权利的分析，可知人格权有如下属性：

　　1.人格权为人身权、绝对权、支配权、专属权。

　　2.人格权不得放弃、转让或者继承。

二、人格权的分类

　　（一）一般人格权

　　一般人格权，指自然人对人身自由、人格尊严等一般人格利益予以支配的权利。仅自然人享有一般人格权，法人和非法人组织不享有一般人格权。

　　（二）具体人格权

　　具体人格权，指民事主体享有的生命权、身体权、健康权、姓名权、名称权、肖像权、名誉权、荣誉权、隐私权等权利。

　　考生需要体会一下一般人格权和具体人格权的关系，避免产生概念上的困惑：

　　1.对于具体人格权中已经明确规定的权利，即使在概念上能被人身自由、人格尊严等一般人格利益涵盖的，也应按照具体人格权对待，而不能按照一般人格权对待。如侵犯名誉权，可能会导致被侵权人人格尊严受到侮辱，但此时也是按照名誉权处理，而不是按照一般人格权处理。

　　2.根据上述分析可知，一般人格权只有在具体人格权没有规定时，才会发挥作用。理论上将这种情况称为一般人格权的补充功能，即具体人格权有规定的，必须适用具体人格权的规定；具体人格权没有规定的，法院方可以用一般人格权来裁判案件。

　　法考命题主要围绕具体人格权进行。因此，考生仅了解上述关于一般人格权的基本知识即可。

三、人格权的保护

（一）诉讼时效问题

人格权受到侵害的，受害人有权请求行为人承担民事责任。受害人享有的停止侵害、排除妨碍、消除危险、消除影响、恢复名誉、赔礼道歉请求权，不适用诉讼时效的规定。对此，本书专题六第一节已有提及。

实例： 甲、乙为同事，均在丙单位上班。二人交恶，甲在单位散布同事乙的谣言。乙知道后，碍于在同一单位工作，加之平时工作较忙，未向甲主张任何责任。五年后，乙从丙单位辞职，要求甲就五年前散布其谣言一事进行道歉。甲可否以诉讼时效届满进行抗辩？

结论： 不可以。甲的行为侵犯了乙的名誉权，乙主张赔礼道歉，不适用诉讼时效的规定。

（二）人格权禁令

民事主体有证据证明行为人正在实施或者即将实施侵害其人格权的违法行为，不及时制止将使其合法权益受到难以弥补的损害的，有权依法向人民法院申请采取责令行为人停止有关行为的措施。

（三）侵权责任的承担

1.行为人因侵害人格权承担消除影响、恢复名誉、赔礼道歉等民事责任的，应当与行为的具体方式和造成的影响范围相当。

2.行为人拒不承担上述民事责任的，人民法院可以采取在报刊、网络等媒体上发布公告或者公布生效裁判文书等方式执行，产生的费用由行为人负担。

（四）精神损害赔偿

1.精神损害赔偿的适用范围。

依据《民法典》颁布后修订的《最高人民法院关于确定民事侵权精神损害赔偿责任若干问题的解释》（以下简称《精神损害赔偿解释》）第1-3条的规定，精神损害赔偿的具体适用规则为：

（1）因人身权益受到侵害，自然人或其近亲属可以主张精神损害赔偿；

（2）非法使被监护人脱离监护，导致亲子关系或者近亲属间的亲属关系遭受严重损害，监护人可以主张精神损害赔偿；

（3）死者的姓名、肖像、名誉、荣誉、隐私、遗体、遗骨等受到侵害，其近亲属可以主张精神损害赔偿；

（4）具有人身意义的特定物受到侵害，被侵权人可以主张精神损害赔偿。

考生需要注意的细节考点是：

①在侵害具有人身意义的特定物的场合下，还要求行为人一方必须是故意或者重大过失，被侵权人方能主张精神损害赔偿。其他几种场合下，没有此要求。

②因当事人一方的违约行为，损害对方人格权并造成严重精神损害，受损害方选择请求其承担违约责任的，不影响受损害方请求精神损害赔偿。对此，本书专题十六第二节已有专门阐述。

2.精神损害赔偿的例外。

下列情形下，被侵权人不能主张精神损害赔偿：

（1）主张精神损害赔偿，以造成严重精神损害为必要条件，故因侵权致人精神损害，但未造成严重后果的，被侵权人不能主张精神损害赔偿；

（2）法人或者非法人组织不能主张精神损害赔偿。

归纳总结	人格权概述
人格权的分类	①人格权可以分为一般人格权和具体人格权 ②一般人格权具有补充功能：具体人格权有规定的，必须适用具体人格权的规定；具体人格权没有规定的，法院方可以用一般人格权来裁判案件
人格权的保护	①诉讼时效问题：人格权受到侵害，受害人享有的停止侵害、排除妨碍、消除危险、消除影响、恢复名誉、赔礼道歉请求权，不适用诉讼时效 ②人格权禁令：民事主体有证据证明行为人正在实施或者即将实施侵害其人格权的违法行为，不及时制止将使其合法权益受到难以弥补的损害的，有权依法向人民法院申请采取责令行为人停止有关行为的措施 ③侵权责任的承担 A.行为人因侵害人格权承担消除影响、恢复名誉、赔礼道歉等民事责任的，应当与行为的具体方式和造成的影响范围相当 B.行为人拒不承担上述民事责任的，人民法院可以采取在报刊、网络等媒体上发布公告或者公布生效裁判文书等方式执行，产生的费用由行为人负担 ④精神损害赔偿 A.精神损害赔偿适用于以下情形：因人身权益受到侵害；非法使被监护人脱离监护；死者的姓名、肖像、名誉、荣誉、隐私、遗体、遗骨等受到侵害；具有人身意义的特定物受到侵害 B.下列情形下，被侵权人不能主张精神损害赔偿：未造成严重后果；法人或者非法人组织主张精神损害赔偿

第二节 具体人格权

命题点拨

具体人格权是法考的重点，每年法考都会围绕具体人格权进行命题，主要是要求考生会判断是否侵害人格权，因此考生要将侵害各种人格权的具体行为表现作为复习重点，凡是不符合这些行为表现的，不构成侵犯人格权。

一、生命权、身体权、健康权

（一）概念

生命权，指自然人的生命安全和生命尊严受法律保护的权利。

身体权，指自然人的身体完整和行动自由受法律保护的权利。

健康权，指自然人的身心健康受法律保护的权利。

（二）侵害生命权、身体权、健康权的表现

根据上述关于生命权、健康权、身体权的概念界定，可以将侵犯三种权利的具体表现概括为：

1.侵害生命权的，应导致权利人死亡。

2.侵害身体权的，应导致权利人身体不完整或行动自由受限。

3.侵害健康权的，应导致权利人身心不健康。

（三）若干具体制度

1.人体捐献。

（1）生前进行人体捐献的，应同时满足：

①必须是完全民事行为能力人。

②必须采用书面形式，也可以订立遗嘱。

（2）自然人死亡后，其亲属欲进行捐献的，应同时满足：

①自然人生前未表示不同意捐献。

②由其配偶、成年子女、父母共同决定。

③必须采用书面形式。

提醒考生注意重要命题陷阱：此处所谓"自然人生前未表示不同意捐献"，是针对完全民事行为能力人来说的，因为只有完全民事行为能力人在生前才能就其是否捐献进行表示，此处民法的出发点是：如果一个完全民事行为人生前未表示不同意捐献，就初步推定其同意捐献，而与其生活非常密切的人，如配偶、成年子女、父母等，对其最为了解，故再进一步由其配偶、成年子女、父母共同决定。

相反，如果是非完全民事行为能力人，其在生前本来就不能由其本人表示捐献，故其未表示不同意捐献的，也不能推定其同意捐献。因此，如果是非完全民事行为能力人，其死后是不能由其配偶、成年子女或父母共同决定进行捐献的。实际生活中可能存在会发生这种情况，但严格来说，都是不符合《民法典》的规定的。

上述内容，考生可以通俗地理解为：非完全民事行为能力人，其活着的时候，本人尚且不能表示捐献，其死亡以后，就更不能由他人将其捐献了。

2.人体买卖的禁止。

禁止以任何形式买卖人体细胞、人体组织、人体器官、遗体，否则该买卖行为无效。

3.人体临床试验。

进行临床试验应同时满足如下条件：

（1）应当依法经相关主管部门批准；

（2）经伦理委员会审查同意；

（3）向受试者或者受试者的监护人告知试验目的、用途和可能产生的风险等详细情况；

（4）经受试者书面同意。

4.从事人体基因、人体胚胎等有关的医学和科研活动时的义务。

从事与人体基因、人体胚胎等有关的医学和科研活动，应当遵守法律、行政法规和国家有关规定，不得危害人体健康，不得违背伦理道德，不得损害公共利益。

5.性骚扰问题。

违背他人意愿，以言语、文字、图像、肢体行为等方式对他人实施性骚扰的，受害人有权依法请求行为人承担民事责任。

6.侵害行动自由和非法搜查身体。

以非法拘禁等方式剥夺、限制他人的行动自由，或者非法搜查他人身体的，受害人有权依法请求行为人承担民事责任。

二、姓名权、名称权

（一）概念

姓名权，指自然人有权依法决定、使用、变更或者许可他人使用自己姓名的权利。

名称权，指法人、非法人组织有权依法决定、使用、变更、转让或者许可他人使用自己的名称。

提醒考生注意以下两个细节考点：

1.姓名权是自然人享有的权利，不能转让；名称权是法人、非法人组织享有的权利，可以转让。

2.自然人在非完全民事行为能力阶段，其对姓名的决定、使用、变更或者许可他人使用的权利，由其法定代理人（监护人）行使。就未成年人而言，其父母是当然监护人，故其姓名权由其父母代为行使。所以，孩子的姓名，通常都是由其父母决定的。当然，在现实生活中，可能是祖父母、外祖父母给刚出生的孩子起名字，但也要征得其法定代理人（父母）的同意。

（二）侵害姓名权与名称权的行为表现

干涉、盗用、假冒等。

1.所谓干涉，就是对他人决定、使用、变更或许可他人使用姓名的行为进行干预，如不允许他人变更姓名。当然，如上所述，自然人在非完全民事行为能力阶段，其对姓名的决定、使用、变更或者许可他人使用的权利，由其法定代理人行使，此时，作为非完全民事行为能力人的本人想自己决定、使用、变更或许可他人使用姓名的，其法定代理人本身就有权决定，其予以干预，不能被认定为侵犯了非完全民事行为能力人的姓名权。

2.所谓盗用，就是未经姓名权人的同意而使用其姓名，其实质是利用被盗用人的名气来提高自己的身价或者品牌名气等利益。如乙未经某著名中医甲的同意，擅自在其开办的私人诊所的网站上宣称甲将在该医院长期坐诊，这实际上就是盗用甲的姓名进行宣传，侵犯甲的姓名权。

3.所谓假冒，就是冒充他人姓名进行活动，其实质是把自己假扮成被冒用人来获得利益。如甲在某次征文活动中获奖，乙冒充甲的名字去领奖，就是假冒行为，侵犯甲的姓名权。假冒行为也是未经姓名权人同意的行为，其与盗用的区别是：在假冒中，侵权人直接对外宣称其就是某某某（即被假冒人的名字），以被假冒人的名义进行活动；在盗用中，侵权人并不宣称自己就是某某某，但却利用被侵权人的名字获得非法利益。如在上述假冒的实例中，乙对外宣称其就是甲，这个时候外人就只能看到甲；而在上述盗用的实例中，乙只是利用甲进行宣传，乙并没有宣称其就是甲，这个时候外人既能看到甲，也能看到乙。

（三）姓氏的选取

自然人应当随父姓或者母姓，但是有下列情形之一的，可以在父姓和母姓之外选取姓氏：

1.选取其他直系长辈血亲的姓氏。

2.因由法定扶养人以外的人扶养而选取扶养人姓氏。

3.有不违背公序良俗的其他正当理由。

少数民族自然人的姓氏可以遵从本民族的文化传统和风俗习惯。

（四）变更姓名、名称对民事法律行为效力的影响

自然人决定、变更姓名，或者法人、非法人组织决定、变更、转让名称的，应当依法向有关机关办理登记手续，但是法律另有规定的除外。

提醒考生注意细节考点：民事主体变更姓名、名称的，变更前实施的民事法律行为对其具有法律约束力。

（五）笔名、艺名等的保护

具有一定社会知名度，被他人使用足以造成公众混淆的笔名、艺名、网名、译名、字号、姓名和名称的简称等，参照适用姓名权和名称权保护的有关规定。

三、肖像权

（一）概念

肖像权，指自然人有权依法制作、使用、公开或者许可他人使用自己肖像的权利。

肖像是通过影像、雕塑、绘画等方式在一定载体上所反映的特定自然人可以被识别的外部形象。据此，肖像不再局限于人的面部长相，只要是特定自然人可以被识别的外部形象，均是法律意义上的肖像。

（二）侵害肖像权的行为表现

1.丑化、污损或者利用信息技术手段伪造等方式侵害他人的肖像权。

2.未经肖像权人同意，制作、使用、公开他人的肖像。

3.未经肖像权人同意，肖像作品权利人以发表、复制、发行、出租、展览等方式使用或者公开他人的肖像。

提醒考生特别注意的是：侵害肖像权，不再要求必须以营利为目的。

实例：朴某系知名美容专家。某医院未经朴某同意，将其作为医院美容专家在医院网站上使用了朴某照片和简介，且将朴某名字和简介错误地置于其他专家的照片旁。医院的上述行为侵害了朴某的哪些权利？

结论：医院的上述行为既侵害了朴某的肖像权，也侵害了其姓名权。医院在其网站上使用朴某的照片，属于未经朴某同意而使用其肖像，符合侵害肖像权的条件；将朴某的姓名错误地置于其他专家的照片旁，是未经其同意而盗用其姓名的行为，构成对朴某姓名权的侵害。

（三）肖像权的合理使用

合理实施下列行为的，可以不经肖像权人同意，即不构成侵犯肖像权：

1.为个人学习、艺术欣赏、课堂教学或者科学研究，在必要范围内使用肖像权人已经公开的肖像。

2.为实施新闻报道，不可避免地制作、使用、公开肖像权人的肖像。

3.为依法履行职责，国家机关在必要范围内制作、使用、公开肖像权人的肖像。

4.为展示特定公共环境，不可避免地制作、使用、公开肖像权人的肖像。

5.为维护公共利益或者肖像权人合法权益，制作、使用、公开肖像权人的肖像的其他行为。

（四）肖像许可使用合同

《民法典》增加了肖像许可使用合同的相关规则，主要内容有：

1.解释规则。

当事人对肖像许可使用合同中关于肖像使用条款的理解有争议的，应当作出有利于肖像权人的解释。

2.解除权。

（1）当事人对肖像许可使用期限没有约定或者约定不明确的，任何一方当事人可以随时解除肖像许可使用合同，但是应当在合理期限之前通知对方。

（2）当事人对肖像许可使用期限有明确约定，肖像权人有正当理由的，可以解除肖像许可使用合同，但是应当在合理期限之前通知对方。因解除合同造成对方损失的，除不可归责于肖像权人的事由外，应当赔偿损失。

（五）姓名许可和声音保护的参照适用

1.对姓名等的许可使用，参照适用肖像许可使用的有关规定。

2.对自然人声音的保护，参照适用肖像权保护的有关规定。

四、名誉权

（一）概念

名誉权，指民事主体对自己在社会生活中获得的社会评价享有的不可侵犯的权利。

名誉，是对民事主体的品德、声望、才能、信用等的社会评价。

（二）侵害名誉权的行为表现

侮辱、捏造虚假事实（诽谤）等。

（三）名誉权的限制

行为人为公共利益实施新闻报道、舆论监督等行为，影响他人名誉的，不承担民事责任，但是有下列情形之一的除外：

1.捏造、歪曲事实。

2.对他人提供的严重失实内容未尽到合理核实义务。

3.使用侮辱性言辞等贬损他人名誉。

（四）文学、艺术作品侵害名誉权的认定

1.行为人发表的文学、艺术作品以真人真事或者特定人为描述对象，含有侮辱、诽谤内容，侵害他人名誉权的，受害人有权依法请求该行为人承担民事责任。

2.行为人发表的文学、艺术作品不以特定人为描述对象，仅其中的情节与该特定人的情况相似的，不承担民事责任。

（五）媒体报道内容失实侵害名誉权的补救

民事主体有证据证明报刊、网络等媒体报道的内容失实，侵害其名誉权的，有权请求该媒体及时采取更正或者删除等必要措施。

（六）信用的保护

民事主体可以依法查询自己的信用评价；发现信用评价不当的，有权提出异议并请求采取更正、删除等必要措施。信用评价人应当及时核查，经核查属实的，应当及时采取必要措施。

五、荣誉权

（一）概念

荣誉权，指民事主体因自己的突出贡献或特殊劳动成果而获得光荣称号或其他荣誉的权利。

提醒考生注意荣誉权与名誉权的本质区别：名誉权人人都有，荣誉权并非人人都有。

（二）侵害荣誉权的行为表现

1.非法剥夺他人的荣誉称号。

2.诋毁、贬损他人的荣誉。

（三）荣誉称号的记载和变更

获得的荣誉称号应当记载而没有记载的，民事主体可以请求记载；获得的荣誉称号记载错误的，民事主体可以请求更正。

六、隐私权

（一）概念

隐私权，指自然人所享有的个人隐私不受他人侵犯的权利。

隐私，是自然人的私人生活安宁和不愿为他人知晓的私密空间、私密活动、私密部位、私密信息等。

（二）侵害隐私权的行为表现

刺探、侵扰、泄露、公开等。具体表现：

1.以电话、短信、即时通讯工具、电子邮件、传单等方式侵扰他人的私人生活安宁。

2.进入、拍摄、窥视他人的住宅、宾馆房间等私密空间。

3.拍摄、窥视、窃听、公开他人的私密活动。

4.拍摄、窥视他人身体的私密部位。

5.处理他人的私密信息。如擅自打开他人带有隐私的信件。

七、个人信息保护

（一）概念

个人信息，是以电子或者其他方式记录的能够单独或者与其他信息结合识别特定自然人的各种信息，包括自然人的姓名、出生日期、身份证件号码、生物识别信息、住址、电话号码、电子邮箱、健康信息、行踪信息等。

提醒考生掌握好个人信息与隐私权的关系：个人信息中的私密信息，适用有关隐私权的规定；没有规定的，适用有关个人信息保护的规定。

提示：《民法典》未明确规定"个人信息权"，理论上存在争议，有的直接称之为"个人信息权"，有的称之为"个人信息权益"。在复习过程中，不必纠结于上述理论争论，明确掌握与个人信息保护相关的具体规则即可。

（二）侵害个人信息权益的行为表现

《民法典》第111条规定："自然人的个人信息受法律保护。任何组织或者个人需要获取他人个人信息的，应当依法取得并确保信息安全，不得非法收集、使用、加工、传输他人个人信息，不得非法买卖、提供或者公开他人个人信息。"由此，可以将侵害个人信息权益的行为总结为非法收集、使用、加工、传输、买卖、提供、公开共七种表现。

（三）个人信息的处理

1.概念。

个人信息的处理包括个人信息的收集、存储、使用、加工、传输、提供、公开等。

2.处理的原则。

处理个人信息，应当遵循合法、正当、必要以及不得过度处理的原则。

实例：甲入住某宾馆时，宾馆要求其提供个人身份证号码、婚姻状况、子女情况等信息。宾馆要求甲提供身份证号码的行为符合上述原则，但要求甲提供婚姻状况、子女情况等信息，则违反了必要及不得过度处理的原则。

3.处理的条件。

（1）征得该自然人或者其监护人同意，但是法律、行政法规另有规定的除外；

（2）公开处理信息的规则；

（3）明示处理信息的目的、方式和范围；

（4）不违反法律、行政法规的规定和双方的约定。

4.信息处理者的信息安全保障义务。

（1）信息处理者不得泄露或者篡改其收集、存储的个人信息；未经自然人同意，不得向他人非法提供其个人信息，但是经过加工无法识别特定个人且不能复原的除外。

（2）信息处理者应当采取技术措施和其他必要措施，确保其收集、存储的个人信息安全，防止信息泄露、篡改、丢失；发生或者可能发生个人信息泄露、篡改、丢失的，应当及时采取补救措施，按照规定告知自然人并向有关主管部门报告。

5.免责事由。

处理个人信息，有下列情形之一的，行为人不承担民事责任：

（1）在该自然人或者其监护人同意的范围内合理实施的行为；

（2）合理处理该自然人自行公开的或者其他已经合法公开的信息，但是该自然人明确拒绝或者处理该信息侵害其重大利益的除外；

（3）为维护公共利益或者该自然人合法权益，合理实施的其他行为。

（三）个人信息的查阅、复制和更正

自然人可以依法向信息处理者查阅或者复制其个人信息；发现信息有错误的，有权提出异议并请求及时采取更正等必要措施。

经典考题： 摄影爱好者李某为好友丁某拍摄了一组生活照，并经丁某同意上传于某社交媒体群中。蔡某在社交媒体群中看到后，擅自将该组照片上传于某营利性摄影网站，获得报酬若干。对蔡某的行为，下列哪一说法是正确的？（2017年卷三21题，单选）①

A.侵害了丁某的肖像权和身体权

B.侵害了丁某的肖像权和李某的著作权

C.侵害了丁某的身体权和李某的著作权

D.不构成侵权

归纳总结　具体人格权

生命权、身体权、健康权	①侵害生命权的，应导致权利人死亡；侵害身体权的，应导致权利人身体不完整或行动自由受限；侵害健康权的，应导致权利人身心不健康 ①生前进行人体捐献的，应同时满足：完全民事行为能力人＋书面形式或遗嘱；自然人死亡后的捐献，应同时满足：自然人生前未表示不同意捐献＋配偶、成年子女、父母共同决定＋书面形式
姓名权、名称权	①侵害姓名权与名称权的行为表现：干涉、盗用、假冒等 ②民事主体变更姓名、名称的，变更前实施的民事法律行为对其具有法律约束力 ③具有一定社会知名度，被他人使用足以造成公众混淆的各种名字，也受姓名权和名称权的保护

---

① 【答案】B。本题考查身体权、肖像权、著作权。A选项，侵犯肖像权主要表现为丑化、污损或者利用信息技术手段伪造肖像，未经肖像权人同意而制作、使用、公开其肖像等。本案中，蔡某擅自将丁某的照片上传于某营利性摄影网站，获得报酬若干，属于未经肖像权人同意而擅自使用其肖像，侵害了丁某的肖像权。侵犯身体权，主要表现为导致权利人身体不完整或行动自由受限，本案中，蔡某的行为并没有导致丁某身体不完整或行动自由受限，故不侵害丁某的身体权。该选项错误。B选项，如上分析，蔡某的行为侵害了丁某的肖像权。同时，李某对其为丁某所拍摄的照片，具有著作权，蔡某擅自将该组照片上传于某营利性摄影网站，侵犯了李某著作权。具体而言，是著作权中的信息网络传播权。该选项正确。C选项，如上分析，蔡某的行为并未侵害丁某的身体权，该选项错误。D选项，如上分析，蔡某的行为侵害了丁某的肖像权和李某的著作权，该选项错误。本题如果出现失误，主要原因是没有掌握好侵犯肖像权、身体权的具体行为表现，导致依靠生活常识做题。侵犯肖像权主要表现为丑化、污损或者利用信息技术手段伪造肖像，未经肖像权同意而制作、使用、公开肖像等；侵犯身体权，主要表现为导致权利人身体不完整或行动自由受限。因此，考生务必掌握好每一种人格权侵权的具体行为表现。综上，本题正确选项为B。

续　表

肖像权	①侵害肖像权的行为表现 A.丑化、污损或者利用信息技术手段伪造等方式侵害他人的肖像权 B.未经肖像权人同意，制作、使用、公开他人的肖像 C.未经肖像权人同意，肖像作品权利人以发表、复制、发行、出租、展览等方式使用或者公开他人的肖像 ②肖像许可使用合同 A.当事人对肖像许可使用合同中关于肖像使用条款的理解有争议的，应当作出有利于肖像权人的解释 B.当事人对肖像许可使用期限没有约定或者约定不明确的，任何一方当事人可以随时解除肖像许可使用合同，但是应当在合理期限之前通知对方
名誉权	①侵害名誉权的行为表现：侮辱、捏造虚假事实（诽谤）等 ②行为人为公共利益实施新闻报道、舆论监督等行为，原则上不侵犯名誉权，但是捏造、歪曲事实、对他人提供的严重失实内容未尽到合理核实义务、使用侮辱性言辞等贬损他人名誉等除外 ③文学、艺术作品是否侵害名誉权，关键是看该作品是否以真人真事或者特定人为描述对象，并含有侮辱、诽谤内容
荣誉权	侵害荣誉权的行为表现：非法剥夺他人的荣誉称号；诋毁、贬损他人的荣誉
隐私权	侵害隐私权的行为表现：以各种方式侵犯私人生活安宁和不愿为他人知晓的私密空间、私密活动、私密部位、私密信息等
个人信息保护	①侵害个人信息权益的行为表现：非法收集、使用、加工、传输、买卖、提供、公开 ②处理个人信息，应当遵循合法、正当、必要以及不得过度处理的原则

第五编　　婚姻家庭

专题二十二　婚姻家庭制度

第一节　结　婚

命题点拨

本节内容中，重点考查无效婚姻、可撤销婚姻，考生应熟练掌握无效婚姻、可撤销婚姻的产生原因及其法律后果。

一、结婚的条件

结婚的条件包括实质条件和形式条件。

（一）实质条件

1.必须是男女双方在完全自愿的基础上达成合意。

2.达到法定婚龄，即男不得低于22周岁，女不得低于20周岁。

3.必须符合一夫一妻制，即不得重婚。

4.不得是直系血亲和三代以内的旁系血亲。

（二）形式条件

要求结婚的男女双方必须亲自到婚姻登记机关办理结婚登记，完成登记，取得结婚证，即确立夫妻关系。未办理结婚登记的，应当补办结婚登记。

二、无效婚姻

（一）无效婚姻的原因

请考生牢记导致婚姻无效的原因（违反了结婚实质条件中的后三项）：

1.一方或者双方没有达到法定婚龄。

2.一方或者双方重婚。

3.双方有法律规定的禁止结婚的亲属关系。

提醒考生注意的是：当事人以上述三种情形以外的事由请求确认婚姻无效的，人民法院应当判决驳回当事人的诉讼请求。

（二）无效婚姻的确认

1.无效婚姻必须经法院确认。

（1）人民法院受理请求确认婚姻无效案件后，原告申请撤诉的，不予准许。

（2）对婚姻效力的审理不适用调解，应当依法作出判决。涉及财产分割和子女抚养的，有关财产分割和子女抚养的问题可以进行调解，调解达成协议的，另行制作调解书；未达成调解协议的，应当一并作出判决。

（3）人民法院受理的离婚案件，经审理确属无效婚姻的，应当将婚姻无效的情形告知当事人，并依法作出确认婚姻无效的判决，即此种情况下应判决婚姻无效而不是判决离婚。

2.可以申请婚姻无效的主体。

婚姻当事人和利害关系人均可以申请婚姻无效，但是在不同的无效情形下，其利害关系人也不同。

无效事由	具体利害关系人
未达法定婚龄的	未达法定婚龄者的近亲属
重婚的	当事人的近亲属和基层组织
禁止结婚的亲属关系的	当事人的近亲属

3.无效婚姻的补正。

当事人向人民法院请求确认婚姻无效时，婚姻无效的情形在提起诉讼时已经消失的，人民法院不予支持。如重婚的，有配偶一方已与原配偶解除婚姻关系；未到法定婚龄者已达到法定结婚年龄的。唯一不能补正的无效原因仅为当事人有禁止结婚的亲属关系。

实例：甲，男，22周岁，为达到与乙女（19周岁）结婚的目的，故意隐瞒乙的真实年龄办理了结婚登记。两年后，因双方经常吵架，乙以办理结婚登记时未达到法定婚龄为由向法院起诉，请求宣告婚姻无效。人民法院应如何处理？

结论：法院对乙的请求不予支持。未到法定婚龄者，请求宣告婚姻无效时已达到法定结婚年龄的，其无效婚姻被补正。

（三）无效婚姻的法律后果

1.婚姻自始无效，当事人不具有夫妻的权利义务关系。

2.被宣告无效的婚姻，当事人同居期间所得的财产，由当事人协议处理；协议不成的，由人民法院根据照顾无过错方的原则判决。《婚姻家庭编解释（一）》第22条进一步规定："被确认无效或者被撤销的婚姻，当事人同居期间所得的财产，除有证据证明为当事人一方所有的以外，按共同共有处理。"即原则上按共同共有处理，同时也要照顾无过错方。

3.无效婚姻当事人于同居期间所生子女，为非婚生子女，与婚生子女具有同等的权利。

4.婚姻无效的，无过错方有权请求损害赔偿。

三、可撤销婚姻

（一）可撤销婚姻的原因

请考生牢记导致婚姻可撤销的原因（违反了结婚实质条件中的第一项）：

1.受胁迫成立的婚姻。

2.一方隐瞒重大疾病成立的婚姻。关于重大疾病，《民法典》及相关司法解释均未明确规定，民法理论上一般认为，传染性疾病、遗传性疾病属于这里的重大疾病，前者可能传染给他人，后者可能遗传给后代。

（二）撤销权的行使

1.受胁迫的一方应当向人民法院请求撤销婚姻。

2.受胁迫的一方撤销婚姻的请求，应当自胁迫行为终止之日起1年内提出。如果人身自由受到非法限制的，请求撤销婚姻应当自其恢复人身自由之日起1年内提出。若在法定期间内不行使权利，则该权利归于消灭。

3.因对方隐瞒重大疾病撤销婚姻的，应当自知道或应知道撤销事由之日起1年内提出。

（三）可撤销婚姻的法律后果

婚姻一经撤销，自始无效，其效力同无效婚姻，适用前述无效婚姻的法律后果。

提醒考生注意以下细节考点：

1.可撤销的婚姻，在撤销前是有效的，经撤销之后，转变为无效。

2.当事人以结婚登记程序存在瑕疵为由提起民事诉讼，主张撤销结婚登记的，告知其可以依法申请行政复议或者提起行政诉讼。

3.关于彩礼返还问题，本书专题一第三节有过专门阐述，请考生注意复习。

经典考题： 高甲患有精神病，其父高乙为监护人。2009年高甲与陈小美经人介绍认识，同年12月陈小美以其双胞胎妹妹陈小丽的名义与高甲登记结婚，2011年生育一子高小甲。2012年高乙得知儿媳的真实姓名为陈小美，遂向法院起诉。诉讼期间，陈小美将一直由其抚养的高小甲户口迁往自己原籍，并将高小甲改名为陈龙，高乙对此提出异议。下列哪一选项是正确的？（2017年卷三第17题，单选）①

---

① 【答案】D。本题考查婚姻的效力、监护。A选项，无效婚姻的事由包括一方或者双方没有达到法定婚龄、一方或者双方重婚、双方有法律规定的禁止结婚的亲属关系。本案中，陈小美以其双胞胎妹妹陈小丽的名义与高甲登记结婚，不属于上述几种情况，故不属于无效婚姻。该选项错误。B选项，可撤销婚姻的事由包括受胁迫成立的婚姻、一方隐瞒重大疾病成立的婚姻。本案中，陈小美以其妹妹陈小丽的名义与高甲登记结婚，也不属于这两种情况，故不属于可撤销婚姻。该选项错误。C选项，父母是未成年子女的当然监护人。自然人在非完全民事行为能力阶段，其对姓名的决定、使用、变更或者许可他人使用的权利，由其法定代理人（监护人）行使。陈小美作为高小甲的监护人，为高小甲改名的行为并未侵害高小甲的合法权益，该选项错误。D选项，高甲是精神病人，不能作为高小甲的监护人，高小甲的监护人只有其母亲陈小美。如上分析，自然人在非完全民事行为能力阶段，其姓名权由其法定代理人行使。陈小美有为高小甲改名的权利，这并未侵犯高甲的合法权益，故D选项正确。本题如果出现失误，主要原因如下：一是没有记牢无效婚姻、可撤销婚姻的事由。无效婚姻的事由包括一方或者双方没有达到法定婚龄、一方或者双方重婚、双方有法律规定的禁止结婚的亲属关系；可撤销婚姻的事由包括受胁迫成立的婚姻、一方隐瞒重大疾病成立的婚姻。二是受常识影响，认为父亲患有精神病，母亲就不能更改孩子的姓名。对此问题，一定要从监护的角度考虑，在父亲患有精神病的情况下，其已无法担任孩子的监护人了，此时孩子的监护人就只有其母亲，其母亲可以代为行使姓名权，变更孩子的姓名。综上，本题正确选项为D。

A.高甲与陈小美的婚姻属无效婚姻

B.高甲与陈小美的婚姻属可撤销婚姻

C.陈小美为高小甲改名的行为侵害了高小甲的合法权益

D.陈小美为高小甲改名的行为未侵害高甲的合法权益

归纳总结　结婚

无效婚姻	①无效婚姻的原因 A.一方或者双方没有达到法定婚龄 B.一方或者双方重婚 C.双方有法律规定的禁止结婚的亲属关系 ②无效婚姻的确认 A.无效婚姻必须经法院确认 B.可以申请婚姻无效的主体，包括婚姻当事人和利害关系人，利害关系人又包括近亲属或基层组织（仅限于重婚导致无效的情形下） C.无效婚姻可以被补正：当事人向人民法院请求确认婚姻无效时，法定的婚姻无效情形在提起诉讼时已经消失的，人民法院不予支持 ③无效婚姻的法律后果 A.婚姻自始无效，当事人不具有夫妻的权利义务关系 B.被宣告无效的婚姻，当事人同居期间所得的财产，由当事人协议处理；协议不成的，原则上按共同共有处理，同时也要照顾无过错方 C.无效婚姻下所生子女与婚生子女具有同等的权利 D.婚姻无效的，无过错方有权请求损害赔偿
可撤销婚姻	①可撤销婚姻的原因 A.受胁迫成立的婚姻 B.一方隐瞒重大疾病成立的婚姻 ②撤销权的行使 A.受胁迫的一方应当向人民法院请求撤销婚姻，且自胁迫行为终止之日起1年内提出，如果人身自由受到非法限制的，请求撤销婚姻应当自其恢复人身自由之日起1年内提出 B.因对方隐瞒重大疾病撤销婚姻的，应当自知道或应知道撤销事由之日起1年内提出 C.可撤销婚姻的法律后果：适用无效婚姻的法律后果

第二节　家庭关系

命题点拨

家庭关系的核心，是夫妻关系和父母子女关系，其中夫妻关系是法考的命题重点，主要考查夫妻财产的归属，有时还会结合物权中的共同共有制度进行考查；偶尔会考查夫妻人身关系。父母子女关系，则偶尔会考查养父母子女关系，有时还会结合法定继承制度进行考查。

一、夫妻关系

（一）夫妻人身关系

1.夫妻法律地位平等。

夫妻在生活中法律地位平等。

就法考而言，此处主要结合夫妻双方均享有生育的权利与不生育的权利，夫不得以妻擅自终止妊娠侵犯其生育权要求损害赔偿。夫妻双方因是否生育发生纠纷，致使感情确已破裂的，一方请求离婚的，人民法院经调解无效，应准予离婚。

2.配偶权。

配偶权是夫妻基于配偶身份而相互享有的权利，具体内容包括：

（1）监护权。

一方为无民事行为能力人或者限制民事行为能力人时，另一方为其监护人。

考生应注意的细节考点是：无民事行为能力人的配偶出现监护资格撤销事由的，其他有监护资格的人可以要求撤销其监护资格，并依法指定新的监护人；变更后的监护人代理无民事行为能力一方提起离婚诉讼的，人民法院应予受理。

（2）继承权。

夫妻相互为另一方的第一顺序法定继承人。

（3）其他权利。

如失踪和死亡宣告申请权、扶养请求权（在一方没有收入时，有权要求对方扶养）等。

（二）夫妻财产关系

1.日常家事代理权。

考生须掌握两个要点：

（1）夫妻一方因家庭日常生活需要而实施的民事法律行为，对夫妻双方发生效力，但是夫妻一方与相对人另有约定的除外。

（2）夫妻之间对一方可以实施的民事法律行为范围的限制，不得对抗善意相对人。

2.夫妻约定财产制。

约定财产制，是指夫妻双方可以对婚前、婚后取得的财产归谁所有进行约定。约定财产制的效力优先于法定财产制，这是民法意思自治原则的体现。

3.夫妻法定财产制。

法定财产制，是指当事人没有约定财产归属或约定无效，按照法律规定确定夫妻双方财产的归属。

常考的夫妻共同财产与夫妻个人财产的范围，如下表：

夫妻共同财产	夫妻个人财产
夫妻一方个人财产在婚后取得的收益属于共同财产	①作为投资的本金依然属于夫妻个人财产 ②收益如果是孳息或自然增值的，则为个人财产
夫妻一方继承或赠与所得的财产属于共同财产	遗嘱或赠与合同中确定只归夫或妻一方的财产，属于个人财产
夫妻一方的住房补贴、住房公积金、基本养老金、破产安置补偿费，属于共同财产	①一方因受到人身损害获得的赔偿或者补偿，属于个人财产 ②军人的伤亡保险金、伤残补助金、医药生活补助费，属于个人财产
婚姻关系存续期间，实际取得或者已经明确可以取得的知识产权的收益，均为共同财产，如婚前发表但在婚后取得的稿酬或婚姻存续期间发表但在离婚后取得的稿酬，前者属于实际取得，后者属于明确可以取得	不属于婚姻关系存续期间实际取得或者已经明确可以取得的知识产权的收益，均属于个人财产，如婚前取得的稿酬或离婚后才发表并取得的稿酬
当事人结婚前，父母为双方购置房屋出资且父母明确表示赠与双方的，属于共同财产	当事人结婚前，父母为双方购置房屋出资但未明确表示赠与双方的，该出资应当认定为对自己子女的个人赠与，故该房屋属于其子女的个人财产
当事人结婚后，父母为双方购置房屋出资的，该出资应当认定为对夫妻双方的赠与，即属于共同财产，但父母明确表示赠与一方或产权登记在一方名下的除外	当事人结婚后，父母为双方购置房屋出资，父母明确表示赠与一方，或者产权登记在一方名下的，为一方的个人财产

请考生注意如下细节考点：

①夫妻婚后用共同财产购买的房屋，不论登记在谁的名下，均为夫妻共同财产

②夫妻一方所有的财产，不因婚姻关系的延续而转化为夫妻共同财产，但当事人另有约定的除外

③一方未经另一方同意出售夫妻共同所有的房屋，第三人善意购买、支付合理对价并已办理不动产登记，另一方主张追回该房屋的，人民法院不予支持，此种情况下第三人属于善意取得。夫妻一方擅自处分共同所有的房屋造成另一方损失，离婚时另一方请求赔偿损失的，人民法院应予支持

4.婚姻存续期间夫妻共同财产的分割。

婚姻关系存续期间，有下列情形之一的，夫妻一方可以向人民法院请求分割共同财产：

（1）一方有隐藏、转移、变卖、毁损、挥霍夫妻共同财产或者伪造夫妻共同债务等严重损害夫妻共同财产利益行为的。

（2）一方负有法定扶养义务的人患重大疾病需要医治，另一方不同意支付相关医疗费用的。

提醒考生注意：上述规定，专门适用于夫妻双方不离婚也可以分割夫妻共同财产。

二、父母子女关系

（一）亲子关系的确认与否认制度

1.对亲子关系有异议且有正当理由的，父或者母可以向人民法院提起诉讼，请求确认或者否认亲子关系。

2.对亲子关系有异议且有正当理由的，成年子女可以向人民法院提起诉讼，请求确认亲子关系。

提醒考生注意：父母可以请求确认或否认亲子关系，但成年子女只能请求确认亲子关系，而不能否认亲子关系。

（二）养父母子女关系

养父母子女关系是通过收养而在收养人与被收养人之间形成的权利义务关系。

1.收养关系的成立条件。

（1）收养人的条件。

收养人必须同时具备以下条件：

①没有子女或只有一名子女；

②有抚养教育和保护被收养人的能力；

③未患有在医学上认为不应当收养子女的疾病；

④无不利于被收养人健康成长的违法犯罪记录；

⑤年满30周岁。

（2）被收养人的条件。

被收养人应符合如下条件之一：

①丧失父母的孤儿；

②查找不到生父母的未成年人；

③生父母有特殊困难无力抚养的子女。

（3）关于收养人、被收养人的一些特殊规定。

这些特殊规定，是法考在考查收养关系时的主要命题点，需要考生牢记：

①无配偶者收养异性子女的，则相互之间年龄应当相差40周岁以上。

②收养人有配偶的，须由夫妻双方共同决定。

③被收养人为年满8周岁的未成年人的，须经被收养人同意。

④收养三代以内同辈旁系血亲的子女，可以不受生父母无抚养能力、收养人与被收养人相差40周岁以上的限制。

⑤华侨收养三代以内同辈旁系血亲的子女，还可以不受收养人无子女或只有一名子女的限制。

⑥配偶一方死亡，另一方送养未成年子女的，死亡一方的父母有优先抚养的权利。

2.收养关系的成立程序。

收养必须办理登记，办理收养登记的机关为县级以上人民政府的民政部门。

提醒考生注意的是：按照法考做题惯例，凡是题目中未提及登记问题，均视为当事人办理了登记手续。

3.收养的法律效力。

（1）收养的拟制效力。

收养关系一旦成立，养父母子女之间，适用亲生父母子女关系的关系。如养子女可以继承养父母的遗产。

（2）收养的解消效力。

收养关系一旦成立，养子女与其原先的亲生父母之间的权利义务关系终止。如养子女不能以子女的身份继承亲生父母的遗产。

4.收养关系的解除。

（1）收养关系解除的条件。

符合如下条件之一：

①养父母与成年养子女关系恶化，无法共同生活的。

②收养人不履行抚养义务，有虐待、遗弃等侵害未成年养子女合法权益的行为，送养人行使对养父母子女关系解除权的。

③养子女成年后，虐待、遗弃养父母的。

提醒考生注意的细节是：

①被收养人未成年的，收养人不得解除收养关系，但收养、送养双方协议解除的除外。

②养子女年满8周岁的，解除收养关系时，应征得其同意。

（2）收养关系解除的程序和方式。

收养人与送养人或收养人与成年的被收养人可以协议解除收养关系；不能达成协议的，也可以诉请人民法院解决。当事人协议解除收养关系的，应当到民政部门办理解除收养关系的登记。

（3）收养关系解除的效力。

收养关系解除后，养子女与养父母及其他近亲属间的权利义务关系即行解除，与生父母及其他近亲属的权利义务关系自动恢复。

提醒考生注意的细节是：成年养子女与生父母及其他近亲属间的权利义务关系是否恢复，可以协商确定，即并非自动恢复。

（三）继父母子女关系

考生明确以下两点即可：

1.继子女和亲生父母的权利义务关系始终存在。如继子女可以继承其亲生父母的遗产。

2.继子女和继父母之间，没有法定的权利义务关系。如继子女和继父母之间没有相互抚养的义务。

提醒考生注意的细节是：如果继父或者继母和继子女之间有抚养教育的事实，则相互之间可以适用亲生父母子女关系的规定，如这种情况下的继子女可以继承继父母的遗产。但是，不论继子女和继父母之间是否有抚养教育的事实，继子女和其原先的亲生父母之间的权利义务关系始终是存在的。

归纳总结　家庭关系

夫妻关系	①夫妻人身关系：夫妻法律地位平等；夫妻之间享有配偶权 ②日常家事代理权 A.夫妻一方因家庭日常生活需要而实施的民事法律行为，对夫妻双方发生效力，但是夫妻一方与相对人另有约定的除外 B.夫妻之间对一方可以实施的民事法律行为范围的限制，不得对抗善意相对人 ③夫妻共同共有的财产范围 A.夫妻一方个人财产在婚后取得的收益，但孳息或自然增值的除外 B.夫妻一方继承或赠与所得的财产，但遗嘱或赠与合同中确定只归夫或妻一方的除外 C.夫妻一方的住房补贴、住房公积金、基本养老金、破产安置补偿费 D.婚姻关系存续期间，实际取得或者已经明确可以取得的知识产权的收益 E.当事人结婚前，父母为双方购置房屋出资，且父母明确表示赠与双方 F.当事人结婚后，父母为双方购置房屋出资，但父母明确表示赠与一方或产权登记在一方名下的除外 G.夫妻婚后用共同财产购买的房屋，不论登记在谁的名下，均为夫妻共同财产 ④婚姻存续期间可以分割夫妻共同财产的理由 A.一方有隐藏、转移、变卖、毁损、挥霍夫妻共同财产或者伪造夫妻共同债务等严重损害夫妻共同财产利益行为的 B.一方负有法定扶养义务的人患重大疾病需要医治，另一方不同意支付相关医疗费用的
父母子女关系	①亲子关系的确认与否认制度 A.父或者母可以请求确认或者否认亲子关系 B.成年子女可以请求确认亲子关系 ②养父母子女关系 A.收养人的条件（同时符合）：没有子女或只有一名子女；有抚养教育和保护被收养人的能力；未患有在医学上认为不应当收养子女的疾病；无不利于被收养人健康成长的违法犯罪记录；年满30周岁 B.被收养人的条件（符合其一）：丧失父母的孤儿；查找不到生父母的未成年人；生父母有特殊困难无力抚养的子女 C.收养必须办理登记 D.收养关系一旦成立，养父母子女之间，适用亲生父母子女关系的关系；养子女与其原先的亲生父母之间的权利义务关系终止 ③继父母子女关系 A.继子女和亲生父母的权利义务关系始终存在 B.继子女和继父母之间，没有法定的权利义务关系，但如果继父或者继母和继子女之间有抚养教育的事实，则相互之间可以适用亲生父母子女关系的规定

第三节　离　婚

命题点拨

　　离婚问题，法考考查频繁，其中离婚后的财产分割、债务清偿、离婚损害赔偿等是常考知识点，需要重点关注。其他知识点也偶有考查。本节内容，整体上较为琐碎，考生要下功夫记忆。

一、离婚的类型

（一）协议离婚

　　协议离婚，是指夫妻双方依据法律规定解除婚姻关系。考生应主要关注离婚冷静期制度：

　　1.自婚姻登记机关收到离婚登记申请之日起30日内，任何一方不愿意离婚的，可以向婚姻登记机关撤回离婚登记申请。

　　2.上述期限届满后30日内，双方应当亲自到婚姻登记机关申请发给离婚证；未申请的，视为撤回离婚登记申请。

（二）诉讼离婚

　　1.离婚事由。

　　有下列情形之一的，感情确已破裂，调解无效的，应准予离婚：

　　（1）重婚或与他人同居。

　　（2）实施家庭暴力或虐待、遗弃家庭成员。

　　（3）有赌博、吸毒等恶习屡教不改。

　　（4）因感情不和分居满2年。

　　（5）夫妻双方因是否生育发生纠纷，致使感情确已破裂。

　　（6）其他导致夫妻感情破裂的情形。

　　提醒考生注意的是：在上述情形下，法院必须先调解，调解无效的，则应当准予离婚。

　　2.离婚诉权的限制。

　　（1）对现役军人的保护

　　现役军人的配偶要求离婚，必须征得军人同意。军人一方有重大过错的，配偶提出离婚不受此限制。

　　（2）对妇女的特殊保护。

　　女方在怀孕期间、分娩后1年内或中止妊娠后6个月内，男方不得提出离婚，但此种情形下女方可以提出离婚。

二、离婚的法律后果

（一）子女关系的处理

　　1.离婚不影响父母与子女之间的关系。

2.未成年子女和父母一方生活。关于该子女与哪一方共同生活，以下列方法确定：

（1）离婚后，不满2周岁的子女，以由母亲直接抚养为原则。

母亲有下列情形之一，父亲请求直接抚养的，人民法院应予支持：

①患有久治不愈的传染性疾病或者其他严重疾病，子女不宜与其共同生活；

②有抚养条件不尽抚养义务，而父亲要求子女随其生活；

③因其他原因，子女确不宜随母亲生活。

（2）已满2周岁的子女，父母双方对抚养问题协议不成的，由人民法院根据双方的具体情况，按照最有利于未成年子女的原则判决。

（3）子女已满8周岁的，应当尊重其真实意愿。

3.不与子女共同生活的一方应当负担部分或全部抚养费。

4.关于探望权问题。

（1）不直接抚养子女的父或母，有探望子女的权利，另一方有协助的义务。父或母探望子女，不利于子女身心健康的，由人民法院依法中止其探望的权利；中止的事由消失后，应当恢复探望的权利。

（2）人民法院作出的生效的离婚判决中未涉及探望权，当事人就探望权问题单独提起诉讼的，人民法院应予受理。

（3）对于拒不协助另一方行使探望权的有关个人或者组织，可以由人民法院依法采取拘留、罚款等强制措施，但是不能对子女的人身、探望行为进行强制执行。

（二）财产关系的处理

1.共同财产之处理。

（1）对共同财产由双方协议处理；协议不成的，法院依照顾子女、女方和无过错方权益的原则判决。

（2）离婚时，一方有隐藏、转移、变卖、毁损、挥霍共同财产或伪造夫妻共同债务企图侵占另一方财产的，可以少分或不分共同财产；离婚后发现上述行为的，当事人可起诉请求再次分割共同财产。

需要考生注意的细节考点是：请求再次分割夫妻共同财产的诉讼时效期间为三年，从当事人发现之日起计算。

（3）离婚时，如果当事人已经在离婚协议中约定了关于财产以及债务处理的条款，该条款对男女双方具有法律约束力。登记离婚后，当事人因履行上述协议发生纠纷提起诉讼的，人民法院应当受理。

（4）夫妻一方婚前签订不动产买卖合同，以个人财产支付首付款并在银行贷款，婚后用夫妻共同财产还贷，不动产登记于首付款支付方名下的，离婚时该不动产由双方协议处理。如不能达成协议的，人民法院可以判决该不动产归产权登记一方，尚未归还的贷款为产权登记一方的个人债务。双方婚后共同还贷支付的款项及其相对应的财产增值部分，离婚时由产权登记一方对另一方进行补偿。

2.若干特殊财产的处理。

（1）涉及分割夫妻共同财产中以一方名义在有限责任公司的出资额，另一方不是该公司股东的，按以下情形分别处理：

①夫妻双方协商一致将出资额部分或者全部转让给该股东的配偶，其他股东过半数同意，并且其他股东均明确表示放弃优先购买权的，该股东的配偶可以成为该公司股东。

②夫妻双方就出资额转让份额和转让价格等事项协商一致后，其他股东半数以上不同意转让，但愿意以同等条件购买该出资额的，人民法院可以对转让出资所得财产进行分割；其他股东半数以上不同意转让，也不愿意以同等条件购买该出资额的，视为其同意转让，该股东的配偶可以成为该公司股东。

（2）涉及分割夫妻共同财产中以一方名义在合伙企业中的出资，另一方不是该企业合伙人的，当夫妻双方协商一致，将其合伙企业中的财产份额全部或者部分转让给对方时，按以下情形分别处理：

①其他合伙人一致同意的，该配偶依法取得合伙人地位。

②其他合伙人不同意转让，在同等条件下行使优先购买权的，可以对转让所得的财产进行分割。

③其他合伙人不同意转让，也不行使优先购买权，但同意该合伙人退伙或者削减部分财产份额的，可以对结算后的财产进行分割。

④其他合伙人既不同意转让，也不行使优先购买权，又不同意该合伙人退伙或者削减部分财产份额的，视为全体合伙人同意转让，该配偶依法取得合伙人地位。

3.离婚后的债务清偿。

个人债务的，个人负责清偿；夫妻共同债务的，双方均有清偿的义务。考生重点把握夫妻共同债务或个人债务的认定标准：

（1）夫妻双方共同签名或者夫妻一方事后追认等共同意思表示所负的债务，以及夫妻一方在婚姻关系存续期间以个人名义为家庭日常生活需要所负的债务，属于夫妻共同债务。

（2）夫妻一方在婚姻关系存续期间以个人名义超出家庭日常生活需要所负的债务，不属于夫妻共同债务；但是，债权人能够证明该债务用于夫妻共同生活、共同生产经营或者基于夫妻双方共同意思表示的除外。

（3）夫妻对婚姻关系存续期间所得的财产约定归各自所有，夫或者妻一方对外所负的债务，相对人知道该约定的，属于夫妻一方债务，以夫或者妻一方的个人财产清偿。

三、离婚救济

（一）离婚经济帮助权

离婚时，如一方生活困难，有负担能力的另一方应给予适当帮助，具体办法由双方协议。

（二）离婚经济补偿权

夫妻一方因抚育子女、照料老人、协助另一方工作等负担较多义务的，离婚时有权请求另一方补偿，另一方应予以补偿。

（三）离婚损害赔偿请求权

1.适用情形：

因下列情形之一导致离婚，无过错方有权请求损害赔偿：（1）重婚；（2）与他人同居；（3）实施家庭暴力；（4）虐待、遗弃家庭成员；（5）有其他重大过错。其中，有其他重大过错是《民法典》新增的规定，如一方有赌博、吸毒等恶习屡教不改的，可以认定有"重大过错"。该规定扩大了离婚损害赔偿的适用范围，也使过去一些真题的答案会发生变化。

2.请求主体：只能是婚姻关系中的无过错方。

3.被请求主体：只能是婚姻关系中的过错方。

4.赔偿范围：物质损害+精神损害。

5.具体提起。

提醒考生注意的细节考点是：

（1）离婚时，如果双方均有过错或均无过错的，则均不能主张离婚损害赔偿。

（2）当事人不起诉离婚而单独起诉要求损害赔偿的，人民法院不予受理。

经典考题： 乙起诉离婚时，才得知丈夫甲此前已着手隐匿并转移财产。关于甲、乙离婚的财产分割，下列哪一选项是错误的？（2016年卷三第18题，单选）①

A.甲隐匿转移财产，分割财产时可少分或不分

B.就履行离婚财产分割协议事宜发生纠纷，乙可再起诉

C.离婚后发现甲还隐匿其他共同财产，乙可另诉再次分割财产

D.离婚后因发现甲还隐匿其他共同财产，乙再行起诉不受诉讼时效限制

归纳总结　离婚

离婚的类型	①协议离婚 由当事人自愿签订离婚协议。适用"30天+30天"的离婚冷静期制度 ②诉讼离婚 A.基本理由是感情确已破裂，且调解无效 B.离婚诉权的限制 对现役军人：离婚必须征得军人同意，军人一方有重大过错的除外 对妇女：女方在怀孕期间、分娩后1年内或中止妊娠后6个月内，男方不得提出离婚，但女方可以提出离婚

---

① 【答案】D。本题考查离婚财产分割。A选项，离婚时，一方有隐藏、转移、变卖、毁损、挥霍共同财产或伪造夫妻共同债务企图侵占另一方财产的，可以少分或不分共同财产。因此，如果甲有隐匿转移财产的行为，则分割财产时可以少分或不分。该选项正确。B选项，离婚时，如果当事人已经在离婚协议中约定了关于财产以及债务处理的条款，该条款对男女双方具有法律约束力。登记离婚后，当事人因履行上述协议发生纠纷提起诉讼的，人民法院应当受理。这就意味着，就履行离婚财产分割协议事宜发生纠纷，夫妻任何一方都可以提起诉讼，该选项"乙可再起诉"的表述是正确的。C选项，如果离婚时一方有隐藏、转移、变卖、毁损、挥霍共同财产或伪造夫妻共同债务企图侵占另一方财产的行为，但另一个是在离婚后发现的，其可起诉请求再次分割共同财产。因此，如果离婚后乙发现甲还隐匿其他共同财产，则乙可另诉再次分割财产，该选项正确。D选项，离婚后发现夫妻另一方有上述相关行为而起算请求再次分割夫妻共同财产的，适用三年诉讼时效的规定，从当事人发现之日起计算。因此，该选项"乙再行起诉不受诉讼时效限制"的表述是错误的。本题如果出现失误，主要原因是对离婚时夫妻双方如何分割夫妻共同财产的知识点掌握得不够熟练。这些内容，都来自《民法典》或最高院司法解释的规定，知识点本身难度不高，但是需要下功夫记忆。综上，本题正确选项为D。

离婚的 法律后果	①子女关系的处理 A.子女随哪一方生活问题 按照不满2周岁、已满2周岁不满8周岁、已满8周岁三种情况处理 B.探望权问题 不直接抚养子女的父或母，有探望子女的权利；另一方拒不协助的，可以由人民法院依法采取拘留、罚款等强制措施，但是不能对子女的人身、探望行为进行强制执行；当事人可以就探望权单独提起诉讼 ②财产关系的处理 A.离婚时，一方有隐藏、转移、变卖、毁损、挥霍共同财产或伪造夫妻共同债务企图侵占另一方财产的，可以少分或不分共同财产；离婚后发现上述行为的，当事人可起诉请求再次分割共同财产，但受三年诉讼时效的限制 B.离婚时，当事人关于财产以及债务处理的条款有效，当事人因此发生纠纷提起诉讼的，人民法院应当受理 ③离婚后的债务清偿 A.夫妻双方共同签名、共同意思表示以及夫妻一方在婚姻关系存续期间以个人名义为家庭日常生活需要所负的债务，属于共同债务 B.以个人名义超出家庭日常生活需要所负的债务，为个人债务，但是属于共同生活、共同生产经营或者共同意思表示的，属于共同债务 C.夫妻对婚姻关系存续期间所得的财产约定归各自所有，夫妻一方对外所负的债务，相对人知道该约定的，属于个人债务
离婚救济	①离婚经济帮助权 离婚时，如一方生活困难，有负担能力的另一方应给予适当帮助 ②离婚经济补偿权 夫妻一方因抚育子女、照料老人、协助另一方工作等负担较多义务的，离婚时有权请求另一方补偿 ③离婚损害赔偿请求权 A.由无过错方向有过错方主张离婚损害赔偿 B.有过错的判断标准：重婚；与他人同居；实施家庭暴力；虐待、遗弃家庭成员；有其他重大过错 C.以当事人提起离婚为前提

第六编

继 承

专题二十三　继承制度

第一节　继承的一般原理

命题点拨

继承的一般原理主要涉及继承权和遗产两个方面。其中，继承权，主要考查继承权的放弃与继承权的丧失这两项制度。遗产，则重在考查遗产的认定以及债务的清偿问题。在命题方式上，本节知识点近年来较少单独命题，而通常与本专题第二节、第三节结合起来命题。

一、继承开始的时间

继承从被继承人死亡时开始。死亡，包括自然死亡和宣告死亡，对此，本书专题二第一节、第三节已分别对自然死亡、宣告死亡有专门阐述，请考生注意复习。

二、继承权

（一）继承权的取得

法定继承权的取得，主要基于各种身份关系，如夫妻关系、父母子女关系等；遗嘱继承权的取得，主要基于被继承人生前所立的遗嘱。

（二）继承权的放弃

1.继承权放弃的条件

放弃继承权，应同时满足如下条件：

（1）在继承开始后、遗产分割前表示放弃。

（2）必须以明确的方式表示。如果继承人未明确表示放弃继承权的，视为接受继承。

（3）继承人不能以不履行法定义务为条件放弃继承权。如甲的父亲去世，母亲仍然健在，甲提出，其放弃对父亲遗产的继承权，条件是不再赡养母亲。该放弃行为无效。

2.继承权放弃的方式

继承人放弃继承应当以书面形式向遗产管理人或者其他继承人表示。

考生要注意的细节考点是：在诉讼中，继承人向人民法院以口头方式表示放弃继承的，要制作笔录，由放弃继承的人签名。

3.继承权放弃的效力

继承人放弃继承后，不再参加继承，其应当继承的份额按照法定继承由其他法定继承人继承。

（三）继承权的丧失

与继承权的放弃是当事人自愿的不同，继承权的丧失，是法律对继承人继承权的一种强制剥夺。

1.继承权丧失的原因

（1）继承人故意杀害被继承人。

无论杀害行为是否既遂，均丧失对被继承人的继承权。

（2）继承人为争夺遗产而杀害其他继承人。

此种情形也不要求既遂，但主观目的必须是为了争夺遗产。如果是因为其他原因杀害其他继承人，并不享有上述继承权。

（3）继承人遗弃被继承人，或虐待被继承人情节严重。

（4）继承人伪造、篡改、隐匿或销毁遗嘱，情节严重。

此处的情节严重是指伪造、篡改、隐匿或者销毁遗嘱的行为侵害了缺乏劳动能力又无生活来源的继承人的利益，并造成其生活困难。

（5）以欺诈、胁迫手段迫使或者妨碍被继承人设立、变更或者撤回遗嘱，情节严重。

继承权的这一丧失原因，是《民法典》新增的规定。继承人迫使或妨碍被继承人设立、变更或者撤回遗嘱，妨碍了被继承人的意思自治。需要注意的是，迫使或妨碍的结果，必须通过"欺诈、胁迫"的手段实施。

2.继承权丧失的法律后果

丧失继承权的人，原则上不能再继承遗产。

考生需要注意如下细节考点：

（1）在上述后三种丧失事由下，如果继承人确有悔改表现，被继承人表示宽恕或者事后在遗嘱中将其列为继承人的，该继承人不丧失继承权。

（2）受遗赠人有上述五种行为的，丧失受遗赠权，即不能依被继承人生前所立遗嘱主张接受遗赠。

三、遗产

（一）认定遗产的具体规则

遗产是指自然人死亡时遗留的个人合法财产。此处的关键是：一必须是死者死亡时享有的，二必须是其个人的。按照这个标准，在考试时，考生就可以对某些细节问题进行认定：

1.被继承人的遗产与夫妻共有财产的区别

在分割遗产时，对夫妻在婚姻关系存续期间所得的共同所有财产，除有约定外，应当先将夫妻共同所有财产的一半分出给配偶，其余的归为被继承人的遗产。

2.被继承人的遗产与死亡赔偿金的区别

被继承人之所以死亡，可能是因为其被他人侵权而导致的。此时，侵权人就会依法进行赔偿，其中最为典型的就是要支付死亡赔偿金。死亡赔偿金是不是死者的遗产？考生只要想明白一个问题，死亡赔偿金是赔给谁的？不可能是赔给死者的，因为人已经死了，而是赔偿给其近亲属的，所以死亡赔偿金并不是死者的遗产。

3.被继承人的遗产与保险金的区别

对此，需要考生掌握如下几点：

（1）被继承人投保的人身保险合同，没有指定受益人的，其保险金作为遗产；若指定了受益人，则保险金不属于遗产，由受益人取得，但受益人先于被继承人死亡或者丧失、放弃受益权，则保险金仍属于遗产。

（2）被保险人与受益人在同一事件中死亡且不能确定死亡的先后顺序，则推定受益人先于被保险人死亡。这是《保险法》对推定死亡顺序的特殊规定，考生要作为特殊考点记忆。《保险法》之所以如此规定，是因为其想将此种情况下的保险金作为被保险人的遗产进行处理。如果推定被保险人先死亡，则此种情况下的保险金应当归受益人所有，由于受益人紧接着也被推定死亡了，则该保险金就成了受益人的遗产；相反，如果受益人死亡在先、被保险人死亡在后，则此种情况下的保险金就会被作为被保险人的遗产对待，进一步就由被保险人的继承人进行继承。

4.被继承人的遗产与抚恤金的区别

对此，也要分情况处理：

（1）对于抚恤金，如果是职工、军人因公死亡、生病或其他意外事故死亡后，由有关单位按规定给予死者家属的，而不能列为遗产。

（2）有关部门发给因公伤残而丧失劳动能力的职工、军人的生活补助，归个人所有，如果军人死亡的，这类抚恤金可以作为遗产继承。

实例：甲为自己投保一份人寿保险，指定其妻为受益人。甲有一子4岁，甲母50岁且自己单独生活。某日，甲因交通事故身亡。该份保险的保险金应如何处理？

结论：甲指定其妻为受益人，甲妻子未丧失或者放弃收益权，甲妻也未先于甲死亡，该人寿保险金不能作为甲的遗产，而应归甲妻所有，甲子、甲母无权继承。

（二）被继承人的债务清偿

被继承人的债务清偿，应遵循如下原则：

1.权利义务相一致原则

继承人只有在接受继承时，才依法承担被继承人的债务。如果继承人放弃继承了，被继承人的债务与其无关。

2.限定继承原则

继承人接受继承后，在清偿被继承人的债务时，应以其取得遗产的实际价值为限，超过部分，继承人可以不予偿还。考生可以通俗地理解为：继承人不用自己掏腰包替被继承人还债。

3.保留必留份原则

如果有缺乏劳动能力又没有生活来源的继承人的，即使遗产不足以清偿债务，也应当先为其保留适当的遗产，剩余的遗产再用于还债。

4.有序清偿原则

在多种取得遗产的方式并存的情况下，首先由法定继承人用其所得遗产清偿债务；不足清偿时，由遗嘱继承人和受遗赠人按所得遗产的比例进行清偿；如果只有遗嘱继承和受遗赠的，由遗嘱继承人和受遗赠人按所得遗产的比例进行清偿。

考生应注意的是：遗赠扶养协议受赠人不承担债务清偿责任。

实例：徐某死后留有遗产100万元。徐某立有遗嘱，将价值50万元的房产留给女儿，将价值10万元的汽车留给侄子。遗嘱未处分的剩余40万元存款由妻子刘某与女儿按照法定继承各得一半。遗产处理完毕后，张某通知刘某等人，徐某死亡前向其借款，本息累计70万元至今未还。经查，张某所言属实，此借款系徐某个人债务。问女儿应向徐某偿还多少钱？

结论：应清偿45万元。遗产分割后发现被继承人生前所负债务的，其清偿具有顺序性。首先，由法定继承人用所继承的遗产按比例清偿。女儿法定继承20万元，妻子刘某法定继承20万元，都需清偿债务，这样共清偿了40万元。其次，剩余30万元的债务，由遗嘱继承人和受遗赠人按所得遗产的比例清偿。女儿遗嘱继承50万元，侄子受遗赠10万元。对于剩余的30万元，女儿清偿5/6，即25万元，侄子清偿1/6，即5万元。综上，女儿共应清偿45万元。

（三）遗产管理人

1.遗产管理人的选任

继承开始后，遗嘱执行人为遗产管理人；没有遗嘱执行人的，继承人应当及时推选遗产管理人；继承人未推选的，由继承人共同担任遗产管理人；没有继承人或者继承人均放弃继承的，由被继承人生前住所地的民政部门或者村民委员会担任遗产管理人。

注意：对遗产管理人的确定有争议，利害关系人可以向人民法院申请指定遗产管理人。

2.遗产管理人的职责

（1）清理遗产并制作遗产清单。

（2）向继承人报告遗产情况。

（3）采取必要措施防止遗产毁损、灭失。

（4）处理被继承人的债权债务。

（5）按照遗嘱或者依照法律规定分割遗产。

（6）实施与管理遗产有关的其他必要行为。

3.遗产管理人的民事责任

遗产管理人应当依法履行职责，因故意或者重大过失造成继承人、受遗赠人、债权人损害的，应当承担民事责任。

4.遗产管理人的报酬

遗产管理人可以依照法律规定或者按照约定获得报酬。

归纳总结　**继承的一般原理**

继承权	①继承权的放弃 A.继承权放弃的条件 在继承开始后、遗产分割前表示放弃；必须以明确的方式表示；继承人不能以不履行法定义务为条件放弃继承权 B.继承权放弃的方式 以书面形式向遗产管理人或者其他继承人表示

	C.继承权放弃的效力 继承人放弃继承后，其应当继承的份额按照法定继承由其他法定继承人继承 ②继承权的丧失 A.继承权丧失的原因 继承人故意杀害被继承人；继承人为争夺遗产而杀害其他继承人；继承人遗弃被继承人，或虐待被继承人情节严重；继承人伪造、篡改、隐匿或销毁遗嘱，情节严重；以欺诈、胁迫手段迫使或者妨碍被继承人设立、变更或者撤回遗嘱，情节严重 B.继承权丧失的法律后果 丧失继承权的人，原则上不能再继承遗产，但在上述后三种丧失事由下，如果继承人确有悔改表现，被继承人表示宽恕或者事后在遗嘱中将其列为继承人的，该继承人不丧失继承权
遗产	①认定遗产的具体规则 A.对夫妻在婚姻关系存续期间所得的共同所有财产，除有约定外，应当先将夫妻共同所有财产的一半分出为配偶所有，其余的归为被继承人的遗产 B.死亡赔偿金不属于遗产；保险金是否属于遗产，要根据是否指定受益人而分别判断；抚恤金是否属于遗产，要根据其是给予死者家属还是给予因公伤残的而分别判断 ②被继承人的债务清偿，应遵循权利义务相一致原则、限定继承原则、保留必留份原则以及有序清偿原则 ③遗产管理人 由遗嘱执行人为遗产管理人；没有遗嘱执行人的，继承人应当及时推选遗产管理人；继承人未推选的，由继承人共同担任遗产管理人；没有继承人或者继承人均放弃继承的，由被继承人生前住所地的民政部门或者村民委员会担任遗产管理人

第二节　法定继承

命题点拨

　　法定继承是法考的重点，法考主要考查法定继承的适用范围、法定继承人的范围和顺序、法定继承的遗产分配、代位继承与转继承等角度命题，知识点十分丰富，考生要全面掌握。

一、法定继承的概念与适用范围

（一）概念

　　法定继承，是指继承人根据法律确定的继承人的范围的顺序以及遗产分配规则，取得被继承人遗产的继承方式。

（二）适用范围

　　1.没有遗赠扶养协议、遗赠、遗嘱继承；

2.遗嘱继承人放弃继承或者受遗赠人放弃受遗赠；

3.遗嘱继承人丧失继承权或者受遗赠人丧失受遗赠权；

4.遗嘱继承人、受遗赠人先于遗嘱人死亡或终止；

5.遗嘱无效部分所涉及的遗产；

6.遗嘱未处分的遗产。

二、法定继承人的范围、顺序和遗产分配

（一）法定继承人的范围和顺序

第一顺序的法定继承人：配偶、子女、父母；对公婆或岳父母尽了主要赡养义务的丧偶儿媳和丧偶女婿。

第二顺序的法定继承人：兄弟姐妹、祖父母、外祖父母。

考生需要注意的细节是：

1.这里所说的子女包括亲生子女（不论是否婚生）、养子女和与继父母之间有扶养关系的继子女。其中，养子女对亲生父母没有继承权；继子女对亲生父母仍然有继承权。

2.顺序的意义是：有第一顺序继承人的，第二顺序继承人不得继承；没有第一顺序继承人或者第一顺序继承人均丧失了继承权或者放弃了继承权的，由第二顺序继承人继承。

（二）法定继承中的遗产分配

1.一般情形。

同一顺序继承人继承遗产的份额一般应均等。

2.特殊情形。

（1）对于生活有特殊困难又缺乏劳动能力的继承人，分配遗产时应给予照顾。

（2）对被继承人尽了主要扶养义务或者与被继承人共同生活的继承人，分配遗产时可以多分。

（3）有扶养能力和扶养条件的继承人不尽扶养义务的，在分配遗产时应当不分或者少分。

考生应注意如下细节考点：

①继承人有扶养能力和扶养条件，愿意尽扶养义务，但被继承人因有固定收入和劳动能力，明确表示不要求其扶养的，分配遗产时，一般不应因此而影响其继承份额。

②有扶养能力和扶养条件的继承人虽然与被继承人共同生活，但对需要扶养的被继承人不尽扶养义务，分配遗产时，可以少分或者不分。

（4）继承人协商同意的，也可以不均等。

3.法定继承人以外有权分得遗产的人。

考试要注意，以下两种人虽然不属于法定继承人，但却能分到遗产。

（1）继承人以外的，依靠被继承人扶养的人，可以适当分得遗产。

（2）继承人以外的，对被继承人扶养较多的人，可以适当分得遗产。

三、代位继承

代位继承有两种发生场合，考生要分别掌握。

（一）代位继承的一般发生场合

被继承人的子女先于被继承人死亡，由该先死子女的晚辈直系血亲代替其继承被继承人的遗产。法考一般是在祖孙三代的背景下命题，考生可以通俗地理解为：父亲先于爷爷去世，父亲所留下的孩子代替其父亲继承爷爷的遗产。

此种场合需要考生注意：（1）不论代位人是几个人，其对外均只能相当于一个人，共同继承被代位人应得的份额，然后代位人内部再进行分割。（2）继子女不能作为代位人。

（二）代位继承的特殊发生场合

被继承人的兄弟姐妹先于被继承人死亡的，由被继承人的兄弟姐妹的子女代位继承。这是《民法典》新增的规定，以下结合实例进行说明。

实例1：甲、乙是兄弟。甲意外去世，留有一子丙。后乙也意外去世，无继承人。丙可否继承乙之遗产？

结论：可以。此种情况下丙对乙的遗产的继承属于代位继承。

实例2：如果乙留有一子丁。丙可否继承乙之遗产？

结论：不可以。因为乙有第一顺序继承人丁，故丙不可以主张代位继承。

四、转继承

（一）转继承的发生场合

转继承，指在被继承人死亡后，遗产分割前，继承人又死亡的，由该死亡之继承人的继承人继承其应当继承的份额的法律制度。法考一般也是在祖孙三代的背景下命题，考生可以通俗地理解为：父亲后于爷爷去世，父亲所继承的爷爷的遗产，有父亲的孩子再继续继承。

注意：如果被继承人生前的遗嘱对此另有安排的，则以遗嘱为准，不发生转继承。

（二）转继承与代位继承的区别

	代位继承	转继承
适用范围	代位继承只发生在法定继承之中	转继承既可以发生在法定继承中，也可以发生在其他遗产转移方式中
适用条件	代位继承发生的条件是继承人先于被继承人死亡	转继承发生的条件是继承人在被继承人死亡后、遗产分割前死亡
主体	代位人只能是被代位人的晚辈直系血亲（特殊情况下也可以是被继承人的兄弟姐妹的子女）	转继承中的继承人可以是被转继承人的任何继承人

经典考题：甲（男）与乙（女）结婚，其子小明20周岁时，甲与乙离婚。后甲与丙（女）再婚，丙子小亮8周岁，随甲、丙共同生活。小亮成年成家后，甲与丙甚感孤寂，收养孤儿小光为养子，视同己出，未办理收养手续。丙去世，其遗产的第一顺序继承人

有哪些? （2014年卷三第65题，多选）①

  A.小明   B.小亮   C.甲   D.小光

归纳总结　法定继承

法定继承的适用范围	①没有遗赠扶养协议、遗赠、遗嘱继承 ②遗嘱继承人放弃继承或者受遗赠人放弃受遗赠 ③遗嘱继承人丧失继承权或者受遗赠人丧失受遗赠权 ④遗嘱继承人、受遗赠人先于遗嘱人死亡或终止 ⑤遗嘱无效部分所涉及的遗产 ⑥遗嘱未处分的遗产
法定继承人的范围、顺序和遗产分配	①法定继承人的范围和顺序 第一顺序：配偶、子女、父母；对公婆或岳父母尽了主要赡养义务的丧偶儿媳和丧偶女婿 第二顺序：兄弟姐妹、祖父母、外祖父母 ②法定继承中的遗产分配 一般应均等，特殊情况下不均等 A.对于生活有特殊困难又缺乏劳动能力的继承人，分配遗产时应给予照顾 B.对被继承人尽了主要扶养义务或者与被继承人共同生活的继承人，分配遗产时可以多分 C.有扶养能力和扶养条件的继承人不尽扶养义务的，在分配遗产时应当不分或者少分 D.继承人协商同意的，也可以不均等
代位继承	①一般发生场合 被继承人的子女先于被继承人死亡，由该先死子女的晚辈直系血亲代替其继承被继承人的遗产 ②特殊发生场合 被继承人的兄弟姐妹先于被继承人死亡的，由被继承人的兄弟姐妹的子女代位继承
转继承	在被继承人死亡后、遗产分割前，继承人又死亡的，由该死亡之继承人的继承人继承其应当继承的遗产份额

---

① 【答案】BC。本题考查法定继承人的范围。A选项，小明与丙之间属于继父母子女关系，由于甲与丙结婚时，小明已经成年，没有和丙之间形成扶养关系，因此，不能继承丙之遗产。该选项不当选。B选项，小亮和丙之间是亲生父母子女关系，小亮当然可以作为第一顺位继承人。该选项当选。C选项，甲、丙之间是夫妻关系，甲作为丙的配偶，也是第一顺序继承人。该选项当选。D选项，小光和丙之间是养父母子女关系，但本案有一个特殊情节，就是题目中明确说"未办理收养手续"，这说明收养关系不成立，所以小光不能以养子女的身份进行继承，即其不是第一顺序继承人。该选项不当选。本题如果出现失误，主要原因是对作为法定继承人的子女的范围这个知识点掌握得不够准确。亲生子女可以继承；养子女可以继承，但前提是必须收养关系成立；继子女能否继承，取决于继子女和继父母之间是否有扶养关系，有，则可以继承，无，则不能继承。综上，本题正确选项为BC。

第三节　遗嘱继承、遗赠和遗赠扶养协议

命题点拨

本节内容，在法考中重点考查遗嘱问题，包括遗嘱的有效条件、遗嘱抵触时的处理规则等；偶尔也考查遗赠扶养协议问题。考生要全面掌握本节考点。

一、遗嘱继承与遗赠

（一）遗嘱继承与遗赠的区分

遗嘱继承与遗赠均因遗嘱而发生，考生应掌握如下区分方法：

当遗嘱中指定的继承人在法定继承人范围之内的，该遗嘱将发生遗嘱继承的后果；当遗嘱中指定的继承人不在法定继承人范围之内的，该遗嘱将发生遗赠的后果。

考生还应掌握一个细节考点：受遗赠人在知道受遗赠后60日内未表示，视为放弃接受遗赠；遗嘱继承人不作表示的，视为接受继承。

由于遗嘱继承和遗嘱均来自遗嘱，所以法考在对二者进行命题时，均围绕遗嘱出题，是考生应掌握的重点。

（二）遗嘱

1.遗嘱的有效要件。

遗嘱的有效要件包括实质要件和形式要件，具体内容如下表：

实质要件	遗嘱人有遗嘱能力	立遗嘱人在立遗嘱时必须具备完全民事行为能力，如为无民事行为能力人或者限制民事行为能力人，所立遗嘱无效
	遗嘱人的意思表示无瑕疵	受欺诈、胁迫所立遗嘱无效；伪造的遗嘱无效；遗嘱被篡改的，篡改的内容无效
	遗嘱只能处分自己的财产，且为弱者保留必要份额	（1）遗嘱应当为缺乏劳动能力又没有生活来源的继承人保留必要的遗产份额，否则未保留的部分无效 （2）遗嘱人以遗嘱处分了国家、集体或他人所有的财产，遗嘱的这部分，应认定无效
形式要件	公证遗嘱	必须办理公证手续
	自书遗嘱	自书遗嘱由遗嘱人亲笔书写；签名；注明年、月、日
	代书遗嘱	应当有两个以上见证人在场见证；由其中一人代书，并由代书人、其他见证人和遗嘱人签名；注明年、月、日
	录音录像遗嘱	应当有两个以上见证人在场见证；遗嘱人和见证人应当在录音录像中记录其姓名或者肖像；记录年、月、日
	打印遗嘱	应当有两个以上见证人在场见证；遗嘱人和见证人应当在遗嘱每一页签名；注明年、月、日

口头遗嘱	应当有两个以上见证人在场见证；只能在危急情况来不及订立其他遗嘱时才能使用 **注意**：危急情况解除后，遗嘱人能够用书面或录音录像形式立遗嘱的，先前所立的口头遗嘱无效。注意此处的表述是"能够"，即有这个能力就可以，而并未要求立一份新遗嘱

提醒考生注意的细节考点是：代书遗嘱、录音录像遗嘱、口头遗嘱、打印遗嘱都需要有两个以上见证人在场见证。以下人员不得作为见证人：

（1）无民事行为能力人、限制民事行为能力人以及不具有见证能力的人；

（2）继承人、受遗赠人及与继承人、受遗赠人有利害关系的人。如父亲立遗嘱处分财产，其有三个儿子，则这三个儿子以及儿媳妇均不能作为遗嘱见证人。

2.遗嘱的撤回。

立遗嘱后，遗嘱人实施与遗嘱内容相反的民事法律行为，视为对遗嘱相关内容的撤回。

3.遗嘱抵触的处理规则。

立有数份遗嘱，内容相抵触的，以最后的遗嘱为准。

提醒考生注意的是：所谓"以最后的遗嘱为准"，前提是最后的遗嘱必须是有效的。考生遇到此类题目，先找到最后一份遗嘱，但不要马上确定答案，而是先分析最后这份遗嘱是否有效，如果无效，则不能以最后这份遗嘱为准。

二、遗赠扶养协议

（一）概念

遗赠扶养协议，指被扶养人和扶养人之间关于扶养人承担被扶养人的生养死葬义务，被扶养人将自己财产遗赠给扶养人的协议。

理解这一概念，应从如下几方面进行：

1.遗赠扶养协议是双方法律行为，需要扶养人、被扶养人意思表示一致。

2.遗赠扶养协议是双务、有偿行为。扶养人尽生养死葬义务，被扶养人应将遗产留给扶养人。

3.遗赠扶养协议的被扶养人只能是自然人，而扶养人可以是自然人、法人、非法人组织等。

4.遗赠扶养协议的扶养人，只能是对被扶养人没有法定扶养义务的人，否则无效。如父亲与其某一个子女签订遗赠扶养协议，由于其子女本来就对其承担扶养义务，所以这样的协议是无效的。

（二）遗赠扶养协议与其他遗产转移方式发生冲突时的解决

在法定继承、遗嘱继承或遗赠、遗赠扶养协议这三者中，遗赠扶养协议最优先；遗嘱继承或遗赠次之；法定继承再次之。

实例：甲死亡，留有房屋一间。乙拿出与甲的遗赠扶养义务，主张获得该房屋；丙拿出一份遗嘱，主张获得该房屋；丁认为自己是甲的儿子，应当由其继承。本案如何处理？

结论：应该归乙。乙是基于遗赠扶养协议而主张权利，具有最优先的适用效力。

（三）遗赠扶养协议的解除

考生应分两种情况处理：

1.因扶养人违反义务而解除协议的，扶养人丧失取得被扶养人遗产的权利，其支付的供养费用一般不予补偿。

2.因被扶养人违反义务而解除协议的，被扶养人应当偿还扶养人已支付的供养费用。

经典考题：甲有乙、丙和丁三个女儿。甲于2013年1月1日亲笔书写一份遗嘱，写明其全部遗产由乙继承，并签名和注明年月日。同年3月2日，甲又请张律师代书一份遗嘱，写明其全部遗产由丙继承。同年5月3日，甲因病被丁送至医院急救，甲又立口头遗嘱一份，内容是其全部遗产由丁继承，在场的赵医生和李护士见证。甲病好转后出院休养，未立新遗嘱。如甲死亡，下列哪一选项是甲遗产的继承权人？（2014年卷三第24题，单选）[①]

A.乙　　　　　　　B.丙　　　　　　　C.丁　　　　　　　D.乙、丙、丁

归纳总结	遗嘱继承、遗赠和遗赠扶养协议

遗嘱继承与遗赠	①遗嘱的实质要件：有完全行为能力；意思表示无瑕疵；只能处分自己的财产，且为弱者保留必要份额 ②遗嘱的形式要件 A.公证遗嘱：办理公证 B.自书遗嘱：遗嘱人亲笔书写；签名；注明年、月、日 C.代书遗嘱：有两个以上见证人在场见证；由其中一人代书，并由代书人、其他见证人和遗嘱人签名；注明年、月、日

[①] 【答案】A。本题考查遗嘱效力冲突问题。通过审题发现，本题甲共立有三份遗嘱，相互冲突，那应该以最后的遗嘱为准，但是这一规则适用的前提是，最后这份遗嘱必须是有效的，否则不能以其为准。按此思路，就可以进一步分析了：最后所立遗嘱为5月3日的口头遗嘱，但是题目中说"甲病好转"，说明危急情况已经解除，此时甲能够用书面或者录音形式立遗嘱。因此，即使甲最终没有立新遗嘱，该口头遗嘱也无效，故不能以该遗嘱为准。因此，该遗嘱涉及的丁不是甲的遗产的继承权人，C、D两个选项都不当选。再来看3月2日的代书遗嘱。代书遗嘱需要两个以上的见证人在场见证，题目中没有提到有见证人。结合5月3日的那份口头遗嘱来看，在该遗嘱中，命题者明确描述了"在场的赵医生和李护士见证"，然而对3月2日的代书遗嘱的见证人却没有任何描述，这就意味着，该代书遗嘱缺少见证人，故该遗嘱也是无效的。因此，该遗嘱涉及的丙不是甲的遗产的继承权人，B选项不当选。这样就剩下1月1日的自书遗嘱。该遗嘱由甲亲自书写，签名并注明年、月、日，符合自书遗嘱的要件，故是有效遗嘱。因此，该遗嘱涉及的乙是甲的遗产的继承权人，A选项正确。本题如果出现失误，主要原因：一是对遗嘱的形式条件掌握得不够牢固。代书遗嘱也同样需要两个以上见证人在此见证。二是对法考命题的思路不够熟悉。代书遗嘱和口头遗嘱都需要两个以上见证人在场见证，题目中对口头遗嘱的两个见证人作了非常详细的描述，但对代书遗嘱的见证人却没有明确的描述，那就是透露给考生，代书遗嘱缺少见证人。对命题思路不熟悉的问题，需要通过多做真题，方有进一步的体会。综上，本题正确选项为A。

续 表

	D.录音录像遗嘱：有两个以上见证人在场见证；遗嘱人和见证人应当在录音录像中记录其姓名或者肖像；记录年、月、日 E.打印遗嘱：有两个以上见证人在场见证；遗嘱人和见证人应当在遗嘱每一页签名；注明年、月、日 F.口头遗嘱：有两个以上见证人在场见证；遗嘱人处于危急情况 ③遗嘱抵触的处理规则 以最后的遗嘱为准
遗赠扶养协议	①遗赠扶养协议是双方、双务、有偿行为；扶养人可以是自然人、法人、非法人组织等，但不能是对被扶养人有法定扶养义务的人 ②遗赠扶养协议最优先；遗嘱继承或遗赠次之；法定继承再次之 ③遗赠扶养协议解除时，要区分是因扶养人的原因导致的解除还是被扶养人的原因导致的解除，而分别确定不同法律后果

第七编 侵权责任

专题二十四　侵权责任概述

第一节　侵权行为的归责原则

命题点拨

　　本节内容，是整个侵权责任制度的基础，且学理性极强，需要考生认真体会。归责原则问题，每年法考均会进行考查，不过法考一般不会直接对归责原则进行单独命题，而是将其与后续内容，尤其是专题二十五所阐述的各类具体侵权行为结合起来进行考查，因此本节暂不对真题进行分析，而是重点将相关基本原理阐述清楚。考生在学习专题二十五的过程中，始终要以本节所阐述的归责原则为指引。

　　根据《民法典》的规定，侵权行为的归责原则包括两个，一是过错责任原则，二是无过错责任原则。此外，还有一个公平补偿规则，理论上关于其是否属于归责原则存在争议，考生无须关注学术争论，把具体考点把握好即可。以下详细阐述。

一、过错责任原则

（一）概念理解

　　所谓过错责任原则，是指欲要求行为人（侵权人）承担责任，必须以其存在过错为条件。

　　理解这一概念，要注意如下几点：

　　1.所谓过错，包括故意和过失。故意和过失，考生可以比照刑法中关于故意和过失的概念来理解，如直接故意、间接故意、过于自信的过失、疏忽大意的过失等。

　　2.在过错责任原则中，要求侵权人承担责任，以其过错为条件，但并不需要考生进一步区分到底是故意还是过失，不管其是故意还是过失，都统称为过错。因此，在侵权责任中，故意、过失这样的概念，只需要考生有所体会即可，在题目中，是不需要考生来具体认定侵权人到底是故意的还是过失的。

　　3.进一步而言，在侵权责任中，不论侵权人是故意还是过失，其所承担的侵权责任是一样的，这一点一定不要受刑法思维的影响。如甲故意将乙杀死，与甲过失致乙死亡，在刑法上，定罪、量刑都会存在巨大差异；然而，在民法上，这两种行为都属于侵害乙的生命权，最后所承担的民事责任并无不同。民法在要求当事人承担侵权责任时，主要是看最后的结果，不论侵权人是故意还是过失，都叫过错侵权，而不像刑法那样，还要重点根据当事人的主观心态，严格区分故意犯罪、过失犯罪。

　　4.需要考生注意的是，虽然在确定侵权人是否承担侵权责任这一问题上，不需要严格区分侵权人是故意的还是过失的。但是，在受害人问题上，则要区分其是故意还是过失，因为，一般情况下，受害人故意，侵权人的责任就会免除；受害人过失，侵权人的责任则是减轻。故如果题目中涉及受害人对损害的发生也有过错的，则需要考生区分一下其是出于故意还是出于过失。关于受害人故意、受害人过失，本专题最后一节还会进行阐述。

（二）过错责任原则的分类及其具体适用

根据受害人对过错是否需要举证，过错责任原则又分为一般过错责任原则和过错推定责任原则，需要考生深入理解：

1.一般过错责任原则，是指在追究行为人的责任时，必须以行为人的过错为条件，但行为人的过错，需要受害人举证加以证明，如果受害人不能证明行为人有过错，则行为人不承担责任。

2.过错推定责任原则，是指在追究行为人的责任时，必须以行为人有过错为条件，但行为人的过错，不需要受害人举证加以证明，而是法律直接推定行为人有过错，因此行为人应承担责任。此种情形下，如果行为人想要不承担责任，则必须举证证明自己没有过错。如果其举证出来了，则表明法律关于其存在过错的推定就不成立，因此其不需要承担责任；如果其举证不出来，则表明法律关于其存在过错的推定就可以成立，因此其需要承担责任。所以，过错推定责任原则相对于一般过错责任原则，其特殊性就在于一个方面，即受害人不需要举证行为人有过错。

故请考生牢记：不论一般过错责任原则还是过错推定责任原则，要想让行为人承担责任，均必须以其过错为条件，但二者在举证方面存在差别，在一般过错责任原则中，受害人需要证明行为人的过错；在过错推定责任原则中，受害人不需要证明行为人的过错。

3.过错推定责任原则，需要法律有明确规定才能适用。考生在做题时，要特别注意不要随便乱用过错推定责任原则。就法考而言，其所考查的适用过错推定责任原则的情形主要有：

（1）无民事行为能力人在教育机构学习生活期间遭受人身损害，推定教育机构有过错。（《民法典》第1199条）

（2）医疗机构违反诊疗规范、拒绝提供或伪造、篡改、销毁病历资料，推定医疗机构有过错。（《民法典》第1222条）

（3）动物园饲养的动物致人损害，推定动物园有过错。（《民法典》第1248条）

（4）建筑物及其搁置物、悬挂物脱落、坠落致人损害，推定其所有人、管理人或使用人有过错。（《民法典》第1253条）

（5）堆放的物品倒塌、滚落或者滑落致人损害，推定堆放人有过错。（《民法典》第1255条）

（6）林木折断、倾倒或者果实坠落致人损害，推定林木的所有人或管理人有过错。（《民法典》第1257条）

（7）地面施工或窨井等地下设施致人损害，推定地面施工人或地下设施管理人有过错。（《民法典》第1258条）

4.如果某一侵权责任适用一般过错责任原则，在民法上就将其称之为一般侵权责任（也称之为一般侵权行为）；如果某一侵权责任适用过错推定责任原则，在民法上就将其称之为特殊侵权责任（也称之为特殊侵权行为）。

5.不论某一责任是适用一般过错责任原则，还是适用过错推定责任原则，其构成要件均为四个：行为+损害后果+行为与损害后果之间存在因果关系+行为人有过错。其中，法考在命题时，重点是考查过错这个条件。需要考生注意的是，虽然适用一般过错责任原则和过错推定责任原则都要求必须是四个构成要件，但是，如果适用的是一般过错责任原则，行为人的过错，受害人必须举证证明；如果适用的是过错推定责任原则，行为人的过错，则不需要受害人举证证明，而是由法律直接推定行为人存在过错。

（三）行为人主动证明自己没有过错时应否承担责任

这是法考重要的命题来源，很多年份都会考到这一知识点。根据上文对过错责任原则的阐述，可以发现，适用过错责任原则的侵权责任，其构成要件都是四个，即行为、损害后果、因果关系和过错。既然过错是四大构成要件之一，因此，如果缺少过错这一要件，行为人就肯定不会承担责任。

按此思路分析，在过错责任原则中，如果行为人主动拿出证据证明自己没有过错的，就说明其没有过错，既然其没有过错，则侵权责任就因缺少过错这个要件而不成立，故此时行为人均不承担侵权责任。

考生可以简单记忆为：在过错责任原则中，行为人证明了自己没有过错的，无须承担责任。

实例：甲动物园饲养的动物咬伤乙。乙起诉要求甲动物园赔偿，甲动物园拿出充分证据证明其没有过错。甲动物园是否还需要承担责任？

结论：不承担。这是因为，动物园的动物致人损害，适用过错推定责任原则，而过错推定责任原则属于过错责任原则的一种。在过错责任原则中，行为人的过错是承担侵权责任的四个必要条件之一，没有过错便不会承担侵权责任。因此，甲动物园如果拿出充分证据证明其没有过错的，其就无须对受害人承担侵权责任。

二、无过错责任原则

（一）概念理解

所谓无过错责任原则，是指欲要求行为人承担责任，无须以其存在过错为条件。

理解这一概念，需要与前述过错责任原则相对照：

既然在无过错责任原则中，不以行为人存在过错作为承担责任的根据，这就意味着在这种侵权责任中，行为人承担责任只需要满足三个条件，即行为+损害后果+行为与损害后果之间存在因果关系。可见，在无过错责任原则中，欲要求行为人承担责任，比过错责任原则中要求行为人承担责任要更加简单，因为其只需要满足三个条件就可以了。

（二）无过错责任原则的具体适用

1.无过错责任原则的适用，也需要法律有明确规定。考生在做题时，也要特别注意不要随便乱用无过错责任原则。就法考而言，其所考查的适用无过错责任原则的情形主要有：

（1）无民事行为能力人、限制民事行为能力人致人损害，其监护人承担无过错责任。（《民法典》第1188条）

（2）用人单位的工作人员在执行职务中致人损害，其单位承担无过错责任。（《民法典》第1191条）

（3）个人劳务关系，提供劳务一方致人损害，接受劳务一方承担无过错责任。（《民法典》第1192条）

（4）产品致人损害，产品的生产者、销售者承担无过错责任。（《民法典》第1203条）

（5）机动车致使行人、非机动车驾驶人损害，机动车一方承担无过错责任。（《道路交通安全法》第76条）

（6）环境污染或生态破坏致人损害，污染者、生态破坏者承担无过错责任。（《民法典》第1229条）

（7）高度危险致人责任，危险的制造者承担无过错责任。（《民法典》第1236条）

（8）饲养的动物致人损害，饲养人、管理人承担无过错责任（但动物园的动物致害适用过错推定责任）。（《民法典》第1245条）

（9）建筑物倒塌、塌陷致人损害，建设单位、施工单位承担无过错责任。（《民法典》第1252条）

2.既然适用过错推定责任原则需要法律有明确规定，适用无过错责任原则也需要法律有明确规定，那么，一般过错责任原则适用于哪些情形呢？对此，考生必须掌握一个重要的侵权责任原理：凡是法律没有规定适用过错推定责任原则和无过错责任原则的，均应适用一般过错责任原则。如甲打伤乙，法律对此没有规定适用何种归责原则，那就应该适用一般过错责任原则，受害人乙要想让甲承担责任，必须以甲有过错为必要条件，且乙需要证明甲存在过错。又如，甲骑自行车撞伤乙，法律对此没有规定适用何种归责原则，那同样应适用一般过错责任原则，由受害人证明甲有过错。

考生在做题时，要全面回忆该题目所涉侵权案件是否属于法律明确规定的过错推定责任原则或无过错责任原则，如果不是，那就应该适用一般过错责任原则予以处理。所有适用过错推定责任原则和无过错责任原则的侵权行为，都将在专题二十五全面学习。

3.考生要特别注意的是，适用无过错责任原则，并不是行为人就没有免责或减责事由。也就是说，无过错责任原则，重在强调在要求行为人承担责任时，不考虑其是否有过错，但并不意味着行为人最终就一定会承担责任，因为它也有免责或减责事由。例如，饲养动物侵权，适用无过错责任原则。甲饲养的狗咬伤乙，此时，要求甲承担侵权责任，不考虑其过错，所以原则上甲就应承担责任。但甲也有免责事由，如其拿出证据证明自己的狗咬伤乙是由于乙自己故意挑逗引起的，这就表明受害人乙对其所受损害存在故意，在受害人故意的情况下，行为人就可以主张免责了。所以如果题目中提示有受害人故意的情节，那么行为人一方就会免责。

4.如果某一侵权责任适用无过错责任原则，在民法上也将其称之为特殊侵权责任（或称之为特殊侵权行为）。因此，考生需要注意：特殊侵权责任，在民法上共包括两种情形，一种是适用无过错责任原则的侵权责任，另一种是上文已经阐述过的适用过错推定责任原则的侵权责任。

（三）行为人主动证明自己没有过错时应否承担责任

这同样是法考重要的命题来源。根据上文对无过错责任原则的阐述，可以发现，适用无过错责任原则的侵权责任，其构成要件都是三个，即行为、损害后果、因果关系。既然其构成要件里没有过错这一要件，就意味着要求行为人承担侵权责任时，并不考虑其是否有过错，其有过错也罢，无过错也好，只要满足这三个要件，就应当承担侵权责任。

按此思路分析，在无过错责任原则中，即使行为人主动拿出证据证明自己没有过错的，其也应当承担侵权责任。因为，在要求行为人承担责任时，过错就无须考虑其是否有过错。

考生可以简单记忆为：在无过错责任原则中，行为人证明了自己没有过错的，仍然应承担责任。或者记忆为：行为人不能通过证明自己没有过错而免责。

实例： 甲饲养的动物咬伤乙。乙起诉要求甲赔偿，甲拿出充分证据证明其没有过错。甲是否还需要承担责任？

结论： 承担。这是因为，一般情况下饲养的动物致人损害，适用无过错责任原则，行为人承担责任，并不要求其存在过错，因此，不论其是否有过错，只要有狗咬伤人的事实、有损害后果、有因果关系，甲就应当承担责任。

三、关于公平补偿规则

公平补偿规则，指受害人和行为人对损害的发生均没有过错的，依照法律的规定由双方分担损失。此处所谓"法律规定"，也就意味着要想适用公平补偿原则，必须在法律上有明确的规定（即法条中带有"补偿"字样的）。考生在处理题目时，也不能随便滥用公平补偿原则。此外，所谓分担损失，并不意味着一定要平均分担，而是要根据受害人的具体损失情况、行为人与受害人双方的财产状况等因素，合理确定分担标准。

就法考而言，其所考查的适用公平补偿原则的情形主要有：

1.见义勇为。

因保护他人民事权益被侵害而使自己受到损害的，由侵权人承担责任，受益人可以给予适当补偿。侵权人逃逸或者无力承担责任，受害人请求补偿的，受益人应当给予适当补偿。此处的"补偿"，即是公平补偿规则的体现。

实例： 甲下班途中发现有人抢劫同事乙，便上前阻止，抢劫者抢劫未遂，逃跑前将甲刺成重伤。本例中，甲因见义勇为遭受损害，由抢劫者承担损害赔偿责任。若侵权人不能确定、逃逸或者无力承担责任，适用公平补偿原则，由受益人乙对甲进行适当补偿。需注意，见义勇为失败，不影响公平责任的承担。

2.紧急避险。

因紧急避险造成损害的，由引起险情发生的人承担责任。如果危险是由自然原因引起的，紧急避险人不承担责任或者给予适当补偿。此处的"补偿"，也是公平补偿规则的体现。

3.完全民事行为能力人对自己暂时没有意识或者意识失去控制致人损害。

完全民事行为能力人对自己的行为暂时没有意识或者失去控制造成他人损害没有过错的，根据行为人的经济状况对受害人适当补偿。此处的"补偿"，也是公平补偿规则的体现。

考生要注意的是，如果完全民事行为能力人对自己的行为暂时没有意识或者意识失去控制造成他人损害有过错的，则应直接承担侵权责任，而不是给予适当补偿了。如因醉酒、滥用麻醉药品或者精神药品以至于失去意识或者意识失去控制的，均应认定为存在过错。

实例：李某患有癫痫病，一日李某骑车行走时突然发病，将在路边玩耍的6岁儿童撞伤，花去医疗费200元。本案中，李某暂时失去意识属于疾病发作，李某对自己的行为没有过错，应适用公平补偿规则。

4.不明抛掷物致人损害。

从建筑物中抛掷物品或者从建筑物上坠落的物品造成他人损害，难以确定具体侵权人的，除能够证明自己不是侵权人的外，由可能加害的建筑物使用人给予补偿。此处的"补偿"，亦是公平补偿规则的体现。

实例：小明走在路上的时候，有一砚台从高楼扔出，砸在了小明的头上，如果不能确定是由谁扔的，除能证明不是自己扔的外，所有可能扔砚台的高楼住户要一起给予小明补偿。

归纳总结　侵权责任的归责原则

过错责任原则	①适用过错责任原则时，要求行为人承担责任，必须以其存在过错为条件 ②过错责任原则分为两种类型，即一般过错责任原则和过错推定原则。前者，受害人要证明行为人有过错；后者，受害人无须证明行为人有过错，而是法律推定行为人有过错 ③哪些案件适用过错推定责任原则，需要法律有明确规定 ④在过错责任原则中，行为人主动证明自己没有过错的，无须承担责任
无过错责任原则	①适用无过错责任原则时，要求行为人承担责任，无须以其存在过错为条件 ②哪些案件能适用无过错责任原则，需要法律有明确规定 ③适用无过错责任原则时，行为人主动证明自己没有过错的，仍然要承担责任，行为人要想免责或减责，应当找其他理由，如受害人故意
公平补偿规则	①公平补偿规则适用于受害人和行为人对损害的发生都没有过错，且法律有明确规定的情形，适用的结果是双方分担损失 ②主要适用于见义勇为、紧急避险、完全民事行为能力人暂时没有意识或者意识失去控制致人损害以及不明抛掷物致人损害

第二节　数人侵权

命题点拨

数人侵权是历年命题的重点，每一种类型的数人侵权行为，考生均需要掌握。

　　根据数人侵权行为发生的原因不同，可以分为共同加害行为、共同危险行为以及无意思联络侵权，考生要逐一掌握。

一、共同加害行为

（一）概念

　　共同加害行为，也称共同致害行为，指二人以上因共同过错而侵害他人民事权益的行为。如，甲、乙合谋将丙打伤，甲、乙是基于共同过错而实施了侵权行为。

（二）责任承担

　　由实施共同加害行为的行为人一起承担连带责任。

（三）关于教唆、帮助侵权行为

　　又分如下几种情况处理：

　　1. 教唆、帮助完全民事行为能力人实施侵权行为的，构成共同加害行为，由教唆者、帮助者和被教唆者、被帮助者承担连带责任。

　　2. 教唆、帮助无民事行为能力人或限制民事行为能力人实施侵权行为的，不构成共同加害行为，由教唆者、帮助者承担侵权责任；但被教唆人（被帮助人）的监护人未尽到监护职责的，承担相应的责任。此处所谓相应的责任，是与当事人的过错相适应（因为监护人未尽到监护职责，表明其有过错），责任的大小取决于过错的大小，过错越大的，责任越多，故其在本质上属于一种按份责任。

　　实例： 甲（18 周岁）、乙（9 周岁）二人在外玩耍，乙的父母离异，两人均对乙不管不问。一日，两人路过丙家的瓜田。甲对乙说："你去摘几个西瓜来吃。"乙听后，就去摘了几个回来。结果，乙摘的是丙专门培养的几个特别品种，瓜尚未熟透，造成了重大损失。

　　结论： 本案中甲教唆乙去偷瓜，甲当然要承担责任；同时，由于乙的父母作为监护人，对于乙疏于管教，没有尽到监护职责，因此，也应当承担相应的责任。

二、共同危险行为

（一）概念

　　共同危险行为，指数人共同实施危及他人人身、财产安全的行为并造成损害结果，而实际侵权人又无法确定的侵权行为。

　　实例： 春节期间，熊甲、熊乙两人在同一超市购买同一型号的爆竹，在广场同时燃放，不知谁的爆竹刚好飞到行人阿强的头上，导致其头部大量出血。此处熊甲、熊乙两人构成共同危险行为。

（二）责任承担

　　由实施危险行为的所有人承担连带责任。

三、无意思联络的数人侵权

（一）概念

　　无意思联络的数人侵权指二人以上在没有共同过错的情况下，分别实施侵权行为并造成同一损害。

考生应注意掌握无意思联络的数人侵权与共同加害行为、共同危险行为的区别：

1.无意思联络侵权行为与共同加害行为的区别：前者行为人没有共同过错，后者行为人存在共同过错。

2.无意思联络侵权行为与共同危险行为的区别：前者侵权人确定，后者侵权人不能确定。

（二）责任承担

分如下情况确定：

1.每个人的侵权行为都足以造成全部损害的，行为人承担连带责任。

实例：甲乙两个造纸厂的污水都排到了丙养鱼的湖中，导致丙的鱼苗全部死亡。其中，甲乙两家任何一家的排污都可能导致鱼苗死亡，甲乙对于丙的损失承担连带责任。

2.每个人的侵权行为都不足以造成全部损坏，但能够确定每个人的行为所造成的责任大小的，各自承担相应的责任；难以确定责任大小的，平均承担责任。

实例：行人甲于某晚骑自行车在街道上正常行驶，突然他发现迎面快速驶来一辆卡车，甲赶紧往路边躲闪。恰逢乙建筑公司在该路段路边施工，挖了一个很深的坑，未设任何明显警示标志。于是甲连车带人掉入深坑，车毁人伤。此种情形，卡车司机与乙公司的各自行为都不足以造成甲的损害，如果能够确定各自责任大小的，分别承担相应的责任；如果难以确定的，则平均承担责任。

最后，再提示考生在处理数人侵权行为的题目时，基本的审题思路是：先确定是哪一种类型的数人侵权行为，再确定其责任承担。

经典考题：甲、乙、丙三家毗邻而居，甲、乙分别饲养山羊各一只。某日二羊走脱，将丙辛苦栽培的珍稀药材悉数啃光。关于甲、乙的责任，下列哪些选项是正确的？（2017年卷三第67题，多选）①

---

① 【答案】CD。本题考查数人侵权行为。考生首先应确定属于哪一种类型的数人侵权行为，然后再确定责任承担。通过审题发现，本案属于甲的羊与乙的羊共同导致丙的损害，甲、乙之间没有共同过错，所以不属于共同加害行为（共同致害行为），因为共同加害行为要求有共同过错；本案中的侵权人也非常明确，就是甲和乙，所以不属于共同危险行为，因为共同危险行为要求侵权人不明确；本案中甲、乙之间没有任何的意思联络，所以属于无意思联络的数人侵权。确定了数人侵权的类型后，再对照选项进行分析。A选项，其表述"甲、乙可各自通过证明已尽到管理职责而免责"，实际上是说，如果甲、乙证明了自己没有过错，则无须承担责任。这一问题，是在考查归责原则。饲养动物的侵权适用无过错责任原则，即使行为人证明了自己没有过错，也要承担侵权责任，故即使甲、乙证明了自己已尽到管理职责，但仍然不能免责。该选项错误。B选项，如上分析，甲、乙之间属于无意思联络的数人侵权，不是共同致害行为，该选项错误。C选项，如能确定二羊各自啃食的数量，则表明能够确定两只羊各自导致的责任大小，故其饲养人也就各自承担相应的赔偿责任。该选项正确。D选项，如不能确定二羊各自啃食的数量，则表明不能确定两只羊各自导致的责任大小，故其饲养人就是平均承担责任。该选项正确。本题如果出现失误，主要原因是对数人侵权的类型、无过错责任原则这两个知识点掌握得不够准确。考生要掌握好共同加害行为、共同危险行为、无意思联络的数人侵权这几种数人侵权的判断标准。就无过错责任原则而言，考生务必记住：即使行为人证明了自己没有过错，也仍然要承担责任。综上，本题正确选项为CD。

A.甲、乙可各自通过证明已尽到管理职责而免责

B.基于共同致害行为，甲、乙应承担连带责任

C.如能确定二羊各自啃食的数量，则甲、乙各自承担相应赔偿责任

D.如不能确定二羊各自啃食的数量，则甲、乙平均承担赔偿责任

归纳总结　数人侵权

共同加害行为	①判定标准 二人以上因共同过错致人损害的行为 ②责任承担 由行为人承担连带责任 ③教唆、帮助侵权 教唆、帮助完全行为能力人的，成立共同加害行为，由教唆人（帮助人）与被教唆人（被帮助人）承担连带责任；教唆、帮助非完全行为能力人的，不构成共同加害行为，由教唆人、帮助人承担侵权责任，但被教唆人的监护人未尽到监护职责的，承担相应的责任
共同危险行为	①判定标准 二人以上实施侵权行为，造成损害后果，但不能确定实际侵权人的情形 ②责任承担 由行为人承担连带责任
无意思联络的数人侵权	①判定标准 二人以上在没有共同过错的情况下，分别实施侵权行为并造成同一损害 ②责任承担 每个人的侵权行为都足以造成全部损害的，行为人承担连带责任；能够确定责任大小，各自承担相应的责任；难以确定责任大小，平均承担责任

第三节　侵权责任

命题点拨

　　本节内容较为庞杂，其中在法考中重点考查侵权责任的免责与减责事由、侵权损害赔偿规则，其他内容偶有考查，考生要全面掌握本节考点。

一、侵权责任的方式

　　侵权责任的方式，主要包括如下几种：停止侵害，排除妨碍，消除危险，返还财产，恢复原状，赔偿损失，赔礼道歉，消除影响、恢复名誉。考生从字面上体会一下即可。

　　提醒考生注意的是：上述侵权责任的方式，可以单独适用，也可以合并适用。如受害人的名誉权受害，其可能会同时主张赔礼道歉以及消除影响、恢复名誉这样的侵权责任方式。

二、侵权责任的免责与减责事由

（一）概念

侵权责任的免责与减责事由，是指行为人欲使自己不承担责任或减轻责任，可以找到的各种理由。当然，这些理由必须是法律认可的。法考主要围绕这些理由进行命题。

（二）免责事由

1.受害人故意。

受害人故意造成自己损害的，行为人完全免责。

提醒考生注意的细节考点是：受害人故意必须是造成损害的唯一原因，如果行为人对损害的发生也有故意或者重大过失，应承担相应责任。

实例：甲躺在高速路上欲自杀，乙醉酒后驾车且超速行驶，发现甲之后，没有采取任何避让或者制动措施，造成甲死亡。乙是否可以免责？

结论：在受害人故意的情况下，可以作为加害人的免责事由，但是，如果加害人也有故意或者重大过失的，则应当承担相应的责任，不能完全免责。本题的情形，甲故意寻死，但乙也有重大过失，因此应当承担相应的责任。

2.第三人过错。

第三人过错，也称为第三人原因，指原告、被告之外的第三人对造成原告的损害具有过错。对于这种情形，分别有三种适用规则：

（1）若被告能证明完全是第三人过错导致，则可直接免责，由第三人承担责任。

实例：房地产开发商张某开发的房屋出售后，由于甲地铁公司违章进行地下挖掘，导致房屋倒塌。建筑物倒塌，一般情况下是由建设单位和施工单位承担连带责任，但本案中，房屋倒塌是第三人甲公司的行为引起的，故应由甲公司承担责任。

（2）被告首先承担责任，不能以第三人过错主张免责，被告承担责任后，可以向第三人追偿。

如《民法典》第1204条规定："因运输者、仓储者等第三人的过错使产品存在缺陷，造成他人损害的，产品的生产者、销售者赔偿后，有权向第三人追偿。"

（3）受害人自主选择由谁承担责任。

例如：

《民法典》第1233条规定："因第三人的过错污染环境、破坏生态的，被侵权人可以向侵权者请求赔偿，也可以向第三人请求赔偿。侵权者赔偿后，有权向第三人追偿。"

《民法典》第1250条规定："因第三人的过错致使动物造成他人损害的，被侵权人可以向动物饲养人或者管理人请求赔偿，也可以向第三人请求赔偿。动物饲养人或者管理人赔偿后，有权向第三人追偿。"

关于第三人原因，本书专题二十五在阐述各种侵权行为和责任时，如果涉及对第三人原因有特别规定的，均会予以说明，请考生学习专题二十五要予以注意。

3.自甘风险。

自愿参加具有一定风险的文体活动，因其他参加者的行为受到损害的，受害人不得请求其他参加者承担侵权责任；但是，其他参加者对损害的发生有故意或者重大过失的除外。活动组织者的责任适用安全保障义务侵权责任、教育机构侵权责任的规定。

4.意外事件。

意外事件，在《民法典》中没有明确，但不论是民法理论、司法实务，还是法考里，均将其作为免责事由对待。但如何认定意外事件，存在学术争论，考生可以从如下两方面来判断：（1）意外事件是不可预见的；（2）是偶然发生的事件。可以简单记忆为：谁都没有想到。

因意外事件导致的损害后果，行为人不承担侵权责任。

5.自助行为、正当防卫、紧急避险。

对此，本书专题一第五节已有详细阐述，请考生注意复习。

（三）减责事由

在法考中，减责事由主要考查受害人过失，即受害人对自己的损害有过失的，行为人的责任减轻。考生在分析题目时，时刻要注意命题者有没有透露出受害人过失的情节。如甲在驾驶自己的汽车的过程中，撞伤了闯红灯的乙（乙认为自己闯红灯不会被车撞伤），此种情况下，乙作为受害人，其闯红灯表明其具有过失，甲可以主张减轻自己的责任。

考生需要注意的是，此种情况下与受害人故意不同，在受害人故意导致自己损害的情况下，行为人的责任免除，其属于免责事由。

三、侵权责任与其他民事责任的竞合

在实际应用中，侵权责任，可能与违约责任或不当得利责任发生竞合。发生竞合时，由当事人根据自己的情况，选择其一来主张自己的权利。关于民事责任竞合，本书专题一第六节曾有阐述，请考生注意复习。

（一）侵权责任与违约责任的竞合

侵权责任与违约责任的竞合主要发生在合同履行中加害给付的情形，由受害人选择其一。

实例： 甲购买一台电视机，在安装完毕后，开机发生爆炸，造成甲的手臂灼伤。

（二）侵权责任与不当得利责任的竞合

侵权责任与不当得利责任的竞合常发生在具有商业价值的权利侵害的情形，也由受害人选择其一。

实例： 盗版他人著作并加以销售，此时，侵犯他人的著作权，应当承担侵权责任，但同时，侵权人因销售他人的图书所获得利益没有正当理由，也构成不当得利。

四、侵权损害赔偿

（一）财产损害赔偿

考生应按照如下类型分别掌握财产损害赔偿的具体标准：

1.侵犯物质性的人身权而产生的损害赔偿。

物质性的人身权主要指生命权、身体权、健康权，侵犯此种权利的，其赔偿标准是：应当赔偿医疗费、护理费、交通费、营养费、住院伙食补助费等为治疗和康复支出的合理费用，以及因误工减少的收入；造成残疾的，还应当赔偿辅助器具费和残疾赔偿金；

造成死亡的，还应当赔偿丧葬费和死亡赔偿金。

2.侵犯精神性的人身权而产生的损害赔偿。

精神性人身权主要指姓名权、肖像权、名誉权、荣誉权、隐私权。侵犯此种权利的，其赔偿标准是：按照被侵权人因此受到的损失或者侵权人因此获得的利益赔偿；被侵权人因此受到的损失或者侵权人因此获得的利益难以确定，由被侵权人和侵权人协商赔偿数额，协商不一致，由人民法院根据实际情况确定赔偿数额。

3.侵害财产的损害赔偿。

侵害他人财产的，应予赔偿损失，财产损失按照损失发生时的市场价格或者其他合理方式计算。

（二）精神损害赔偿

侵害自然人人身权益造成严重精神损害的，被侵权人有权请求精神损害赔偿；因故意或者重大过失侵害自然人具有人身意义的特定物造成严重精神损害的，被侵权人有权请求精神损害赔偿。对此，本书专题二十一第一节已有详细阐述，请考生注意复习。

（三）惩罚性赔偿

所谓惩罚性赔偿，是指侵权人赔偿了正常的损失之后，还要再进行一次赔偿。

惩罚性赔偿的适用，必须有法律的明确规定。具体而言，包括如下几种情况：

1.故意侵害他人知识产权，情节严重的，被侵权人有权请求相应的惩罚性赔偿。

2.违反法律规定故意污染环境、破坏生态造成严重后果的，被侵权人有权请求相应的惩罚性赔偿。

3.明知产品存在缺陷仍然生产、销售，或者产品投入流通后发现存在缺陷，没有及时采取停止销售、警示、召回等有效补救措施，造成他人死亡或者健康严重损害的，被侵权人有权请求相应的惩罚性赔偿。

以上惩罚性赔偿的基本记忆方法是：主观故意+客观严重。

经典考题：刘婆婆回家途中，看见邻居肖婆婆带着外孙小勇和另一家邻居的孩子小囡（均为4岁多）在小区花园中玩耍，便上前拿出几根香蕉递给小勇，随后离去。小勇接过香蕉后，递给小囡一根，小囡吞食时误入气管导致休克，经抢救无效死亡。对此，下列哪一选项是正确的？（2017年卷三第23题，单选）①

---

① 【答案】D。本题考查一般过错责任原则、免责与减责事由。本题有两个思考角度：一是从一般过错责任原则角度考虑。本题所涉案件，《民法典》中并没有规定适用过错推定责任原则或无过错责任原则，因此，就应适用一般过错责任原则。在一般过错责任原则中，行为人承担责任，以其存在过错为条件。通过审题发现，本案中，不论是刘婆婆或肖婆婆，对小囡的死亡均没有故意或过失，据此分析，相关当事人无须承担侵权责任。二是，从另一个思考角度，通常情况下，香蕉并不能导致他人死亡，这就意味着，当事人不能预见到这一损害后果，即损害是因不能预见的原因引起的，同时此事也属于偶然发生的事件。因此，可将本题认定为属于意外事件，相关行为人均不承担民事责任。按上述思路分析，D选项表述正确，A、B、C选项错误。本题如果出现失误，主要原因是对适用一般过错责任原则这一考点不够熟悉，同时受生活常识的影响。在法律没有明确规定适用何种归责原则的时候，均应适用一般过错责任原则。而一般过错责任原则中，欲使行为人承担责任，必须以其存在过错为前提。同时，也可能受生活常识影响，觉得有人受到损害就应该有人承担责任，对此，考生一定要按照侵权责任的思维来思考问题。综上，本题正确选项为D。

A.刘婆婆应对小囡的死亡承担民事责任

B.肖婆婆应对小囡的死亡承担民事责任

C.小勇的父母应对小囡的死亡承担民事责任

D.属意外事件，不产生相关人员的过错责任

归纳总结　侵权责任

侵权责任的方式	停止侵害，排除妨碍，消除危险，返还财产，恢复原状，赔偿损失，赔礼道歉，消除影响、恢复名誉
侵权责任的免责与减责事由	①受害人过错 受害人故意造成自己损害的，行为人完全免责；受害人对自己的损害有过失的，行为人的责任减轻 ②第三人过错 分为三种情形：由第三人承担责任；被告首先承担责任，然后向第三人追偿；由受害人自主选择由谁承担责任 ③自甘风险 自愿参加具有一定风险的文体活动，因其他参加者的行为受到损害的，受害人不得请求其他参加者承担侵权责任；但是，其他参加者对损害的发生有故意或者重大过失的除外 ④意外事件 不可预见的、偶然发生的事件，为意外事件。因意外事件导致的损害后果，行为人不承担侵权责任
侵权责任与其他民事责任的竞合	侵权责任可能与违约责任、不当得利责任等发生竞合，受害人只能选择其一主张
侵权损害赔偿	①财产损害赔偿 A.侵犯物质性的人身权，应赔偿医疗费、护理费、交通费、营养费、住院伙食补助费等为治疗和康复支出的合理费用，以及因误工减少的收入；赔偿辅助器具费和残疾赔偿金；丧葬费和死亡赔偿金 B.侵犯精神性的人身权，应按照被侵权人因此受到的损失或者侵权人因此获得的利益赔偿；难以确定且协商不成，由法院决定 C.侵害财产：按照损失发生时的市场价格或者其他合理方式计算 ②惩罚性赔偿 适用于侵害他人知识产权、污染环境或破坏生态、产品侵权三大领域，基本条件是主观故意+客观严重

专题二十五　各类侵权行为与责任

第一节　特殊主体的侵权责任

命题点拨

本节所涉内容，每年法考均会进行考查，有时主观题还会就此命题。主要命题思路是发生侵权后，由谁承担侵权责任。重点考查的知识点是监护人侵权责任、用人单位侵权责任、违反安全保障义务的侵权责任、教育机构的侵权责任，其他几点也偶有考查，需要考生全面掌握。

一、监护人侵权责任

（一）发生场合

被监护人导致第三人损害。

（二）责任承担

实行无过错责任原则，由监护人承担侵权责任。请考生注意复习本书专题二第二节的内容。

（三）特殊规则

1.当监护人尽到监护职责时，可以减轻侵权责任，但不能主张免除责任。

实例： 精神病人甲在妻子乙的陪同下外出散步，甲精神病突然发作，追打旁边的丙，乙竭力劝阻无效，结果甲还是赶上去打伤了丙，致丙花去医疗费1000余元。该医疗费应如何承担？

结论： 乙应承担侵权责任，但可以主张减轻。被监护人侵权，实行无过错责任原则，不论监护人是否有过错，均要承担责任；但如果监护人尽到监护职责，可以主张减轻责任。本案中，乙已经竭尽全力，尽到了自己的监护职责，故可以主张减轻责任。

2.委托监护的情况下，委托人仍要对被监护人的侵权行为承担民事责任，被委托人（受托人）有过错的，承担相应的责任。此处所谓相应的责任，在前文已有阐述，其本质意思是与其过错相适应，即过错越大的，责任越多，故属于按份责任，而不是连带责任或补充责任。

3.在被监护人有财产的情形下，应首先从其本人的财产中支付赔偿费用。考生需要注意的是，此种情况下，责任主体仍然是监护人，只是在支付赔偿费用时，先从被监护人的财产中进行支付而已，不能将被监护人直接确定为是责任主体。

实例： 甲的儿子乙（8岁）因遗嘱继承了祖父遗产10万元。某日，乙玩耍时将另一小朋友丙的眼睛划伤，治疗共花费2万元。后法院查明，甲已尽到监护职责。本案侵权责任如何承担？

结论：以乙的财产支付赔偿费用。被监护人造成他人损害的，由监护人承担侵权责任。监护人尽到监护职责的，可以减轻其侵权责任。有财产的被监护人造成他人损害的，从本人财产中支付赔偿费用。不足部分，由监护人赔偿。本例中因乙的财产足以赔偿丙，不需用甲的财产赔偿。

4.行为人侵权时为非完全民事行为能力人，但诉讼时为完全民事行为能力人且有经济能力的，由其本人承担责任。

二、用人单位侵权责任

（一）发生场合

用人单位的工作人员在执行工作任务过程中造成第三人损害。

（二）责任承担

实行无过错责任原则，由用人单位承担侵权责任。考生可以通俗地理解为：侵权是工作人员干的，但责任是单位来承担。

需要考生注意的细节考点是：执行工作任务如何认定？

1.执行单位授权或者指示范围内的工作任务，属于执行工作人员。

2.工作人员的行为虽然超过单位授权、指示的范围，但只要其行为的外观是执行工作任务或者与执行工作任务有关，也属于执行工作任务的范围。理论上将其称为外观主义（或客观说），其目的是为了保护受害人的利益，因为受害人只能从外观上判断，至于事实究竟如何，受害人是无从知晓的。考生可以通俗地理解为：只要看起来是在执行工作任务，就算在执行工作任务。

实例：张某毕业要去外地工作，将自己的贴身生活用品、私密照片及平板电脑等装箱交给甲快递公司运送。张某在箱外贴了"私人物品，严禁打开"的字条。张某到外地收到快递后察觉有异，经查实，甲公司工作人员李某曾翻看箱内物品，并损坏了平板电脑。本案中，张某能否要求李某承担侵权责任？

结论：张某不能要求李某承担侵权责任。用人单位的工作人员因执行工作任务造成他人损害的，由用人单位承担侵权责任。李某作为甲公司的工作人员，在运送过程中翻看物品并损坏了平板电脑，侵犯了张某的隐私权和所有权，应当由甲公司承担责任。可能会有人提出，李某翻看箱内物品属于私人行为，应当由李某自己承担责任。但是，李某翻看箱内物品是在执行工作任务过程中发生的，即使带有私人属性，但根据外观主义的判断标准，也应当将其认定为是在执行工作任务。

（三）特殊规则

1.用人单位承担侵权责任后，可以向有故意或者重大过失的工作人员追偿。

2.劳务派遣期间，被派遣的工作人员因执行工作任务造成他人损害的，由接受劳务派遣的用工单位承担侵权责任；劳务派遣单位有过错的，承担相应的责任。所谓相应的责任，是与其过错相适应，本质上属于按份责任。考生在审题时应注意区分用工单位和劳务派遣单位。

实例：甲电器销售公司的安装工人李某在为消费者黄某安装空调的过程中，不慎从高处掉落安装工具，将路人王某砸成重伤。李某是乙公司的劳务派遣人员，此前曾多次发生类似小事故，甲公司曾要求乙公司另派他人，但乙公司未予换人。关于本案的侵权责任，该如何承担？

结论： 对王某的赔偿责任应由甲公司承担，乙公司承担相应责任。劳务派遣期间，被派遣的工作人员因执行工作任务造成他人损害的，由接受劳务派遣的用工单位承担侵权责任；劳务派遣单位有过错的，承担相应的责任。李某是在从事职务活动中造成他人的伤害，应当由接受派遣的用工单位甲公司承担责任，而乙公司是派遣单位并且有过错，应承担相应责任。

三、个人之间劳务关系中的侵权责任

（一）发生场合
一方在为他方提供有偿劳务过程中导致第三人损害。即提供劳务方损害第三人。

（二）责任承担
实行无过错责任原则，由接受劳务一方承担侵权责任。

（三）特殊规则
1.接受劳务一方承担侵权责任后，可以向有故意或者重大过失的提供劳务一方追偿。

2.提供劳务一方因劳务使自己受到损害的，根据双方各自的过错承担相应的责任。考生要注意两个细节：一是此处受害人是提供劳务方，而且没有他人介入，其提供劳务方在提供劳务的过程中导致自己受到损害。二是此处的"双方"，是指提供劳务方和接受劳务方。至于到底哪一方有过错、哪一方无过错、哪一方的过错更大等问题，在题目中会把相应情节告诉考生。

3.因第三人的行为造成提供劳务方损害，提供劳务方有权请求第三人承担侵权责任，也有权请求接受劳务方给予补偿。接受劳务方给予补偿后，可以向第三人追偿。考生要注意的细节是：此处属于第三人损害提供劳务方。

提醒考生注意基本的做题方法：在审题时，务必要分清该题考查的是提供劳务方损害第三人，还是提供劳务方自己受到损害，还是第三人损害提供劳务方。

实例： 甲在乙承包的水库游泳，乙的雇工丙、丁误以为甲在偷鱼苗将甲打伤。由谁承担责任？

结论： 由乙承担责任。本案属于提供劳务方损害第三人，由接受劳务方乙对受害人承担责任。

四、网络侵权责任

（一）发生场合
网络用户利用网络侵权。

（二）责任承担
实行一般过错责任原则，由网络用户承担侵权责任。

（三）特殊规则
此处的特殊规则，重点考查的是上述情形下网络服务提供者是否应承担侵权责任？对此，应分如下情况处理：

1.网络用户侵权后，被侵权人通知网络服务提供者采取删除、屏蔽、断开链接等必要措施，网络服务提供者接到通知后未及时取下的，对损害的扩大部分与该用户承担连带责任。此处所谓"扩大部分"，是指接到通知后未及时采取措施而造成的损害。

2.网络服务提供者知道网络用户利用其网络服务侵害他人民事权益，未采取必要措施的，与该用户承担连带责任。此处所谓"网络服务提供者知道"，是指其一开始就知道，而不是事后收到通知以后才知道。

五、违反安全保障义务的侵权责任

（一）发生场合

经营场所、公共场所、群众性活动的经营者、管理者或者组织者，未尽到安全保障义务，造成他人损害。所谓经营场所、公共场所，如宾馆、商场、银行、车站、机场、体育场馆、娱乐场所等。所谓群众性活动，是指由人们组织的、面向社会公众的、参加人数较多的各种活动，生活中较为常见的群众性活动，如旅行社组织的旅游活动；体育比赛活动；演唱会、音乐会等文艺演出活动；展览、展销等活动；游园、灯会、庙会、花会、焰火晚会等活动。

（二）责任承担

实行一般过错责任原则，由经营者、管理者、组织者承担侵权责任。

（三）特殊规则

法考在此处重点考查的是：在经营场所、公共场所、群众性活动中，受害人是因第三人的行为造成损害的，如何承担责任？请考生掌握如下规则：

因第三人的行为造成他人损害的，由第三人承担侵权责任；经营者、管理者或者组织者未尽到安全保障义务的，承担相应的补充责任。经营者、管理者或者组织者承担补充责任后，可以向第三人追偿。

实例： 小偷甲在某商场窃得乙的钱包后逃跑，乙发现后急追。甲逃跑中撞上欲借用商场厕所的丙，因商场地板湿滑，丙摔成重伤。丙可要求谁承担责任？

结论： 小偷为侵权人，要对丙的损失承担责任；商场地板湿滑为商场的过错，所以商场应对丙的损失承担相应的补充责任。

六、教育机构的侵权责任

（一）发生场合

无民事行为能力人、限制民事行为能力人在教育机构学习、生活期间受到损害。

（二）责任承担

由教育机构承担责任。根据受害人情况不同，归责原则有所不同：

受害人是无民事行为能力人的，实行过错推定责任原则，即推定教育机构有过错，受害人无须举证；受害人是限制民事行为能力人的，实行一般过错责任原则，即受害人需要证明教育机构有过错。

（三）特殊规则

无民事行为能力人或限制民事行为能力人在教育机构学习、生活期间，被教育机构以外的第三人实施损害的，由第三人承担侵权责任；教育机构未尽到管理职责的，承担相应的补充责任。教育机构承担补充责任后，可以向第三人追偿。

实例： 某幼儿园一群小朋友在冬天围着火炉烤火，幼儿园老师甲外出打电话。小朋友乙和丙为了争夺有利位置发生争吵，继而打斗，乙将丙推向火炉，导致丙面部被烫伤。本案由谁承担责任？

结论： 由乙的监护人承担侵权责任，幼儿园承担相应的补充责任。乙是被监护人，其实施侵权行为，由其监护人承担侵权责任；幼儿园作为教育机构，未尽到管理职责（老师外出打电话），应当承担相应的补充责任。

七、定作人的侵权责任

承揽人在完成工作过程中造成第三人损害或者自己损害的，定作人不承担侵权责任，即应当由承揽人承担责任；但是，定作人对定作、指示或者选任有过错的，承担相应的责任。所谓定作人对定作、指示或者选任有过错，是指定作人对承揽人的工作进行干预，并且干预不当，具有过错，从而导致损害。考生可以通俗地理解为：定作人对承揽人进行瞎指挥。

经典考题： 甲公司为劳务派遣单位，根据合同约定向乙公司派遣搬运工。搬运工丙脾气暴躁常与人争吵，乙公司要求甲公司更换丙或对其教育管理，甲公司不予理会。一天，乙公司安排丙为顾客丁免费搬运电视机，丙与丁发生激烈争吵故意摔坏电视机。对此，下列哪些说法是错误的？（2010年卷三第70题，多选）[①]

A.甲公司和乙公司承担连带赔偿责任

B.甲公司承担赔偿责任，乙公司承担补充责任

C.甲公司和丙承担连带赔偿责任

[①]【答案】ABCD。本题考查用人单位侵权责任。通过审题发现，本案属于劳务派遣中的侵权责任问题。被派遣的工作人员因执行工作任务造成他人损害的，由接受劳务派遣的用工单位承担侵权责任；劳务派遣单位有过错的，承担相应的责任。所谓相应的责任，是与其过错大小相适应，本质上属于按份责任。本案中，乙公司为接受派遣的用工单位，甲公司为劳务派遣单位。工作人员丙在执行工作任务过程中导致第三人丁受害，应当由乙公司承担侵权责任；丙脾气暴躁常与人争吵，乙公司要求甲公司更换丙或对其教育管理，甲公司不予理会，说明甲公司有过错，故甲公司应承担相应的责任。A选项，根据上述分析，本案中正确的结论应当是乙公司承担赔偿责任，甲公司承担相应的责任，该选项将二者说成是连带责任，错误。B选项，根据上述分析，"甲公司承担赔偿责任，乙公司承担补充责任"的表述也是错误的。C选项，丙是工作人员，对外不承担责任，更不存在连带责任问题。该选项错误。D选项，该选项将丙作为责任主体是错误的，同时"甲公司承担补充责任"也是错误的，应当是甲公司承担相应责任或按份责任。本题如果出现失误，最主要的原因是对执行工作任务的认定标准把握得不够准确。题目中，"丙与丁发生激烈争吵故意摔坏电视机"很容易被误认为是丙的个人行为，与工作任务无关。考生要注意，认定是否执行工作任务，适用的是外观主义（客观说），即使工作人员的行为超过单位授权、指示的范围，但只要其行为的外观是执行工作任务或者执行工作任务有关，也属于执行工作任务的范围。其目的是为了保护受害人的利益，因为受害人只能从外观上判断，至于事实究竟如何，受害人是无从知晓的。综上，本题正确选项为ABCD。

D.丙承担赔偿责任，甲公司承担补充责任

归纳总结　特殊主体的侵权责任

监护人的侵权责任	被监护人导致第三人损害的，实行无过错责任原则，由监护人承担侵权责任。当监护人尽到监护职责时，可以减轻侵权责任
用人单位侵权责任	①用人单位的工作人员在执行工作任务过程中造成第三人损害，实行无过错责任原则，由用人单位承担侵权责任 ②执行工作任务的认定采取外观主义，工作人员的行为虽然超过单位授权、指示的范围，但只要其行为的外观是执行工作任务或者与执行工作任务有关，也属于执行工作任务的范围 ③劳务派遣期间，被派遣的工作人员因执行工作任务造成他人损害的，由接受劳务派遣的用工单位承担侵权责任；劳务派遣单位有过错的，承担相应的责任
个人之间劳务关系中的侵权责任	①一方在为他方提供有偿劳务过程中导致第三人损害，实行无过错责任原则，由接受劳务一方承担侵权责任 ②提供劳务一方因劳务使自己受到损害的，根据双方各自的过错承担相应的责任 ③因第三人的行为造成提供劳务方损害，提供劳务方有权请求第三人承担侵权责任，也有权请求接受劳务方给予补偿
网络侵权责任	①网络用户利用网络侵权，实行一般过错责任原则，由网络用户承担侵权责任 ②网络用户侵权后，网络服务提供者接到被侵权人通知而未采取必要措施，对损害的扩大部分与该用户承担连带责任；网络服务提供者知道网络用户利用其网络服务而未采取必要措施，与该用户承担连带责任
违反安全保障义务的侵权责任	①实行一般过错责任原则，由经营者、管理者、组织者承担侵权责任 ②因第三人的行为造成损害的，由第三人承担侵权责任；经营者、管理者或者组织者未尽到安全保障义务的，承担相应的补充责任
教育机构的侵权责任	①无民事行为能力人、限制民事行为能力人在教育机构学习、生活期间受到损害，由教育机构承担责任。受害人是无民事行为能力人的，实行过错推定责任原则；受害人是限制民事行为能力人的，实行一般过错责任原则 ②无民事行为能力人或限制民事行为能力人被教育机构以外的第三人实施损害的，由第三人承担侵权责任；教育机构未尽到管理职责的，承担相应的补充责任
定作人的侵权责任	承揽人在完成工作过程中造成第三人损害或者自己损害的，定作人不承担侵权责任，由承揽人承担责任；但是，定作人对定作、指示或者选任有过错的，承担相应的责任

第二节　其他各类侵权行为与责任

命题点拨

　　本节内容中，产品责任、机动车交通事故责任、饲养动物损害责任、建筑物和物件损害责任考查频率很高，主要命题思路也是发生侵权后，由谁承担侵权责任。医疗损害责任、环境污染和生态破坏责任偶有考查，考生也要掌握。高度危险责任，从未命题，考生仅作一般性了解即可。

一、产品责任

（一）发生场合

产品存在缺陷导致他人损害。

（二）责任承担

实行无过错责任原则，由生产者、销售者承担侵权责任。被侵权人可以在生产者、销售者中选择其一来主张责任。故此处生产者、销售者并不是连带责任。

需要考生注意的细节是：产品责任属于侵权责任的范畴，生产者、销售者承担责任，并不以其与受害人之间存在合同关系为前提。

实例： 甲购买电视机一台。回家后和好友乙一起欣赏。因电视机质量存在缺陷，发生爆炸，致乙受伤。乙可否向电视机的生产者或销售者主张产品责任？可否向它们主张违约责任？

结论： 乙可以向电视机的生产者或销售者主张产品责任，但不能主张违约责任。产品责任属于侵权责任，只要产品存在缺陷造成损害，生产者、销售者就应对受害人承担产品责任。但违约责任的承担，以当事人存在合同关系为前提。乙与电视机的生产者、销售者之间不存在合同关系，故不能向它们主张违约责任。

（三）特殊规则

1.内部追偿问题。

产品缺陷由生产者造成的，销售者赔偿后，有权向生产者追偿。因销售者的过错使产品存在缺陷的，生产者赔偿后，有权向销售者追偿。

2.因第三人过错导致损害的责任承担。

因运输者、仓储者等第三人的过错使产品存在缺陷，造成他人损害的，仍然由产品的生产者、销售者承担责任。生产者、销售者承担责任后，有权向第三人追偿。

3.缺陷产品的警示和召回制度。

产品投入流通后发现存在缺陷的，生产者、销售者应当及时采取停止销售、警示、召回等补救措施。未及时采取补救措施或者补救措施不力造成损害扩大的，应当对扩大的损害承担侵权责任。

4.产品缺陷致人损害时的惩罚性赔偿制度。

如果产品的生产者、销售者明知产品存在缺陷仍然生产、销售，或者产品投入流通后发现存在缺陷，但没有及时采取有效补救措施，造成他人死亡或者健康严重损害的，被侵权人有权请求相应的惩罚性赔偿。

二、机动车交通事故责任

（一）发生场合

机动车在道路上运行过程中，因不当的驾驶活动造成损害。

（二）责任承担

1.归责原则。

（1）机动车之间发生交通事故，适用过错责任原则，由有过错的一方承担责任；双方都有过错的，按照各自过错的比例分担责任。

（2）机动车与非机动车及行人之间发生交通事故，适用无过错责任：

①非机动车及行人一方没有过错的，机动车一方承担责任；

②非机动车及行人一方有过错的，机动车一方仍然要承担责任，只不过可以减轻责任。

提醒考生注意的是：这里的过错只能过失，如果非机动车一方是故意的（如碰瓷），则机动车一方不承担责任。

2.责任主体。

（1）基本规则。

机动车发生交通事故造成损害，属于该机动车一方责任的，先由承保机动车强制保险的保险人在强制保险责任限额范围内予以赔偿；不足部分，由承保机动车商业保险的保险人按照保险合同的约定予以赔偿；仍然不足或者没有投保机动车商业保险的，由侵权人赔偿。

（2）具体认定。

①因租赁、借用等情形使机动车所有人与使用人不是同一人时，由机动车使用人承担赔偿责任；机动车所有人、管理人对损害的发生有过错的，承担相应的赔偿责任。

②当事人之间已经以买卖或其他方式转让并交付机动车但未办理登记，由受让人承担赔偿责任。

③以买卖等方式转让拼装或者已达到报废标准的机动车的，由转让人和受让人承担连带责任。

④以挂靠形式从事道路运输经营活动的机动车，发生交通事故造成损害，由挂靠人和被挂靠人承担连带责任。

⑤未经允许驾驶他人机动车，发生交通事故造成损害，由机动车使用人承担赔偿责任；机动车所有人、管理人对损害的发生有过错的，承担相应的赔偿责任。

⑥盗窃、抢劫或者抢夺的机动车发生交通事故造成损害的，由盗窃人、抢劫人或者抢夺人承担赔偿责任。盗窃人、抢劫人或者抢夺人与机动车使用人不是同一人，发生交通事故造成损害，由盗窃人、抢劫人或者抢夺人与机动车使用人承担连带责任。

⑦非营运机动车发生交通事故造成无偿搭乘人损害，由机动车使用人承担责任，但应当减轻其赔偿责任，其有故意或重大过失的除外。

考生须注意的是：以上七种情况，发生交通事故的原因都必须是来自机动车一方。如果发生交通事故的原因是第三人开车撞的，则责任当然由第三人承担，此时就不适用上述规则了。如非营运机动车发生交通事故造成无偿搭乘人损害，经审查是由于第三人开车撞的，则应当由第三人承担侵权责任，就不是由机动车使用人承担责任了。

三、医疗损害责任

（一）发生场合

医疗机构在医治患者过程中，导致患者受到损害。

（二）责任承担

1.归责原则。

原则上实行一般过错责任原则，即受害人需要证明医疗机构有过错。

需要考生注意的是，下述情形可推定医疗机构有过错，即无须患者举证：

（1）医疗机构违反法律、行政法规、规章以及其他有关诊疗规范的规定。

（2）医疗机构隐匿或者拒绝提供与纠纷有关的病历资料。

（3）医疗机构遗失、伪造、篡改或者违法销毁病历资料。

2.责任主体。

由医疗机构承担责任。考生需要注意的是，不能由医务人员直接对患者承担侵权责任，因为医务人员属于执行工作任务。

（三）特殊规则

1.医疗产品致人损害的责任承担。

因药品、消毒产品、医疗器械的缺陷，或者输入不合格的血液造成患者损害，患者可以向药品上市许可持有人、生产者、血液提供机构请求赔偿，也可以向医疗机构请求赔偿。医疗机构赔偿后，有权向负有责任的药品上市许可持有人、生产者或者血液提供机构追偿。

实例： 小明到某省人民医院因病输血若干，但是因输血感染艾滋病，经权威机构鉴定，是因为所输血液中含有艾滋病毒，而该医院是从血液中心购买的血液。此时，患者可以向医院或者血液中心请求赔偿，医院赔偿后有权向血液中心追偿。

2.医疗机构的免责事由。

（1）患者或者其近亲属不配合医疗机构进行符合诊疗规范的诊疗；但是，医疗机构及其医务人员也有过错的，应当承担相应的赔偿责任。

（2）医务人员在抢救生命垂危的患者等紧急情况下已经尽到合理诊疗义务。

（3）限于当时的医疗水平难以诊疗。

3.医疗机构及其医务人员在诊疗活动中的说明、保密和征取同意的义务。

（1）医务人员在诊疗活动中应当向患者说明病情和医疗措施。需要实施手术、特殊检查、特殊治疗的，医务人员应当及时向患者说明医疗风险、替代医疗方案等情况，并取得其明确同意；不能或者不宜向患者说明的，应当向患者的近亲属说明，并取得其明确同意。医务人员未尽到前款义务，造成患者损害的，医疗机构应当承担赔偿责任。

（2）医疗机构及其医务人员应当对患者的隐私和个人信息保密。泄露患者隐私和个人信息，或者未经患者同意公开其病历资料的，应当承担侵权责任。

考生需要注意的细节是：因抢救生命垂危的患者等紧急情况，不能取得患者或者其近亲属意见的，经医疗机构负责人或者授权的负责人批准，可以立即实施相应的医疗措施。

四、环境污染和生态破坏责任

（一）发生场合

因环境被污染或生态遭到破坏而导致环境受到损害。

（二）责任承担

实行无过错责任原则，由污染者、生态破坏者承担责任。

（三）特殊规则

1.因第三人的过错的责任承担。

因第三人过错污染环境、破坏生态的，受害人可以选择污染者、生态破坏者承担责任，也可以请求第三人承担责任。污染者、生态破坏者赔偿后，有权向第三人追偿。

2.两个以上侵权人的责任承担。

如果有两个以上污染者或生态破坏者，适用本书专题二十四第二节数人侵权的规则予以处理，请考生注意复习。

3.惩罚性赔偿。

侵权人违反法律规定故意污染环境、破坏生态造成严重后果的，被侵权人有权请求相应的惩罚性赔偿。

4.生态环境修复责任的承担。

违反国家规定造成生态环境损害，生态环境能够修复的，国家规定的机关或者法律规定的组织有权请求侵权人在合理期限内承担修复责任。侵权人在期限内未修复的，国家规定的机关或者法律规定的组织可以自行或者委托他人进行修复，所需费用由侵权人负担。

5.生态环境损害的赔偿范围：

违反国家规定造成生态环境损害的，国家规定的机关或者法律规定的组织有权请求侵权人赔偿下列损失和费用：（1）生态环境受到损害至修复完成期间服务功能丧失导致的损失；（2）生态环境功能永久性损害造成的损失；（3）生态环境损害调查、鉴定评估等费用；（4）清除污染、修复生态环境费用；（5）防止损害的发生和扩大所支出的合理费用。

五、高度危险责任

高度危险责任，均实行无过错责任原则。同时，《民法典》还对一些高度危险责任的免责事由进行了特别规定，考生要予以注意。

（一）民用核设施损害责任

民用核设施的营运单位应当承担侵权责任；但是，能够证明损害是因战争、武装冲突、暴乱等情形或者受害人故意造成的，不承担责任。

（二）民用航空器损害责任

民用航空器的经营者应当承担侵权责任，但能够证明损害是因受害人故意造成的，不承担责任。注意此种情形下的免责事由只有受害人故意，因此，即使是因不可抗力导致民用航空器致他人损害，民用航空器的经营者也不能主张免责。

（三）高度危险物损害责任

易燃、易爆、剧毒、高放射性、强腐蚀性、高致病性等高度危险物造成他人损害的，占有人或者使用人应当承担侵权责任；但是，能够证明损害是因受害人故意或者不可抗力造成的，不承担责任。被侵权人对损害的发生有重大过失的，可以减轻占有人或者使用人的责任。

（四）高空、高压、地下挖掘、高速轨道运输工具损害责任

经营者应当承担侵权责任；但是，能够证明损害是因受害人故意或者不可抗力造成的，不承担责任。被侵权人对损害的发生有重大过失的，可以减轻经营者的责任。

（五）遗失、抛弃高度危险物责任

由所有人承担侵权责任。所有人将高度危险物交由他人管理的，由管理人承担侵权责任；所有人有过错的，与管理人承担连带责任。

（六）非法占有高度危险物损害责任

由非法占有人承担侵权责任。所有人、管理人不能证明对防止非法占有尽到高度注意义务的，与非法占有人承担连带责任。

（七）高度危险区域损害责任

未经许可进入高度危险活动区域或者高度危险物存放区域受到损害，由管理人承担责任；但是，管理人能够证明已经采取足够安全措施并尽到充分警示义务的，可以减轻或者不承担责任。

六、饲养动物损害责任

（一）发生场合

饲养的动物，因动物的本能导致他人损害。

考生需要注意的是：如果动物的饲养人、管理人利用动物侵害他人权益的，则此时动物只是侵权的工具，并不是饲养动物损害责任。这种情形下，按一般侵权责任制度处理，即适用一般过错责任原则。

（二）责任承担

适用无过错责任原则，由动物的饲养人、管理人承担责任。

（三）特殊规则

1.动物的饲养人、管理人能够证明损害是因被侵权人故意或重大过失造成的，可以不承担或减轻责任。

2.禁止饲养的烈性犬等危险动物致害，动物饲养人或管理人应承担责任。考生要注意的是，此种情形下，动物的饲养人、管理人没有任何的免责事由或减责事由，即使受害人是故意的，也不能主张免责或减责。

3.逃逸的动物造成他人损害，由动物原饲养人或管理人承担责任。与上一种情况类似，考生要注意的是，此种情形下，动物的饲养人、管理人没有任何的免责事由或减责事由，即使受害人是故意的，也不能主张免责或减责。

4.违反管理规定，未对动物采取安全措施造成他人损害的，动物饲养人或者管理人应当承担侵权责任；但是，能够证明损害是因被侵权人故意造成的，可以减轻责任。注

意，此处被侵权人故意，只能减轻责任，不能免除责任。

5.动物园的动物造成他人损害的，实行过错推定责任原则，而不是无过错责任原则，由动物园承担侵权责任。即法律推定此种情况下动物园存在过错。

6.第三人过错的责任承担：因第三人的过错致使动物造成他人损害的，被侵权人可以向动物饲养人或者管理人请求赔偿，也可向第三人请求赔偿。动物饲养人或者管理人赔偿后，有权向第三人追偿。

七、建筑物和物件损害责任

此类侵权，《民法典》中又细分为多种情形，需要考生逐一掌握：

（一）建筑物倒塌、塌陷致人损害

实行无过错责任原则，由建设单位与施工单位承担连带责任。

考生需要注意的细节考点是：

1.建设单位与施工单位能够证明不存在质量缺陷的，不承担责任。

2.因所有人、管理人、使用人或者第三人的原因，建筑物、构筑物或者其他设施倒塌、塌陷造成他人损害的，由所有人、管理人、使用人或者第三人承担侵权责任。

（二）建筑物、构筑物或者其他设施及其搁置物、悬挂物脱落、坠落致人损害

实行过错推定责任原则，由所有人、管理人或使用人承担责任。

考生需要注意的细节考点是：如何处理不明抛掷物、坠落物致人损害？对此，考生应掌握如下规则：

1.从建筑物中抛掷物品或者从建筑物上坠落的物品造成他人损害的，由侵权人依法承担侵权责任；经调查难以确定具体侵权人的，除能够证明自己不是侵权人的外，由可能加害的建筑物使用人给予补偿。可能加害的建筑物使用人补偿后，有权向侵权人追偿。注意是"补偿"，不是"承担侵权责任"。

2.物业服务企业等建筑物管理人应当采取必要的安全保障措施防止上述情形的发生；未采取必要的安全保障措施的，应当依法承担未履行安全保障义务的侵权责任。

（三）地面施工与地下设施致人损害

实行过错推定责任原则，由地面施工的施工人或地下设施的管理人承担责任。

（四）堆放物品倒塌、滚落或者滑落致人损害

实行过错推定责任原则，由堆放人承担责任。

（五）林木折断致人损害

实行过错推定责任原则，由林木的所有人或管理人承担责任。

（六）公共道路上堆放、倾倒、遗撒物品致害

实行无过错责任原则，由堆放、倾倒或遗撒物品的人承担责任。

考生需要注意的细节是：公共道路的管理人不能证明已经尽到清理、防护、警示等义务的，应当承担相应的责任。

经典考题：张小飞邀请关小羽来家中做客，关小羽进入张小飞所住小区后，突然从小区的高楼内抛出一块砚台，将关小羽砸伤。关于砸伤关小羽的责任承担，下列哪一选

项是正确的? （2016年卷三第24题，单选）①

A.张小飞违反安全保障义务，应承担侵权责任

B.顶层业主通过证明当日家中无人，可以免责

C.小区物业违反安全保障义务，应承担侵权责任

D.如查明砚台系从10层抛出，10层以上业主仍应承担补充责任

归纳总结 **其他各类侵权行为与责任**

产品责任	产品存在缺陷导致他人损害，实行无过错责任原则，由生产者、销售者承担侵权责任
机动车交通事故责任	①因租赁、借用等情形下，由使用人承担责任；所有人、管理人有过错，承担相应的责任 ②转让并交付机动车但未办理登记，由受让人承担责任 ③转让拼装或者已达到报废标准的机动车，由转让人和受让人承担连带责任 ④挂靠情形下，由挂靠人和被挂靠人承担连带责任 ⑤未经允许驾驶他人机动车，由使用人承担责任；所有人、管理人有过错，承担相应的责任 ⑥盗窃、抢劫或者抢夺情形下，由盗窃人、抢劫人或者抢夺人承担责任；盗窃人、抢劫人或者抢夺人与机动车使用人不是同一人，共同承担连带责任 ⑦非营运机动车，由机动车使用人承担责任，但应当减轻，有故意或重大过失的除外
医疗损害责任	由医疗机构承担责任。实行一般过错责任原则，例外情况下实行过错推定责任原则
环境污染和生态破坏责任	实行无过错责任原则，由污染者、生态破坏者承担责任

---

① 【答案】B。本题考查不明抛掷物侵权。A选项，安全保障义务，仅发生在经营场所、公共场所以及群众性活动中；就小区来说，根据《民法典》第1254条的规定，物业服务企业也有安全保障义务，但业主个人并不存在安全保障义务，该选项错误。B选项，在不明抛掷物致人损害中，由可能加害的建筑物使用人给予补偿，但如果能够证明自己不是侵权人的，则没有责任。因此，如果顶层业主能证明当日家中无人，则表明其证明了自己不是侵权人，故可以免责。该选项正确。C选项，如上分析，根据《民法典》第1254条的规定，小区物业确实承担安全保障义务，如果其未采取必要的安全保障措施的，应承担侵权责任。但就本案描述的案情来看，并不能说明小区物业有违反安全保障义务的情节。该选项错误。该选项在一开头加上"如果"二字，表述为"如果小区物业违反安全保障义务，应承担侵权责任"，则就是正确的了。D选项，如果查明砚台系从10层抛出，则本案就不属于不明抛掷物侵权了，而是有明确的侵权人，即10层的业主，则显然应由10层的业主承担侵权责任，此时10层以上业主就没有任何责任了。该选项错误。本题如果出现失误，最主要的原因是对不明抛掷物侵权的具体规则把握得不够准确。不明抛掷物侵权，前提是抛掷人不明。然后，由可能造成损害的建筑物使用人给予补偿，但使用人中有能证明自己不是侵权人的，则可以免责。此外，物业服务企业承担侵权责任的前提，必须是未尽到安全保障义务。综上，本题正确选项为B。

饲养动物致害责任	饲养的动物，因动物的本能导致他人损害，适用无过错责任原则，由动物的饲养人、管理人承担责任；但动物园的动物致害，实行过错推定责任原则
建筑物和物件损害责任	①建筑物倒塌、塌陷致人损害，实行无过错责任原则，由建设单位与施工单位承担连带责任 ②建筑物、构筑物或者其他设施及其搁置物、悬挂物脱落、坠落致人损害，实行过错推定责任原则，由所有人、管理人或使用人承担责任 ③地面施工与地下设施致人损害，实行过错推定责任原则，由地面施工的施工人或地下设施的管理人承担责任 ④堆放物品倒塌、滚落或者滑落致人损害，实行过错推定责任原则，由堆放人承担责任 ⑤林木折断致人损害，实行过错推定责任原则，由林木的所有人或管理人承担责任 ⑥公共道路上堆放、倾倒、遗撒物品致害，实行无过错责任原则，由堆放、倾倒或遗撒物品的人承担责任；公共道路的管理人不能证明已经尽到清理、防护、警示等义务的，应当承担相应的责任